초현실주의와
몸의 상상력

초현실주의와 몸의 상상력

펴낸날 2008년 4월 28일

지은이 조윤경
펴낸이 채호기
펴낸곳 ㈜문학과지성사
등록번호 제10-918호(1993. 12. 16)
주소 121-840 서울 마포구 서교동 395-2
전화 02) 338-7224
팩스 02) 323-4180(편집) 02) 338-7221(영업)
전자우편 moonji@moonji.com
홈페이지 www.moonji.com

ⓒ 조윤경, 2008. Printed in Seoul, Korea.

ISBN 978-89-320-1859-1

* 이 책의 판권은 지은이와 ㈜문학과지성사에 있습니다.
  양측의 서면 동의 없는 무단 전재 및 복제를 금합니다.
* 이 저서는 2006년 정부(교육인적자원부)의 재원으로
  한국학술진흥재단의 지원을 받아 수행된 연구임(KRF-2006-814-A00108).

이 서적 내에 사용된 일부 작품은 SACK 및 GNC media를 통해 ADAGP, SABAM, SIAE, RMN, VEGAP와 저작권 계약을 맺은 것입니다. 저작권법에 의하여 한국 내에서 보호를 받는 저작물이므로 무단 전재 및 복제를 금합니다.

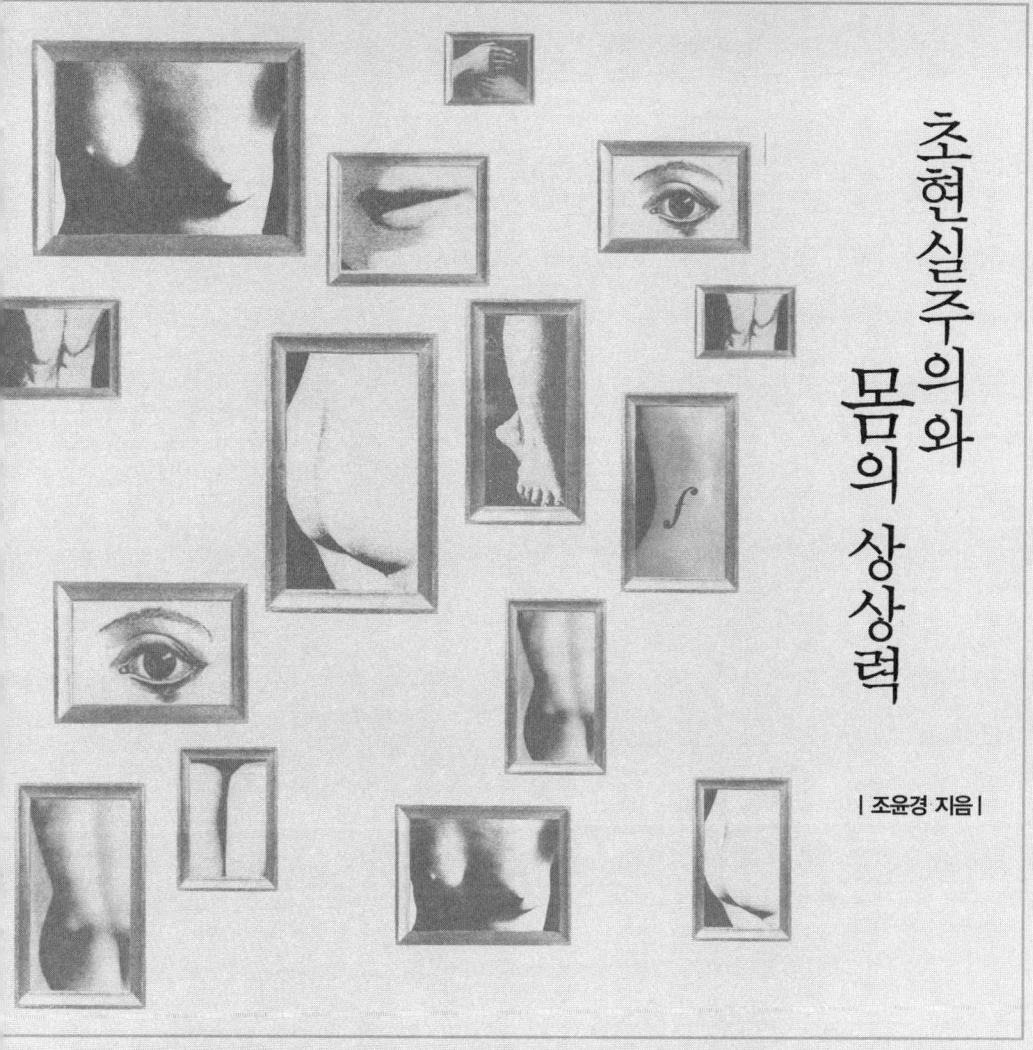

초현실주의와 몸의 상상력

| 조윤경 지음 |

문학과지성사
2008

사랑하는 부모님께
미셸 콜로 Michel Collot 선생님께

| 저자의 말 |

 이 책은 세 명의 초현실주의 시인인 엘뤼아르, 데스노스, 페레의 시적 모험을 동료 화가들과의 연관 속에서 조명하고 있다. 그 과정에서 몸은 초현실주의자들의 상상력과 개인적인 환상, 새로운 비전의 탁월한 표현체이자, 언어와 이미지가 교류하는 매개적 장소로 기능한다.
 1부에서 초현실주의 화가들의 작품을 통해 먼저 살펴볼 몸의 일곱 가지 문제의식(파편화된 몸, 혼종성의 몸, 왜곡된 몸, 먹을 수 있는 몸, 여성의 나체, 풍경으로서의 몸, 내면으로 향한 눈)은 2부에서 4부까지 이어지는 시 텍스트에 관한 연구들, 다시 말해 엘뤼아르의 '혼합하는' 몸, 데스노스의 '해부되는' 몸, 페레의 '폭식하는' 몸의 단서로 작용한다.
 초현실주의 화가들은 몸의 변용하는 측면을 강조하고 있으며, 이를 통해 초현실주의적 비전을 발견해낸다. 몸은 화가들의 욕망에 따라 일부를 상실하기도 하고 터무니없이 확장되거나 다른 요소와 혼종된다. 그들은 조화로운 몸이라는 틀에 박힌 개념을 전복하면서 이를 '이질적인 조화'의 미학으로 대체한다. 몸 전체에서 떨어져 나와 무한한 공간 속을 부유하는 인체의 단편들은 완전한 자유를 만끽한다. 화가들은 몸의 간과되었던 측면인 부분, 타자, 내재성, 충동으로서의 몸을 부각시키면서 이를 전체, 자아, 외재성, 이성으로서의 몸과 모순 없이 연결시키고 있다. 회화에서 표출되는 몸의 다형성(多形性)은 이와 근접하기도 하고 멀어지기도 하면서 고유한 시학을 구현하는 시인들의 몸 이미지 속에서 더욱 풍요로워진다. 세 시인들은 몸과 정신의 전통적인 관계성에 대해 질문하고 있는데, 그 과정에서 엘뤼아르는 몸과 정신의 통일성을 보여주는 반면, 데스노스는 정신을 넘어선 몸을 구현하고자 하며, 페레는 시적 전통이 부과한 이상주의에 저항하는 몸을 형상화하려 한다.

엘뤼아르의 글쓰기는 몸의 매개적 이미지를 부각하면서 존재, 사물, 예술 사이의 거리를 없앤다. 이 시인에게 있어서 몸은 부분과 전체, 구체와 추상, 관능적인 것과 정신적인 것을 연결하면서 모든 이분법을 없애는 매개적 역할을 담당하고 있다. 엘뤼아르적인 몸은 시와 회화를 연결짓는 관계의 중심에 있기도 하다. 그는 자신의 수많은 삽화시집에서 화가들과의 자유로운 대화를 통해 몸을 다양하게 변용시키며 인체와 자연 사이의 조화로운 화합을 구현한다.

데스노스는 몸의 조각나고 상처 난 이미지들을 통해 한편으로는 존재의 내부로 침투하고자 하는 욕망을 표출하며, 다른 한편으로는 몸 내부의 풍경이 감추고 있는 신비를 드러내고자 한다. 데스노스적인 몸의 조각나고 소멸하고 다시 재생되는 이미지는 언어를 끊임없이 부수고 재구성하는 글쓰기를 통해 표현된다. 데스노스의 시학적인 힘은 몸에 대한 거부에서 수용으로, 죽음에서 삶으로, 글쓰기의 파괴에서 재구성으로 향하는 끝없는 변용에서 나온다.

페레는 몸의 부위들과 사물, 각종 음식들을 의인화하면서 자신의 시에 동화적인 분위기를 집어넣는다. 페레적인 몸은 그로테스크한 성격을 강하게 표출하면서, 모든 기존 질서에 항거하는 다양하고 기이한 전복의 과정을 보여준다. 페레적인 몸의 끝없는 변용은 빠르게 변화하고 예기치 않은 방식으로 결합되는 언어와 이미지에 의해 강화된다. 우연에 맡겨진, 우스꽝스럽고 역동적인 페레의 글쓰기에는 초현실주의 유희들의 자유로운 정신이 배어 있다.

초현실주의적인 몸은 소통할 수 없는 것을 소통하게 하고 불가능한 것과 금지된 것을 탐사하게 해주는 매체로 기능한다. 이러한 몸은 모든 모순된 것들이 해결점을 찾는 초현실주의의 "지고의 지점"에 부합한다. 초현실주의자들은 끝없이 새로운 모습을 준비하는 미완의 몸으로부터 무한한 잠재성과 다의성을 발견한다. 이 책은 이를 종합할 수 있는 개념으로 '초육체성le surcorporel'이라는 용어를 제안하려 한다. '초육체성'은 육체성을 넘어선 것이 아니라 가장 최상의 정점에 다다른 육체성을 의미한다. 그것은 초현실주의적인 몸의 존재론적이고 예술적인 모험을 총괄하는 개념이라는 점에서 중요한 의미를 갖는다. 또한 이 개념은 5부의 제목인 '초육체성을 향하여'라는 표현이 드러내듯, 정해진 범주가 아니라 열린 '지평'이다.

이러한 문제들은 결코 미리 짜인 틀에서 비롯된 것이 아니며, 거듭되는 독서와 작품분석의 과정에서 발견해나가고 정리한 것이다. 나는 무엇보다 작품 자체에서 이론을 끌어내고 싶었으며, 몸의 상상세계와 몸의 글쓰기를 지향하는 다양한 논리들의 연결지점을 파악할 수 있도록 한 가지 고정된 방법론이 아닌 열린 방법론을 지향했다. 그리하여 이 책에는 시 작품 하나하나마다 찬찬히 들여다보고 분석하고자 애쓴 흔적들이 고스란히 들어 있다. 또한 나는 이 연구를 통해 성급하게 총괄적인 결론을 내리려 애쓰기보다는, 초현실주의 작가 개개인의 독창성과 다양성을 드러내고 싶었다. 초현실주의자들의 시적·예술적 모험을 체계적으로 종합하고자 '보편화'의 모험을 감수했던 5부에서도, 내가 궁극적으로 의도한 것은 이들 간의 공통점을 추출함과 동시에 그 차이와 다양성을 보여주려는 것이었다.

'몸의 글쓰기'는 몸을 매개로 한 예술과 삶의 결합에 의미를 부여한다. 이때의 몸은 초현실주의 회화와 시에 나타나는 '테마'가 아니라 하나의 '쟁점'이다. 몸의 이미지는 미학과 시학을 반영하는 거울이며, 따라서 몸의 시학적 이미지는 다형적이고 혼종적이며 해체적이기 때문에 해부학에 종속될 수 없다. 그것은 이 연구가 에로티시즘과 섹슈얼리티에 할애된 다른 연구들과 차별화되는 점이다. 이 책에서 주의를 기울인 것은 우주로 연장되는 몸이 보여주는 '은유적인 확장성'이며, 세계와 관계를 맺는 현상학적인 몸이다. 몸은 또한 화가들과 시인들의 만남의 장으로 기능하면서 작가들 간의 대화와 더불어 시각적인 것과 언어적인 것 간의 융합에 대해 분석하게 해준다.

몸의 담론은 현대 사상에서 중요한 위치를 차지하며 다양한 학문들의 관심을 끌고 있다. 이 책은 학제 간 대화의 중심에 자리하고 있는 몸에 관한 담론의 장에 적극적으로 동참하고자 한다. 초현실주의자들은 몸을 통한 탐험에 의해 새로운 길을 예견했다. 그들은 인간과 세계와 예술을 변화시킬 수 있는 혁명의 원동력으로 몸을 바라보았다. 나와 세계의 단편들을 연결짓고 소통하게 한 초현실주의자들의 몸짓은 나와 세계, 나와 타자 간의 단절의 시대에 살고 있는 우리에게 새로운 출구를 열어 보여줄 수 있다는 점에서 조명할 만한 큰 가치가 있다고 여겨진다.

초현실주의 시는 어렵고도 매혹적이다. 표면적으로는 무의식의 무질서한 질주인 듯 보이지만 실상 그 어떤 유파의 시보다 다층적이고 다형태적인 사유를 담고 있기에 읽으면 읽을수록 새로운 의미가 솟아남을 느끼게 된다. 최근 몇 년 사이에 우리나라에서 열린 살바도르 달리 전(展), 르네 마그리트 전의 예에서 볼 수 있듯이, 초현실주의 예술은 현재에도 꾸준히 대중들의 관심을 끌고 있다. 특히 무의식의 자유로운 실험을 했던 초현실주의 그룹의 작품들은 그 어느 때보다 상상력이 강조되는 지금 시대에 더욱 중요하게 인식되고 있다. 초현실주의 그룹 이후, 다양한 장르의 수많은 예술가와 시인이 매개적이면서도 자유로운 몸에 관한 새로운 모색과 시도들을 이어나가고 있다. 몸은 바디 아트, 퍼포먼스, 안무, 비디오 아트, 사진, 영화 등 다양한 예술경험을 위한 중요한 문제로 자리할 뿐 아니라, 광고, 패션, 생명공학, 인간복제, 가상공간 속 아바타 등 일상의 삶에서 중요한 쟁점이 되고 있다. 이는 초현실주의가 양차대전 사이에 꽃을 피우다가 브르통의 죽음으로 끝나버린 한시적인 예술운동이 아니라, 오래전부터 존재해왔고 항상 존재할 전위적인 정신 그 자체임을 보여준다.

이 책은 2003년 파리 3대학에서 받은 박사학위 논문, 「초현실주의 시에 나타난 몸의 글쓰기(엘뤼아르, 데스노스, 페레) : '초육체성'을 향하여 L'écriture du corps dans la poésie surréaliste (Eluard, Desnos, Péret) : vers le "surcorporel"」를 한국어로 번역하고 정리한 결과물이다. 프랑스어로 쓴 박사학위 논문을 새로운 눈으로 읽고 번역하고 책으로 만드는 일은 초심으로 돌아가 그간의 연구여정을 돌아보게 해주었다는 점에서 개인적으로 의미 있는 일이었지만, 쉽지 않은 작업이기도 했다. 적지 않은 분량이었기에 이 분야의 연구자들과 관심 있는 대중들의 이해에 도움이 될 만한 인용문들과 각주를 대거 삭제해야 했던 것이 큰 아쉬움으로 남는다. 또한 학위논문에는 여러 도서관, 아카이브, 고문서 자료실 등을 뒤져서 찾은 200여 점의 귀한 삽화와 그림들을 수록했는데, 이 책에는 저작권이나 지면상의 문제로 일부만 수록하게 되어 아쉽다.

내가 초현실주의 작품을 통해 몸에 대한 문제의식을 갖게 된 것은 석사논문을 준비할 때부터였다. 엘뤼아르 시에 끊임없이 반복되고 강조되는 몸과 글쓰기의 관계를 연구하는 과정에서, 나는 다른 초현실주의 회화와 시 작품들을 접하게 되었고, 몸이 엘뤼아르뿐 아니라 초현실주의 모험을 총체적으로 보여줄 수 있는 중요한 화두라는 생각을 하게 되었다. 그래서 「Eluard 시에 나타난 몸의 변용과 그 관계적 글쓰기」라는 제목의 석사논문을 쓴 후 프랑스 유학을 결심했고, 박사논문에서는 몸과 글쓰기의 주제를 초현실주의 전반의 경우로 확대해서 살펴보고자 했다. 그 과정에서 엘뤼아르의 조화롭고 합일적인 몸의 특징과는 정반대로, 해체된 몸을 통해 일견 몸을 거부하는 것처럼 보이는 데스노스의 시, 초현실주의가 강조하는 무의식의 편린을 반영하는 뒤죽박죽된 혼란스러운 몸을 구현하는 페레의 시로 연구의 폭을 넓힐 수 있었다. 나는 이와 더불어 초현실주의 회화, 영화, 사진 속의 몸 이미지들을 함께 살펴보면서 초현실주의의 몸 이미지들이 표상하는 다양성과 깊이를 총체적으로 파악하고자 했다.

시인들과 화가들이 함께 작업한 삽화시집들이 지금도 눈앞에 아른거린다. 프랑스 국립도서관BNF의 숨겨진 밀실로 올라가면 담당사서가 엄숙한 얼굴로 하얀 면장갑과 짧게 깎은 몽당연필을 주었다. 책상에 앉아 기다리고 있으면 다양한 판형과 재질, 활자체와 그림들을 지닌 책들이 강보에 싸인 아기처럼 벨벳 천에 싸여 배달되었다. 금방이라도 총천연색 물감이 뚝뚝 떨어져 내릴 것같이 숨 막히게 아름다웠던 호안 미로의 삽화들, 날아갈 듯 생동감 있게 움직이는 활자의 운율과 리듬, 서로 다른 두 작가의 개성 있는 호흡을 느끼고 볼 수 있는 행복한 시간이었다.

나는 초현실주의 시인들과 화가들이 보여준 이 풍요로운 작품들을 연구한 경험에 이어, 이미지와 텍스트를 비롯한 서로 다른 매체들 간의 다양한 교류, 몸의 담론들에 관한 연구를 계속 심화해나가려 한다. 또한 초현실주의자들이 열어 보여준 무의식과 상상력이 갖고 있는 폭발적인 잠재력을 더욱 체계적으로 연구하고자 한다. 상상력 연구는 앞으로의 내 학문적 여정의 중심이 될 것이다.

본받고 싶은 학자의 모습을 보여주신 지도교수 미셸 콜로 선생님, 박사논문을 긍정적으로 평가해주시고 앞으로의 학문적 여정을 격려해주셨던 니스 대학의 콜레트 게지 교수, 파리 10대학의 클로드 를르와 교수, 파리 3대학의 앙리 베아르 교수에게 감사의 마음을 전한다. 프랑스 문학을 사랑하게 해주시고 학문의 길로 이끌어주신 이화여자대학교 불문과 스승님들, 끝없이 지적 영감을 주시는 이어령 선생님께 늘 감사한 마음 가득하다. 처음부터 끝까지 꼼꼼하게 원고를 읽어준 문한별 선생님, 좋은 책 만드느라 애쓰신 문학과지성사의 박지현 님께도 고마운 마음전한다. 유학 시절 내내 무한한 사랑과 믿음으로 후원해주셨던 부모님, 함께 즐거워하고 고민하고 아파해주었던 현주, 평생 고마워할 삶과 학문의 동반자 유기와 나를 환하게 밝혀주는 빛 예원에게 사랑의 마음을 전한다.

2008년 4월
조윤경

차례

저자의 말 7
약어 일람 및 일러두기 18
프롤로그 19

제1부_초현실주의 회화와 몸의 유형

1장 몸의 변주와 외적 형상 46
1. 분할되고 파편화된 몸 46
2. '혼종성의 몸corps hybrid' 51
3. 몸의 확대와 끝없는 왜곡 58
4. 탐욕스러운 몸과 먹을 수 있는 몸 61

2장 몸의 풍경과 내면으로 향한 시선 63
1. 여성의 나체 63
2. 풍경으로서의 몸 68
3. 눈과 내면으로 향한 시선 73

제2부_폴 엘뤼아르와 혼합하는 몸

1장 여성 몸의 풍경들 84
1. 몸의 조각 맞추기 85
2. 몸과 풍경의 동일화 100
3. 여성 몸의 '블라종blason' 기법과 세밀함의 글쓰기 110

2장 몸과 세계와 공간의 변증법 120
1. 몸과 세계의 '옴팔로스omphalos' 120
2. 피와 도로의 '끊임없는 시poésie ininterrompue' 142
3. (탈)중심공간과 망상공간의 변증법 155

3장 시와 회화의 상호교류와 '탈경계'의 몸 159
1. 동·식·광물계의 경계 넘나들기와 여성의 '벗은 풍경' 159
2. 언어, 이미지, 오브제로서의 몸 167

제3부_로베르 데스노스와 해부되는 몸

1장 위험에 빠진 육체 190
1. 해부하기, 몸 내부로의 침투 190
2. 익사자의 몸과 희화화된 죽음 203
3. '꿈의 산문les récits de rêve' 속의 의인화된 육체 219

2장 비생명체들의 몸 229
1. 하늘과 바다와 대지의 혼종체 '불가사리' 230
2. "관능적인 그림자"와 애매성의 미(美) 237
3. 검은 육체의 부활과 이미지의 변용 256

3장 일상언어를 넘어서 266
1. 반복의 기법과 육성(肉聲)의 글쓰기 266
2. 해부되는 글자들과 반(反)블라종 277
3. 내면의 '몸-언어'와 무덤의 시학 285

제4부_벵자맹 페레와 폭식하는 몸

1장 동화적인 몸과 감각의 재구성 308
1. '이야기 시' 속에서의 몸 310
2. 음식들의 질서 319
3. 몸의 순환적인 리듬 328

2장 그로테스크한 몸과 전복(顚覆)의 유희 343
1. 몸의 다양한 전이와 공격의지 345
2. 몸과 언어 363
3. 우주적인 몸과 새로운 신화창조 379

3장 몸의 변신과 유동적인 글쓰기 393
 1. 초현실주의 이미지와 몸의 말 395
 2. 유희로서의 글쓰기 405

제5부_초현실주의와 '초육체성le surcorporel'을 향하여

 1장 낯선 몸, 친숙한 몸 420
 1. '초육체성'의 시학 421
 2. 소통의 몸짓과 무한한 육체 424

 2장 읽을 수 있는 몸, 볼 수 있는 몸 429
 1. 몸과 언어 430
 2. 몸, 시, 회화의 문화적 교차로 439

 에필로그 444
 참고문헌 452
 그림 목록 463
 찾아보기 466

□ 약어 일람

앙드레 브르통

I, II: 『전집 Œuvres complètes』 I, II, édition établie par Marguerite Bonnet avec la collaboration de Philippe Bernier, Etienne-Alain Hubert et José Pierre, Paris, Gallimard, "Bibliothèque de la Pléiade," 차례대로 1988, 1992.

2부: 폴 엘뤼아르

I, II: 『전집 Œuvres complètes』, édition établie par Marcelle Dumas et Lucien Scheler, tomes I, II, Paris, Gallimard, "Bibliothèque de la Pléiade," 1968.

3부: 로베르 데스노스

CB: 『송두리째 Corps et biens』, Paris, Gallimard, [1930], 1996.
O: 『전집 Œuvres』, Paris, Gallimard, 1999.
DA: 『자의적 운명 Destinée arbitraire』, Paris, Gallimard, [1975], 1996.
EP: 『화가들에 관한 글 Ecrits sur les peintres』, Paris, Flammarion, 1984.
F: 『행운 Fortunes』, Paris, Gallimard, [1942], 1995.
LA: 『자유가 아니면 사랑을 La liberté ou l'amour』, Paris, Gallimard, [1927], 1962.
NH: 『지옥의 형벌 혹은 뉴헤브리디스 Pénalités de l'enfer ou Nouvelles Hébrides』, in Nouvelles Hébrides et autres textes, 1992~1930, établis, présentés par Marie-Claire Dumas, Paris, Gallimard, 1978.
RO: 『빛과 그림자: 영화 Les rayons et les ombres: cinéma』, Paris, Gallimard, 1992.

4부: 벵자맹 페레

t.1부터 t.7까지: 『전집 Œuvres complètes』, tomes 1, 2, 3, Paris, Losfeld, 차례대로 1969, 1971, 1979. tomes 4, 5, 6, 7, Paris, Corti, 차례대로 1987, 1989, 1992, 1995.
AML: 『아메리카의 신화, 전설, 민속동화 선집 Anthologie des mythes, légendes et contes populaires d'Amérique』, Paris, Albin Michel, 1960.

□ 일러두기

『 』: 단행본, 잡지
「 」: 논문, 그림, 영화
" ": 원어 논문
Ibid.: 바로 앞의 책
op. cit.: 이전에 인용된 책
n°: 잡지 권호
그리고 원서명과 원 잡지명의 경우에는 이탤릭 표기를 하였다.

| 프롤로그 |

 초현실주의 시와 회화작품들 속에서 우리는 무수한 육체의 이미지를 만날 수 있다. 초현실주의자들이 끊임없이 형상화하는 해체된 몸, 혼종적인 몸, 기괴하게 일그러진 몸은 독자들과 관람자들에게 충격을 준다. 이러한 몸들은 우리 자신의 친숙한 몸을 낯설게 하기 때문이다. 있는 그대로의 자신의 모습과 세계에 대해 질문하면서 새로운 자아의 의미와 형태를 모색하는 것은 비단 초현실주의자들에게만 국한된 것이 아니라 시와 예술 전체가 지향하는 중요한 목적일 것이다.
 초현실주의자들의 몸에 관한 탐색은 그들 자신이 선구자로 인정했으며 프랑스 시사(詩史)에 이미 있는 획을 그은 두 시인, 로트레아몽과 아폴리네르로부터 이미 시작되었다.[1] 자유로운 몸의 구현에 대한 시적인 길을 연 두 시인이 보여준 몸의 테마들은 초현실주의 전체로 이어지

---

1) 로트레아몽과 초현실주의의 관계에 대해서는 다음의 연구서들을 참조할 것. Ora Avni, "Breton et l'idéologie machine à coudre-parapluie," in *Littérature*, n° 51, oct. 1983, pp. 15~27. Gabriele-Aldo Bertozzi, "Lautréamont et les surréalistes," in *Europe*, août~septembre 1987, pp. 86~93.

면서 새로운 방향으로 발전된다.

로트레아몽은 시집 『말도로르의 노래』에서 절단된 몸, 혼종적인 몸의 이미지들을 보여준다. 여기에서 화자는 그 유명한 잔혹성을 가지고 생살 자르기를 즐겨한다. 이에 관해 바슐라르는 "『말도로르의 노래』에서 뒤카스의 작품은 무수한 몸의 이미지, 가속화된 역동적 분출, 어떠한 점착성도 없는 몸짓을 담고 있음을 발견할 수 있다"[2]고 언급한다. 신체 기관에 기생하는 로트레아몽의 동물들은 초현실주의에 총체적으로 영감을 주었으며, 이로 인해 초현실주의자들은 인체를 동물, 식물, 광물, 사물 등 유기체의 여부와 상관없이 모든 낯선 것들과 자유롭게 혼합하기 시작했다.[3] 야성적인 육체의 억제되지 않은 이미지들 이외에도, 온몸을 동원해서 나오는 "창자의 외침"[4]은 우리가 앞으로 살펴볼 초현실주의의 고유한 '몸의 글쓰기'에 영감을 주었다.

초현실주의의 또 다른 선구자인 아폴리네르는 초현실주의적인 몸이 표현하는 수많은 은유들에 더욱 직접적인 영향을 미친 것으로 보인다. 몸의 일부분을 열거하는 여성 몸의 블라종 기법은 엘뤼아르의 글쓰기 기법으로 자세히 살펴볼 테지만, 이미 아폴리네르의 시 속에서 그 원리가 발견된다.[5] 아폴리네르의 유명한 시구 "태양 잘린 목" 이래로, 세계

---

2) Gaston Bachelard, *Lautréamont*, Paris, Corti, 1965, p. 79. '이지도르 뒤카스'는 로트레아몽의 본명이다.
3) 레이몽 장은 욕망에 관한 뛰어난 연구에서 로트레아몽의 작품에 나타나는 몸의 사물화, 상반되는 두 몸의 혼합, 머리카락에 대한 집착이라는 육체적 환상의 문제를 조명하고 있다. Raymond Jean, "Lautréamont," in *Lectures du désir*, Paris, Seuil, 1977, pp. 69~104.
4) 아라공의 표현이다. "『시편*Poésies*』과 『말도로르의 노래』는 모두 언어로 간주할 수 없었다. 창자의 외침보다 더한 것이었다." Louis Aragon, "Lautréamont et nous," in *Lettres françaises*, n° 1186, 1ᵉʳ juin 1967.
5) 다음의 글에서 미셸 뷔토르는 아폴리네르의 블라종 기법에 대해 언급한다. "Entretien: Michel Butor, Henri Maccheroni, Michel Sicard," in *Métaphores*, n° 5, consacré au

와 밀접한 관계를 가진 절단된 몸의 주제는 초현실주의 작품들 속에서 체계적으로 표현되어왔다. 많은 비평서들이 아폴리네르의 작품에서 태양과 자아와의 동일성 문제와 함께 상처 입은 몸, 절단된 몸의 이미지에 큰 중요성을 부여했다.[6]

시로 형상화된 몸의 선구자들에 관한 위의 연구들과의 연장선상에서 초현실주의의 몸의 시학에 대한 우리의 연구를 시작하고자 한다. 초현실주의자들이 그들의 선구자들에게 진 빚을 충분히 언급했음에도, 초현실주의 시에 중요한 비중을 가지고 등장하는 몸의 테마에 관한 연구가 별로 없다는 사실은 놀랍다. 초현실주의 회화작품 속에서의 몸 이미지들을 다루는 몇몇 단행본과 소논문을 제외하고는 초현실주의 시에 대해 총괄적으로 다루는 연구는 많지 않다.[7]

또한 몸의 테마는 정작 초현실주의를 이끈 핵심적인 시인들의 경우보

---

colloque réuni les 8, 9 et 10 février 1979, intitulé "Corps-poésie-peinture." 1982, p. 46.

6) 절단된 몸에 관해서 프랑수아즈 디닌망은 절단된 "시간의 육체"라는 상징을 읽어낸다. 뷔르고스에 따르면 아폴리네르적인 분할은 "몸의 조각들의 진정한 증식을 초래하며, 증식의 과정은 갱신(更新)의 전망 속에서 혹은 존재나 새로운 세계의 창조적 전망 속에서 이루어진다." 장-폴 마두는 "기관들의 과격한 증식, 이야기 공간 속에서 몸의 돌연한 증가는 편재성과 전능성의 꿈을 보여준다. 이때의 과도함은 원초적 공포, 즉 여성 몸의 신비가 시인에게 불러일으키는 공포를 숨기지 못한다"라고 지적한다. Françoise Dininman, "Blessures et muti-lations symboliques dans l'œuvre d'Apollinaire," in *La revue des lettres modernes*, 1987, pp. 55~76. J. Burgos, "Apollinaire ou le corps en pièces," in *Recherches & travaux*, n° 36, 1989, p. 90. Jean-Pol Madou, "Eros solaire et figures du désir," in *La revue des lettres modernes, Guillaume Apollinaire 17: expérience et imagination de l'amour*, 1987, p. 50.

7) Max Loreau, *La peinture à l'œuvre et l'énigme du corps*, Paris, Gallimard, 1980. [이 책은 앙리 미쇼와 르네 마그리트에 대해 다루고 있다.] Jean Maisonneuve, Marilou Bruchon-Schweitzer, *Modèles du corps et psychologie esthétique*, Paris, PUF, 1981. [특히 다다와 초현실주의 화가들에 대해 다루고 있는 부분들을 참조할 것. pp. 157~61.] José Vovelle, "Corps agressés ou érotiques voilés: de la photo à la peinture surréaliste," in *De la métaphysique au physique*, Paris, Publications de la Sorbonne, 1995, pp. 161~69.

다는 오히려 아르토[8], 미쇼[9] 같은 초현실주의 '바깥의' 작가들이나 영미권 학자들이 주로 관심을 가져온 초현실주의 여성작가들[10]을 대상으로 다루어져왔다. 그렇다면 무슨 이유로 초현실주의 시에 만연한 몸의 문제가 초현실주의 주창자의 작품 속에서 이렇게 소홀히 다루어져왔을까?

이 유파에 있어서 몸의 테마를 부분적으로라도 다루는 연구들을 찾기 위해서는 인접 테마들인 에로티시즘, 섹슈얼리티, 나체성, 사랑, 욕망, 여성으로 그 범위를 확장해야 한다. 그 과정에서 중요한 연구들을 발견할 수 있게 되며,[11] 그중에서 에로티시즘과 섹슈얼리티의 문제에서 가장 선구자들인 로베르 베나윤과 그자비에르 고티에의 연구를 발견할 수 있다.[12] 베나윤은 초현실주의 회화에서 에로틱한 몸의 다양한 이미지들을

---

8) Jacques Garelli, *Artaud et la question du lieu: essai sur le théâtre et la poésie d'Artaud*, Paris, Corti, 1982. Evelyne Grossman, *Artaud/Joyce, le corps et le texte*, Paris, Nathan, 1996. Michel Camus, *Antonin Artaud, une autre langue du corps*, Bordeaux, Opales, 1996. Stephen Barber, *Artaud: the screaming body*, London, Creation Books, 1999.

9) Robert Smadja, *Poétique du corps: l'image du corps chez Baudelaire et Henri Michaux*, Berne, Peter Lang, 1988. Pierre Grouix et Jean-Michel Maulpoix, *Henri Michaux: corps et savoir*, Fontenay-aux-Roses, ENS éditions, 1998. Anne Brun, *Henri Michaux ou le corps halluciné*, Paris, Sanofi-Synthelabo, 1999.

10) Madeleine Cottenet-Hage, "The body subversive: corporeal imagery in Carrington, Prassinos and Mansour," in *Dada Surrealism*, n° 18, 1990, pp. 76~95. David Lomas, "Body Languages: Frida Kahlo and Medical Imagery," in Kathleen Adler et Marcia Pointon, *The Body Imaged*, Cambridge Univ. Press, 1993, pp. 5~19. Katharine Conley, "Joyce Mansour's ambivalent poetic body," in *French Forum*, n° 20, mai 1995, pp. 221~38.

11) 그중 몇 가지 연구들만 소개한다. Raymond Jean, "La grande force est le désir (notes sur l'éros surréaliste)," in *Europe*, n° 475-76, nov.~déc. 1968, pp. 25~34. Annie Le Brun, "A propos du surréalisme et de l'amour," in *De l'inanité de la littérature*, Paris, J.-J. Pauvert aux Belles lettres, 1994, pp. 189~94. Gérard de Cortanze, "L'érotisme surréaliste," in *Magazine littéraire*, n° 371, décembre 1998, pp. 54~57.

12) Robert Bénayoun, *Erotique du surréalisme*, Paris, Pauvert, 1978. Xavière Gauthier, *Surréalisme et sexualité*, Paris, Gallimard, 1971.

유형화했으나 문학작품들은 다루지 않았다. 고티에는 급진적 페미니스트의 관점에서 초현실주의자들의 '남성중심주의'를 비판하는 데 많은 지면을 할애한다. 그녀에 따르면 남성 초현실주의자들은 여성을 응시와 소비의 대상으로 축소하고 있으며, 여성을 중심으로 전개하는 짐승의 이미지 속에서 여성 몸을 소유하고자 하는 욕망을 표출하고 있다는 것이다.

물론 에로티시즘과 섹슈얼리티는 초현실주의 작품 속에서 중요한 주제로 나타난다. 하지만 초현실주의자들에 의해서 연출되는 몸을 단지 성적인 측면이나 에로틱한 측면으로만 설명할 수 있을까? 초현실주의자들 자신이 정신분석을 요구하고 인정했다고 해서 초현실주의 시와 예술을 온전히 리비도에 국한시켜도 되는 것일까? 남성 초현실주의자들은 과연 여성의 몸을 욕망의 대상으로 "조작할" 목적만 가졌던 것일까? 그것은 진정으로 조작된 몸의 연출을 의미하는가? 오히려 초현실주의 모험 속에 근본적인 자유, 사랑, 저항성과 강하게 연결된 몸의 표현, 몸의 실험으로 생각해볼 수 있지 않을까?

시인과 화가들의 독특한 상상력 속에서 종횡무진 변용하는 몸은 훨씬 더 포괄적인 상징성을 내포한다. 초현실주의자들은 여성의 몸을 재현해낼 때 그들의 몸과 거리를 두는 것이 아니라 공생관계로 연결하고 있다. 다시 말하면 초현실주의적인 몸의 재현은 존재와 인간 삶의 추구라는 보편적인 문제의식으로 열려 있는 것이다. 따라서 이 그룹의 작가와 화가들에게 몸 이미지의 변용은 타인과 세계, 시간과 공간의 연관 속에서 자신을 비롯한 인간의 존재를 변화시키고 풍요롭게 하는 것을 의미한다. 그렇기에 초현실주의의 몸 이미지들을 몸과 세계와 예술이라는 세 항목들 간의 교차적인 움직임으로 파악할 필요성이 생긴다.

금지된 것과 불가능한 것을 탐사하는 초현실주의자들에게 일탈된 몸 이미지는 그들의 예술적 의도, 세계관, 개인적 환상을 투영한다. 초현실주의자들은 몸과 영혼 사이의 전통적 이분법으로부터 몸을 해방시킴으로써 몸에 새로운 위치를 부여한다. 그들이 보기에 몸은 에로스와 욕망의 해방처다. 『미친 사랑』의 저자인 앙드레 브르통은 육체적 사랑의 진정한 권리에 대해 다음과 같이 찬미한다. "사랑, 유일한 사랑이 있을지니, 육체적 사랑이여, 나는 그대를 경배한다, 나는 그대의 독기어린 그림자, 치명적인 그림자를 한시도 경배하지 않은 적이 없었노라."[13] 그는 시에서 "언어들이 사랑을 나눈다"[14] 또는 "살의 포옹과 같은 시의 포옹"[15]이라는 표현을 씀으로써 초현실주의자들의 작품이 몸의 유희와 언어의 유희를 긴밀하게 연결하고 있음을 보여준다. 우리의 연구는 다른 초현실주의자들에게도 중요하게 표현되는 이 문제를 지속적으로 조명할 것이다.

초현실주의자들은 조각난 몸, 이질적인 요소들과 융합된 몸, 다른 형태로 변용된 몸을 표현하면서 파괴, 변용, 재구축이라는 예술표현의 단계를 보여준다. 특히 다다정신을 계승한 콜라주 기법이 이러한 단계를 물질적으로 표상하고 있으며, 이 책은 여기에 많은 부분을 할애할 것이다. 초현실주의자들 전체가 그들의 작품 속에서 얼마나 미완의 상태, 탄생의 상태, 영속적인 변용의 상태를 강조하고 있는지는 잘 알려져 있다. 그들의 작품과 마찬가지로 초현실주의 작가들 스스로도 축출, 영입,

---

13) André Breton, *L'Amour fou*, Paris, Gallimard, [1937], 1976, p. 110.
14) André Breton, "Les mots sans rides," in *Les Pas perdus*, Paris, Gallimard, [1924], 1970, p. 141.
15) André Breton, *Signe ascendant*, Paris, Gallimard, 1968, p. 122.

단절, 화해 등으로 항상 끊임없이 분할, 재구성, 변용을 이루어왔다. 초현실주의자들은 공동작업을 자주 해왔기 때문에 작가와 작품이 혼종적인 경우가 많으며 '우아한 시체놀이'처럼 종종 익명적이기도 하다. 이러한 다형성(多形性)은 초현실주의적인 몸의 다양한 재현 속에 총체적으로 투영되어 있다고 볼 수 있다.

그렇다면 왜 몸이 초현실주의 미학의 핵심에 자리하고 있으며, 초현실주의자들은 몸에 어떤 예술적 의도를 담아내고 있는 것일까? 이 책이 밝히고자 하는 바는, 초현실주의자들이 포착할 수 없는 무의식, 초현실, 꿈의 세계라는 추상적 세계를 표현하기 위해 존재와 가장 밀착되어 있는 구체적 표현체인 '몸'을 활용하고 있다는 것이다. 몸은 초현실주의자들에게 앙드레 브르통이 『초현실주의 선언』에서 말했던 "삶과 죽음, 현실과 상상, 과거와 미래, 소통할 수 있는 것과 소통할 수 없는 것, 높은 것과 낮은 것이 서로 모순되는 것으로 지각되지 않기 시작하는 정신의 어떤 지점"[16]을 표상한다. 그 지점은 존재(삶과 죽음), 예술(현실과 상상), 시간(과거와 미래), 세계 또는 타인과의 관계(소통할 수 있는 것과 소통할 수 없는 것), 공간(높은 것과 낮은 것)이라는 다양한 차원에서 일상적인 모든 현실에 의문을 제기한다. 우리는 바로 초현실주의적인 몸이 어떤 다양한 방법을 통해 이분법을 극복하여 통일성을 만들어내는지를 살펴볼 것이다.

초현실주의 몸 이미지를 다각도로 분석하기 위해 이 책은 초현실주의의 대표 시인인 엘뤼아르, 데스노스, 페레가 형상화한 몸을 중점적으로

---

16) André Breton, "Second Manifeste du surréalisme," in I, établies par Marguerite Bonnet avec la collaboration de Philippe Bernier, Etienne-Alain Hubert et José Pierre, Paris, Gallimard, 1988, p. 781.

다루려고 하며, 그에 앞서 초현실주의 화가들이 표현하는 몸의 회화적 이미지의 유형을 분류하여 살펴보고자 한다. 초현실주의 화가들이 표상하는 몸은 우리 몸의 관습적 형태와 미학의 오래된 질서를 끊임없이 문제 삼는다. 몸은 절단되고, 왜곡되고, 다른 이질적인 요소와 융합되며, 과장되게 표현됨으로써 몸 주변의 모든 경계를 무너뜨리고, 밖과 안, 의식과 무의식, 현실과 꿈을 융합한다. 우리는 그들의 그림 앞에서 종종 질문하게 된다. 물체가 육체로 살아나게 되었는가, 아니면 육체가 물체로 굳어지게 된 것인가? 이것은 '내 몸'인가 아니면 '타인의 몸'인가? 몸과 세계의 경계는 어디인가? 초현실주의 세계 안에서 몸과 세계는 영속적인 변용의 욕망에 사로잡혀 지속적으로 상호침투하면서 한 형태에서 다른 형태로 이동한다.

  초현실주의에서 표현되는 몸은 변용의 힘과 더불어 내적 풍경을 반영하는 힘을 갖고 있다. 몸은 일종의 스크린과 같이 꿈의 세계, 무의식의 비밀스런 영역, 환상, 착란, 존재 내면의 불안함을 투영해 보여준다. 몸은 예술가들에게 있어서 그들의 자유로운 상상력과 새로운 비전의 탁월한 표현체로 기능한다. 이러한 관점에서 이 연구는 막스 에른스트, 르네 마그리트, 앙드레 마송, 살바도르 달리, 폴 델보, 피에르 몰리니에, 한스 벨머, 장 브누와, 만 레이, 조르주 말킨, 브라사이, 빅토르 브라우너 등 초현실주의 그룹의 대표적인 화가와 사진가들의 작품에 나타나는 몸의 다양한 표현을 살펴볼 것이다.

  회화적인 탐사가 끝난 후에는 브르통이 단독으로 천명한 초현실주의 이론보다 시 작품 자체를 조명하는 데 집중하고자 한다. 시들이 내포하는 몸 이미지를 세밀하게 분석하다 보면 초현실주의 몸이 보여주는 근본적인 특성들의 다양성이 드러날 것이고, 이런 이미지들이 이론보다 더 많은 것을 얘기해줄 수 있음을 알게 될 것이다. 이러한 목적 아래 우리는 초현실주의의 주요 시인인 폴 엘뤼아르, 로베르 데스노스, 벵자맹 페레를 집중적으로 연구하고자 한다. 그렇다면 왜 이 세 시인들인가?

  이들의 작품은 서로 다양한 방식으로 소통하고 있다. 세 시인들은 각자 자신의 텍스트를 다른 작가에게 헌사하기도 하고, 그들을 생각하면서 시를 쓰기도 했으며, 그들의 시적 세계를 비평하기도 했다. 엘뤼아르는 『직접적인 생』(1932)에 수록된 「시각」이라는 시를 페레에게 헌사했는데, 그중 몇몇 시구는 페레가 시를 쓰는 방식과 유사하다.

> 진홍빛 곳간에는 비췻빛과
> 벽옥(碧玉)빛 구석이 있다 만일 눈이 진주를 거부했다면
> 입은 피의 입이다
> 딱총나무는 칼의 우유를 위해 목을 내민다(I, p. 390)

  이 시에서 우리는 페레 시의 특징을 이루는 요소를 쉽게 발견할 수 있다. 다시 말해 부조리한 이미지들이 "의" "만일"과 같은 연결어의 남용을 통해 연쇄적으로 이어지고 있는 것이다. 또한 이 시는 서사적 요소를 갖고 있으면서도 원인과 결과의 논리적 관계는 무시한다. 한편 『죽도록 숙고 싶지 않다』(1924)에 수록된 「내 사랑의 한가운데에서」라는 시에서 엘뤼아르는 잠자는 초현실주의 시인 데스노스에게 아름다운 경의를 표한다.

> 온갖 움직임,
> 온갖 희생 그리고 온갖 탐험을 하는 사람이

잠을 잔다. 그가 잔다, 그가 잔다, 그가 잔다.
그는 보이지 않는 미세한 밤을 자신의 한숨으로 없앤다.
그는 춥지도 덥지도 않다.
그의 죄수는 탈출했다―잠자기 위해.
그는 죽지 않는다, 그는 잔다. (I, pp. 138~39)

데스노스는 자신의 '꿈의 산문'인 『지옥의 형벌 혹은 뉴헤브리디스』 (1922)에서 페레의 수수께끼 같은 팔을 등장시킨다. 그는 다른 초현실주의 동료들에게 했던 것과 마찬가지로 엘뤼아르의 이름을 언어-시각적 유희를 통해 "날개 혹은 예술?aile ou art?"(그대로 발음하면 〔엘루아르〕가 된다)이라고 새롭게 해석한다. 때로는 자동기술법적 실험을 통해 자신이 그린 그림 속에서 「여기에 엘뤼아르가 잠들다」라는 제목으로 시인의 죽음을 예고하기도 한다. 「'쾌활한' 묘지」라는 제목의 다른 그림에는 현실과 가상의 등장인물들과 뒤섞여 폴 엘뤼아르와 벵자멩 페레가 쉬고 있다.

한편 페레는 「폴 엘뤼아르의 초상」과 「로베르 데스노스의 초상」이라는 시를 썼다. 각각의 시에서 그는 시적 대상과 대화를 나눈다. 그는 엘뤼아르에게 이렇게 말을 건넨다. "원인들은 사라질 거야/하지만 네 구름들은 사라지지 않을 거야/내가 하나를 내 주머니에 넣어놓았거든 /(……)/우습지 않니?"(t. 1, p. 97) 데스노스를 향해서는 "강가의 크림이/네 심장의 두근거림을 낮게 했지//아-안녕"(t. 1, p. 101)이라고 노래한다. 페레의 초상화는 또한 자신의 친구에 대해 쓴 데스노스의 '자동기술적 초상화'를 환기시킨다. "바보 페레/생기 없는 네 눈이/오솔길에서/터져버렸네" "폴 엘뤼아르Paul Eluard, PE 평원 위의 양떼들이/털과 생각으로 만들어진 그들의 허파에 씨를 뿌렸다/시간이 사라졌다, 헬레나의 멋진 자객들이여/그녀로 인해 영웅들의 눈에 붕대가 감겨졌도다."(데스노스, O, p. 151)

세 시인들은 이러한 방식으로 작품 속에서 소통하고 있다. 또한 그들은 몇몇 작품을 공동으로 창작하기도 했다. 데스노스, 페레, 브르통이 함께 작업한 『날씨가 너무나 좋구나!』(1923), 페레와 데스노스의 『어린아이 유성』, 그리고 엘뤼아르와 페레의 『오늘날의 취향에 맞는 152개 속담들』(1925)이 그 결과물이다. 『날씨가 너무나 좋구나!』에서 주요 등장인물은 두 마리의 원숭이다. 그들은 시에 관해 토론한다. "가장 고귀한 시는 고통에서 나온다는 것을 잊지 말자고."(페레, t. 4, p. 269) 그들이 주장하는 고통으로부터 비롯된 시는 뒤에 전개될 분할된 몸 이미지를 염두에 둔 말이 아닐까? 두번째 원숭이의 외침은 페레의 다른 시나 동화에서 발견할 수 있는 몸의 분할과 기관들의 이탈, 그리고 노출 이미지를 환기시킨다.

두번째 원숭이: (……) 공기가 허파에서 빠져나올 때 모래 성분으로 되어 있지. 숨을 쉬면 살갗이 몸과 분리됨을 느껴, 살갗이 떨어져 나가는 거야. 오! 내 몸이 문처럼 열렸어. 오오오오오 내 위가 떨어져 나가. 내 창자가 굴러가. 오오오 내 늑골이 부서져. 난 곧 죽을 거야. (첫번째 원숭이처럼 고꾸라진다.) (*Ibid.*, p. 274)

이 희곡에 따르면 모든 시인들은 "포크로 된 머리, 조개로 된 몸통, 나뭇잎으로 뒤덮인 팔"로 구성된 혼종적 등장인물을 너무나 좋아한다(*Ibid.*, p. 276).

『어린아이 유성』은 미간행된 텍스트로, 페레의『전집』4권에 수록되어 있다. 이것은 페레와 데스노스가 동시에 창작한 후 두 시를 합친 혼성시다. 공동작가들은 페레 텍스트의 첫 단어와 데스노스 텍스트의 첫 단어를 합해서 "어린아이 유성"이라는 제목을 만들어냈다. 그 결과 두 개의 개인적인 글쓰기는 혼성적인 새로운 글쓰기로 변형되고 있다.

『오늘날의 취향에 맞는 152개 속담들』에서 엘뤼아르와 페레는 일상적인 속담의 형식을 유지한 채 완전히 새롭고 괴상한 내용을 만들어낸다. 그들은 민속속담의 몇 단어만을 바꾸기도 하고, "오늘날의 취향에 맞는" 충격적이고 새로운 속담을 생성해내기 위해 여러 방향의 도치를 시도하기도 한다. 이 속담들은 이상하고 기이한 수많은 몸 이미지들과 성적인 삶의 모습을 내포하고 있다. '창녀가 거리에서 손님을 끌다faire le trottoir'라는 기존의 숙어는 "보도는 성기들을 뒤섞는다Le trottoir mélange les sexes"(엘뤼아르, I, p. 155)라는 속담 9에 함축적으로 들어 있다. 속담 8의 경우 독자들은 주어와 동사의 논리적인 연결을 이해할 수 없다. "교황과 자는 사람은 반드시 발이 긴 사람이다."(*Ibid.*) 이 표현은 "멀리 여행하고자 하는 사람은 자기 말을 잘 정비해야 한다" 또는 "교황이 되기 위해서는 선견지명이 있어야 한다"라는 기존의 하위 텍스트를 기반으로 하여 통사적·의미론적·음성론적 유사성의 원칙에 따라 만들어진 것이다.[17]

68번째 속담인 "냄새의 대리석은 움직이는 핏줄을 갖고 있다"(I, p. 57)는 물질(대리석)과 비물질(냄새), 부동의 것(대리석)과 유동의 것(움직이는 핏줄), 광물(대리석)과 인간(핏줄), 차가움(대리석)과 온기

---

17) Marie-Paule Berranger, *Dépaysement de l'aphorisme*, Paris, Corti, 1988, p. 145.

(움직이는 핏줄의 이미지가 환기하는 피의 온기) 사이의 이분법을 무너뜨린다. 그것은 시각과 후각, 촉각의 감각을 뒤섞는다. 그리하여 대리석에 움직임을 부여함으로써 이 속담은 프랑스어에서 '대리석처럼 차가운' 또는 '대리석처럼 남아 있다'라는 관습화된 경구를 완전히 해체한다.

몇몇 속담은 몸에서 잉여 부분이라고 여겨지는 손톱이나 털이 자라는 모습을 중심으로 이상한 원인과 결과를 보여준다.

32. 오줌이 멀리 나갈수록, 수염도 길게 자란다.(I, p. 156)
53. 손톱을 심으면 횃불을 수확하리라.(I, p. 157)
81. 떨어진 털들이 이유 없이 자라지는 않는다.(I, p. 158)

엘뤼아르와 페레의 초현실주의 속담은 일상언어에 의문을 제기하고 언어와 감각 세계, 언어와 인간과의 관계를 다시 생각해보게 한다. 또한 속담이 민중의 정신을 내포하고 있는 것처럼, 두 공동창작자는 "보편성에 호소하여, '나'를 피하고 발화주체를 모든 비인격적인 것 뒤에 숨김"[18]으로써 자신들의 속담에서 새로운 대중의 정신을 불러일으키고 있다.

세 시인의 작품들과 창작과정 사이에서 벌어지는 이 모든 교차는 그들이 초현실주의와 관련해서 서로 완전히 다른 입장을 취하고 있었다는 사실을 부인하지 않는다. 페레는 끝까지 초현실주의의 중심에 남아 있었던 반면, 엘뤼아르와 데스노스는 각자 원하는 시기에 그룹을 떠났다. 엘뤼아르가 자동기술적 글쓰기에 대해 유보적인 태도를 보이면서 그것

---

18) *Ibid.*, p. 17.

과 뚜렷이 구분된다고 생각한 시를 선호했다면,[19] 데스노스와 페레는 이러한 초현실주의적 경험에 열렬히 빠져들었으며, 최면적인 꿈 실험과 같은 무의식의 시 쓰기에 경도되었다.

세 시인의 차이점은 몸 이미지상의 차이점을 동반한다. 엘뤼아르는 다른 시인들보다 더 꾸준히 몸의 다양한 부분을 시화(詩化)하고 있으며, 특히 몸과 외부세계의 합일에 천착한다. 초현실주의 실험 때 진정한 영매로 등극했던 데스노스는 내부에서 본 몸의 파편화 현상에 관심을 기울인다. 저항정신으로 가득 찬 페레는 몸의 그로테스크하면서 동화적인 측면을 강조하고 있으며, 감각들 간의 조응을 특화시켜서 특히 미각과, 보다 광범위하게 입으로부터 비롯되는 감각을 집중적으로 조명한다.

이 시인들은 세계에 대한 새로운 시각을 유도하며 일상적인 현실 너머로의 문을 여는 몸의 다양한 이미지를 창출한다. 그들은 우리로 하여금 "우리 몸의 몇몇 금지된 부분들"을 보게 하고 "통상 보던 방식과는 다른 방식으로" 그것들을 보게 한다.[20] 세 시인에게 나타나는 몸의 재현 양상에 관한 분석은 초현실주의 그룹의 공통된 지향점과 각 시인의 고유한 특별성을 동시에 드러낼 수 있으리라 생각된다. 또한 앞서 밝혔듯

---

19) 엘뤼아르가 보기에 시는 자동기술적인 텍스트나 '꿈의 산문'과 확연히 달랐다. 그가 『삶의 이면들 혹은 인간의 피라미드』(1926) 서문에 쓴 글을 참조해보자. "꿈, 아무도 그것을 시라고 간주할 수 없다. 꿈은 경이로움에 사로잡힌 정신에게 살아 있는 현실이다. 하지만 시, 그것을 통해 정신은 세계를 탈감각화하고자 하며 모험을 고취시키고 매혹을 감내하고자 한다. 시는 충분히 잘 정의된 의지의 결과이며, 잘 기술된 희망 혹은 절망의 메아리라는 것을 아는 일은 너무도 중요하다." Eluard, I, p. 550과 p. 1388. 이에 관해서 브르통의 언급도 참조해보자. "[엘뤼아르의] 시에 대한 뚜렷한 선호를 동반하는 장르의 구분은 내게 갑자기 (……) 초현실주의 정신과 형식적으로 모순을 이루는 것처럼 여겨졌다." André Breton, *Entretiens* avec A. Parinaud, cité dans Eluard, I, p. 1388.

20) Michel Butor, "Entretien: Michel Butor, Henri Maccheroni, Michel Sicard," *op. cit.*, p. 53.

이 시인들 이외에도 초현실주의 화가들은 몸의 다양한 이미지를 통해 그들의 미학을 표출하고 있다. 그렇다면 몸은 시인과 화가들이 만나는 지점 또한 될 수 있지 않을까? 그리하여 그들이 서로 나누는 예술적인 대화를 분석하게 만들어줄 수 있지 않을까? 이런 의미에서 우리는 몸이 언어적인 것과 시각적인 것의 융합이 벌어지는 중요한 장소로 기능하고 있음에 주목하고자 한다.

몸은 현대 이데올로기에서 중요한 위치를 차지하고 있으며, 다양한 비평의 관심대상이다. 필립 코마르는 몸 이미지에 대한 연구서에서 "20세기 초 이래, 몸의 이미지는 다양한 실험의 대상이 된다"[21]라고 지적한다. 인류학, 정신분석학, 기호학, 현상학, 미학은 각 영역의 고유한 관점에서 몸이라는 주제의 다양한 측면과 의미를 도출해낸다. 몸의 다양한 특성 전체를 고찰하기 위해서는 한 가지 방법론만으로는 부족하며 광범위한 시각이 필요하다고 생각된다. 따라서 이 글은 초현실주의 작품들을 분석하기 위해 몸에 대한 중요한 사유를 전개하고 있는 다양한 방법론 가운데 하나를 선택하느라 다른 방법론들을 배척하지 않을 것이다.

인류학적 접근에서 볼 때 몸은 인간에게 있어서 최초의 도구다.[22] 마르셀 주스는 『몸짓의 인류학』이라는 저서에서 인간이 자신의 육체와 더

---

21) Philippe Comar, *Les images du corps*, Paris, Gallimard, 1993, p. 5.
22) 마르셀 모스는 「몸의 기술들」이라는 중요한 소논문에서 다음과 같이 쓴다. "몸은 인간에게 있어서 첫번째이며 가장 자연스러운 도구다. 더욱 정확히는 도구라고 말하지 않더라도, 인간에게 있어서 가장 최초의, 그리고 가장 자연스러운 테크닉 대상이자 동시에 테크닉 수단은 바로 자신의 몸이다." Marcel Mauss, *Sociologie et anthropologie*, Paris, PUF, [1950], 1983.

붙어 생각한다고 확언한다. 여기에서 '생각한다penser'란 어원학적 의미에서 '균형을 잡다équilibrer'를 의미한다(pensare생각하다=peser무게를 재다=균형을 잡다équilibrer). 이 인류학자에 따르면 "인간이 앞과 뒤, 오른쪽과 왼쪽, 높은 것과 낮은 것으로 공간을 가르는 것은 인간이 갖고 있는 대칭구조에 의해서이며, 인간은 이 양쪽 대칭의 중심에 있다."[23)]

초현실주의적인 몸과 몸짓들은 인류학적인 '대칭주의'를 무너뜨린다. 초현실주의자들은 몸의 특정 부위를 과도하게 늘이거나 공간 속으로 몸의 파편들을 흐트러뜨리면서 대칭의 균형을 깨뜨린다. 비대칭적인 몸의 파편들은 역설적이게도 모든 모순되는 것을 결합하는 매개가 된다. 이는 초현실주의 연구가 앙리 베아르와 미셸 카라수가 언급한 "초현실주의적 휴머니즘"과 통한다.

인간 개인을 한정짓는 모든 가로막을 무너뜨리는 데 초현실주의적 휴머니즘이 있다. 초현실주의는 어떤 것을 배척하는 행위나 서로 상반되는 것들로 구획짓는 행위(이성-광기, 현실-환상, 아이-어른, 깨어남-잠이 듦)를 거부한다. 초현실주의는 궁극적으로 영원한 창조와 발명 상태에 있는, 재통합된 인간을 추구한다.[24)]

기호학적 접근에서는 몸과 언어의 관계를 강조하는 연구가 주목을 끈다. 피에르 기로의 두 연구서 『섹슈얼리티의 기호학』과 『몸의 언어』[25)]

---

23) Marcel Jousse, *L'Anthropologie du geste*, Paris, Resma, 1969, p. 17, p. 203.
24) Henri Béhar, Michel Carassou, *Le surréalisme*, Paris, Librairie Générale Française, [1984], 1992, p. 9.
25) Pierre Guiraud, *Sémiologie de la sexualité*, Paris, Payot, 1978. Pierre Guiraud, *Le langage du corps*, Paris, PUF, 1980.

는 이 분야에서 아주 중요한 저작이다. 첫번째 책은 성적인 의미를 담고 있는 언어들을 어원학적으로 연구하고 있다. 두번째 책에서 저자는 한편으로 "언어와 몸" 사이의 관계들, 즉 "육체적 현실"을 지칭하는 격언과, 다른 한편으로 "몸의 언어," 다시 말해 소통체계로 해석될 수 있는 육체적 행위와 몸짓들을 구분하여 연구하고 있다. 이러한 구분을 참조로 하여 이 책은 초현실주의 시인들이 새롭게 창조했던 격언이나 속담을 분석하면서 "몸과 언어"의 관계에 대해 탐색할 것이다. 또한 그들이 작품 속에서 보여주는 몸의 움직임, 동작, 징후를 분석하면서 "몸의 언어"를 살펴볼 것이다.

기호학적 시각을 채택한 다른 연구자 가운데 그레마스와 자크 퐁타니유는 정서와 열정의 역할을 분석하면서 몸과 의미를 연결짓는다. "지각은 인간과 환경 사이의 상호작용으로서 상식의 세계를 이해하려고 노력하는 데 시금석이 될 것이며 (……) 몸 자체는 세계를 의미의 영역으로 접근하도록 해줄 것이다."[26] 조르주 몰리니에는 "예술의 효과는 전적으로 에로틱한 효과의 가장(假裝)이다"[27]라고 선언한다.

이같이 언어학과 기호학이 몸과 글쓰기의 관계와 그 효과에 천착하고 있다면, 정신분석학에서는 수용자적 입장보다는 창작자의 입장에서 몸을 연구하고 있다. 이 분야의 많은 연구자들은 어떻게 육체가 작품창작에 개입하는지를 연구하며,[28] "파롤은 실상 언어의 선물이며 언어는 비

---

26) Algirdas J. Greimas, Jacques Fontanille, *Sémiotique des passions: des états de choses aux états d'âme*, Paris, Seuil, 1991, p. 32.
27) Georges Molinié, *Sémiostylistique: l'effet de l'art*, Paris, PUF, 1998, p. 197.
28) Jean Guillaumin (dir.), *Corps création: entre Lettres et Psychanalyse*, Lyon, Presses universitaires de Lyon, 1980. Michel Ledoux, *Corps et création*, Paris, Les Belles lettres, 1992.

물질적이지 않다. 그것은 섬세한 육체이긴 하지만 확실히 육체이다"[29] 라는 라캉의 사유에 따라 몸으로 만들어지는 언어인 '몸-텍스트'의 특징을 연구하고 있다.[30] 다른 정신분석적인 연구서에서는 몸과 정신현상 사이의 중요한 관계, 특히 "몸의 구조"와 "몸의 이미지"로 종합할 수 있는 몸의 표현에 대해 연구한다.[31] 제라르 다누는 "몸의 이미지는 해부학적인 것, 성욕을 자극하는 것(구순, 항문, 성기), 그리고 환상적인 것의 교차로에 있다"[32]라고 말한다. 이러한 저서들 이외에도 수많은 정신분석 잡지들이 몸의 문제에 대해 특집호를 할애하고 있다.[33] 사미 알리는 현실과 상상이라는 이중관계 속에서의 몸의 경험에 대한 독창적인 접근을 시도하기도 한다.[34]

정신분석이 초현실주의 운동에 미친 영향은 지대하다. 또한 반대로 초현실주의자들은 프랑스에 정신분석을 전파하는 데 크게 기여하기도 했다. 많은 초현실주의자들이 표현하는 혼종적인 몸의 유형은 예술적 차원에서 프로이트의 "불안한 낯섦"을 구현한다. 자동기술법 또는 최면

---

29) J. Lacan, *Ecrits*, Paris, Seuil, 1966, p. 301.
30) Guy Rosolato, "La voix entre corps et langage," in *Revue française de psychanalyse*, vol. 38, n° 1, pp. 75~94.
31) P. Schilder, *L'image du corps*, Paris, Gallimard, 1950. Janine Chasseguet-Smirgel, "Corps vécu et corps imaginaire dans les premiers travaux psychanalytiques," in *Revue française de psychanalyse*, t. 27, n° 2, 1963, pp. 255~70. Gérard Guillerault, *Les deux corps du moi: schéma corporel et image du corps en psychanalyse*, Paris, Gallimard, 1996.
32) Gérard Danou, *Le corps souffrant : littérature et médecine*, Seyssel, Champ Vallon, 1994, p. 12.
33) *Nouvelle revue de psychanalyse*: n° 3 "Lieux du corps," printemps 1971. n° 9 "Le dehors et le dedans," printemps 1974. *Topique*: n° 9-10 "Sens du corps," 1972.
34) Sami-Ali, *Corps réel, corps imaginaire: pour une épistémologie du somatique*, Paris, Dunod, 1998.

적 잠과 같은 초현실주의 실험은 생각을 이성으로부터 분리해내고자 했던 방법이었다. 초현실주의자들은 또한 정신병에서 창작의 근원을 찾아내기도 한다. 자닌 핑크가 지적하듯이, "초현실주의자들은 그들의 시적 경험 속에서 착란으로 특징지어지는 언어를 재창조하고자 했으며, 그 결과 모든 언어 소통체계를 무너뜨리기에 이르렀다."[35] 이 같은 언어적 분열의 문제 이외에도 주체의 분열에 대한 문제가『초현실주의적 실험에 있어서 광기와 초현실주의』라는 공동저작에서 깊이 있게 다루어졌다.[36] 정신분석과 관련하여 이 책에서는 특히 무의식의 세계에 닿아 있는 로베르 데스노스의 작품을 통해 몸, 주체, 언어, 세계의 분열과 파편화라는 주제를 상세하게 분석하고자 한다.

한편 현상학자 메를로퐁티는 몸과 감각의 존재론을 부각시킨다. 그는 『보이는 것과 보이지 않는 것』에서 "우리의 경험은 우리의 몸으로 세계를 사는 것이다"[37]라고 말하면서 보고 만질 수 있는 것들은 우리 몸의 연장선상에 있음을 환기시킨다. 메를로퐁티의 현상학에 관한 연구들은 육체의 차원에 주목하기도 하고[38] 육체적 표현력을 언어 형태로서 조명하기도 한다.[39] 이 같은 메를로퐁티의 현상학적 접근은 특히 초현실주의

---

35) Jeannine Finck, "Surréalisme et psychanalyse," in *La nouvelle tour de feu*, n° 19-20, 1990, p. 121.
36) Fabienne Hulak (dir.), *Folie et psychanalyse dans l'expérience surréaliste*, Nice, Z'éditions, 1992.
37) Maurice Merleau-Ponty, *Le Visible et l'invisible*, Paris, Gallimard, 1964, p. 48.
38) Michel Henry, *Philosophie et phénoménologie du corps*, Paris, PUF, 1985. Jean-Bernard Liger-Belair, *L'ombre nécessaire: phénoménologie du corps*, Paris, Félin, 1990. Jean-Marie Tréguier, *Le corps selon la chair: phénoménologie et ontologie chez Merleau-Ponty*, Paris, Kimé, 1996.
39) Michel Bernard, *L'expressivité du corps*, Paris, Chiron, 1986. Y. Thierry, *Du corps parlant: le langage chez Merleau-Ponty*, Bruxelles, Ousia, 1987. Jean-Yves Mercury, *L'expressivité chez Merleau-Ponty: du corps à la peinture*, Paris, L'Harmattan, 2000.

화가들과 시인 엘뤼아르의 작품 속에 나타나는 몸 이미지를 조명하는 데 유용할 것으로 보인다. 이들이 표현하는 몸은 메를로퐁티가 보이는 것을 보이지 않는 것의 안감과 함께, 그리고 현존하는 것을 부재하는 것의 안감과 함께 언급하면서 "존재의 열림une déhiscence de l'Etre"[40] 이라고 지칭한 것을 구현한다.

이 현상학자와 마찬가지로 엘뤼아르에게 몸에 관한 사유는 항상 비전과 그림에 대한 사유를 동반한다. 관계에 관한 지속적인 염려 속에서 시인의 시선은 보면서 보이는 몸, 만지면서 만져지는 몸을 동시에 구현한다. 이 책 2부에서는 몸의 엘뤼아르적인 재현이 "결합된 몸들,"[41] 다시 말하면 타인들과, '우리의 몸'의 연장인 세계와 밀접한 관계가 있는 '내 몸'에 대한 메를로퐁티의 사유에 어떻게 부합하는지를 살펴볼 것이다.

또한 문학과 미학 분야의 중요 저작들은 이상화된 몸, 모욕당한 몸, 사형당한 몸, 전이된 몸, 알레고리적인 몸 등 몸에 관한 사유를 심화하는 다양한 주제들을 제시해준다.[42] 중세와 르네상스의 미학 속에서 몸에 관계된 저작들, 예컨대 라블레적인 몸을 다룬 저작들[43]은 페레가 재현한

---

40) Maurice Merleau-Ponty, *L'Œil et l'Esprit*, Paris, Gallimard, 1964, p. 85.

41) *Ibid.*, p. 13.

42) Françoise Chenet-Faugeras, Jean-Pierre Dupouy, *Le corps*, Paris, Larousse, 1981. Bernard Brugière, *Les figures du corps : dans la littérature et la peinture anglaises et américaines, de la Renaissance à nos jours*, Paris, Publications de la Sorbonne, 1991. Philippe Comar, *Les images du corps*, op. cit. Nadeije Laneyrie-Dagen, *L'invention du corps : la représentation de l'homme du Moyen Age à la fin du XIXe siècle*, Paris, Flammarion, 1997.

43) Mikhaïl Bakhtine, *L'œuvre de François Rabelais et la culture populaire au Moyen âge et sous la Renaissance*, Paris, Gallimard, 1973. Louis Marin, "Les corps utopiques rabelaisiens," in *Littérature*, n° 21, 1976, pp. 35~51. Martine Sauret, "*Gargantua* et les délits du corps, New York, Peter Lang, 1997.

환상적이고 그로테스크한 몸에 접근하는 데 도움을 줄 것이다.

지금까지 중요한 저작들을 개괄한 결과, 우리는 몸의 문제를 다룬 연구들이 얼마나 다양한 시각을 갖고 있는지 알 수 있었으며, 또한 정신분석학적 인류학, 기호학적 현상학, 현상학적 정신분석학 등 얼마든지 다학제적 접근이 가능함을 깨닫게 되었다. 이제 우리는 서로 상호보완적으로 보이는 이러한 분석방법을 광범위하게 원용하면서, 고정된 단 하나의 잣대를 선험적으로 부여하지 않은 채 초현실주의적인 몸의 의미를 다양한 시각으로 읽어보려 한다.

이 책은 초현실주의 화가들의 작품에 뚜렷하게 나타나는 몸의 테마를 개괄한 후, 차례대로 엘뤼아르, 데스노스, 페레의 작품을 상세히 연구할 것이다. 엘뤼아르의 몸 이미지에 관해서는 연속되는 세 장에 걸쳐 여성의 몸과 자연, 사적인 몸과 공적인 몸, 씌어진 몸과 그려진 몸의 삼중 관계에 대해 분석하려고 한다. 이러한 과정에서 우리는 엘뤼아르적인 몸이 어떤 방식으로 부분과 전체, 보는 주체와 보이는 대상, 구체와 추상, 볼 수 있는 것과 읽을 수 있는 것 사이의 표면적인 이분법을 무너뜨리고 사물, 존재, 예술 사이의 긴밀한 합일을 이루는 매개적 역할을 하고 있는지를 밝힐 수 있으리라 기대한다.

데스노스에 할애된 부분에서 우리는 존재의 내부에 깊숙이 침투하여 몸 내부의 풍경이 깃는 신비를 밝히고자 하는 시인의 모험을 따라가려고 한다. 첫 장에서는 이러한 모험을 위해 반드시 통과해야 할 과정이라고 여겨지는 분할된 몸과 죽은 몸의 재현이라는 문제를 생각해볼 것이다. 다음 장에서는 일반적으로 생명이 없다고 여겨지는 존재의 육체성을 보여주고자 시인이 연출하는 다양한 혼종적인 몸을 조명하기로 한다. 마지막으로 앞의 두 장에서 살펴본 몸의 절단과 재구성의 이미지가 어떻게 데스노스적 글쓰기의 독특한 특징을 이루는 아나그램, 반(反)블라종, 언어유희 같은 글쓰기의 과정과 관련되는지를 분석할 것이다. 데스노스는 상투적인 언어와 일상적인 몸을 자신의 마음대로 변형하여 새롭게 재구성함으로써 세상을 변혁하려는 초현실주의적인 야심을 드러내고 있는 것이 아닐까?

페레의 작품에 관한 연구에서 우리는 특히 페레적 글쓰기의 유동성과 연관된 동화적이고 그로테스크한 몸의 변형이 갖고 있는 힘을 발견하고자 한다. 그러기 위해 우선 삼키고 뱉는 동화적인 몸의 교차적 움직임이 어떤 방식으로 몸과 세계 사이의 전도를 가져오고 있는지, 또한 안과 밖의 소통을 이루어내고 있는지를 살펴볼 것이다. 다음으로 시인이 몸의 하부와 '낮은 언어'를 자주 시화함에 있어서, 일반적으로 금기시되는 몸의 부위와 언어표현에 호소하는 과정에서 드러나는 그로테스크한 몸의 다양한 변형을 분석하고자 한다. 마지막으로 극도로 빠른 언어와 이미지의 변형으로 특징지어지는 페레의 글쓰기를 검토할 것이다. 글쓰기를 이미지의 문제와 초현실주의 유희들과의 관련 아래 연구해봄으로써 우리는 페레의 글쓰기가 일상에서 신비로움을 발굴해내기 위해 때로는 과격하게, 때로는 우스꽝스럽게 일상세계를 도발하고 있음을 볼 수 있을 것이다.

세 시인을 다루는 부분은 각기 하나의 완결된 작은 글처럼 여겨질 수도 있겠지만, 이 책의 목적은 서로 다른 세 연구들을 병치하고자 하는 것이 아니라 그것들을 엮어서 그들 간에 내재적으로 연관된 부분을 조명하고자 하는 것이다. 다시 말해 초현실주의적인 몸들 사이의 공통점과 차이점을 총체적 시각에서 도출해내기 위해 우리는 각 시인에게 고유한 몸 이미지들의 항시적인 특성을 부각하고자 한다. 따라서 마지막 부분에서는 앞 부분에서 다룬 세 시인들을 초현실주의 전체 속에 배치하고 비교하여 몸, 시, 회화 사이의 삼중의 관계를 조명하고, 초현실주의의 고유한 몸의 특징과 의미를 밝히고자 한다.

제1부 초현실주의 회화와 몸의 유형

세 시인이 재현해낸 몸의 특성을 살펴보기 전에 초현실주의 시각예술에 나타난 몸 이미지의 중요한 테마들을 훑어보도록 하자. 그럼으로써 마지막 부분에서 초현실주의 시인들이 쓴 몸과 초현실주의 화가들이 그린 몸을 초현실주의의 전체 맥락 아래 연관지을 수 있게 될 것이다. 이 연구가 시작품에 집중되어 있기 때문에, 지금부터 소개할 회화작품의 파노라마는 개괄적인 특성을 띤다. 초현실주의 회화작품에 나타난 핵심 테마들은 일종의 '초현실주의적 몸의 유형학'을 구성하여 시를 비롯한 초현실주의 창작물 전체에서 몸 이미지들을 조명하는 데 유용한 기틀이 될 것이다. 따라서 회화적으로 재현된 몸의 변용과 그것이 초현실주의 비전과 맺는 관련에 집중하여, 1부에서는 초현실주의의 회화적인 몸에 있어서 핵심적인 일곱 테마를 다룬다. 변용을 이루는 몸의 측면에서 분할되고 파편화된 몸, 혼종적인 몸, 몸의 과도한 왜곡, 탐욕스러운 몸과 먹을 수 있는 몸을 생각해보고, 초현실주의 비전과 연관되는 부분에서는 여성의 나체, 풍경으로서의 몸, 눈의 테마를 살펴보자.

1장 | 몸의 변주와 외적 형상

초현실주의 그림들은 관습적인 몸이 완전한 변용을 일으키는 장이다. 화가 개인의 특별한 취향에 따라 몸은 자유롭게 절단되고, 다른 요소와 혼종되고, 터무니없이 커지거나 다른 세계에 의해 삼켜져서, 이 모든 몸에 대한 폭력이 몸에 부여된 제약들에 대항하는 초현실주의적 저항을 상징하는 것으로 여겨진다. 그렇다면 몸의 변용과정마다 어떠한 독특하고 새로운 이미지들이 발견되고 있으며, 이 같은 발견은 어떠한 의미를 담지하고 있는가?

1. 분할되고 파편화된 몸

화가들은 이상적인 몸이 가져야 할 비례와 균형에 대한 저항의 표시로, 그들의 그림을 일상의 몸에 대한 탈출과 변용의 장으로 삼고 있다. 몸의 특정 부위가 훼손되는 구도는 이들이 즐겨 그리는 모티브다. 코,

팔, 다리 등이 몸 전체에서 분리되어 부정형의 공간을 떠도는 그림을 대하면서 보는 이들은 폭력과 해방감, 고통과 우스꽝스러움, 낯섦과 친근함이라는 상반된 감정을 함께 경험하게 된다. 화가들이 표현하는 몸은 자신의 몸에 대해서는 낯설지만 타인의 몸과는 친숙하다. 몸에서 분리된 몸의 일부는 결코 하나의 전체로 모아지지는 않지만, 이질적 요소와는 자유롭게 합일을 이루고 있기 때문이다. 에메 블레카스텐은 이에 대해 다음과 같이 지적한다. "'나'와 '타인'은 그들을 갈라놓으면서 동시에 만나게 하는 같은 문 뒤에서 마주본 채로 같은 살 속에 갇혀 있다. 그들은 동시에 문을 두드리면서 서로 소통하기 때문이다. 가장 강렬한 욕망은 혼합의 욕망, 완전성을 향한 욕망이다."[44] 초현실주의의 몸은 정체성과 이타성 사이에서 방황한다.

  아폴리네르의 "태양 잘린 목"이라는 시적 선언 후에, 이성을 상징하는 '머리'는 많은 초현실주의 화가들의 공격대상이 되었다. 「셀레베스 혹은 셀레베스의 코끼리」(1921, 그림 1)에서 막스 에른스트는 거대한 혼종적 코끼리 옆에 머리 없는 여성의 벗은 몸을 배치시킨다. 마치 미완성으로 남겨둔 콜라주 그림처럼, 떼어낸 머리의 부분은 곧 이질적인 다른 요소에 의해 채워져야 할 것처럼 남아 있다.

  르네 마그리트의 1927~28년작인 「밤의 장르」(1928, 그림 2), 「중세의 공포」「숫처녀의 형벌」(1927)에는 모두 머리가 없다. 「밤의 장르」에서 표현된 이미지는 특히 상징적이다. 이 그림에서 벌거벗은 상반신을 모두 드러내놓은 여성은 양손으로 얼굴을 가리고 있다. 더 정확히는 목 위의 사라져버린 얼굴을 가리고 있다. 이러한 몸짓은 애매하다. 우리는

---

44) Aimée Bleikasten, "Le corps-objet dans le langage poétique de Jean Arp," in *Recherches & travaux*, n° 36, 1989, p. 200.

이 등장인물이 보고 싶어하지 않는 것인지, 아니면 볼 수 없는 것인지, 또는 보이기를 거부하는 것인지 알 수 없기 때문이다. 머리 없는 여성의 옆에는 특이한 오브제가 놓여 있다. 틀림없이 그녀와 상징적으로 연결되었을 타원형의 금이 간 이 오브제는 달걀이나 거울을 연상시킨다. 만일 그것이 깨진 거울을 나타낸다면, 거울의 이미지는 감추기의 유희에 의해 부재성이 이미 강화된 머리의 이미지적 충격을 배가한다. 만일 그것이 달걀을 나타낸다면, 우리는 이 여성이 그녀 옆의 달걀처럼 변신을 하는 중이라는 생각을 하게 된다. 오브제의 균열이 연상 가능하게 하다시피, 껍질을 깨고 새가 나오려는 것과 마찬가지로, 그녀가 손을 뗀다면 여성의 얼굴이 마법처럼 다시 나타날 것만 같다.

앞의 두 화가가 머리 없는 여성의 테마를 다루고 있다면, 앙드레 마송은 머리 없는 남성을 보여준다. 「머리 없는 사람」(1937, 그림 3)이라는 잡지의 표지를 장식하고 있는 그림은 머리 없는 사람이 오른손에는 수류탄을, 왼손에는 단도를 쥐고 양팔을 벌리고 서 있는 모습으로 형상화된다. 수류탄으로 머리를 잃었든, 단도로 참수되었든 간에, 이 등장인물의 모습은 이성의 상징인 머리를 훼손당해 그 지배에서 자유로워진 몸을 나타낸다. 그의 젖꼭지는 두 개의 별로 대체되어 있고, 투명한 몸은 창자의 모양을 겉으로 드러낸다. 또한 그의 성기는 해골로 변해 있다. 마송의 머리 없는 사람은 몸과 우주(별), 안과 밖(보이는 창자), 삶과 죽음 또는 에로스와 타나토스(성기와 해골) 사이를 왕래한다. 머리를 잃어버린 것은 사유할 수 있는 것 너머의 세계로 향한 것이고, 이는 초현실주의자들이 강력하게 투쟁한 이성의 질서에서 해방되고자 하는 욕망을 표출한다. 그렇다면 성기를 대신해 위치한 머리는 이성과 성적 충동의 합일을 의미하는 것일까?

살바도르 달리는 성모 마리아상의 머리를 수백 개의 조각으로 부서트린「조각난 라파엘로식의 머리」(1951, 그림 4)를 제시한다. 그 머리는 르네상스 스타일의 둥근 지붕처럼 표현되어 있어서, "여기에서 조각난 것은 이상적인 한 개인일 뿐 아니라 모든 문화적 근본임이 명백해진다. (……) 고딕이나 르네상스에 공통된 성녀의 이상적인 원형은 달리의 세계 속에서 변모된다."[45]

한편 초현실주의 화가들이 제거하고자 하는 대상은 단지 머리뿐만이 아니다. 신화에 특별한 관심을 기울인 앙드레 마송은「사지가 찢긴 오르페우스」(1932)에서 찢긴 몸의 테마를 형상화한다. 마송에게 찢긴 몸의 테마는 신화 속에서 조각난 오지리스가 즉시 재구성되어 살아났듯이, 부활의 의미와 연관된다. 살바도르 달리의 그림에서 표현되는 육체들은 이보다 더 그로테스크하게 완전히 사지가 찢겨지고 분해되어서 수중이나 대기의 공간을 떠돌고 있다.「세니시타스」(1926~27, 그림 5),「최초의 소름」(1928),「음산한 유희」(1929)에 나타난 몸의 파편들은 마치 무의식이나 꿈속의 풍경을 보는 듯한 느낌을 준다.

몸을 조각내고자 하는 초현실주의자들의 집착은 비례나 균형으로 정의되는 아름다움의 관습적 기준을 전복한다. 르네 마그리트의「영원한 진리」(1930, 그림 6)에서 이상적인 여성상은 몸의 조각난 이미지를 통해 재정의된다. 필립 코마르에 따르면, "몸을 조각내는 행위는 '분절할 수 없는 몸'이라는 함의를 담고 있는 '개인individu'의 기반을 이루는 통일성의 원리를 거부한다."[46]

---

[45] J.-P. Hodin, "A madonna motif in the work of Munch and Dali," in *The Art Quaterly*, été, 1953. Cité dans *Salvador Dali, rétrospective 1920~1980*, 18 décembre 1979~14 avril 1980, Paris, Centre Georges Pompidou, Musée national d'art moderne, 1979, p. 378.

사실 「영원한 진리」라는 제목 아래 각각 여성 나체의 한 부위를 보여주는 다섯 개의 액자가 제시되고 있기 때문에, 통일성의 원리는 이 화가에게 다수성의 원리와 통한다고도 말할 수 있다. 화가는 몸의 일부가 작품 전체를 만들기에 완전히 충분할 수도 있고, 또한 서로 분리된 다섯 개의 그림들이 단 하나의 작품을 총체적으로 구성할 수도 있음을 보여준다. 좀더 일반적으로 말하자면 그것은 각 부분이 전체와 등가를 이루고 다수성이 통일성과 모순되지 않는다는 것을 의미한다.

「위험한 관계들」(1936, 그림 7)에서 마그리트는 라클로의 유명한 소설 제목을 그대로 취하면서[47] 여성의 벗은 몸과 거울 속에 비친 반영 사이의 불일치를 제시한다. 이에 대해 막스 로호는 "그것은 분명 같은 몸이지만 서로 불일치되어 있다. 그것은 동시에 하나이자 분열된 자아다. 자기 자신과 같으면서도 다르다. 그림의 주체는 서로 끼워 맞출 수 없는 상반된 두 면을 갖고 있는 육체다"[48]라고 분석한다. 거울은 멀리 몸 밖에서 몸을 비추는 일상적인 역할을 수행하지 않으며, 오히려 그림 속의 그림의 역할을 담당한다. 그것은 감춰진 것을 볼 수 있게 하면서 몸의 다른 측면과 나아가 내부에서 본 몸을 노출한다. 이러한 마술적인 거울을 모델인 여성 자신이 들고 있다는 사실도 흥미롭다. 그녀는 단지 보이는 대상일 뿐 아니라 자신의 숨겨진 진실을 보여주는 주체가 된다. 이 그림은 앞과 뒤의 불가능한 동시성을 가능하게 한다.

---

46) Philippe Comar, *op. cit.*, p. 40.
47) 계속해서 살펴볼 마그리트의 다른 그림들의 제목 또한 문학작품에서 빌려온 것이 많다. 드니 디드로의 소설 제목에서 따온 「분별없는 보석들」(1748), 루소의 제목에서 따온 「고독한 산책가의 몽상」(1782), 그리고 루이스 캐롤의 유명한 동화 제목에서 따온 「이상한 나라의 앨리스」(1865) 등이 있다.
48) Max Loreau, *La peinture à l'œuvre et l'énigme du corps*, Paris, Gallimard, 1980, p. 258.

고유한 몸의 이질적 측면은 「과대망상증」(1967, 그림 8)에서도 탁월하게 연출된다. 마그리트는 이 작품을 통해 머리와 팔다리가 없는 여성을 제시하는데, 이 여성의 몸은 점점 크기가 작아지는 세 조각으로 나뉘어 서로에게 걸쳐 놓여 있다. 육체의 바벨탑이라 불러도 좋을 만큼 신체 부위 간 소통은 불가능해지고, 결국 조각난 몸은 화가의 의지대로 재구성된 후에 새로운 현실성을 부여받게 되며 불일치 속에서 완전함으로 소급된다.

초현실주의 화가들은 불안하고 괴상하고 우스꽝스럽기도 하며 경이로운 조각난 몸의 이미지를 제시한다. 지금까지 살펴본 몸의 유형이 단절과 파괴로 이루어진 세계라는 현대적 감정과 닿아 있다면, 파편화된 몸의 이미지만큼이나 화가들의 작품 속에 무수히 등장하는 새롭게 재구성된 몸의 이미지는 파편적인 세계를 자신들의 의지대로 혼합하여 재탄생시키려는 욕망을 반영한다. 그것이 바로 혼종적인 몸 이미지들의 유형이다.

2. '혼종성의 몸corps hybrid'

조가조가 떼어 흩어지는 몸들은 동물, 식물, 광물, 인간, 사물 사이의 모든 구분을 없애면서 이질적인 다른 요소들과 결합하여 혼종적인 몸, 또는 이종교배의 몸을 만든다. 그것은 초현실주의자들의 몸에 대한 집착과 육체성에 대한 사유를 보여준다. 혼종적인 몸들은 있는 그대로의 인간의 몸에 문제를 제기하면서 그것을 몸 이외의 요소와 결합함으로써 애매한 몸을 생성시킨다.

초현실주의자들은 자연 종의 세계들 간의 경계가 붕괴되는 이미지를 신화적 존재인 스핑크스, 사이렌, 멜뤼진에서 길어와 자신들의 상상력을 통해 이를 변형시킨다. 스핑크스는 수수께끼를 내는 주체지만 인간의 머리와 사자의 몸을 가졌기에 그 자체로 이집트 파라오의 수수께끼 같은 존재다. 마찬가지로 초현실주의자들에 의해 재현되는 혼종적인 몸은 수수께끼 같은 측면, 다의적인 정체성을 강조한다. 한편 초현실주의자들의 관심은 원시예술에도 경도되었는데, 거기에서 나오는 마스크들은 종종 혼종성의 특징을 보여준다. 예컨대 빅토르 브라우너의 「인간과 새」 같은 작품은 "인간의 얼굴이 새의 날개에 의해 둘러싸여 있어서 인간이자 동물이며, 달이자 해이고, 남성이자 여성에 속함"[49]으로써 원시예술의 마스크들이 보여주는 주제와 밀접하게 연관을 맺는다.

신화적이고 원시적인 근원은 초현실주의자들이 탐험하기를 좋아하고 자기 작품을 통해 표현하고 싶어하는 꿈의 세계, 무의식의 세계, 자아 내부의 세계와 근접해 있다. 그렇다면 초현실주의자들이 이 근원에서 길어 올린 것을 어떻게 그들의 방식대로 변형하는지 알아보기 위해 다양한 혼종적 몸의 유형을 살펴보기로 하자. 우선 '몸-식물'의 경우가 있다. 초현실주의 선구자 중 한 명인 폴 델보의 많은 그림에서 여성의 몸은 식물적인 본질을 가지고 있다. 「나무 여인들」(1937, 그림 9)은 네 명의 벌거벗은 여성들의 하체가 나무 밑동으로 되어 있다. 이를 통해 움직이는 것과 움직이지 않는 것, 인간과 식물이 혼합된 몸이 생성된다. 「밤의 부름」(1938)에서는 여성의 머리카락이 곧 나뭇잎이다. 또한 나

---

49) Elza Adamowicz, "'Un masque peut en masquer (ou démasquer) un autre.' Le masque et le surréalisme," in C. W. Thompson (dir.), *L'Autre et le sacré: surréalisme, cinéma, ethnologie*, Paris, L'Harmattan, 1995, p. 79.

뭇결이 여성의 몸에 새겨지는 마그리트의「발견」(1927)은 나무껍질의 거친 결이 여성의 부드러운 피부와 겹쳐지게 함으로써 형태뿐 아니라 질료까지 포함하는 완전한 융합을 보여준다.

레이몽 장에 따르면 몸의 식물화는 로트레아몽의 작품이나 초현실주의 화가뿐 아니라 중세 독일이나 네덜란드의 화가들, 어린아이의 그림이나 정신분열증 환자의 표현에 의해 예시되는 환상의 특징을 지니고 있다. 그것은 "몸의 공간 자체 안에서의 살아 있는 것과 죽어 있는 것, 움직이는 것과 정지된 것 간의 싸움을 의미한다."[50] 이러한 양가성은 앙드레 마송의 생각 속에서 완전하게 보인다. 그에게 자연-여성은 항상 움직임 속에서 포착된다. "그것이 하늘과 땅이 되기 위해서는, 예컨대 단 하나의 여성의 몸을 그려내는 것(테마의 단순성 안에서 머무르면서)으로 충분할 것이다. 그러면 여성의 몸은 물의 신선함, 잘 익은 과일의 비밀스러운 열기를 갖게 될 것이다. 그것은 급류로 시작해서 불꽃이 되었다가…… 바람으로 끝나리라!"[51]

다음은 '몸-동물'의 경우를 생각해보자. 피에르 몰리니에의 포토몽타주인「거미줄 달린 나체의 여인」(1930년경, 그림 10)은 이 사진작가의 에로틱한 환상을 드러낸다. 거미줄은 순진하고 수동적으로 보이는 벌거벗은 여성의 성기 부분으로부터 일종의 덫처럼 퍼져나간다. 실제로 그녀는 기다리기만 하면 된다. 자신의 에로틱한 거미줄에 먹잇감인 남성들의 시선이 걸려들기만 하면 그것은 더 이상 빠져나가지 못하리라. 에로틱한 차원을 떠나 에른스트 같은 다른 예술가의 경우를 생각해보자. 이 화가는 특히 새에 대한 집착으로 유명한데, 그의 그림에는「신부의

---

50) Raymond Jean, *Lectures du désir*, Paris, Seuil, 1977, p. 92.
51) André Masson, *Le plaisir de peindre*, Nice, La diane française, 1950, p. 176.

의상」(1940)이라는 작품에서 볼 수 있듯 몸-새의 이미지가 나온다. 또한 마그리트의 「공동창작」(1935)에서는 전도된 사이렌이 등장한다. 바다와 대지의 경계지역에 몸통은 물고기이고 다리만 여성의 것인 혼종동물이 놓여 있는데, 이러한 신비로운 존재에는 현실과 초현실, 인간과 동물, 바다와 육지, 신화와 인공이 결합되어 있다.

피카소나 마송 같은 화가들은 바타이유와 마찬가지로 신화적 괴물 미노토르에 관심을 갖고 있다. 이 짐승-인간은 미로 속을 헤매면서 방향감을 상실하고, 현기증에 사로잡혀 이성을 상징하는 '머리'를 잃는데, 그것은 "바타이유의 중요 개념인 부정형성의 또 다른 화신(化身)이라고 할 수 있다."[52] 『미노토르』는 1933년 창간된 잡지명이기도 한데, 앙드레 페로니는 이 신화적 인물이 예술 속으로 재진입한 것은, 어쩌면 아름다움의 개념 변화를 예고한 것은 아닌가 하고 추측했다. 이때 미노토르는 '발작적인 아름다움'의 초현실주의적 추구와 관련된 일종의 모더니티의 상징이 된다.[53]

마송의 그림에는 아리아드네의 실, 미로, 황소와 사랑을 나눈 파지파에라는 신화와 관련된 요소들이 남아 있다. 그는 이러한 요소들을 재해석하여 인간의 몸 자체를 일종의 미로처럼 재현한다. 그는 피아노와 미노토르라는 단어의 합성으로 이루어진 제목「피아노토르」(1937, 그림 11)라는 작품에서 나체의 여성 피아니스트를 감시하는 피아노-미노토르를 연출한다. 이 화가에게 미로적인 몸은 서로 얽힌 사물들이 그들의

---

52) Rosaline Krauss, "Corpus Delicti," in Rosaline Krauss, Jane Livingston, Dawn Ades, *Explosante-fixe: photographie & Surréalisme*, Paris, Centre Georges Pompidou, 1985, p. 64.
53) André Peyronie, "Minotaure," in Pierre Brunel (dir.), *Dictionnaire des mythes littéraires*, Monaco, Editions du Rocher, 1988.

변용과 재생을 준비하는 카오스적 공간이다.

한편 '몸-오브제'에 관한 많은 이미지들은 인간의 육체를 사물화하고 사물에 인간의 육체를 부여하는 데 초점을 맞추고 있다. 초현실주의자들의 작품에 빈번하게 나타나는 육화작업은 생물과 무생물의 경계를 없앤다. 또한 추상적인 개념들마저도 육화되고 상징화되어 정신적인 것이 육체적인 것과 같은 가치를 갖게 된다. 살바도르 달리가 여러 작품에서 표현하는 서랍 달린 육체들은 그 구체적인 예다. 「서랍 달린 밀로의 비너스」(1936, 그림 12), 「인간의 형상을 한 가구」(1936), 「불타오르는 기린」(1936~37)에서 살바도르 달리는 인간에게 고유한 양가적인 욕망을 표현한다. 몸에서부터 끄집어내어진 서랍들은 존재 내부에 숨겨진 비밀을 알고자 하는 욕망을 보여준다. 하지만 서랍들이 텅 비어 있어서 발견할 만한 게 아무것도 없음으로 인해, 신비스러운 상태 그대로 비밀을 간직하고자 하는 욕망이 동시에 표출되고 있는 듯 보인다. 달리는 「서랍 달린 밀로의 비너스」에 관해 자신이 기여한 바를 자랑스럽게 피력한다. "서랍이 달림으로써 이제야 비로소 밀로의 비너스의 영혼을 그 육체를 통해 들여다볼 수 있게 되었노라. 달리는 그리스 문명에 프로이트적이며 그리스도적인 영향을 가져다주었도다."[54]

혼종적인 몸은 단지 인간의 몸과 외부의 요소를 혼합함으로써만 형성되지 않는다. 신체 부위들이 위치를 바꿔 혼종석인 형상을 만들어내기도 한다. 한스 벨머는 「인형」(1934, 그림 13) 시리즈를 통해 그 가능성을 체계적으로 탐사하고 있다. 그는 일반적으로 귀여운 어린아이라는 이미지가 투영되어 있는 여자아이 인형의 몸에 예기치 않은 분절과 위

---

[54] Salvador Dali, *Oui*, Paris, Denoël-Gonthier, 1971.

치변환을 가함으로써 불안하고 기이한 모습을 창출해낸다. 아이들의 장난감을 제목으로 삼은 작품 「팽이」(1938, 그림 14)는 점점 부풀어 오르는 젖가슴의 기이한 축적으로 되어 있다. 팽이의 도는 행위는 젖가슴의 둥근 모양과 그것을 보는 많은 남성들의 욕망의 소용돌이를 환기시킨다. 서로에게 쌓아올려진 젖가슴이 점차적으로 부풀어 오르는 것은 여성의 젖가슴이 남성의 시각의 장과 정신을 어느 순간 혼미하게 할 정도로 증폭되게 한다는 점을 강조한다. 벨머의 세계 속에서 배열된 몸의 각 부위는 "욕망에 의해 전복된 몸 전체"[55]라고 할 수 있는 몸의 내부를 재현한다.

다른 화가들도 몸의 새로운 배열을 실험한다. 앙드레 마송은 「앙드레 브르통의 초상」(1941, 그림 15)에서 머리 두 개가 붙은 모습을 재현한다. 초현실주의 사고의 근원은 상징적으로 두 개의 머리에서 비롯되며, 이중의 머리는 이분법적 사유의 붕괴를 육화하고 있는 듯 보인다. 또한 두 개의 머리 중 하나는 눈을 뜨고 있고 다른 하나는 눈을 감고 있는 것으로 표현됨으로써 내부와 외부, 의식과 무의식에 동시적으로 천착하는 앙드레 브르통의 세계를 상징하는 것으로도 읽을 수 있다. 게다가 자세히 들여다보면 인간의 이 이중머리는 다섯 여성의 얼굴을 내포하고 있음을 알 수 있다. 이에 대해 리샤르 다니에는 "다섯 개의 팔을 가진 별은 그것이 상징적인 초상임을 지시하는 듯하다. 머리가 두 개인 시인이 여성의 섹스의 흔적을 지니고 있으므로, 두 개의 머리와 양성(兩性)을 가진 앙드로진(androgyne, 양성성)으로서의 브르통을 표상하는 것이 아닐까?"[56]라고 질문한다.

---

55) Jean-Christophe Bailly, "Le rêve et le désir: au regard de la poupée," in XXe siècle, n° spécial: "le surréalisme," 1978. 페이지 표기 없음.

몸의 서로 다른 부위들 간의 접목뿐 아니라 두 성별 사이의 혼합 또한 다양한 회화작품 속에서 표현된다. 사실 성별의 교환과 결합에 대한 욕망은 초현실주의 작가들에 의해서도 표현되었다. 엘뤼아르는 시집 『대중의 장미』(1934)에 수록된 「인격」이라는 시에서 시 텍스트에 앞서 모두 대문자로 된 산문 텍스트 몇 줄을 덧붙인다. "항상 새롭고 항상 색다른, 모순 속에서 혼합된 성별을 지닌 사랑이 내 욕망의 완벽한 모습으로부터 끝없이 쏟아져나온다. 소유에 관한 모든 생각은 이러한 사랑하고는 완전히 별개의 것이다."(Paul Eluard, I, p. 147) 앙드레 브르통은 "내가 셔츠를 바꿔 입듯 성별도 바꿀 수 있기를 바란다"[57]라고 말한다. 이는 성별의 차이를 없애면서 양성적 인간을 표현하는 과격한 방식이라고 할 수 있다.

몸 사이의 교환을 이루는 인위적 과정 이외에, 몸의 각 부위들로 하여금 단지 다른 부위의 역할을 맡게만 해도 같은 효과는 얻어진다. 마그리트의 「강간」(1934, 그림 16)이 바로 그 전형적인 예다. 젖가슴이 눈이 되고, 배꼽이 코가 되며, 성기가 입이 되고, 몸통이 얼굴로 변한다. 이를 통해 성애를 자극하는 기관(젖가슴과 성기)이 그때부터 소통의 기관(눈과 입)으로 기능하게 된다. 다시 말하면 여성은 성적인 몸을 통해 말한다.[58] 그것은 확실히 남성에 의해서가 아니라 여성에 의해서 이루어지는 로고스에 대한 강간이다.

죽음과 삶의 공존이라는 문제는 여성의 몸과 해골의 머리라는 혼종적

---

56) Richard Danier, *L'Hermétisme alchimique chez André Breton*, Villeselve, Ramuel, 1997, p. 40.
57) Man Ray, *La photographie n'est pas l'art*, Paris, G.L.M., 1937의 서문에서 재인용.
58) Adèle Greeley Robin, "Image, text and the female body: René Magritte and the surrealist publications," in *Oxford art journal*, vol. 15, n° 2, 1992, pp. 48~57.

인 몸을 통해 다루어진다. 1935년 8월 20일 『초현실주의 국제 회보』의 표지에 「낭비하는 여인」(그림 17)이라는 제목의 마그리트 그림이 실렸는데, 이 그림에는 머리가 해골로 바뀐 나체의 여성이 등장한다. 이 몸은 삶과 죽음, 에로스와 타나토스가 혼합된 몸의 역설을 상징하고 있다. 폴 델보의 작품에도 해골의 머리나 해골 전체가 등장하는 장면이 나온다. 「화류계 여자들」(1942)에서는 나체의 여성과 그녀의 자세를 똑같이 모사하는 해골의 모습이 나란히 등장한다. 「하관」(1957, 그림 18)에서는 수많은 해골이 너무나 즐거운 모습으로 수다를 떨고 있다. 이렇게 죽음은 즐거운 방식으로 환기된다.

지금까지 살펴본 혼종적인 몸의 모든 형태는 육체적 현실과 형이상학적 차원을 융합한다. 또한 이 유형의 몸은 자신의 몸과 타인의 몸이라는 경계, 주체와 객체라는 경계 모두를 없앤다. 분할되고 재구성되는 몸의 형상 속에서 우리는 혁명적 미학에 고유한 변증법을 형성하는 분절과 융합, 파괴와 재구축의 움직임에 참여하게 된다. 태어나자마자 죽음으로 향해가는 일상의 몸은 단절 속의 융합이라는 법칙 속에서 영원히 새로워지는 육체로 거듭난다. 몸은 분열과 융합, 부수기와 다시 건축하기라는 초현실주의 혁명적 미학에 고유한 시적인 긴장을 표출하고 있다.

3. 몸의 확대와 끝없는 왜곡

조각난 몸의 테마에서 우리는 초현실주의자들이 몸 전부나 온전한 몸보다는 몸의 일부나 왜곡된 몸에 더 관심을 기울인다는 사실을 알게 되었다. 각 예술가들은 몸의 특정한 부위에 선호나 집착을 보여준다. 그래서 그들은 관심 있는 신체 기관을 과장하기도 하고 그들의 예술적 목적을 위해 변형하기도 한다.

그들은 몸의 극도로 예민한 지역을 과장법을 통해 드러내고 강조한다. 예를 들어 여성의 입은 몇몇 화가들이 선호하는 대상이다. 막스 에른스트는 「사람들은 그것에 대해 아무것도 모를 것이다」(1923)라는 제목의 그림에서 초승달과 여성의 두 다리로 거대한 입술을 표현한다. 몸과 자연의 풍경, 몸의 상부와 하부가 어우러진 형상을 통해 에로틱한 비밀스러움이 표출된다. 만 레이는 「관측소의 시간에, 연인들」(1932, 그림 19)에서 거대한 여성의 입술이 마치 세상에서 유일하게 작열하는 태양처럼 구름 낀 하늘 위에 떠 있는 모습을 형상화했다. 만 레이는 이 이미지에 대해 『예술 잡지』에 다음과 같은 글을 쓰고 있다. "태양의 입술, 그대는 끊임없이 나를 자극합니다. 잠에서 깨기 직전의 이 순간에 나는 내 몸에서 분리되고, 더 이상 무게가 나가지 않으며, 누그러진 빛과 텅 빈 공간 속에 있는 유일한 현실인 당신을 만나러 갑니다. 나는 아직 내게 남은 모든 것, 즉 내 자신의 입술로 당신에게 입맞춤을 합니다."[59]

몸의 단편에 대한 집중은 이 사진작가가 즐겨 쓰는 방법인데, 이에 대해 만 레이는 "가장 성공한 사진들 중 몇몇은 (……) 얼굴이나 몸의 세부사항을 확대한 것에 지나지 않았다"[60]라고 술회한다. 그것은 또한 거대한 눈이 푸른 하늘과 흰 구름을 담고 있는 「가짜 거울」(1929)이라든가, 「운수」(1937)에서 땅 위에 놓여 있는 거대한 코의 이미지를 통해 마그리트가 보여준 작업이기도 하다. 살바도르 달리 같은 경우에는 손가락이나 머리를 확대하여 보여주기를 즐긴다. 「상처 입은 새」(1926)

---

59) Man Ray, *Les cahiers d'art*, 1935, pp. 126~27.
60) Man Ray, *Autoportrait*, Paris, Gallimard, 1964, pp. 225~26.

는 새와 함께 있는 큰 엄지손가락을 보여주고 있으며, 「해수욕하는 여인들」(1928)의 두 버전에서는 차례대로 손가락 하나와 서로 완전히 분리되면서 일그러진 다섯 손가락을 연출한다. 달리는 「손가락들의 해방」에서 왜 자신이 손가락에 집착하는지를 설명한다. "엄지손가락이 마치 혼란스럽고 드문 어떤 사물처럼 팔레트에서 홀로 빠져나오는 것을 보는 것은 항시 있는 일이었음에도, 이따금씩 내 자신의 엄지손가락이 갑자기 나를 놀라게 할 때가 있었다."[61] 손가락의 해방은 예술가의 절대 자유를 상징화하는 것처럼 보인다.

살바도르 달리의 작품 속에서 머리 부위는 팽창하는 몸을 상징하는 장소로 그려진다. 늘 물렁물렁한 질료처럼 표현되는 머리는 뇌수종에 걸린 괴물의 테마를 변주하면서 다양한 모습으로 나타난다. 「보이지 않는, 섬세한 그리고 평범한 하프」(1932), 「머리의 하프로 젖을 짜는 태도를 보이는 뇌에 공기가 찬 중간 공무원」(1933)에 나오는 인물의 머리는 기괴하게 엿가락처럼 늘어나 지팡이에 의지하고 있다.[62] 「보이지 않는 하프」(1934), 「하프에 관한 명상」(1932~34, 그림 20)은 마치 용암처럼 말랑말랑한 상태에서 굳어진 머리를 보여준다. 이 화가는 머리를 오르페우스의 비파로 비유하여 예술을 낳는 죽음의 이미지를 떠올리고 있는 듯하다. 또한 정신분석의 시각에서 보면, 머리를 남근화함으로써 생각의 장소가 성적인 장소로 전환된다고 할 수 있다. 역으로 싹트고 발

---

61) Salvador Dali, "La libération des doigts," *Salvador Dali, Rétrospective 1920~1980*, Paris, Centre Georges Pompidou, Musée national d'art moderne, 1979~80, p. 56.
62) 지팡이에 관한 이 화가의 집착은 유명하다. 자신의 정의에 따르면 지팡이는 "데카르트 철학에서 나온 나무 지지대이다. 일반적으로 물렁한 구조물들의 연약함을 지탱하기 위한 용도로 쓰인다." 그는 또한 『살바도르 달리의 비밀스러운 삶』에서 "지팡이는 나에게 죽음의 상징이자 부활의 상징이다"라고 설명하기도 한다. *Ibid.*, p. 180.

기하는 머리 속에서 성적 본능은 예술에 의해 정신적인 것으로 승화되고 있다.[63] 그리하여 이성과 본능은 더 이상 모순되지 않는다. 정리해보면 마그리트, 에른스트, 마송에게서 머리는 종종 부재하며, 달리의 세계에서는 머리가 물컹한 사물로 변형되면서 기존의 형태와 문화적 의미의 변화 또한 가져오고 있다.

4. 탐욕스러운 몸과 먹을 수 있는 몸

먹고 먹히는 것과 관련된 몸의 유형에 관해서는 앙드레 마송과 살바도르 달리라는 두 열정적인 탐사자들의 이름을 우선적으로 거론해야 하리라. 마송의 「변신」 시리즈 중에서 「너는 네가 먹는 것이 된다」(1940, 그림 21)라는 작품은 인간의 얼굴을 레몬의 코와 망고의 입으로 구성된 음식으로 변형시킨다. 「부엌의 반란」(1940)에서는 식탁이 인간의 몸을 삼킬 준비를 하고는 칼을 들고 몸을 썰고 있다. 여기에서 먹는 자와 먹히는 자의 관계는 전도된다.

유난히 입과 소화기관에 천착했던 살바도르 달리에게 모든 것은 먹을 수 있는 것이고, 심지어 '초현실성' 자체도 먹을 수 있는 대상이었다. "초현실성 또한 먹고자 노력하기…… 왜냐하면 우리 초현실주의자들은 퇴폐적이고 자극적이고 기상천외하고 애매모호한 일종의 양질의 음식이기 때문이다."[64] 그는 또한 가우디의 건축작품을 보면서 브르통의

---

63) Ibid., p. 184.
64) Alain Bosquet, *Entretiens avec Salvador Dali suivis de La conquête de l'irrationnel par Salvador Dali*, Paris, Belfond, 1983, p. 151.

표현을 변형해 "아름다움은 먹을 수 있게 되리라. 그렇지 않으면 존재하지 않으리라"[65]고 단언한다. 그는 물컹하고 말랑말랑한 몸과 사물을 형상화하여 먹을 수 있는 것과 에로틱한 것, 삶과 죽음 사이를 넘나든다. 달리는 「빌헬름 텔의 수수께끼」(1933) 같은 작품에 대해 자신을 먹고 싶어했던 아버지에 대한 저항성을 나타낸 것[66]이라고 정신분석적으로 설명하기도 한다.

달리의 카니발리즘에서는 흥미롭게도 오브제와 몸의 관계가 애매하다. "신발이 놓인 여성의 얼굴"이라는 제목으로도 알려져 있는 「오브제들의 카니발리즘」(1937)은 거대한 머리가 여성 구두를 들고서 이빨로 뜯어먹는 모습을 보여준다. 「가을 카니발리즘」(1936~37, 그림 22)에서 연인으로 보이는 두 인물의 몸은 녹아 한데 붙어 있다. 이들은 포크와 숟가락과 칼을 들고 서로의 몸을 음식처럼 칼로 썰고, 포크로 찍고, 숟가락으로 떠먹는다. 달리의 먹는 미학에 의해 먹는 행위는 에로티시즘과 연결되고, 먹는 자와 먹히는 자, 몸과 사물, 포함하는 것과 포함되는 것이 하나의 행위로 혼합된다.

---

65) Salvador Dali, "De la beauté terrifiante et comestible, de l'architecture modern'style," in *Minotaure*, n° 3-4, 1933, p. 76.
66) 정확히 달리가 쓴 것을 인용해보자. "「빌헬름 텔의 수수께끼」는 어쩌면 내 삶에 있어서 가장 위험했던 순간 중 하나를 묘사한 그림들 가운데 하나일지도 모른다. 빌헬름 텔 그는 내 아버지다. 그가 팔에 안고 있는 어린아이인 나는 머리 위에 사과 대신 싱싱한 갈비뼈 하나를 얹고 있다. 그것은 빌헬름 텔이 식인적인 욕망을 갖고 있음을 의미한다. 그는 나를 먹고 싶어한다." Salvador Dali, "L'Enigme de Salvador Dali" propos recueillis par Pontus Hulten, in *XXe siècle, op. cit.* 페이지 표기 없음.

2장 | 몸의 풍경과 내면으로 향한 시선

　화가들이 상징화하는 몸은 내면으로 향해 있는 시선, 초현실주의적 비전의 주제와 연관된다. 몸은 내면에서 바라본 것들이 투영되는 장소로 기능한다. 이 장에서는 화가들이 나체의 몸, 풍경으로서의 몸, 내면으로 향한 눈이라는 세 유형의 이미지를 통해 감추기와 드러내기, 보기와 보지 않기, 보기와 보여주기라는 그들의 중요한 문제의식을 어떻게 구체적으로 드러내고 있는지 살펴보고자 한다.

1. 여성의 나체

　많은 초현실주의 화가들은 여성의 나체를 집착적으로 표현한다. 롤랑 바르트의 표현을 빌리자면, 그들은 나체를 여성의 평상복쯤으로 여기고 있는 듯 보인다. 여성의 나체성은 폴 델보의 그림에서, 특히 나체와 함께 등장하는 커다란 리본이나 베일, 보석, 모자 같은 의복장식들과 대조를 이룬다. 나체성과 장식성의 연결과 더불어 델보와 마그리트의 그림에서는 벌거벗은 여성과 성장한 남성의 대조적인 풍경이 두드러진다. 델보는 「거리의 남자」(1940, 그림 23)에서 나체의 여성들과 대조적으로 신문을 읽고 있으면서 그녀들에게 눈길조차 주지 않는 양복 입은 남자를 함께 그려 넣었다. 옷이 특정한 사회에의 소속을 말해준다면, 옷의 부재는 사회에 대한 거부 또는 그 사회로부터의 추방을 의미한다. 다시 말해 여성의 나체성은 여성들이 남성들의 사회에 편입하지 않았음을 말해준다. 신문을 읽는 남성과 대조적으로 여성들은 자연 속에 살고 있으며, 나아가 자연의 일부가 되어 있어서 나체성은 일종의 원초적 상태로의 회귀로 읽혀진다. 옷을 입은 남성과 벌거벗은 여성들 사이의 거리는 문명과 자연 사이의 대비를 반영한다.

마그리트는 「고독한 산책가의 몽상」(1926, 그림 24)에서 부르주아 의상을 차려입고 중산모를 쓴 남자와 벌거벗은 여자(셰니유 정드롱에 따르면 여성적 앙드로진, 실베스터에 따르면 마네킹)[67]를 등장시킨다. 여기에서 대조는 더 극단적이다. 등을 돌리고 서 있는 남자와 공중에 떠 있는 듯 눈을 감고 누워 있는 여자가 보인다. 가로로 놓인 인물과 강가를 연상시키는 풍경에 대해 셰니유 정드롱이나 실베스터는 모두 마그리트의 익사에 대한 강박관념을 읽어낸다. 마그리트가 어렸을 때 어머니가 상브르 강에 투신해 죽었던 경험이 있기 때문이다.[68] 하지만 잠을 자는 듯 눈을 감고 누워 있는 여성의 이미지는 또한 등을 돌린 남자의 내적인 분

---

67) Jacqueline Chénieux-Gendron, "Du thème des yeux clos à l'aveuglement devant la peinture(le 'regard intérieur') du symbolisme au surréalisme," in *Rivista di letterature moderne e comparate*, vol. 53, n° 2, avril~juin, 2000, p. 215. David Sylvester, *Magritte*, Paris, Flammarion, 1992, p. 14.

68) Jacqueline Chénieux-Gendron, *op. cit.*, p. 216. David Sylvester, *op. cit.*, p. 27.

신 또는 꿈속의 분신을 표상한 것으로 볼 수도 있다.

한편 옷을 입은 남자와 벌거벗은 여자가 서로 만나는 모습이 모두 델보의 1938년작인 「삶의 기쁨」(그림 25)과 「안녕」에서 묘사된다. 첫번째 작품에서는 남자와 여자가 서로 껴안고 있지만 "주체라기보다는 형상으로 이루어진 인물들에게서 정서적 결핍이 뚜렷하게 보인다."[69] 또한 관능적인 나체를 갖고 있는 여성보다 남성이 더 경직되어 보인다. 1년 뒤 델보는 유명한 신화를 변형한 작품 「피그말리온」에서 「삶의 기쁨」에 등장했던 나체의 여성이 이번에는 남성-조각을 껴안고 있는 모습으로 형상화한다.

다시 「삶의 기쁨」으로 되돌아가보면, 두 이성 사이의 대조는 또 다른 대조인 내부와 외부 사이의 대조와 병행된다. 다시 말해 두 경직된 인물들이 있는 천장에 금이 간 방 안은 비어 있고, 열려 있는 창을 통해 볼 수 있는 녹음이 무성한 밖의 풍경 속에는 벌거벗은 소녀가 피리를 불고 있다. 델보는 이를 통해 생기 없음과 살아 있음, 문명과 자연, 내부와 외부를 대면시킴으로써 일견 모순되게 보이는 두 세계 사이의 넘나듦을 유도한다. 게다가 열린 창문들 중 하나가 바깥 풍경을 반영하고 있음으로써 창문은 거울이나 그림과 같은 역할 또한 담당한다. 그렇다면 바깥의 여성과 마찬가지로 벌거벗은 방 안의 여성은 옷을 입은 남성을 문명 이전의 세계로 이끌고 갈 매개사의 역할을 담당한다고 볼 수 있을 것이다. 「안녕」에서는 옷을 입은 남자가 거의 알몸을 드러낸 여성에게 인사를 보내고 있는데, 그 여성은 그를 보고 있지 않다. 여성은 나체성으로 인해 매력적으로 묘사되는 데 비해 그녀의 무심한 시선 때문에 다가가

---

69) Jacques Sojcher, *Paul Delvaux ou la passion puérile*, Paris, Cercle d'Art, 1991, p. 122.

기 힘든 것으로 묘사된다. 이러한 거리감의 이유는 무엇일까?

이를 위해 마그리트의 유명한 포토몽타주를 참조해보자. 「나는 숲 속에 숨겨진 (여성)을 보지 않는다」(1929, 그림 26)에는, '여성'이라는 단어를 대체하는 벌거벗은 여성의 그림과, 양복을 입고 눈을 감은 채 촬영한 남성 초현실주의 예술가들의 증명사진이 합성되어 있다. 같은 공간 안에 실제 남성들과 상상의 여인, 사진과 그림이 만나는 것이다. 벌거벗은 여성과 양복을 차려입고 눈을 감은 남성의 대조적인 모습은 위에서 언급한 마그리트와 델보의 그림들을 환기시킨다. 벌거벗은 여성과 옷을 입은 남성의 대조, 두 성별 간에 강조된 거리감은 여기에서 설명될 수 있을 듯하다. 곧, 남성 예술가들은 모델로서의 여성에 대한 외적인 비전을 갖고 있는 것이 아니라 내적인 비전을 갖고 있다는 사실이다. 그들 그림 속에 있는 여성은 현실의 여성이라기보다는 꿈과 무의식의 여성이다.

한편 롤랑 바르트는 의복이 몸을 덮음으로써 몸을 연장한다고 말한다. 옷은 몸을 가리면서도 몸을 드러낸다. 옷을 입은 몸은 자신의 상태를 극화하는 것이고, 더 나아가서는 유사성도 내밀성도 없는 타인으로서의 몸을 표현한다.[70] 마그리트 같은 화가는 옷 입은 몸의 낯섦을 극대화한다. 그의 그림에서 나체와 의복의 일상적인 관계는 전복된다. 「다마스로 가는 길」(1966)에서는 벌거벗은 남자와 누군가에게 입혀졌던 것 같은 느낌을 주는, 속이 텅 빈 옷들이 공존한다. 「욕망의 뿔」(1960)에서는 역시 속이 텅 빈 두 원피스가 하나는 앉아 있고 또 하나는 서 있다. 옷이 몸의 동작들을 흉내내고 그 역할을 대신하고 있다. 마그리트

---

70) Raffaella di Ambra, *Plaisirs d'écriture: une lecture thématique de l'œuvre de Roland Barthes*, Paris, AEP, 1997, p. 45.

의 환유적 사유는 옷을 몸으로 전이시키고 있으며, 반대로 이보다 훨씬 전의 작품인 「붉은 모델」(1935)에서는 신발에 발의 모양이 드러나게 함으로써 몸을 의복으로 전이시킨다.

나체와 의복의 다양한 실험과 전복의 유희는 초현실주의가 추구하는 아름다움이 무엇인지를 보여준다. 만 레이의 사진 「가려진 에로티시즘」(1933, 그림 27)에서 여성의 나체는 거대한 인쇄기 바퀴와 그림자에 의해 부분적으로 가려져 있다. 검은 잉크로 얼룩진 여성의 손과 팔은 "가려진 에로티시즘"[71]의 미학이 몸에 인쇄되어 작품이 되고, 인쇄기의 작업에 의해 두 번 세 번 복사될 수 있음을 보여준다. 이 경우에는 회화적 작업이 여성 몸에 의해 구체화되어 나타난다고 할 수 있다.

만 레이가 기계와 나체를 나란히 병치하면서 몸의 관능성을 강조했다면, 마그리트는 나체와 베일을 공존시킨다. 그는 특히 1928년 작품들에서 베일을 자주 등장시킨다. 「핵심적인 이야기」에서 베일은 여성의 얼굴을 가리고 있으며, 「연인들」에서는 서로 포옹하고 있는 남성과 여성의 얼굴을 가리고 있다. 「대칭적인 술책」에서는 상체가 잘린 여성의 나체가 배꼽까지 뒤덮는 천을 뒤집어쓰고 있다. 또한 「홍수」(그림 28)에서는 여성 나체의 상부가 안개에 가려져 있거나 또는 하늘로 용해되어 있는 듯 보인다. 이를 통해 몸 하부를 드러냄으로써 화가는 여성의 성적 부위를 강조하고 있다.

---

71) 앙드레 브르통은 자신의 소설 『미친 사랑』에서 "가려진 에로티시즘"을 찬미하고 있다. André Breton, *L'Amour fou*, Paris, Gallimard, [1937], 1976, p. 26.

2. 풍경으로서의 몸

초현실주의적인 몸은 외부 자연풍경을 완전히 대체하거나, 아니면 그것의 일부로 융합되면서 자연풍경과 긴밀하게 연결된다. 그러한 몸-풍경의 혼종적 이미지는 관람객을 낯설게 만들기도 하지만 동시에 자연풍경과 더불어 이미지를 익숙하게 만들어주기도 한다. 그러한 이미지들은 자연에 육체성과 감수성을 부여함으로써 자연을 인간화하기 때문이다. 사실 초현실주의자들이 풍경을 형상화할 때의 그 풍경은 브르통의 표현대로 "오래전부터 자기 자신의 극점을 찾아 떠난 사람의 내적인 풍경"[72]을 의미한다. 어떤 이유로 초현실주의자들이 내적 풍경에 경도되는지는 분명해 보인다. 초현실주의자들은 외부 대상의 모방을 철저히 배격하고 자신의 무의식에 잠재되어 있는 "내적인 모델"에 충실하고자 한다. 앙드레 브르통이 "오늘날 모든 정신이 동의하는 현실적 가치들을 절대적으로 재검토할 필요성에 부응하기 위해, 회화작품은 순전히 내적인 모델을 참조해야만 할 것이다. 그렇지 않으면 존재하지 않으리라"[73]고 선언한 것처럼 말이다.

구체적이고 물리적인 현실로서의 몸은 일종의 스크린처럼 심리적이고 몽환적인 내면의 풍경, 벵자맹 페레의 표현에 따르면 "최면의 풍경"을 반영한다. 이러한 풍경은 수동적으로 보이고, 탐험되는 것이 아니라 보이지 않는 것과 감추어져 있는 것을 볼 수 있게 하는 역할을 한다. 우리는 얼마나 많은 초현실주의 화가들이 몸의 감지할 수 없는 측면, 나아가 불가능한 측면을 드러내고자 애쓰는지를 보게 된다. 주관적인 이미지의

---

72) André Breton, *Les Pas perdus*, Paris, Gallimard, 1970, p. 160.
73) André Breton, *Le surréalisme et la peinture*, Paris, Gallimard, [1965], 1979, p. 4.

탐사를 통해 몸과 자연, 내부와 외부, 현실과 꿈, 의식과 무의식, 주체와 객체 사이의 간격과 경계들은 무너진다. 몸-풍경은 몸과 풍경, 몸과 거주지, 몸과 배경 사이의 관계에 관한 총체적인 문제들을 제기한다.

조르주 말킨의 어느 제목 없는 그림에서는 한 무리를 이루는 나체의 여성이 자연풍경과 동일시되고 있다(1925). 여성들은 손과 발을 땅에 대고 엉덩이를 하늘로 향하고 있거나, 반대로 봉긋한 가슴을 위로 향하고 있다. 엉덩이와 젖가슴의 곡선은 파도의 물결을 연상시키기도 하고, 활짝 편 새의 날개를 떠올리게도 한다. 여성들의 몸의 굴곡이 수평선 너머로 날아가는 새들의 굴곡과 이어져 있어서, 이 그림을 보는 관람객은 새들이 지상으로 와서 나체의 여성으로 변신했는지, 아니면 여성들이 수평선 위를 날아올라 새가 되었는지 생각해보게 된다. 말킨은 인간과 자연과 동물의 몸 사이의 경계를 무너뜨리면서 지상의 풍경, 바다의 풍경, 창공의 풍경을 융합하고자 했다.

에른스트는「프랑스의 정원」(1962)에서 오로지 여성 몸의 하부만 드러내놓고 있는데, 그것은 강물의 풍경과 혼합되어 있다. 여기에서 몸-풍경은 탐험에 초대하는 지도와 같은 역할을 한다. 화가는 현상학자 메를로퐁티의 사유와 마찬가지로 몸이 세계의 연장임을 가시화하여 보여준다. 자연풍경은 나체성에 의해 에로티시즘을 갖게 되고 살아 있는 육체의 물결치는 테두리들을 통해 역동화된다.

마찬가지로 앙드레 마송은 자연풍경과 인체 사이에 완전한 융합을 이루어낸다. 『앙드레 마송: 살육과 다른 그림들』[74]이라는 작품집은 화가의 중요한 여러 테마를 다양한 항목에서 열거한다. 인체, 자동기술법적 그림, 살육, 형이상학, 변모, 신화, 자동인형, 악기, 착란, 욕망의 테

---

74) Michel Leiris (texte de), *André Masson: Massacres et autres dessins*, Paris, Hermann, 1971.

마, 풍경, 초상화……, 그중에서 '인체'와 '풍경'의 항목 구분은 불필요해 보인다. 두 요소가 혼합되거나 전도되기 때문이다. '인체'라는 항목에서 우리는 오히려 자연풍경을 더 많이 보게 되고, '풍경'이라는 항목에서 오히려 몸의 이미지가 범람함을 볼 수 있다. 구체적으로 '풍경'이라는 항목을 보자.「다리〔橋梁〕」(1946)라는 그림은 나무 밑동이나 가지들과 구분이 불분명한 근육질 남성들의 몸이 연쇄적으로 표현되어 있다.「식물의 착란」(1938)은 식물들과 뒤엉킨 인체의 다양한 요소들이 보이는 진정한 정신풍경이라고 할 수 있다. 한편 '인체'의 항목에 분류되어 있는 작품「여성」(1938)에서 우리는 식물의 풍경을 볼 수 있으며, 인체의 모습을 하고 있는 것은 단지 식물의 형태일 뿐이다. 마찬가지로「어머니」(1925, 그림 29)라는 작품의 제목은 동음이의어의 유희에 따라 바다mer와 어머니mère를 연결짓고 있으며, 대지와 대기와 물을 아우르는 혼종적 풍경을 보여준다. 마송처럼 많은 초현실주의자들은 자연을 여성 현실의 은유로 여긴다.[75] 게다가 이러한 풍경은 신화와 밀접하게 연결되어 있고, 특히 변신의 테마와 관련이 있다.

초현실주의 사진가 브라사이의 세계에 있어서도 몸은 풍경과 다르지 않다. 잡지『미노토르』[76]에 실린 작품「인조 하늘」(1935, 그림 30)은 두 여성의 나체를 아래위로 배치하여 그 형태를 통해 하늘과 산과 땅의 풍경이 드러나도록 하고 있다. "인조 하늘Ciel Postiche"이라는 제목은 상상과 인간의 몸으로 다시 태어나는 자연풍경을 드러내는 장치다. 현실의 예술인 사진이 일상의 비밀스럽고 혼돈스러운 이미지를 발견해낼

---

75) 이에 관해서는 다음을 참조할 것. Whitney Chadwick, *Les femmes dans le mouvement surréaliste*, Paris, Chêne, 1986. 특히 le chapitre 4 "La femme et la terre nature et imagination," pp. 141~80.

76) *Minotaure*, nº 6, 1935, p. 5.

수 있음을 보여주는 것이다. 풍경으로서의 몸은 안과 밖, 존재와 자연, 현실과 상상계를 아우르는 동시적 비전을 표상한다.

　살바도르 달리는 몸과 풍경의 합일을 16~17세기 바로크 화가들, 특히 아킴볼도의 작품을 변형한 이중 이미지를 통해 구현한다. 이중 이미지는 같은 이미지가 보는 각도에 따라 두 가지 모습으로 읽히는 이미지를 의미한다. 이중 이미지에서는 한 이미지 속에 다른 이미지가 있고, 이미지의 뒤에는 또 다른 이미지가 숨어 있다. 달리는 움막 앞에 앉아 있는 몇 명의 아프리카인 사진에서 오른뺨을 땅에 대고 쉬는 여성의 얼굴이 드러나게 했다(「편집증적 얼굴」, 1935, 그림 31). 유명한 작품인 「(초현실주의 아파트로 쓸 수도 있는) 마에 웨스트의 얼굴」(1934~35)은 액자를 눈의 모양으로, 벽난로를 코의 모양으로, 소파를 입술의 모양으로, 또한 커튼을 머리카락의 모양으로 만들고 배치함으로써 방-얼굴을 표현한다. 이를 통해 몸과 배경의 차이를 없앤다. 이러한 스타일을 대변하는 또 다른 달리의 작품으로는 「끝없는 수수께끼」(1938), 「보이지 않는 사람」(1929, 그림 32)이 있다. 「보이지 않는 사람」에서 풍경은 인간의 형상을 만들고, 또한 상호적으로 인간의 형상은 풍경 전체를 이룬다. 순차적으로 감지될 수 있는 두 이미지로 인해 오브제는 인체가 되었다가 다시 오브제 그 자체가 된다. 이를 통해 주요 인물과 배경의 위계는 없어지며 상호의존적인 관계가 된다.

　마그리트는 이와는 다른 방법으로 몸과 배경 사이의 경계에 대해 질문한다. 「악마의 마법」(1934)에서 나체의 여성은 방의 안과 밖에 동시에 위치해 있다. 몸의 상부가 하늘의 빛깔로 물들어감에 따라, 이 여성은 일상적인 육체적 현실을 잃고 새로운 대기의 속성을 가진 현실을 부여받으며, 몸과 공간은 상호 침투한다. 역시 마그리트의 「풍경」(1927)

에서는 얼굴 없는 여성의 벗은 몸이 나뭇가지나 신경으로 관통당해 있다. 몸과 식물, 외부와 내부가 겹쳐지는 것이다. 같은 맥락에서 우리는 일반적으로 몸 안에 감춰져 있는 핏줄들이 「세상의 지붕」(1926), 「세상의 피」(1927)에서는 외부의 풍경을 뒤덮고 있음을 볼 수 있다.

한편 「장거리 여행」(1926, 그림 33)에서 마그리트는 수평으로 날고 있는 나체 여성의 다리에 도시 전체가 투영되도록 형상화하고 있다. 이 여성은 도시를 주유하는 것이 아니라 도시와 함께 여행한다. 살바도르 달리는 「구름으로 가득 찬 머리를 가진 한 쌍의 남녀」(1936)에서 인체의 실루엣 속에 하늘, 바다, 탁자를 그려 넣고 있어서 인체가 마치 액자처럼 기능하도록 하고 있다. 이 두 존재의 정신적 풍경이 실루엣-액자를 통해 틀 지어져 있는 듯 보인다.

몸은 건축된 풍경과도 겹쳐진다. 마송과 달리의 그림 속에서 몸은 집처럼 그려진다. 마송에게 그것은 살아갈 수 있는 머리다(「머리의 도시」, 1940). 달리의 「자신의 몸이 계단, 세 척추로 된 기둥, 하늘, 건축물이 되어가는 모습을 바라보는 벌거벗은 내 아내」(1945)라는 제목은 담론을 통해 그림 속 풍경을 이중화한다. 그림 속에서 달리의 부인 갈라의 벌거벗은 등이 첫 면에 보이고 두번째 면에 그의 이중적 이미지가 건축물을 형성하고 있다. 달리의 또 다른 그림 「그라디바는 인간의 형상을 한 폐허를 되찾는다」(1931, 그림 34)는 폐허와 동일해진 인간의 몸을 형상화한다. 전면에 두 명의 인물이 보인다. 그중 한 사람의 몸은 구멍이 나고 균열되어 있다. 조금 멀리에는 낡았지만 인접한 나무가 입증하듯 아직은 사람이 살 수 있는 집이 보인다. 더 멀리에는 완전히 폐허가 된 집이 보인다. 여기에서 늙어가는 몸과 시간과 함께 점점 부서져가는 집의 유비관계가 형성된다. 이러한 달리의 테마 앞에서 우리는 자연스럽게 마그리트가 1926년과 1927년에 그린 그림들에 표현되어 있는 부서진 몸을 연상하게 된다. 「천재의 얼굴」(1926), 「극점의 빛」(1926 또는 1927), 「이중의 비밀」(1927, 그림 35)은 부서지고 구멍 난 몸과 얼굴을 보여주고 있으며, 그 안은 텅 비거나 비육체적인 요소들로 채워져 있다. 폐허가 그 텅 빈 내부를 보여줌으로써 불안한 감정을 일으키듯, 부서진 몸은 이상하고 불안한 내부의 풍경을 전시함으로써 낯선 존재의 풍경을 보게 하고 있다.

3. 눈과 내면으로 향한 시선

인체 가운데 초현실주의 화가와 시인들을 통틀어서 그들의 근원적 문제의식을 표상하는 것이 바로 '눈'이다. 초현실주의의 비전과 직결되는 눈은 대체로 '절단된 눈' '감은 눈' '텅 빈 눈' 등의 이미지로 표현된다. 특히 에른스트와 브라우너는 눈에 관한 공격적인 이미지들을 거의 강박적으로 표출한다. 에른스트는 폴 엘뤼아르의 시집 『반복』(1922, 그림 36)의 표지 일러스트에서 양손으로 잡고 있는 실에 꿰어진 눈의 이미지를 표현하거나 또는 「오이디푸스 렉스」(1922)에서 곧 깨어질 듯 균열된 호두의 모습으로 눈을 변형시켜놓고 있다. 절단된 눈의 상징성은 루이스 부뉴엘의 유명한 영화 「안달루시아의 개」(1928)의 첫 장면, 면도날이 젊은 여성의 눈을 절단하는 이미지를 환기시킨다. 눈이 중심이 되는 이 장면 바로 앞에는 자연에서 벌어지는 유사한 장면이 나온다. 칼날같이 얇은 구름이 달 위를 가로로 분할하면서 지나간다. 달은 구름의 날카로운 칼날로 절단되고, 이어서 인간의 눈은 면도칼로 절단된다.

많은 정신분석학자들은 절단된 눈의 이미지를 거세나 처녀성을 잃는 상징으로 읽는다.[77] 그러나 눈에 대한 이런 종류의 공격을 사디즘으로 보기보다는, 워너 스파이스의 지적대로 기존의 시각에서 벗어나 새로운 내적 비전을 획득하는 시선의 변형과정으로 읽는 것이 좀더 초현실주의의 모험에 근접하는 해석으로 보인다.[78]

한편 1931년에 한쪽 눈알이 빠진 모습으로 그려진 브라우너의 유명한 자화상은 눈의 절단에 대한 화가의 강박관념을 드러낸다. 화가 자신이 술회하고 있듯 이 작품은 예언적이다.

만족스러운 설명을 얻기 어려운 사실이 분명히 존재한다. 내가 아무것도 할 일이 없었던 어느 날…… 나는 멍한 상태였고, 거울 앞에서 자그마한 자화상을 그리고 싶었다. 실제로 나는 이 자화상을 그렸다. 자화상을 조금 더 생동감 있게, 조금 더 괴상하게 만들고 싶었고, 그림에서는 모든 것이 가능했기에 나는 한쪽 눈을 빼냈다. 그런데 내가 그림 속에서 뺐던 바로 그쪽 눈알이 실제로 빠져버린 사건이 발생했다. 나는 8년 후에 실제로 똑같은 상처를 입었던 것이다. 그래서 나는 1925년 혹은 1927년 이래로 내 작품에 등장하는 사람들의 눈이 밖으로 빠져나가게 되었음을 알게 되었다.[79]

---

77) Uwe M. Schneede, "La vision aveugle : à propos de l'iconographie du surréalisme," in Werner Spies (dir.), *Max Ernst: rétrospective*, Paris, Centre Georges Pompidou, 1991, p. 355.
78) Werner Spies, *Max Ernst Les collages: inventaires et contradictions*, Paris, Gallimard, 1984, p. 115.
79) Victor Brauner, *exposition du 2 juin au 25 septembre 1972*, Paris, Musée national d'art moderne, 1972, pp. 91~92.

동료 초현실주의자인 피에르 마빌은 이 사건을 근거로 브라우너의 세계에서 나타나는 눈의 이미지에 대한 정신분석을 하게 된다. 1931년에서 1932년까지 브라우너의 그림들은 상한 눈의 필연성을 보여준다. 그리고 「마지막 여행」(1937, 그림 37)부터 눈은 솟아나온 뿔로 대체된다. 프로이트의 상징학에서 눈은 여성의 성기와 동일화될 수 있다. 그렇다면 여성성이 1937년부터 뿔로 상징되는 남성성으로 대체된 셈이다. 마빌은 이와 같은 추론을 계속한 끝에 "그의 집착은 눈이 알려주는 일상의 현실과, 상상이 그 문을 열어주고 무의식적인 능력들이 경험한 것과 같은 세계 중 하나를 선택하고자 하는 욕망을 드러낸다"고 결론 내린다. 뿔은 "거울을 부수고 눈이 절망적으로 멈춰 있는 표면 너머로 침투하는 데 쓰인다."[80]

브라우너의 뿔-눈을 통해 깨진 거울은 볼 수 있는 것과 볼 수 없는 것, 현실과 비현실, 내부와 외부의 구분을 없앤다. 눈에 상처를 입히는 행위는 "속된 시각이 볼 수 없다고 믿는 것을 볼 수 있도록 하는 존재성"[81]을 부여하기 위해 일상의 눈을 부수는 데 그 의미가 있다. 메를로퐁티에 따르면, 화가는 "세계의 부피를 갖기 위해 우리가 근육감각을 가질 필요가 없음을 알린다."[82] 한편 「'눈의 역사'에 관한 습작」(그림 38)에서 한스 벨머는 눈과 성기를 동일시한다. 여성의 얼굴과 엉덩이가 겹쳐진 벨미의 그림에서 볼 수 있는 수체는 오른쪽 눈이 아니라 그것과 겹쳐진 여성의 외음부다.

초현실주의적인 시각에 도달하는 폭력적인 방법이 눈을 절단하는 것

---

80) Pierre Mabille, "L'œil du peintre," in *Minotaure*, nº 12-13, 1939, pp. 53~56.
81) Maurice Merleau-Ponty, *L'œil et l'esprit*, Paris, Gallimard, 1999, p. 27.
82) *Ibid*.

이라면, 좀더 완화된 방법은 감은 눈이나 눈동자가 텅 빈 눈들을 표현하는 것이다. 폴 델보의 작품에 등장하는 여성들의 눈은 크게 떠져 있지만 그 시선은 마치 현실 너머의 세계로 향해 있는 듯 고정되어 있다. 지오르지오 데 키리코의 「어린아이의 두뇌」(1914, 그림 39)와 마그리트의 「극점의 빛」(1926 또는 1927), 「고독한 산책가의 몽상」(1926, 그림 24), 「모험의 원피스」(1926)에서 등장인물들의 눈은 모두 감겨진 채 형상화된다. 마그리트는 「두 자매」(1925)에서 쌍둥이로 보이는 두 여성의 얼굴을 형상화하면서 한 명은 눈을 감고 있고 다른 한 명은 눈을 뜨고 있는 것으로 표현한다. 이를 통해 화가는 잠자기 직전과 잠 사이의 관계의 공존을 나타내려는 듯 보인다. 마그리트의 세계에서 인간의 눈이 크게 떠져 있는 것처럼 사물의 눈 또한 크게 떠져 있다. 「경이로움의 시대」(1926), 「어려운 항해」(1926), 「시선의 정점」(1926), 「밝은 눈을 가진 나무」(1926), 「현명한 나무 속의 담벼락」(1926), 「은빛으로 물든 심연」(1926)에 나오는 '용골(龍骨),' 「이상한 나라의 엘리스」(1945)에 그려진 '나무'는 그들의 시선을 외부세계로 향하게 하고 있다. 마그리트는 이를 통해 관람자와 보이는 것 사이의 관계를 표현한 것일까? 또는 메를로퐁티의 관찰에 따른다면, 그들이 사물을 바라보는 것이 아니라 사물이 그들을 바라본다고 여기는 화가 자신과 볼 수 있는 것 사이의 관계의 전도를 표현한 것일까?[83]

정리해보면 감은 눈의 테마는 외부가 아닌 내면으로 향한 시선을 상징화하는 것이며, "기존 가치의 전복, 현실의 전복, 의식의 가장 깊숙한 층과의 전도"[84]를 나타낸다. 셰니유 정드롱은 르동 같은 상징주의자들

---

83) *Ibid.*, p. 31.

과 마그리트, 데 키리코 같은 초현실주의자들의 그림을 분석하면서 화가들이 비전을 얻기 위해 시각을 희생한다고 설명한다. 다시 말하면 화가들은 "시각의 내부" 또는 "시각의 이면"에 도달하고자 하는 그들의 목표, 그들의 욕망을 상징화하기 위해 시각상실의 테마를 표현한다.[85] 에른스트의 「시각의 내부에서: 새알」(1929, 그림 40)이라는 작품이 이러한 사실을 잘 입증한다. 이 그림에는 알 속에 세 마리의 새가 얽혀 있으며, 그중 두 마리는 부리 속에 다시 알을 물고 있다. 이렇게 알 속에 들어 있는 새들과 알은 안과 밖, 창조의 근원과 창조물 사이의 끝없는 전복의 과정을 보여준다. 변형된 눈으로서의 알은 비전의 영속적인 쇄신을 상징한다.

조르주 말킨의 두 그림 또한 초현실주의적인 눈을 연출하고 있다. 「세상에서 가장 아름다운 눈은 우리들의 생각을 알고 있었다」(1929)는 데스노스의 시구를 제목으로 취하고 있는데, 스크린 같은 기능을 하는 크게 뜬 눈의 눈동자에 책상 앞에 앉아서 팔꿈치를 괴고 생각하는 사람의 모습이 비춰진다. 이것은 눈이 외부세계를 있는 그대로 비추는 것이 아니라, 그 깊이에 있는 다른 세계를 볼 수 있게 함을 나타낸다. 다시 말해 볼 수 없고 잡을 수 없는 생각, 무의식, 꿈을 가시적으로 보여주는 내적인 시선을 표상한다. 1926년에 그려진 또 다른 그림 「사이렌」에서는 여성의 얼굴과 물고기-눈으로 가득 찬 수조를 볼 수 있다. 수조의 가로로 된 틀은 여성의 눈을 가리고 있어서 마치 그 눈들이 물속으로 뛰어들어 물고기로 변신한 듯한 느낌을 준다. 화가는 이들을 "사이렌"이

---

84) Uwe M. Schneede, *op. cit.*, pp. 352~53.
85) Jacqueline Chénieux-Gendron, "Du thème des yeux clos à l'aveuglement devant la peinture (le 'regard intérieur') du symbolisme au surréalisme," *op. cit.*, pp. 203~23.

라 명명함으로써 눈이 담아내는 자유, 역동성, 변용의 힘, 경이로운 매혹을 강조한다.

　화가들은 몸의 보이지 않는 면을 형상화하고 있다. 다시 말하면 화가들은 내면에서 본 몸의 주제들, 욕망과 환상, 충동과 꿈에 강하게 연관된 육체적인 현실을 다양하게 표현해낸다. 일곱 유형으로 나누어 살펴본 몸의 다양한 이미지들은 몸에 관한 초현실주의자들의 시점의 독특함과 복수성을 동시에 드러낸다. 엘뤼아르, 데스노스, 페레의 작품 속에서 살펴볼 '썩어진 몸'의 이미지들은 '그려진 몸'의 이미지들과 겹쳐지기도 하고 멀어지기도 하면서 몸의 다양성을 더욱 풍요롭게 한다.

제2부 폴 엘뤼아르와 혼합하는 몸

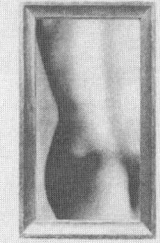

엘뤼아르의 시를 읽고 있으면 무엇보다 수없이 등장하는 몸의 이미지들이 만들어내는 다양한 형태와 의미에 강한 인상을 받게 된다. 지금까지 엘뤼아르 연구자들은 이 시인의 존재론적이며 시적인 경험과 연결되는 몸의 몇몇 테마에 주의를 기울였다. 장 피에르 리샤르는 눈과 피의 모티브에 주목했으며,[86] 다니엘 베르제는 사랑의 공간들의 존재론적 측면을 연구하여 "존재론적인 현실은 몸의 현실에 상응한다"[87]라고 결론짓는다. 이는 다니엘 브리올레가 20세기 프랑스 시에 관한 연구서에서 "그 누구도 엘뤼아르보다 몸, 상상력, 현실의 해석과 변형을 포함하는 사랑의 관계의 준(準) 존재론적 필연성에 대해 더 설득력을 발휘하지는 못할 것이다"[88]라고 지적한 것과 일맥상통한다.

---

[86] Jean-Pierre Richard, *Onze études sur la poésie moderne*, Paris, Seuil, [1964], 1981. 리샤르의 뒤를 이어 장 피에르 쥘라르는 엘뤼아르의 시선에 관한 연구를 했다. Jean-Pierre Juillard, *Le regard dans la poésie d'Eluard*, Paris, La pensée universelle, 1972.

[87] Daniel Bergez, *Eluard ou le rayonnement de l'être*, Seyssel, Champ Vallon, 1982, p. 165.

[88] Daniel Briolet, *Lire la poésie française du XXᵉ siècle*, Paris, Dunod, 1995, p. 109.

이 연구자들이 공통으로 밝히고 있듯, 몸에 관한 문제는 엘뤼아르 시학의 핵심을 이루는 사랑의 관계의 문제와 연결되고, 사랑의 관계는 나와 타인, 나와 세계에 관한 존재론적인 관계와 동일하게 여겨진다. 그런데 엘뤼아르의 시에 나타난 몸은 사랑의 의미라는 일면을 포함해 더 큰 상징을 갖고 있는 듯 보인다. 자크 고슈롱은 엘뤼아르의 상상력이 지성을 동반한 감각적인 몸의 저수지에서 길어 올린 것이라고 말한다. "시적인 힘의 근원은 육체적 감수성에서 비롯되며 또한 근육과 몸짓의 감수성과 관찰자로 그치지 않고 능동적으로 일하는 인간의 감각적 지성의 감수성에서 길어 올려진다."[89] 이는 매우 중요한 지적이다. 엘뤼아르가 표현하는 몸은 몸과 영혼이라는 전통적인 이분법에 따르지 않으며, 감각과 지성, 구체적인 것과 추상적인 것 사이의 교차로에 있다. 레이몽 장은 "몸의 상상력과 언어의 상상력을 분리하려고 해도 소용없는"[90] 이 시인의 상상력의 근원을 언급한다. 그렇기에 엘뤼아르적인 몸에 대한 연구에서 언어, 글쓰기와의 관련성을 밝히는 일은 매우 중요하다. 몸의 다양한 구현은 엘뤼아르에게 고유한 글쓰기의 특징과 정확히 병행하고 있기 때문이다. 또한 엘뤼아르의 세계를 구성하는 몸에 대한 현상학적이고 시학적인 연구들이 중요한 만큼, 미학적인 조명 역시 중요하다. 시에 의해 구현된 몸은 엘뤼아르와 함께 공동작업을 했던 초현실주의 화가들이 구현한 몸과 서로 밀접한 영향관계를 맺고 있기 때문이다.

엘뤼아르의 시에 나타난 몸은 사랑과 삶과 예술이 만나는 교차로다. 이제부터 그 교차지점을 차례로 살펴보기 위해 이 글은 우선 자연과 사랑의 주제를 나타내는 데 주요 모티브로 쓰이는 여성 몸의 이미지와 의

---

89) Jacques Gaucheron, "Poésie et imagination," in *Europe*, n° 525, janvier 1973, p. 32.
90) Raymond Jean, *Paul Eluard par lui-même*, Paris, Seuil, 1968, p. 80.

미를 살펴보고자 한다. 다음으로는 몸이 어떻게 시인의 존재론적이고 공간적인 탐험의 도구로 기능하면서 인간 삶의 개인적이고 공적인 두 차원을 포함하는지를 밝힐 것이다. 마지막으로 엘뤼아르가 시화한 몸이 화가들과 공동으로 작업한 삽화시집 속에 수록된 그려진 몸, 오려 붙여진 몸과 어떤 관계를 맺고 있는지를 살펴봄으로써 몸의 표현이 내포하는 볼 수 있는 차원과 읽을 수 있는 차원의 결합지점을 분석하고자 한다.

1장 | 여성 몸의 풍경들

엘뤼아르의 시 세계에서 서정적 자아는 여성의 몸과 맺는 관계를 통해 표현된다. 그의 시선은 몸의 깊숙한 곳까지 침투하여 자신과 타인, 자연과 맺는 관계들을 묘사한다. 여기에서 여성의 몸은 풍경이 된다.[91] "어떤 풍경을 우선적으로 선택하거나 추구하는 것은 자신이 추구하는 존재론적 형태가 무엇인지를 보여주는"[92] 의미가 있다면, 엘뤼아르에게 여성의 몸은 바라보는 자의 존재와 시선, 그리고 몸과 긴밀하게 교류하며 삶의 의미와 세계 내의 존재방식을 밝혀준다.

엘뤼아르는 여성의 몸을 전체로 보지 않고 단편들을 통해 파악한다. 특히 초기 다다 시기에 그는 막스 에른스트와의 공동작업을 통해 콜라주 기법을 활용하여 여성 몸의 파편화된 이미지들을 보여주는 데 주력

---

91) 풍경에 관해서는 미셸 콜로의 연구들을 참조할 수 있다. Michel Collot, "Points de vue sur la perception des paysages," in *L'espace géographique*, vol. 15, n° 3, 1986, pp. 211~17. "A la lumière de l'horizon," in *Géographie et Cultures*, n° 14, 1995, pp. 103~14. Michel Collot (dir.), *Les enjeux du paysage*, Bruxelles, Ousia, 1997.

92) Michel Collot, "Points de vue sur la perception des paysages," *op. cit.*, p. 215.

했다. 따라서 1장의 첫 부분에서는 엘뤼아르와 에른스트의 언어 콜라주와 시각 콜라주를 살펴봄으로써 콜라주 기법이 초현실주의 몸의 문제의식과 어떤 방식으로 연관되는지를 분석하고자 한다.

다다 시기 이후 엘뤼아르의 시적 여정은 부분과 전체를 공존시키면서 점점 여성 육체의 합일을 강조한다. 다시 말해 엘뤼아르의 시에서 여성의 몸은 한스 벨머나 살바도르 달리의 경우처럼 예술가이자 관찰자의 욕망에 의해 절단된 것이 아니다. 시인이 신체 부위에 천착하는 이유는 롤랑 바르트가 "분할되고 찢겨진 여성은 대상들과 물신숭배자들이 훑는 일종의 사전에 지나지 않는다"[93]고 언급한 병적인 페티시즘과는 거리가 멀다.

시인은 몸에 독립성과 발언권을 부여하며 자유롭게 해방시킨다. 여성의 각 신체 부위는 마치 처음부터 몸의 전체에서 독립되었던 것처럼 나타나며 몸 이외의 다른 요소들과 자유롭게 결합한다. 눈, 손, 가슴, 다리, 손가락 등 각 부위는 생물처럼 움직이고 이동하고 자라나면서 자연과 독립적으로 관계를 맺는다. 이에 따라 여성의 몸은 늘 새로운 풍경으로 재구성된다. 여성의 몸은 "이미 만들어진 것이 아니라 앞으로 이루어질 것으로 나타나는"[94] 풍경과 흡사하다.

1. 몸의 조각 맞추기

영화적인 기원을 갖고 있는 몽타주와 함께 콜라주는 20세기에 예술

---

93) Roland Barthes, *S/Z*, Paris, Seuil, 1970, p. 118.
94) Michel Collot, "A la lumière de l'horizon," *op. cit.*, p. 105.

창작의 모든 분야에서 괄목할 정도로 발전했다. 콜라주 기법은 초기 다다이스트들과 그들을 계승·발전시킨 초현실주의자들에 의해서 다양해졌다. 초현실주의 그림이나 조각에서 몸의 테마가 구현되었던 것만큼 이 그룹이 매우 선호했던 기법인 콜라주에 의해서도 몸이 독특하게 표현되었다. 콜라주는 한편으로 초현실주의적인 몸 이미지의 근본 단계인 절단과 재구성을 보여주며, 다른 한편으로는 "작품들의 병치를 넘어서서 예술가들의 협동작업을 고무시키는 가능성"[95]을 드러낸다. 그들의 공동창작은 예술과 현실, 한 작품과 다른 작품을 혼합하게 한다.

엘뤼아르는 다다 시기에 쓴 시집에서 콜라주 기법에 크게 기대고 있는데, 이때의 그는 혼자 작업하기도 하고 화가인 막스 에른스트와 공동으로 작업하기도 했다. 이를 상세히 분석하기 위해 우선 다양한 종류의 언어 콜라주와 시각 콜라주들을 살펴보고, 그것이 보여주는 효과를 밝히고자 한다. 또한 본격적으로 시집 『삶의 필연성과 꿈의 결과 이어서 예시들』(1921)에서 엘뤼아르 단독으로 창작한 콜라주의 경우와 『반복』(1922), 『신들의 불행』(1922)에서 에른스트와 공동작업을 통해 창작한 콜라주의 경우를 구분하여 분석할 것이다. 그리하여 궁극적으로는 몸과 콜라주 사이의 관계에 대해 생각해보고자 한다.

1) 콜라주 기법과 '바람직한 돌연함'의 미학

콜라주의 원리는 화폭이나 텍스트 속에 이미 존재했던 요소를 집어넣는 데 있다. 콜라주 예술에서 서로 이질적인 요소들은 병치되거나 융합

---

95) Bertrand Rougé, "Le collage, ou le coup de force (introduction)," in Bertrand Rougé (éd.), *Montages/Collages*, actes du second colloque du CICADA, 6, 7, 8 décembre 1990, Pau, Université de Pau, 1993, p. 8.

된다. 콜라주의 창작과정은 통합축과 계열축이라는 두 축을 따라 번갈아서 이루어진다. 다시 말해 단편들을 선택하기(계열축), 그것들을 새로운 질서 속에서 배열하기(통합축), 어떤 요소들을 교환하거나(계열축) 축약하기(통합축)의 과정을 거치고 있다. 윌리엄 뤼뱅은 콜라주에 대한 적절한 정의를 내린다. "콜라주에 고유한 것은…… 주어진 맥락 속에 낯선 몸을 삽입하는 것이다. 그것은 다른 물질일 뿐 아니라 다른 스타일이기도 하며, 초현실주의자들이 후에 천명하게 되는 것처럼 체험한 다른 영역 혹은 의식의 다른 차원에 속한 모티브다."[96] 콜라주 기법을 가장 자유롭게 운용했던 막스 에른스트는 "깃털(플륌plume)들이 플뤼마주plumage 기법을 만들어낼지라도 콜라주를 만들어내는 것은 풀(콜colle)이 아니다"[97]라고 말한다. 언어유희로 이루어진 유머 섞인 지적은 물론 이 예술에서 중요한 것이 재료가 아님을 명시한다. 에른스트가 중시하는 것은 관람자들뿐 아니라 작가 자신에게도 혼합의 부조리성을 도발하는 데 있다.

콜라주의 형식은 다양한 방식으로 분류될 수 있다. 붙여진 요소의 기원에 따라서는 오토-콜라주와 헤테로-콜라주, 두 범주로 나뉜다. 오토-콜라주는 시 속에 자기 자신이 이전에 쓴 시에서 따온 시구들을 삽입하는 경우다. 반면 헤테로-콜라주는 다른 곳에서 빌려온 것이라면 어떤 것이라도 인용부호를 쓰지 않고 자신의 텍스트 속에 통합시키는 것이다. 이는 로트레아몽이 천명했듯, 이미 발표된 모든 언표는 모든 사람에게 속한 일종의 공동자산이며, 따라서 모두는 여기에 그 나름으로

---

96) William Rubin (dir.), *Picasso et Braque, l'invention du cubisme*, Musée des Beaux-Arts de Bâle, Paris, Flammarion, 1990, p. 31.
97) Max Ernst, *Ecritures*, Paris, Gallimard, 1970, p. 251.

다시 기여할 수 있다는 생각에서 비롯된다.

좀더 일반적으로 콜라주의 형태를 구분하는 다른 방법은 이를 순수 콜라주(아라공의 용어),[98] 수정 콜라주와 변형 콜라주라는 세 범주로 나누는 것이다. 순수 콜라주는 시 속에 다른 텍스트를 어떤 수정도 거치지 않고 나타나게 한다. 반면에 수정 콜라주는 작가가 몇 단어를 삭제하거나 덧붙인 결과물이고, 변형 콜라주는 빌려온 특정 텍스트를 가지고 완전히 새로운 텍스트로 재창작하는 것이다.[99] 콜라주는 또한 시각 콜라주와 언어 콜라주를 구분할 수 있다. 원칙은 같으며 하나는 이미지와 다른 하나는 언어와 작용한다는 점이 다르다. 언어 콜라주 안에서 언어들은 언어학적인 맥락에서 벗어나고 의미와 분리되어 독립적이 되며 새로운 의미를 갖게 된다. 브르통은 『초현실주의 선언』에서 언어 콜라주와 시각 콜라주의 예술성을 다음과 같이 설명한다.

어떠한 종류의 연결을 통해 바람직한 돌연함을 얻게 된다면 어떤 것이라도 좋다. 피카소와 브라크의 파피에 콜레는 가장 잘 다듬어진 문체로 전개되는 문학 안에 상투어를 집어넣는 것과 동일한 가치를 갖는다. 신문에서 오린 제목 또는 제목들의 단편만큼이나 가능한 한 (……) 근거 없는 아쌍블라주에 의해서 얻어지는 것을 대문자 시POÈME라 불러도 좋다.[100]

'바람직한 돌연함'은 우연, 즉각성, 무상성, 이질적인 측면들의 통일

---

98) 아라공은 1965년 『콜라주』라는 책에서 콜라주의 기법들을 소개한다. Louis Aragon, *Les collages*, Paris, Hermann, 1965.
99) Yves-Alain Favre, "Le collage dans la poésie française des années 1910~1920," in Bertrand Rougé (éd.), *Montages/Collages*, *op. cit.*, p. 142.
100) André Breton, I, p. 341.

성과 만남이라는 혼란스러운 매혹 등 많은 중요한 요소들을 내포한다. 콜라주에서 머물러 있는 것, 연속적인 것, 동일한 것은 의문시된다. 콜라주의 목적은 현실을 뒤틀고, 있는 그대로의 세계를 탈감각화하는 데 있다. 신문, 광고, 관습적인 화집들이 오려지면서 원래 의미와 목적에서 벗어나게 된다. 이러한 기법은 상투어들과 상식의 일탈을 불러오고 텍스트의 재생산을 돕는다. 콜라주의 행위는 예술에 대한 개념, 천재성, 창조, 독창성의 개념에 대한 비판을 포함하며 여기에서 글쓰기는 독서 행위가 되어 타인의 텍스트를 반복하거나 변용하는 것처럼 쓰인다.

2) 엘뤼아르의 언어 콜라주와 에른스트의 시각 콜라주

엘뤼아르는 『삶의 필연성과 꿈의 결과 이어서 예시들』(1921)에 수록된 「힘든 말」(I, p. 93)이라는 시에서 콜라주 기법을 이용한다.

힘든 말 - N° 58

프란시스 피카비아에게

작은 거리들은
칼이다.

모든 시인은
그림을 그릴 수 있다.

> "우체국은 정면에 있습니다.
> -그걸 알려줘서 나보고 어쩌란 말이오?
> -미안합니다 나는 당신이 손에 편지를 들고 있기에. 생각했지요……
> -생각하는 게 문제가 아니라 아는 게 문제요.

물고기들의
마루.

새벽녘에 앉아 있기,
다른 곳에서 눕기.

시인은 언어 콜라주에서 캔버스를 대신해 사각형의 틀을 이용한다. 대화는 시적인 문장 속에 테두리 쳐져 삽입되고 있다. 이 시는 앞에서 살펴본 구분에 따르면 순수 콜라주의 범주에 속한다. 다른 곳에서 온 단편을 가감 없이 시에 삽입하는 이 기법은 이미 아폴리네르가 선보인 바 있다. 1913년에 『파리의 저녁시간』에 수록된 시 「월요일 크리스틴 가」에서 아폴리네르는 카페의 대화에서 들리는 문구나 포스터에서 읽은 선전문구를 삽입했다.[101] 그런데 엘뤼아르가 삽입한 대화의 단편은 일상적인 이야기와는 거리가 멀다. 그것은 분명히 연출된 결과물에 속하며, 특히 엘뤼아르가 여러 번 그 중요성을 강조한 군중의 언어를 가장하고 있다. "생각하는 게 문제가 아니라 아는 게 문제요"라는 문구는 격언의 형태로 되어 있다. 시인은 구어와 문어를 뒤섞으면서 기존의 시어에 대해 의문을 제기한다. 그는 익명의 목소리가 시의 구성에 참여하도록 유도하면서 시를 다성적으로 만들고 있는 것이다.

사각형의 틀 네 가장자리에 있는 다른 텍스트는 초현실주의 속담이다. "물고기들의 마루 le plancher des poissons"라는 표현은 육지라는 뜻을 가진 기존의 경구화된 표현인 "암소들의 마루 le plancher des vaches"를 변형한 것이다. 또한 "모든 시인은 그림을 그릴 수 있다"라는 문구는 "의도적으로 다다이스트적인 도발을 조장하는 텍스트의 한가운데에서 거의 시학의 단편처럼 작용하고 있다."[102]

이제 엘뤼아르와 에른스트가 공동창작한 콜라주의 경우를 살펴보자. 두 사람은 네 권의 시집[103]에서 공동작업을 했는데, 그중 『반복』과 『신

---

101) Yves-Alain Favre, *op. cit.*, p. 139.
102) Colette Guedj, "Le collage dans l'écriture de Paul Eluard," in *Les mots la vie*, n° 5, 1987, p. 176.

들의 불행』이라는 두 권의 시집이 다다 시기인 1922년에 발간되었고 콜라주 기법을 활용하고 있다. 첫번째 시집의 콜라주들은 엘뤼아르의 시 텍스트를 읽지 않은 채 에른스트 단독으로 행한 결과물이다. 반면 두번째 시집의 경우에는 콜라주와 텍스트가 서로 상관관계를 가지면서 창작되었다.[104] 에른스트는 공동작업에 대해『회화를 넘어서』라는 저서에서 다음과 같이 설명한다. "한 작품 안에서 두 명 혹은 여러 명의 작가들의 생각이 체계적으로 융합하는 것(다시 말하면 '공동작업') 또한 콜라주의 동류로 간주될 수 있다."[105]

두 공동창작자는 콜라주의 "예기치 않은 만남"의 시학에 대한 강한 열정을 가졌기에『반복』속에서 "기적적인 조응"을 이루는 작품을 만들어낼 수 있었다. 이러한 조응은 어쩌면 콜라주 기법과 아주 밀접한 관계를 갖는 몸의 구현에 대한 시인과 화가의 공통된 관심에서 비롯된 것일지도 모른다. 이 점에 대해서는 뒤에서 다시 살펴보도록 하자.

막스 에른스트는 인간의 형상에 대한 끝없는 선호를 보여준다. 그는 콜라주에서 만들어지는 과정으로서의 몸을 제시한다. 예를 들면 모자 같은 의상소품이 인간의 몸을 형성하면서 쌓아올려진다(「인간을 만드는 것은 모자다」, 1920). 그의 또 다른 콜라주 작품인「그림과 오브제」(1935, 그림 41)는 인간의 형상을 한 두 개의 상(像)을 구현한다. 왼쪽의 형상은 다양한 오브제들의 결합으로 되어 있다. 신발이 몸통을, 달이 얼굴을, 구멍 난 숟가락이 성기를 나타내는 것으로 보인다. 이 인물은 팔레

---

103) 『반복』(1922),『신들의 불행』(1922),『침묵하지 않아서』(1925),『시각의 내부에서』(1948).

104) Werner Spies, *Max Ernst: les collages inventaires et contradictions*, Paris, Gallimard, 1984, p. 107.

105) Jean-Paul Clébert, *op. cit.*, p. 158에서 재인용.

트를 들고 있다. 다른 인물은 자유의 여신상을 변형하고 있다. 붓이 든 상자 옆에 위치한 이 형상은 흑인 남성의 얼굴을 하고 있으며, 횃불 대신에 커다란 나사못을 들고 있다. 두 형상 사이에는 수많은 대조점이 나타난다. 하나는 현대적인 오브제로 형성되어 있는 반면, 다른 하나는 변형된 네오클래식한 조각으로 구성되어 있는 것이다. 백인 여성의 달-얼굴은 흑인 남성의 태양-얼굴과 대비된다. 그리고 대조적인 형상들이 보여주는 성적인 암시는 페니스적인 커다란 나사못이 다른 형상의 성기 부위를 나타내는 구멍 뚫린 숟가락을 겨냥하고 있는 모습에서 명백히 확인된다.[106] 이 콜라주는 예술이란 정전으로 이미 부여된 것에 대한 위반이며, 새롭게 구축하는 과정의 작업임을 보여준다. 그것은 완결된 작품이 아니라 구축의 과정을 강조하여 보여줌으로써 예술작업 자체를 드러낸다. 또한 구축된 형상과 회화도구를 함께 병치함으로써 회화와 오브제 사이의 관계를 보여준다.

『반복』에서 우리는 해부도의 단편을 드러내는 수많은 콜라주를 발견할 수 있다. 특히 시 「말」에 동반된 콜라주(그림 42)는 여성과 남성 몸의 내부기관을 완전히 드러낸다. 몸의 특정 부위가 무엇인가에 관통당해 있으며(특히 눈 부위가 그러한데, 이 시집의 표지에 형상화된 눈은 실로 꿰어져 있다), 자르기와 붙이기라는 원리로 되어 있는 콜라주의 과정 자체를 보여주려는 것처럼 몸은 조각난 채 드러난다.

수많은 콜라주 속에서 우리는 또한 대칭을 이루는 몸짓이나 몸의 위치에 주목해볼 필요가 있다. 이는 "반복"이라는 제목과 연관되어 있다. 우선 시집 표지에 실린 콜라주에서 눈을 꿰뚫고 지나가는 실을 잡은 두

---

[106] 이 콜라주에 대한 자세한 해석은 다음 책을 참조할 것. Elza Adamowicz, *Surrealist collage in text and image*, Cambridge, Cambridge university press, 1998, p. 161.

손의 위치가 대칭적이다. 내제(內題) 면에는 등을 돌리고 일렬로 서 있는 네 명의 남자아이들이 보인다. 그들의 오른손 모양은 동일한 반면 왼손의 모양은 조금씩 서로 차이를 보인다. 시「발명」에 동반된 콜라주(그림 43)에서는 새의 발자국 형태가 역시 약간의 변형을 가지고 반복되어 있다. 마지막으로「더한 이유」를 동반한 콜라주는 이상한 기계에 매달린 두 남자를 보여주는데 한 명은 서 있고 다른 한 명은 머리를 아래로 두고 있다. 각자 팔짱을 끼고 있는 모습이 동일하며 그들의 위치는 대칭을 이룬다.

시집에 나타난 콜라주들은 대칭적인 반복과 지속적인 변형을 보인다. 연속성과 불연속성의 결합은 에른스트가 콜라주의 주된 속성으로 꼽고 있는 낯섦의 효과를 강화한다. 『반복』에 수록된 시 속에서 엘뤼아르는 자신만의 방식으로 다양한 종류의 콜라주를 창작했다. 그는 마치 언어의 조각들을 병치시키려는 듯 명사형으로 이루어진 반복의 기법을 즐겨 활용했다. "사랑의 기술, 자유로운 기술, 잘 죽는 기술……"(「발명」, I, p. 105), "입 주위에 감도는/그의 웃음은 항상 다르다, 그것은 쾌락, 그것은 욕망, 그것은 고통……"(「더한 이유」, I, p. 115) 또한 구어와 문어가 섞여 나타나기도 하는데, 그것은 언어 콜라주의 대표적인 특징 중 하나다. 텍스트와 현실을 왕래하는 콜라주 예술은 마치 작가가 독자에게 말을 건네듯 예술과 비예술을 공존케 하는 시각 콜라주의 원칙에 부합한다. 한편「귀먹은 눈〔目〕」의 한 시구는 논리적 연관이 없는 언어들의 나열을 보여준다. "하지 않는다면, 만일, 제외하고, 예외로 하고-." (I, p. 119)

시의 주제를 살펴보면, 에른스트와 마찬가지로 몸과 새가 중심이 되는 경우가 많다. 신체 부위들은 외부의 자연요소와 융합된다. "하늘, 이 무거운 손, 핏줄의 섬광."(I, p. 107) 엘뤼아르는 콜라주의 근본적인 문제의식을 보여주는 동시에 자신의 시학을 드러내기 위해 몸과 새의 상징성을 활용한다. 그 이중의 목적은 인접성의 문제와 서로 다른 요소들 간의 결합의 문제와 관계된다. "밤, 달 그리고 그들의 심장은 지속된다"(I, p. 108), "바람과 새들은 서로 결합한다—하늘은 변화한다."(I, p. 108)

시인이 『반복』이라는 시집 제목을 암시하려는 듯 시 제목들은 두 번 반복된다(「연속 1」과 「연속 2」, 「아무것도 1」과 「아무것도 2」, 「옆에 1」과 「옆에 2」). 이렇게 짝 지어진 두 시는 서로 거의 동일하거나(「아무것도」 1, 2의 경우) 대칭적인 형태(「옆에」 1, 2의 경우)를 띠고 있다. 하지만 그들 간의 내용과 다루는 대상은 완전히 다르며 "밤"이라는 시어로 시작하는 「옆에 1」과 "태양"이라는 시어로 시작하는 「옆에 2」의 경우처럼 상반되기도 한다. 같은 제목의 두 시 간에 내밀하고도 자유로운 관계는 엘뤼아르의 시와 에른스트의 콜라주 사이에 존재하는 관계를 동일한 방식으로 이미지화하는 것처럼 여겨진다.

이제 『신들의 불행』[107]을 살펴보도록 하자. 엘뤼아르는 이 시집의 콜라주에 전혀 참여하지 않았던 데 비해 에른스트는 텍스트 작성에 협력했다. 『신들의 불행』 콜라주에서 우리는 에른스트의 콜라주 작업 전반의 특징이라고 할 수 있는 인체의 낯설고 불안한 이미지를 다양하게 찾아낼 수 있다. 구체적으로 몸 없는 의복들, 조각나거나 감금된 여성의 나체, 몸 내부기관의 노출, 육체의 몇 부분이 동물이나 동물의 몸의 일부로 대체된 혼종적인 몸, 몸의 다른 부분으로 대체된 몸 또는 오브제로

---

107) *Les Malheurs des immortels*, révélés par Paul Eluard et Max Ernst(1922), in Paul Eluard, *Poésies 1913~1916*, Paris, Gallimard, 〔1971〕, 1994, pp. 129~69. 다음부터는 괄호 안에 페이지 숫자만 기입한다.

대체된 몸의 주제들을 살펴볼 수 있다.

　또한 텍스트는 콜라주가 만들어내는 기이하고 불안한 분위기를 통해 몸의 다양한 재현을 보여준다. 이미지를 텍스트와 비교한다면 몇몇 주제나 구성요소의 선택에서 서로 연관된 면도 있지만, 대부분의 내용과 형태는 서로 다름을 알 수 있다. 예를 들어「카나리아의 공식적인 각성」에서 이미지는 연기가 나는 곳 옆에 위치한 새장 안에 갇혀 있는 새를 보여준다. 텍스트는 다음과 같이 말한다. "끔찍한 음악가들이 연기로 가득한 새장 속에 갇혀 사랑스러운 웃음을 보여주고 있다."(p. 133)「두 미소의 만남」에서 앉아 있는 신부의 얼굴은 나비로 바뀌고, 나비는 다시 텍스트 속 머리모양과 연관된다. "머리를 나비로 치장한 이 여성들의 한숨소리를 들어라."(p. 141)「침묵할 시간」(그림 44)에서 식물이 심어져 있는 밭은 동맥의 맥상(脈狀)과 겹쳐지며 텍스트는 몸과 풍경을 부분적으로 혼합한다. "그녀는 폐허의 발치에서 젖가슴의 돛을 펼쳐놓는다. 그러고는 덩굴식물에 의해 뜯긴 제 손톱의 여명으로 잠이 든다."(p. 149)「친절의 두 극단 사이에서」라는 작품에서 이미지는 내부기관들이 드러나는 투명한 인간의 몸을 보여준다. 한편 텍스트는 "뼈까지 젖은 이 곡예사"(p. 159)라고 노래한다. 마지막으로 텍스트와 이미지는 완전히 대치되기도 한다.「내 작은 몽블랑」에서 이미지는 여성의 흰 나체를 제시하지만 텍스트는 "키 작은 흑인이 춥다"라는 시구로 시작된다 (p. 135).

　텍스트와 이미지에서 몸의 다양한 재현은 자르기, 붙이기, 그리고 놀라움을 일으키고 결코 보지 못했던 것을 창조하기 위한 서로 이질적인 요소들의 만남이라는 콜라주의 기법과 원리를 입증한다. 이런 의미에서「시골의 평화」(그림 45)는 다른 작품들보다 더욱 상징적이다. 콜라주는 여성과 남성 두 사람을 혼합하고 있는데, 이들은 몸이 절단되어 서로에게 붙어 있으며 여기에 오브제들도 달라붙어 있다(의자는 등에, 유리컵은 턱에). 또한 "시골의 평화"라는 제목이 지시하는 것과는 달리 밀폐된 장소 속에서 고통받고 있는 장면이 연출된다. 텍스트의 경우에도 같은 이미지를 환기시킨다. "(……) 밀랍과 금속으로 된 무희들이 참을성 있게 인체의 부조(浮彫)를 줄칼로 마무리 작업을 하는 불구자들의 무관심을 통해 나타난다."(p. 169)

「가위들과 그들의 아버지」(그림 46)라는 제목은 불연속의 미학을 표현한다. "한 짝의 가위들"이라는 고정된 표현이 해체되면서 "가위들과 그들의 아버지"라는 인간의 형상을 만들어내기 위해 재구성된다. 이 제목은 또한 콜라주의 주요 도구인 '가위들'과 기존의 텍스트를 지칭하는 '그들의 아버지'를 환기시킨다. 그리하여 오브제로 간주된 언어들은 "순간의 변덕에 의해서"[108] 해체되고 조립된다.

동시에 읽고 볼 수 있는 이 시집은 몸의 내면풍경인 꿈의 풍경을 드러낸다. 회화와 시 텍스트 전체는 "가장 고귀한 성취"인 "비현실성"[109]에 도달하기 위해, 그리고 막스 에른스트 자신이 언급한 것처럼 초현실주의의 근본적 문제의식인 이분법적인 것들을 해결하기 위해 구축된다.

3) 몸과 콜라주

초현실주의 몸 이미지의 수많은 특징은 콜라주 기법상의 특징과 연관된다. 베르나르 라파르그는 콜라주 아티스트가 갖고 있는 "인간이나 동물의 사지에 관해 매우 노골적으로 좋아하는 취향"에 대해 언급하면서,

---

108) Max Ernst, *Ecritures*, Paris, Gallimard, 1970, p. 34.
109) *Ibid.*, p. 264.

이들을 "다양한 먹잇감들의 조각에 덤벼들어 분해하고 일그러뜨리고 찢어발기는 포식동물"에 비유한다.[110] 그것은 초현실주의 예술가들과 시인들에게서 자주 나타나는 조각난 몸의 이미지를 연상시킨다. 잘라서 다시 붙이는 콜라주의 창작과정은 몸의 분할과 재구성의 과정과 동일선상에 있다. 베르트랑 루제는 콜라주에서 해부된 몸의 단편들의 테마가 상당히 많이 표현되고 있음에 주목한다. 그는 그것이 마치 몸의 내부를 드러내려 하고, 더 나아가서는 몸을 찢어서 다시 합친 '흩뿌려진 몸의 조각들membra disjecta'이라는 시원적인 폭력을 드러내려고 의도하는 것이라고 판단한다. '흩뿌려진 몸의 조각들'이 창자, 내장, 신경들을 드러내듯이, 콜라주는 창조의 과정을 노출하기 위해 기법상의 폭력이 남긴 상처를 간직하고 있다는 것이다.[111]

이런 의미에서 콜라주와 몸은 끊임없이 찢기고 재구성되는 세계를 반영한다. 고전주의에 대항하여, 또한 19세기의 합일과 조화의 개념에 대항하여 초현실주의 예술(콜라주, 몸)은 단편을 모으고 여러 요소를 혼합하며 세밀한 것들을 넘쳐나게 한다. 다양한 단편으로부터 창조된 새로운 몸과 새로운 작품은 부분과 전체, 통일성과 다양성, 연속성과 불연속성 사이의 변증법을 작동시킨다.

초현실주의의 몸 이미지와 콜라주는 몸과 몸이 아닌 것, 예술과 예술이 아닌 것 사이에 존재하는 경계늘의 불분명함을 특징으로 한다. 콜라주의 구성원리는 예술과는 거리가 먼 재료인 신문, 광고, 일상의 대화들을 화폭에 도입하여 비예술이 새로운 예술을 탄생시키도록 하는 데

---

110) Bernard Lafargue, "Le grylle du Minot, un amour de collage," in Bertrand Rougé (éd.), *Montages/Collages, op. cit.*, p. 147.
111) Bertrand Rougé, *Ibid.*, p. 9.

있다. 마찬가지로 초현실주의의 혼종적인 몸 이미지에서 인간에 속하지 않는 사물, 식물, 광물 등의 요소와 인간의 몸은 혼합되고, 따라서 인간이 아닌 것은 새로운 인간의 몸 구성요소가 된다. 콜라주와 인체의 세계에서 인간적인 것과 유기적인 것, 건축적인 것과 해부학적인 것, 근본적인 것과 장식적인 것의 차이는 없다.

콜라주는 서로에게 적합하지 않은 장소에서 서로 다른 두 현실의 자의적 만남을 불러일으키는 예술이다. 그것은 초현실주의자들이 찬양하는 로트레아몽의 문구, "해부대 위의 재봉틀과 우산의 만남"이 상징하는 것이다. 해부대는 실험실이자 변용의 장소를 의미한다. 또한 해부대는 몸의 절단과 재구성에 관한 수술작업이 이루어지는 콜라주 자체이기도 하다. 몸의 이미지에서 이질적인 언어와 이미지가 몸을 이루기 위해 합쳐지듯이 콜라주에서도 이질적인 본질을 가진 요소들이 결합된다. 자의적인 만남들은 낯섦을 일으키고, 낯섦의 효과는 몸과 콜라주를 일상적인 맥락이나 환경에서 빠져나오게 한다.

몸과 콜라주의 관계성은 '우아한 시체놀이'라는 유희적 기법과도 비교할 수 있다.

우아한 시체놀이—여러 명의 참여자들에 의해서 한 문장이나 그림 한 점을 만들어내는 놀이. 그들 중의 누구도 협동작업이나 선행 협동작업이 무엇인지 모른다. 놀이의 이름을 부여한 계기가 된 고전적인 예로는 이 놀이를 통해 처음으로 얻어낸 문장인 "우아한-시체가-새로운-술을-마실 것이다"가 있다.[112]

우연히 획득한 문장에 의해 시체가 우아해짐으로써, 전통적인 미의 기준에 반하는 새로운 아름다움의 기준이 제시된다. 언어로 이루어진 '우아한 시체놀이'보다는 회화로 이루어진 같은 제목의 놀이가 몸과 콜라주가 보여주는 원리에 더욱 가깝다. 그림으로 표현된 '우아한 시체놀이'는 공동작업을 통해 몸을 재구성한다. 다시 말해 몸의 세 부분인 상체, 몸통, 하체는 세 명의 다른 화가들에 의해 그려진다. 여기에서 다른 참여자의 작품을 모르는 상태에서 만들어진 서로 다른 세 작품은 단 하나의 작품, 단 하나의 살아 있는 혼종적인 창조물을 만들어내기 위해 합쳐진다. 이때 익명성의 원리가 중요하다. 몸의 정체성이 세 조각으로 분할되듯이 작가들의 정체성 또한 분할되고 모호해지는 것이다. 콜라주에서는 단 한 명의 작가가 여러 작가가 만든 작품의 조각을 결합하지만, 우아한 시체놀이에서는 혼종적인 작품을 만들기 위해 여러 화가들이 거의 동시에 참여한다.

엘자 아다모비치에 따르면 회화의 우아한 시체놀이는 수사학적 원리로도 설명할 수 있다. 이 놀이는 은유와 환유 작동원리의 기본이 되는 계열체적이고 통합체적인 기제에 따라서 움직이기 때문이다.[113] 각각의 예술가들은 몸의 일부를 다른 사물로 대체한다(계열체적인 원리). 그리고 머리, 몸통, 몸의 하부는 조합된다(통합체적인 원리). 뒤에서 자세히 다루게 될 엘뤼아르의 블라종 기법 또한 은유적으로 변형된 신체 일부가 환유적으로 몸 전체를 형성하고 있어서 우아한 시체놀이의 시적 등가물로 간주될 수 있다. 이 두 기법이 새로운 몸을 만들어내는 것을 목표로 하고 있더라도 그 차이는 크다. 블라종 기법에서 몸은 한 명의 시

---

112) *Dictionnaire abrégé du surréalisme*, in Paul Eluard, I, p. 730.
113) Elza Adamowicz, *op. cit.*, p. 78.

인에 의해 구성되지만, 회화의 우아한 시체놀이에서 몸은 익명의 여러 창작자들과 우연에 의해 좌우되며 보다 자발적으로 집단무의식에 가깝게 형성된다. 그것은 앙드레 브르통에 따르면 초현실주의자들의 신념이었다.

이 창작물들이 우리를 흥분시키는 것은 하나의 두뇌에 의해서 만들어질 수 없는 것의 흔적을 지니고 있으며, 시에서 많은 예를 찾아볼 수 없는 가장 높은 단계로 타고난 '표류'의 힘을 부여받고 있다는 확신이다. '우아한 시체놀이'와 더불어 마침내 우리는 비평정신을 해제하고 정신의 은유적인 행위를 완전히 해방하는 확실한 방법을 획득한다.[114]

2. 몸과 풍경의 동일화

여성 몸의 풍경이 갖는 다양한 양상을 살펴보기 전에 엘뤼아르의 시론집이라고 할 수 있는 『시적 명증성』에서 시인이 선언한 내용에 귀 기울여보자.

인간의 정신이 생각하고 창조할 수 있는 모든 것은 같은 핏줄에서 나오며, 그의 살과 그의 피와 그를 둘러싼 세계와 똑같은 질료에서 나온다.[115]

---

114) André Breton, *Le surréalisme et la peinture*, Paris, Gallimard, [1965], 1979, p. 290.
115) I, p. 516. 『시적 명증성』은 엘뤼아르가 1937년 런던에서 한 중요한 강연회의 내용을 수록한 시론집이다. "시적 명증성"은 역설적으로 "아주 상대적인 동일성" 속에서 이루어지는 이미지의 "명백한 정확함"이 갖는 "절대적인 진실"을 의미한다.

엘뤼아르의 시적 탐험은 메를로퐁티의 "살의 현상학"과 닿아 있다. 현상학자는 질문한다. "세계가 살인데, 어디에 몸과 세계의 경계를 지을 것인가?"[116] 이때 살의 개념은 "몸의 부당한 경계 짓기와 그 경계들의 인위적인 강요"에 대항하여 "살이 지니는 세계 안에서의 확장의 힘"[117]을 의미한다. 살은 인간의 육체적 존재뿐 아니라 있는 그대로의 존재를 드러내는 언어다. 몸과 세계가 경계를 부수고 서로 이어져서 확장되는 '살로서의' 존재방식에 대해 엘뤼아르는 시론집 『보여주다』(1939)에서 다음과 같이 말한다.

> 우리는 세상을 과학적으로 연구하기 위해 사물들과 그들의 관계에서 출발해야 한다고 말했다. 그것은 우리의 권리가 아니라 의무다. 그것은 그들 속에 죽음을 안고 있는 사람들, 이미 벽이나 공허가 되어버린 사람들의 방식이 아니라, 세계와, 특히 변화하는 세계, 생성하는 세계와 한 몸을 이루면서 살아가는 의무 자체다.(I, pp. 942~43)

인용문에서 우리는 엘뤼아르의 시학을 이루는 두 핵심어인 "관계"와 "결합"을 발견할 수 있다. 사물들 간의 관계는 끝없는 변화를 통해 쇄신된다. "변화하고 생성하는" 세계는 항상 새롭고 역동적인 수많은 관계를 형성시킨다. 결합의 개념은 상반되는 것들의 '살이 결혼'인 육화의 개념과 관련된다. 이때 엘뤼아르의 시에서 결합의 역할은 자연과 밀접한 관련을 맺는 여성과 여성의 신체 부위가 수행한다.

---

116) Maurice Merleau-Ponty, *Le Visible et l'invisible*, Paris, Gallimard, 1964, p. 152.
117) Jacques Garelli, *Artaud et la question du lieu*, Paris, Corti, 1982, p. 23.

1) 소우주와 대우주의 결합

시인은 여성의 신체 부위들을 자연의 원소들과 같은 위계에 놓는다. 4원소가 자유롭게 결합되듯, 몸의 각 부위 또한 '눈의 손' '눈처럼 열린 입술'과 같은 경우처럼 서로 뒤섞인다. 「사랑의 질서와 무질서」에서 발췌한 다음의 두 행은 이런 의미에서 중요하다.

> 나는 원소들로부터 출발하기 위해 암송하리라
> 네 목소리 네 눈 네 손 네 입술을(II, p. 68)

두 시행은 사랑하는 여성의 신체 부위들을 마치 물, 불, 흙, 공기의 4원소를 부르듯 열거하고 있다. 여성의 몸은 이미 완성된 것이 아니라 완성해나가야 할 우주적 풍경이다. 이러한 방식으로 세계와 몸의 새로운 개벽(開闢)이 이루어지고, 서로 다른 두 차원의 원소인 몸의 원소와 우주의 원소는 언제든지 교류하고 혼합할 태세를 갖춘다. 계속해서 같은 시의 아래 시구를 읽어보자.

> 불꽃이 우리들의 눈 속에 건축했던
> 이 욕조 속에서
>
> 네 손의 덕분으로
> 네 눈의 은총으로
> 내가 들어갔던
> 행복한 눈물의 이 욕조 속에서(*Ibid.*)

이 부분에서는 물과 불이 만나고("불꽃"과 "욕조"), 여성과 남성의 눈이 혼합하여("우리들의 눈") 자연("물"-"불")과 몸("우리들의 눈")이 섞이는 교감의 축제가 벌어진다. 혼합의 장의 중심에 자리하는 것은 여성의 각 신체 부위다. 서로 섞이는 원소들과 마찬가지로, "네 손" "네 눈" "네 입술"이라는 여성의 몸은 사랑하는 "너"와 "나"의 결합을 매개한다.

　엘뤼아르의 은유는 여성 몸의 일부라는 소우주와 세계라는 대우주의 관계로 크게 조직되며, 소우주와 대우주는 상호적으로 비유하는 것과 비유되는 대상이 된다. 시인의 이러한 모색은 초현실주의자들이 좋아했던 연금술사들의 사유와 만난다. "소우주와 동일화된 인간은 정기적인 쇄신을 보장해주는 우주와 모든 생명의 힘을 구성하는 온갖 요소를 자신의 몸 안에 지니고 있다."[118] 물론 소우주와 대우주 사이의 조응은 "불의 본질을 가진 심장, 나무의 본질을 가진 간, 금속의 본질을 가진 허파" 등으로 체계적이고 고착화된 연금술사들의 작업보다는 엘뤼아르의 시에서 나타나는 작업이 훨씬 자유롭고 다양하다. 하지만 이 둘 사이의 은유구조는 동일하게 드러남을 발견할 수 있다.

"심장의 불은 진사(辰沙)처럼 붉다"(중국의 연금술)[119]

신선함의 채광 환기창이 달린 그들의 손은
경험처럼 푸르다"(I, p. 1062)

---

118) Mircea Eliade, *Forgerons et Alchimistes*, Paris, Flammarion, 1977, p. 99.
119) *Ibid.*

엘리아데가 설명하는 것처럼 연금술사들의 생각 안에서 우주적 원소인 불은 인체의 기관인 심장과 유사관계를 갖는다. 인체라는 소우주는 다시 연금술적인 용어로 해석되어 심장은 진사와 연관된다. 엘뤼아르의 시구에서 나타나는 유사관계는 이보다 다면적이다. 공기의 환유인 채광 환기창은 '공기의 신선함'을 '신선함의 공기'로 전도시킨다. '그들의 손'이라는 소우주는 연금술적 용어가 아니라 추상적 용어인 경험으로 해석된다. 물론 여기에서 '경험'이라는 의미론적 장은 체험된 현실과 연관되어 있다. 구체와 추상의 혼합은 엘뤼아르 시의 특징을 이루는데, 인용문에서는 생각과 개념이 구체화되고자 하는 바람으로 인체의 형태를 띠게 된다. 마찬가지로 몸은 더욱 크고 일반적인 차원을 갖는 추상적인 것으로 변모한다.

연금술사들과 마찬가지로 엘뤼아르의 시에서는 인체의 항시적인 재생이라는 사유가 나타난다. 엘리아데는 『대장장이들과 연금술사들』에서 "진사의 중요성은 그 붉은 빛깔(피의 색깔, 생명성의 원칙)에 기인하는 것이 아니라 불 속에 들어가면 진사가 수은을 생성하게 된다는 사실에 기인한다. 그러므로 그것은 죽음에 의한 재생의 신비를 드러낸다(왜냐하면 연소가 죽음을 상징하기 때문에)"[120]고 설명한다. 엘뤼아르는 여성의 몸을 한편으로는 끊임없이 새로워지는 자연과 결부하고, 다른 한편으로는 불 탔다가 자신의 재로부터 다시 태어나는 전설의 새인 불사조와 동일시한다. 이들은 모두 "죽음을 자신 안에 안고 사는" 몸의 운명을 거부한다.

---

120) *Ibid*.

2) 몸과 자연의 상호작용

몸과 자연은 은유적으로 결합하면서 그 속성을 교환한다. "풀밭의 눈과 땅의 손가락 몇 개"(「모든 것이 발명되는 꿈」, II, p. 12)라는 시구가 잘 보여주듯이 자연과 몸은 서로에게 속해 있으며 혼합된다. 다시 말해 "풀밭의 눈"에서처럼 자연은 육화되고[121] "땅의 손가락 몇 개"에서처럼 육체는 세계가 된다. 서로 밀접하게 연결된 여성의 몸과 자연은 시집 『쉬운』(1935)에 수록된 첫 시가 잘 보여주듯이 영속적인 교류를 하고 있다.

> 네가 일어나니 물이 펼쳐지고
> 네가 누우니 물이 피어나네
> 너는 심연으로부터 방향을 바꾼 물
> 너는 뿌리를 내린 대지
> 그 위에 모든 것이 정착되네(I, p. 459)

이 시의 첫 두 행은 여성과 물의 즐거운 상호작용을 보여준다. 첫 행에서 여성의 수직적 움직임은 물의 수평적 움직임과 대조되고, 두번째 행에서 여성의 수평적 움직임은 물의 수직적 움직임을 이끌어낸다(꽃이

---

[121] '육화corporisation' 그리고 '육화하다corporiser'라는 용어는 옛 어법으로 "육체를 부여하다(영혼을 부여하다라고 말하는 것처럼) 또는 존재, 사물, 유기체에 속하지 않는 현상에 육체성을 부여하다"라는 의미로 쓴 것이다. Alain Rey (dir.), *Dictionnaire historique de la langue française*, Paris, Dictionnaire Le Robert, 2000, p. 900 참조. 엘뤼아르에게 있어서 육화하고자 하는 욕구는 로트레아몽에게 있어서 "동물화하고자 하는 욕구"에 비견할 수 있다. 이에 관한 바슐라르의 지적을 참조해보자. "이러한 즉각적인 생물학적 혼합은 상상력의 근원을 이루는 '동물화하고자 하는 욕구'를 명확하게 보여준다. 상상력의 첫 기능은 동물적 형태를 만드는 것이다." Gaston Bachelard, *Lautréamont*, Paris, Corti, 1965, p. 51.

나 분수처럼 피어나는 물). 여기에서 유기체인 물은 역동적이며 감성이 가능한 존재로 드러난다(즐거움의 효과라는 의미에서 "피어난다"라는 말). 상호적인 움직임이 교환되면 인칭대명사 '너'로 지칭되는 여성과 물(3행), 대지(4행)의 동일화 작용이 일어난다. 물과 대지 또한 여성의 중개를 통해 결합된다. 사물들 간의 카오스적인 혼합이 일어난 후에는 새로운 질서가 자리한다("모든 것이 정착되네").

  자연과 여성의 몸은 서로 닮아가면서 교류한다. 「지속」이라는 시에서 우리는 몸과 세계 사이의 완벽한 교감을 볼 수 있다.

> 달은 한쪽 눈 속에서 해는 다른 쪽 눈 속에서,
> 사랑은 입속에서, 아름다운 새는 머리카락 속에서 잠들다
> 들판, 숲, 도로, 바다처럼 치장된
> 세계 일주처럼 치장된 아름다운 여인.
>
> 풍경을 통해 달아나라,
> 연기 나는 나뭇가지들 사이로 그리고 바람의 온갖 열매들 사이로,
> 허리를 붙들리고, 모든 강물의 근육들을 붙들린
> 모래 스타킹을 신은 돌의 다리들과
> 변화한 얼굴에 관한 마지막 근심이여.(I, p. 106)

  「지속」의 주요 소재는 잠자는 여성의 몸이다. 2연으로 구성된 이 시에서 첫 연은 눈, 입, 머리카락 등 몸의 상부를 묘사하고 있고, 두번째 연은 마지막 행(얼굴)을 제외하고는 다리, 허리, 근육 등 몸 하부를 묘사하고 있다. 몸의 상부는 세계와의 접점을 이룬다. 1행에서 세계의 상

부를 이루는 '달'과 '해'는 몸의 상부를 이루는 눈 속에 응집되며, 눈은 감은 눈꺼풀 아래 빛을 간직한 채 우주적 규모로 확대된다.

2행에서 '입술'은 여성과 애인 사이를 매개하며 인간의 세계에 머물러 있고, 새가 둥지를 트는 '머리카락'은 인간과 동물 사이를 매개한다. 다음 두 행에서 여성의 몸은 자연과 세계의 옷을 입게 된다. 그리하여 이 여성의 꿈은 우주적인 규모를 갖는다. 1연의 정적이고 평화로운 분위기에 비해, 2연의 경우는 '다리' '허리' '근육'이라는 몸 하부의 역동성을 드러내며, 나아가 붙들리는 것과 도망치는 것 사이의 긴장을 일으킨다. 게다가 2연의 '달아나라' '연기' '다리' '강물' 등의 시어는 변화가 촉발하는 혼란스러운 이미지를 보여준다. 1연에서 사물들이 육체 속으로 들어간다면 2연에서는 사물과 육체가 하나를 이룬다("돌의 다리들" "모래 스타킹" "강물의 근육들").

시인은 영속적인 움직임 속에 사로잡힌 세계와 육체를 보여준다. 그것은 『시의 육체』에서 시인이 던진 질문과 답을 예시한다. "끝없이 움직이는 내 크기에 비견되는, 끝없이 달라지는 세계의 크기는 무엇인가? 물의 크기를 측정하는 것도 마찬가지다──겨우 정착되어가는 사물들 사이의 관계는 역시 스쳐가는 다른 사물들을 개입시키기 위해 소멸된다." (I, p. 936)

「지속」의 전체는 여성의 몸을 풍경으로서 부여준다. 닫혀 있으며 동시에 열려 있는, 정적이며 역동적인, 확대하면서도 도망가는 '몸-풍경'은 숨겨진 시적 자아의 시선에 의해 드러난다. 엘뤼아르가 쓴 다른 시의 시구 "종종 여성의 빛깔을 지닌, 그리고 부재의 흔적을 담고 있는 풍경들"(I, p. 1342)이 잘 입증하고 있듯이, 여성 몸의 풍경은 시 텍스트에 존재하면서도 부재하는 시적 자아의 시선으로 볼 때 볼 수 있으면서도 볼 수 없고, 현존하면서도 부재하며, 가까우면서도 멀다.

여성의 몸-풍경을 노래하는 다른 시를 살펴보자.

> 불 앞에 선 아이처럼
> 나 이 여성의 풍경 앞에 서 있네
> (……)
> 불 속에 던져진 나뭇가지처럼
> 나 이 여성의 풍경 앞에 서 있네(『시간이 넘쳐흐른다』, II, p. 107)

먼저 "불 앞에 선 아이처럼"과 "불 속에 던져진 나뭇가지처럼"이라는 두 개의 유추에 주목해보자. 첫번째 유추는 여성의 풍경 앞에서 느끼는 시적 자아의 매혹을 표현하고 있으며, 두번째 유추는 여성 세계 안으로의 총체적 몰입과, 그가 바라보고 말을 건네는 여성인 '너'와의 완전한 합일을 구현한다.

이러한 여성 몸의 풍경은 엘뤼아르의 세계에서 반드시 시각적인 것은 아니다. 『끊임없는 시 I』(1946)의 첫 부분을 예로 들어보자.

> (……)
> 벌거벗은 지워진 잠이 든
> 선택된 고귀한 고독한
> 깊은 사선의 아침의
> 신선한 진줏빛의 머리카락이 헝클어진
> 다시 활기를 띤 첫번째의 군림하는
> 요염한 생기 있는 열정적인

오렌지빛의 장밋빛의 창백해지는(II, p. 23)

이 시에는 여성형용사가 30행에 걸쳐 나열되고 있다. 형용사들이 지칭하는 대상은 분명 여성일 테지만, 표면적으로는 수식하는 대상이 부재한 상태에서 형용사들이 이어진다. 구두점도 접속사도 없이 병치된 일련의 형용사들 속에서 여성의 모습은 다양한 방향으로 신비로움을 간직하고 있다가 점진적으로 드러난다. 병치의 방식은 각각의 독립성을 강화한다. 또한 병치된 일련의 세 형용사를 통한 각 행의 구성은 이 시에 역동적이며 독특한 리듬을 부여한다. 여성이 이룩하는 풍경은 리듬의 규칙성에 의해 형성되고 있는 것이다. 그렇다면 그것은 시각적으로 보는 풍경이 아니라 언어로 말하는 음성적인 풍경이 아닌가.

형식적인 규칙성과는 대조적으로 의미론적인 무질서가 두드러지는 것도 특징적이다. 시인은 규칙적인 형식과 자유로운 내용을 결합하면서 자신의 시 가운데 한 제목이 환기시키는 것처럼 "사랑의 질서와 무질서(II, p. 68)"를 표현하고 있는 것이다. 시인은 한 명의 여인을 수식하기 위해 '아름다운' '귀여운' '거지같은' '머리가 헝클어진'이라는 상호모순적인 용어들을 동시에 사용한다. 이것은 아름다움에 관습화된 시각을 부여하지 않으려는, 또한 여성의 신체에 가치판단을 개입시키지 않으려는 욕망의 발로가 아닐까? 『동물들과 그들의 인간들, 인간들과 그들의 동물들』(1920) 시집의 서문은 이러한 생각을 입증해준다.

아름다움이나 추함은 별로 필요 없다고 여겨진다. 우리는 힘이나 우아함, 부드러움이나 야만스러움, 단출함이나 수많음에 관해 항상 다르게 생각해왔다. 인간으로 하여금 이것은 아름답다 혹은 추하다라고 말하게 하고 어느 한편에 서게 하는 허영은 여러 문학사적 시기의 감정적인 고양과 그로 인한 무질서라는 정제된 실수의 근원이 된다.(I, p. 37)

『끊임없는 시 I』은 말줄임표로 시작하고 끝난다. 머리도 없고 꼬리도 없는 이 시는 진정으로 끊임없는 시다. 바슐라르는 "말줄임표는 텍스트를 '정신분석한다.' 말줄임표는 겉으로 명백하게 말해져서는 안 되는 것을 생략한다"[122]라고 말한다. 또한 미셸 콜로에 따르면 "말줄임표는 단언문의 특징인 '마지막의' 억양을 피하게 한다. 말줄임표는 환기된 사실이 실현되었는지, 아니면 잠정적인 상태인지를 알아볼 여지를 생략해버린다."[123] 위의 시에 비추어보건대 말줄임표는 침묵적인 열거의 기법은 아닐까? 시인은 너무나 할 말이 많은 나머지 자신의 모든 말을 말줄임표 형식 속에 압축하여 언표된 말을 넘어서서 여성의 신체가 보여주는 현실적이면서 잠재적인 풍경을 환기시키고자 하는 것이다.

3. 여성 몸의 '블라종blason' 기법과 세밀함의 글쓰기

세계와 내밀한 관계 속에 있는 여성의 신체 부위들은 묘사되고 열거됨으로써 16세기 초·중반에 유행했던 시 장르인 여성 몸의 블라종 기법을 환기시켜준다. 『여성 몸의 블라종들』 선집 서문에서 장 클라랑스

---

122) Gaston Bachelard, *L'eau et les rêves*, Paris, Corti, [1942], 1997, p. 51.
123) Michel Collot, "La syntaxe nominale dans la poésie moderne," in Bertrand Rougé (dir.), *Ellipses Blancs Silences*, actes du colloque du CICADA, Pau, Université de Pau, 1992, p. 108.

랑베르는 16세기 블라종 시들을 읽으면서 보들레르뿐 아니라 폴 엘뤼아르, 앙드레 브르통, 셍 존 페르스의 시들과 연결짓고 있다.[124] 왜 블라종이라는 오래된 형식이 새롭게 20세기 시인들, 특히 엘뤼아르의 관심을 끌었을까? 이러한 형태의 글쓰기와 초현실주의가 어떤 관련을 맺고 있는 것인가? 이러한 문제들에 대답하기 위해서는 우선 전통적인 블라종 기법에 대한 역사적 측면을 살펴보아야 한다.

1) 여성 몸의 전통적인 블라종 기법

'블라종blason'이라는 용어는 원래 문장(紋章)을 지칭했으나 더 보편적으로는 그것을 기술적인 용어로 설명하는 규칙을 의미했다.[125] 그 후 15세기 중엽 여성 몸의 블라종 기법이 문학장르로 나타나면서 특히 1536~43년에 시인 마로에 의해 꽃을 피웠다. 또한 인체에 대한 지식의 진보는 블라종의 개화에 많은 기여를 했다. 블라종에는 인체의 블라종, 반(反)블라종, 인체가 아닌 주제에 관한 블라종이라는 세 유형이 있다. 첫번째 블라종은 여성의 신체 한 부위를 찬양하는 기법이며, 두번째 블라종은 그것을 폄하하고 있다. 이런 의미에서 "블라종을 하다 blasonner"라는 용어는 상반된 두 의미, 다시 말해 한편으로는 찬양하다, 영광을 돌리다라는 뜻이지만 다른 한편으로는 비난하다, 비판하다라는 뜻을 담고 있다. 여성 몸에 대해 블라종 작가들의 모순되는 두 태도를 보여주는 이 동사는 서양 철학사에서 몸에 대한 가치부여와 평가 절하 사이의 끝없는 왕래를 반영하는 듯 보인다.

---

124) Jean-Clarence Lambert (préf.), *Blasons du corps féminin*, Paris, 10/18, 1996, p. 12.
125) Odile Quéran, Denis Trarieux, *Les discours du corps: une anthologie*, Paris, Presses Pocket, 1993, p. 39.

인체가 아닌 주제에 관한 블라종은 인체의 블라종들이 갖는 외설스러운 성격에 저항하려는 목적을 가졌으나[126] 지극히 미미한 시도에 불과했다. 16세기의 많은 시인들은 블라종의 주제로 몸의 "낮은" 부위들(배꼽, 배, 허벅지, 엉덩이, 발)을 주저 없이 선택했으며 선택한 부위들을 칭송했다. 이에 대해 장 클라랑스 랑베르는 "고대의 신성들과 예수의 이미지들을 별 불편 없이 뒤섞었던 시대에 자연스러운 과정인 '세속화,' 성스러움의 위치전환"[127]을 읽어낸다. 다시 말해, 세속화 작용은 몸의 숭배 또는 신성화 작용과 병행한다. 우리는 그 시대의 많은 블라종에서 신체 일부를 신에 비교함을 발견할 수 있다.

(……) 각각의 머리카락들이
신의 이름으로 명명되기를[128]

은혜 입은 내 눈들로부터 신과 같은 눈[129]

근본적으로 에로틱한 몸의 가치부여, 성스러움과 속된 것 사이의 왕래는 초현실주의자들의 주목을 끌기에 충분했으며, 엘뤼아르의 경우도 마찬가지였다. 블라종이 성스러움과 속됨을 혼합하는 것은 내용 속에서뿐 아니라 그 기법상에서도 마찬가지다. 완전히 현실적이며 관능적인

---

126) Alison Saunders, "'La beauté que femme doibt avoir': la vision du corps dans les blasons anatomiques," in Jean Céard et al., *Le corps à la Renaissance*, Paris, Aux amateurs de livres, 1990, p. 39.
127) Jean-Clarence Lambert (préf.), *Blasons du corps féminin, op. cit.*, p. 9.
128) Mellin de Saint-Gelais, "Blason des cheveulx," *Ibid.*, p. 18.
129) *Ibid.*, p. 10.

여성의 몸을 묘사하기 위해 블라종 시인들은 "구약성서의 가장 효과적인 수사학적 기법인 연도(連禱), 열거, 은유들의 축적"[130]을 활용했다. 여성 몸의 블라종은 일반적으로 인체의 일부나 의상장식(머리핀이나 거울)에 대해 이루어졌고, 몸 전체를 대상으로 하는 경우는 매우 드물었다. 몸 전체는 죽음이 예정되어 있다는 생각이 강했기 때문이다. 하지만 16세기 궁정시인인 롱사르는 클레망 마로의 블라종 스타일과 달리 환유적인 논리에 따라 사랑하는 여인의 모든 신체 부위를 하나하나 명명했다. "시인은 머리카락부터 이마까지, 이마에서 뺨까지, 뺨에서 입술까지, 입술에서 목까지, 목에서 젖가슴까지 향해 갔다."[131]

블라종 기법은 시대와 작가마다 차이를 보이기는 하지만 무엇보다 여성 몸의 비밀스런 세계에 침투하고자 하는 시인의 욕망을 반영하는 사랑의 시라는 공통점을 갖는다. 블라종 시인 자신이 그가 선택했던 신체 부위의 아름다움을 분석할 때마다 그는 이 아름다움이 자기 자신의 감성에 미치는 영향을 분석하게 된다.[132] 이 문학장르는 사랑하는 여성과 '연인-시인' 사이의 관계를 드러낸다. 몸은 응시하는 자와 응시되는 자, 대상과 주체 간의 관계를 보여주는 장으로 기능한다. 이제 엘뤼아르만의 독특한 블라종 기법을 알아보기 위해 지금까지 살펴보았던 전통적인 블라종의 중요한 핵심어인 사랑, 욕망, 건축의 예술, 세밀함의 시학 등을 염두에 두도록 하자

---

130) Roland Antonioli, "Avant-propos," in Le C.E.D.I.C., *Le corps de la femme: du blason à la dissection mentale*, actes du colloque, 18 novembré 1989, Lyon, Université de Lyon III, 1990, p. 3.
131) Joëlle Pagès-Pindon, "Le corps féminin dans l'écriture poétique," in ouvrage collectif, *Le corps*, Paris, Ellipses, 1993, p. 93.
132) Alison Saunders, *op. cit.*, p. 49.

2) 엘뤼아르의 블라종 기법

여성 몸에 특별한 관심을 기울이는 사랑의 시인 엘뤼아르는 자연스럽게 여성의 아름다움을 찬양하는 데 헌사된 시 장르인 블라종 기법에 경도되었다. 본디 그는 중세 시들에 많은 관심을 갖고 있었다. 총 2권으로 되어 있는 그의 『과거 시에 관한 살아 있는 첫 선집』(1951)은 상당 부분을 블라종이 성행했던 시기에 할애하고 있으며, 대표적인 블라종 시인 마로의 시와 모리스 세브의 "젖가슴을 기리는 블라종," 그리고 롱사르의 시를 수록하고 있다.

'블라종'이라는 용어는 엘뤼아르가 쓴 세 편의 시 제목에 등장하는데, 그 시들은 여성 몸을 다룬 것이 아니라 인체가 아닌 주제에 관한 블라종에 속한다. 「꽃들과 과일들의 블라종」(I, p. 1084), 「나무들의 블라종」(I, p.1088), 「내 꿈들의 도금이 벗겨진 블라종」(II, p. 684). 첫 두 블라종은 식물에 대한 시인의 헌사와 같은 것이다. 세번째 블라종은 꿈을 대상으로 삼고 있으며 이때 말하는 주체는 몸의 내부다. "내 척추 내 신경 내 살은/부들부들 떨었다 무지로 인해 말을 더듬었다."(II, p. 684) 이 블라종은 기존의 블라종처럼 열거의 기법을 쓰고 있기는 하나, 그 목적은 여성 몸의 이러저러한 부위를 다양한 방법으로 찬미하기 위해서가 아니라 최면적인 세계 안에서 일상의 세계적 질서가 어떻게 무너지는지를 보여주려는 데 있다.

거지와도 같이 나는 형상화했다
자연과 원소들을
그리고 내 가난한 살 내 부유한 피를
그리고 강렬하게 시든 내 깃털들을

내 비늘들 내 비워진 살갗을

내 무언의 목소리 내 귀가 먼 심장을

내 털을 내 확실한 발톱들을

내 뜀박질과 내 여정을

내 산란(産卵)과 내 할복을

내 털갈이와 단절 없는 내 죽음을

부조리한 죄수인 내 몸을

뒤죽박죽된 삶의 충동들을

끝없이

재생산해야 하는 내 임무는

무의식의 가장 깊은 곳으로

조금 더 향하도록 항상 날 이끌었다(II, p. 685)

이 시는 '뒤죽박죽된' 내적 삶에 사로잡힌 육체의 블라종이다. 시인의 꿈속에서 몸은 '몸-새'로('내 깃털들'), '몸-물고기'로('내 비늘들'), '몸-동물'로('내 털갈이') 말도로르처럼 변용한다. 클레망 마로의 블라종이 "신체의 미세한 세부까지 파고들기 위해 펜이 수술용 메스로 대체되는 해부의 문학적 등가물로 나타난다"[133]면, 엘뤼아르의 블라종은 무의식으로 향한 경로를 보여주면서 심리적인 미세한 부분까지 파고든다.

---

133) Odile Quéran, Denis Trarieux, *op. cit.*, p. 15. 파스칼 레네 또한 블라종과 해부를 동일시한다. "해부하다 혹은 블라종하다, 이것은 거의 같은 것이다! 시인의 메스는 의사의 메스처럼 쾌락과 지식이 일반적으로 멈춰 있는 지점에 도달하고자 한다. 블라종에서 여성(우리의 신비)은 찬미된다기보다는 문자 그대로 조각난다!" Pascal Laîné (préf.), *Blasons anatomiques du corps féminin suivis de contreblasons de la beauté des membres du corps humain*, Paris, Gallimard, 1982, p. 7.

엘뤼아르의 작품 속에서 여성의 몸은 세계의 창조자이며 궁극적으로는 시인의 몸과 결합된다. 이러한 면에서 「장거리 여행」은 그 본보기가 된다.

    수많은 나쁜 기분들에도 불구하고
    내가 했던 녹음의 장거리 여행
    (……)

    올라오는 이슬 위 태양의 열매들 위에서
    나는 옳았다 나는 잘살았다

    왜냐하면 모든 것이 내게 불리했지만
    나는 열정적인 장거리 여행을 했기 때문이다

    네 어깨의 새벽에서 네 눈 열쇠들에 이르기까지
    네 입의 밭고랑에서 네 손의 추수에 이르기까지
    네 이마의 나라에서 네 젖가슴의 기후에 이르기까지
    나는 내 감각적인 몸의 형태에 다시 활력을 불어넣었다

    내 피를 씻어준 네 미소 덕분에
    나는 다시 대낮의 거울 속에서 명확하게 보았다
    나를 세상과 이어준 네 입맞춤 덕분에
    나는 어린아이처럼 나약하고

어른처럼 강해져서 내 꿈을

미래의 부드러운 불을 향해 이끌고 갈 수 있게 되었다.(II, pp. 337~38)

시적 자아는 여성의 각 신체 부위를 여행하고 있다. 그리하여 여성의 몸은 시적 자아가 탐사하는 풍경으로 여겨진다. 그는 한 부위씩 몸을 탐사하면서 새롭게 명명하고 있으며, 이런 방식으로 여성의 몸 전체는 열거되고 독자에게 소개된다. 「장거리 여행」의 여정은 4연부터 자세하게 묘사되고 있으며, 그것은 다섯 개의 "B의 A"와 하나의 "AB" 형식을 갖는 여섯 개의 은유로 되어 있다. 이 A와 B는 상상세계에서 어떠한 의미론적인 연관관계로 결합되는 듯 보이며, 은유들을 따라서 인간의 몸은 자유롭게 변용된다.

몸의 상부인 어깨는 새벽과 동일화된다. 눈을 뜨고 감는 것은 문을 여닫는 것과 공통점이 있다. 우리는 타인을 발견할 때 눈을 뜨며 공간 속에 침투할 때 문을 연다. 문을 열고 들어감으로써 어깨는 여성 몸의 지역을 여행하는 첫 단계가 된다. 그다음으로 '네 입'과 '밭고랑' 사이의 관계는 두 입술 사이의 틈과 밭고랑 간의 형태적인 유추에서 비롯된 것으로 보인다. 또한 에로틱한 암시를 내포하는 부분인 "네 입의 밭고랑"은 두 종류의 결합에 내재하는 생산성의 사유를 은유화한다. 다시 말해 포옹을 통한 몸의 결합이 인간을 만들어내고,[134] 씨앗과 땅은 밭고랑

---

134) 「좋은 정의」에서 시인은 이렇게 노래한다. "포도로 포도주를 만들고/석탄으로 불을 만들고/입맞춤으로 사람을 만드는/그것은 인간들의 따뜻한 법칙."(II, p. 376) 한편 엘리아데에 따르면, 여성과 경작된 땅 사이의 유사관계는 수많은 문명 속에서 찾아볼 수 있으며 유럽 민속학에서도 유지되고 있다. "처녀들은 몸 안에 밭을 갖고 있다"라는 핀란드의 속담도 동일한 유형이다. Mircea Eliade, *Traité d'histoire des religions*, Paris, Payot, 1964, p. 223.

을 통해 꽃을 만들려고 서로 뒤섞이는 것이다. 밭고랑은 '네 손'과 함께 네번째 은유를 구성하는 추수를 환기시킨다. 그다음 사용된 은유인 "네 이마의 나라"는 세계의 범위로 공간을 확장시키고 있다. 마지막으로 '젖가슴'의 내적 온기는 외적 온기인 '기후'에 상응한다. 이 같은 여섯 개 은유의 상호작용을 통해 몸은 세계적 지평으로 확장되고 세계는 인간의 형태를 갖게 된다.

16세기 몸의 블라종은 문장(紋章)의 블라종과 동일한 수사적 원칙을 갖고 있는데, 그것이 바로 환유법이다. "문장들이 하나의 이름이나 하나의 도시를 지칭하는 것과 마찬가지로 몸의 세밀한 부위는 존재 전체를 상징하며 환유처럼 기능한다(부분은 전체의 가치를 갖는다)."[135] 게다가 이 시가 보여주듯이 몸의 블라종 장르는 은유와 환유라는 두 수사적 문체의 결합을 명시한다. 몸의 특정 부위는 몸 전체의 환유이며, 그것은 다시 은유적으로 시간, 사물, 자연, 공간, 온도와 같은 외부요소들과 동일시된다.

시 텍스트로 돌아가보자. 「장거리 여행」이라 부른 몸의 탐험은 처음에 두 가지 장애요인으로 구속받는다. "수많은 나쁜 기분들에도 불구하고" "모든 것이 내게 불리했지만." 하지만 사랑의 여행이 촉발하는 열정과 욕망은 이러한 장애물들을 뛰어넘게끔 해준다. 에로틱하면서도 세계적인 이 여정 후에 '나'와 '너'의 거리가 좁혀지고 시적 자아가 다시 태어날 수 있게 된다. 탄생, 열기, 과일들의 이미지는 시적 자아의 갱신을 준비한다. 피가 몸을 순환하는 동안 정화되고 활력을 얻게 되듯이, 시인은 사랑하는 여성의 몸을 답사하는 동안 자양분을 얻고 미래에 인간

---

135) Odile Quéran, Denis Trarieux, *op. cit.*, p. 40.

으로서의 책임을 완수하기를 희망하고 있다. 그렇기에 블라종 장르는 존재론적인 탐색을 이루는 자아의 욕망의 언어가 자유롭게 표현되는 장을 마련한다.

 엘뤼아르는 여성의 몸과 세계의 원소들 사이의 완전한 조화를 강조한다. 영원한 변용 속에서 여성의 몸은 풍경처럼 멀고도 가까우며, 현존하면서도 부재하고 있다. 「장거리 여행」의 시인에게 블라종 기법은, 어쩌면 여성 몸의 풍경을 그리기 위해 가장 적합한 기법이라고까지 말할 수 있으리라. 명사구의 반복을 통해 증폭되는 글쓰기는 여성의 몸을 열거하면서 총체화한다. 그것은 점진적으로 여성의 몸을 드러내면서도 동시에 그것과 자아, 세계와의 융합으로 인해 여성의 몸을 가린다. 엘뤼아르 시에서 자아의 탐색은 여성의 몸-풍경의 부분들을 열거함에 따라 성취된다. 그리하여 블라종 글쓰기는 나, 타인, 세계를 함께 건축해나가는 존재의 건축술이 되고 있다.

2장 | 몸과 세계와 공간의 변증법

　엘뤼아르의 시에서 몸은 '길'이 상징하는 공적인 공간과 '집'이 상징하는 사적인 공간이라는 삶의 두 공간을 내포한다. 인간이 만든 공간들은 인간 육체의 연장이라고 할 수 있다. 엘뤼아르의 시는 몸의 공간과 외부세계의 공간 사이에서 자유롭게 왕래하고 있다. 몸과 건축된 세계에 의해 만들어지는 공간의 표현을 따라가 보면 엘뤼아르에게 있어서 사적인 공간과 공적인 공간의 경계가 무너지는 것을 발견할 수 있다.

1. 몸과 세계의 '옴팔로스omphalos'

1) '집'과 끼워 맞추기의 유희적 공간

　공공장소인 거리는 사적 장소인 집에 면해 있다. 엘뤼아르 시의 중요한 주축인 집은 흔히 몸과 동일시된다. "집은 내 몸의 연장이다. 집은 내 이미지로 만들어진다"[136)]라고 말할 수 있는 까닭은 집이 유기체처럼 안과 밖을 가지고 있으면서 좋은 것에는 문을 열고 나쁜 것에는 문을 닫기 때문이다. 「건축가들」은 몸을 집의 일부로, 또한 집을 몸의 일부로 상상하고 구현하는 사람을 노래한다.

> 우리들의 눈은 태양의 집의
> 금빛 얼굴 안에 있는 깨끗한 유리창이다
> (……)
>
> 우리들의 손은 우리 깃발의 별이다
> 우리는 모두의 지붕인 우리들의 지붕을 정복했고
> 우리의 심장은 계단을 오르내린다
> 죽음의 불꽃과 출생의 신선함
> 우리는 집을 지었다
> 거기에 빛을 뿌리도록
> 밤이 삶을 둘로 가르지 않도록
>
> 우리 집에서 아이들이 자라듯 사랑은 자란다. (「건축가들」, II, p. 693)

"우리들의" 일은 "우리들의" 집을 짓는 데 있으며, 이를 통해 동시에 "우리들의 몸"을 짓는 것이다. 개인공간인 집은 폐쇄적인 것과는 거리가 멀다. 엘뤼아르의 집-몸은 태양이 비치고 빛이 나는 곳이며, 우주적이고도 인간적인 세상에 활짝 열려 있다. 집은 우리의 눈-창문과 우리

---

136) Jean Onimus, *La maison corps et âme*, Paris, PUF, 1991, p. 8.

들의 손-별 덕분에 우주적인 세상에 열려 있으며, "우리들의 지붕"이 "모두의 지붕"이므로 인간 세상에 열려 있다. 여기서 동음어 유희에 주목하자. "지붕toit"이라는 명사는 "너toi"라는 대명사와 발음이 같다. 시인에게 너와의 관계는 모두와의 관계로 열림을 의미하기 때문에 시인은 이를 활용했을 것이다.

살을 지닌 집은 "사랑이 자라고" "우리 아이들이 자라는" 내밀한 공간이자 생산적인 공간이기도 하다. 인간은 집을 짓고 집은 인간을 키운다. 인간과 집의 상호작용을 시인은 어떻게 꿈꾸고 있는가?

> 너는 집을 짓고
> 네 심장은 집을 무르익게 한다
> 침대처럼 과일처럼
>
> 그리고 네 몸은 그곳에 은신하며
> 네 꿈은 그곳에서 영속한다
> 그것은 부드러운 날들의 집
>
> 그리고 밤의 입맞춤들(「쓰다 그리다 새기다」, II, p. 425)

집에 몸을 들여놓기 전에 "너"는 집을 짓고 집이 완성될 때까지 그것을 키운다. 몸의 공간인 네 심장은 태양으로 꿈꾸어지고 있으며, 건축 공간인 집은 과일과 침대로 간주된다. 시인에게 집은 삶(과일)과 사랑(침대)이 무르익는 공간이다. 또한 낮과 밤의 세계를 총괄하는 종합공간인 집은 꿈이 만개할 수 있는 공간이다. 집의 내밀한 특성을 부각하는

"부드러운"이라는 형용사에 주목해보자. 집은 보호하는 역할 때문에 여성적 상징을 갖는다. 어머니와 같은 집은 피난처이자 휴식의 장소다. 그러나 엘뤼아르의 집이 여성적인 이유는 특히 집이 갖는 생산적인 힘 때문이다. 엘뤼아르는 「세계」라는 시에서 유기적인 집을 그려 보인다.

> 나무가 꽃을 피우듯 집은 자라났다
> 바람의 손바닥 아래 벽돌들의 새벽이
> 입 맞춰진 입술들의 그물을 높이 잡아당겼다(I, p. 1037)

여기에서 은유의 두 축을 구성하는 것은 집과 자연이다. 집은 식물과 연결되어 생산적인 의미를 갖는다. "바람"이나 "새벽"과 같은 자연의 현상들은 인간화된다. 식물화된 집과 인간화된 자연은 새벽이 집의 붉은 지붕이 될 때("벽돌들의 새벽") 결합된다. 집은 "그물"이라는 섬세하고 튼튼한 지붕으로 보호되고 지붕-자연이라는 특성으로 말미암아 세계로 향해 열린다. 엘뤼아르의 집은 결코 닫힌 공간이 아니기 때문에 단순히 보호하는 역할만을 하지 않고 개방적으로 세상과 소통한다.

엘리아데는 인도문학을 통해 인체와 집의 유사성을 연구한 글에서 다음과 같이 지적한다. "인간의 조건에 대한 초월은 지붕 부수기와 하늘 위를 날기라는 두 가지 이미지로 표출된다. (……) 형이상학적 차원에서 그것은 결정지어진 세계에 대한 파괴를 의미한다."[137] 독자들은 이러한 부서진 지붕의 이미지를 엘뤼아르의 시에서 발견할 수 있다. "풍경이 들어오도록 지붕이 무너진다."(「그녀는 궁전을 지었다」『대중의 장미』,

---

137) Mircea Eliade, *Briser le toit de la maison: la créativité et ses symboles*, Paris, Gallimard, 1986, pp. 213~14.

I, p. 443) 나아가 시인은 지붕의 필요성 자체를 부정하기도 한다. 집은 항상 열려 있고 우주적이기 때문이다.

하늘의 이끼 아래 우리들의 지붕은 우리에게 허락한다
가벼운 단어들을 호박빛 웃음들을
그리하여 꿈꾸는 큰 불의 노래는
우리들의 눈꺼풀 아래에서 익어간다(「최상의 순간들」, I, p. 1081)

단 하나의 지붕이 모든 하늘을 결합하니
집 하나하나는 변덕일 뿐이네(II, p. 673)

첫번째 시에서 하늘과 "우리들의 지붕" 사이에는 어떤 거리도 없다. 지붕 위의 이끼는 "하늘의 이끼"와 동일하기 때문이다. 이 부드러운 지붕은 집의 주민을 어떤 무게로도 제압하지 않는다. 지상과 우주의 규모를 함께 지닌 지붕은 우리를 보호해줌과 동시에 우리를 해방시킨다. 두번째 시에서 모든 하늘과 소통하는 지붕은 내밀하게 연결되는 개인들을 상징한다. 다른 시에서 또한 "집들의 벽은 똑같은 피부를 갖고 있네"(II, p. 442)라는 구절은 공공의 영역으로 열린 사적인 공간이라는 집의 주제를 드러낸다. 장 오니뮈스에 따르면 집은 "사람들이 멈추고, 닻을 내리고, 머물고, 또한 씨앗 속 싹처럼 보호받는다고 느끼는 곳이다."[138] 그러나 엘뤼아르의 우주적인 집은 단지 주민들을 보호하는 역할만 하는 것이 아니다. 씨앗에서 금방 터져나오는 싹처럼, 집이라는 휴식의 장소

---

138) Jean Onimus, *op. cit.*, p. 7.

로 들어가는 사람은 이미 나가는 것을 준비하고 있다.

    집 한 채를 원했던 너
    너는 그곳에서 해방된다
    왜냐하면 내가 네게 주는 집은
    모든 사람에게 열리는 정면만 있으니
    우리들의 집은 나가기 위해서만 유용하다(『바깥에서 여기에서 어디에서나』, II, p. 665)

집의 문제는 시인으로 하여금 내부와 외부, 포함하는 것과 포함되는 것 사이의 관계를 반복적으로 경험하게 한다. 이에 관해서는 「우리들의 해」라는 시를 인용해보도록 하자.

    우리는 우리들의 집 안에 있다
    그리고 우리는 우리들의 방 안에 있다
    집은 우리들의 방 안에 있다
    집은 숲 속에 있다
    그리고 우리는 숲 속을 걷고 있다
    그리고 나는 네 어깨에 기댄다(I, p. 1195)

마지막 두 행을 제외한 나머지 행들은 "A는 B 안에 있다"라는 동일한 구조로 되어 있다. 시인은 내부와 외부, 포함하는 것과 포함되는 것 사이의 관계가 자의적인 동적 공간을 제시한다. 내부는 무한히 외부로 열려 있기 때문에 포함하는 공간은 포함되는 공간을 가두지 않는다. 연쇄

관계는 "숲→집→방→인간→어깨"라는 일반적인 포함관계를 따르지 않고, "집은 우리들의 방 안에 있다"고 하여 현실의 공간질서를 뒤집는다. 그리하여 시인은 내부와 외부가 자유롭게 교환될 수 있음을 보여준다. 내부와 외부의 상호성 때문에 내부로 더욱 깊숙이 파고들수록 더욱 더 외부에 있음을 발견하게 된다. 시적 자아는 따라서 집 안에 있으면서도 숲 속을 거니는 자유를 누린다. 이런 점에서 엘뤼아르는 바슐라르의 생각과 만난다. "어디에나 기거하나 어느 곳에도 갇히지 않는다. 이것이 주거의 몽상가가 지니는 좌우명이다."[139]

첫 네 행이 "집" "방" "숲" 등 공간에 관계된다면, 마지막 두 행은 "걷다" "기대다" 등의 육체적 움직임을 환기한다. "나는 네 어깨에 기댄다"라는 구절은 타인의 공간에 들어감을 의미한다. 그리고 "너" 또한 "내" 공간에 들어옴을 쉽게 상상해볼 수 있는데, 엘뤼아르의 시에 등장하는 공간은 상호 교환적이기 때문이다. "나"와 "너" 사이의 친밀성은 이런 방식으로 이루어진다. 안과 밖의 관계는 엘뤼아르의 시 곳곳에서 찾아볼 수 있는 끼워 맞추기에 관한 몽상 속에서 맺어진다.

> 마을 안에 집
> 그리고 집 안에 땅
> 그리고 땅 위에 여자
> 아이 거울 눈 물 그리고 불(「열정적으로」『자연의 흐름』, I, p. 804)

우선 "열정적으로"라는 제목은 우리를 즉시 꽃점을 치는 풍경으로 안

---

139) Gaston Bachelard, *La poétique de l'espace*, Paris, Gallimard, [1957], 1994, p. 69.

내한다. 시인은 데이지 꽃잎을 떼며 주문을 외운다. 그녀는 나를 사랑한다, 조금 사랑한다, 많이 사랑한다, 열정적으로 사랑한다, 미친 듯이 사랑한다, 전혀 사랑하지 않는다(서양의 꽃점은 단계가 좀더 세분화되어 있다). 이 시에서 사랑은 절정의 개화 상태에 있다. 마지막 꽃잎이 "열정적으로"라는 주문의 단계에서 멈췄기 때문이다. 이 시의 꽃점치기 놀이에서는 꽃잎이 한 장씩 떨어질 때마다 하나의 공간이 벗겨진다. 마을, 집, 대지…… 그리고 마침내 여성, 아이, 거울, 눈, 물, 불이라는 그 안에 있는 꽃술들, 숨은 핵들이 드러난다. 시의 시선은 중심으로 향하고 있으며, 그 중심으로부터 생성의 상태를 상징하는 몸과 자연의 요소들이 터져나올 준비를 하고 있는 듯 보인다. 그것은 바로 다음 시에 나오는 구절 "시작하는 상태의 존재들"이다(I, p. 806).

엘뤼아르는 어린아이들을 위한 셈 노래에서 안과 밖의 전복의 경험을 더욱 체계적으로 실험한다.

첫번째 여성
파리 안에 거리가 있네. 이 거리 안에 집 한 채가 있네. 이 집 안에 계단 하나가 있네. 이 계단 안에 방 하나가 있네. 이 방 안에 탁자 하나가 있네. 이 탁자 위에 양탄자 하나가 있네. 이 양탄자 위에 새장 하나가 있네. 이 새장 안에 둥지 하나가 있네. 이 둥지 안에 알 하나가 있고, 이 알 안에 새 하나가 있네.

두번째 여성
새는 알을 뒤집었네. 알은 둥지를 뒤집었네. 둥지는 새장을 뒤집었네. 새장은 양탄자를 뒤집었네. 양탄자는 탁자를 뒤집었네. 탁자는 방을 뒤집었네. 방은 계단을 뒤집었네. 계단은 집을 뒤집었네. 집은 거리를 뒤집었네. 거리는 파리의 도시를 뒤집었네.[140]

필립 아몽에 따르면 도시, 거리, 집 등과 같은 '건축적 오브제'는 "주된 몸체와 종속된 몸체들, (……) 포함되는 것과 포함하는 것들, 내용물을 지배하는 그릇들, 더욱 넓고 더욱 광범위한 인공적인 조직에 의해 지배되는 그릇들 자체(어떤 거리 안의 어떤 건물, 어떤 구역 안의 어떤 거리, 어떤 도시 안의 어떤 구역)를 갖고 있는 끼워 맞추기 시스템들, 구조들을 정의내릴 수 있는 위계화된 오브제, 속박의 체계"[141] 등으로 간주될 수 있다. 그런데 인용한 엘뤼아르의 동요는 끼워 맞추기에 대한 몽상을 보여주고 있지만 속박의 체계를 벗어난다. 이는 놀이의 두 공식에 기인하는데, 우선 '첫번째 여성'의 노래를 통해 우리는 도시에서 알과 새로 향하고 있으며, 하행 방향으로 집중되는 열거의 기법을 관찰할 수 있다. 그리고 이와 반대로 '두번째 여성'의 노래를 통해 공간적인 확산이 알로부터 도시로 향해가는 것을 목도한다. 다시 말하면 '첫번째 여성'은 외부에서 내부로, 감싸는 것에서 감싸진 대상으로(또는 핵으로), 대우주에서 소우주로 향하는 묘사를 하고 있다. 또한 '두번째 여성'은 그와 반대되는 움직임을 수행하는 일련의 행동을 노래하고 있다. 이 같은 상반되는 움직임들은 구심력과 원심력이라는 순환적인 두 움직임을 환기시킨다.

'두번째 여성'에 의해 묘사된 전복의 원동력은 계란 속의 새다. "시원적인 내재성의 행복한 닫힘-알의 닫힘"[142]은 세계로 향해 열리기 위해서

---

140) Paul Eluard, *Les Sentiers et les Routes de la Poésie*, Paris, Gallimard, 1954, p. 62.
141) Phililppe Hamon, "Texte et architecture," in *Poétique*, n° 73, février 1988, p. 7.

깨어지는 듯 보인다. '닭이 먼저냐 달걀이 먼저냐?'라는 질문에 대한 현명한 해답일까?[143] 시인에게 오브제들은 서로에게 종속적이며 내용물이자 그릇이다. 엘뤼아르가 강조하는 것은 이러한 상호 관계성이다. 내부와 외부는 서로 교류하고 서로의 성질을 대체한다. 그 결과 끼워 맞추기의 몽상은 다른 모든 수사법 이상으로 정신의 특별한 창작과정인 제유법과 연관된다.

엘뤼아르의 알은 에른스트의 그림「시각의 내부에서: 새알」(1929, 그림 40)을 환기시킨다. 눈의 변형체인 새알 속에 세 마리의 새가 서로 엉켜 있다. 마치 밖으로 나갈 것을 준비하고 있는 듯 보이는 모습에서 동요의 두번째 여성이 노래했던 대로 뒤집힌 새알의 모습을 찾아볼 수 있다. 두 마리의 작은 새는 각자 입속에 작은 알을 지니고 있으며, 그것은 우리로 하여금 다시 끼워 맞추기의 몽상으로 향하게 한다. 새알 속에 다시 새알이 있고 그 속에 다시 새알이 있다는 것은 영속적인 삶을 표현한다.

한편 포함하는 것과 포함되는 것 사이의 전복의 놀이는 헨젤과 그레텔 이야기의 모티브를 환기시킨다. 그림Grimm 동화의 두 주인공은 우리로 하여금 포함하는 집과 포함되는 몸이 전환될 수도 있음을 보여준다. 아이들은 과자로 만든 집을 먹는다. 집으로 들어가는 대신 집을 그들의 배 속에 집어넣는 것이다. 이러한 전복의 상황에서 두번째 전복이 이어진다. 집을 먹은 후 아이들은 집에 의해서 먹힐 위험에 처한다. 집

---

142) Daniel Bergez, *op. cit.*, p. 60.
143) 이 점에 관해서는 벵자멩 페레의 견해를 참조해보자. "각 단계마다 표현의 방법이 그 전의 깊이로부터 나오게 되어 그것을 풍요롭게 한다. 오랜 이야기. 닭이 먼저냐 달걀이 먼저냐 하는 문제는 여기에서 해소된다. 달걀은 달걀인 동시에 수탉이자 암탉이다." t. 6, p. 314.

에 사는 식인귀가 아이들을 잡아먹기 위해 집의 중심인 아궁이 속에 던져 넣으려고 하는 장면에서 말이다. 이 동화는 상상세계 속에서 배와 집의 공통점을 강조한다. 그것은 한편으로 식욕과 욕망의 장소인 삼키는 주체로서, 다른 한편으로는 어쩌면 가장 중요한 사항일 수 있는 자애로움과 보호와 생산성이라는 어머니의 상징으로서다. 엘뤼아르는 바로 두 번째 측면에 큰 관심을 기울이고 있다.

2) '배'와 닮음의 공간

바슐라르는 집, 배, 동굴이 "어머니로의 회귀"[144]를 지향하는 요나 콤플렉스의 중요한 요소들을 이룬다고 보고 있다. 바슐라르에 이어 질베르 뒤랑은 "대지라는 '소화를 위한 혹은 성적인' 배로의 침투성에 관련된 모든 것 속에서"[145] 내밀성의 이미지들을 발견한다. 엘뤼아르의 세계에서 배는 무엇보다 생산, 나아가 재생산의 기관이다.

    달이 불어난다
    겨우살이에 붙들린 나무 안에서
    불어나는 겨우살이에 붙들려
    재생산하는 배에 붙들려
    나무는 젊어진다
    생은 무한해진다(「시간은 침묵을 감싸 안는다」, II, pp. 311~12)

---

144) Gaston Bachelard, *La terre et les rêveries du repos*, Paris, Corti, [1948], 1992, p. 6.
145) Gilbert Durand, *Figures mythiques et visages de l'oeuvre: de la mythocritique à la mythanalyse*, Paris, Dunod, 1992, p. 248.

여성의 배는 생식의 공간이다. 이 시에서 배의 생산성은 불어나는 달과 겨우살이라는 풍요로운 이미지들로 강조된다. 계속해서 형태를 바꾸는 달은 정기적인 순환성과 여성의 생산성을 상징한다. 서양에서 새해를 상징하는 겨우살이는 항상 푸르른 나무로 회춘하는 이미지를 갖고 있다. 재생산하는 배는 불어나는 배와 겨우살이, 그리고 젊어지는 나무와 더불어 경신의 욕망, 존재의 불멸성을 반영한다. 다음 시들에서는 부드럽게 굽은 모양의 유사성을 통해 배와 풀이 동일시된다.

올해는 좋다 대지가 부풀어 오른다
하늘은 들판 안에 넘쳐난다
배처럼 굽은 풀밭 위에
이슬이 피어나려 들썩이고 있다 (「장미-나무」 『자유로운 손』, I, p. 591)

젖은 풀잎의 웅크린 이 배는
새들의 포로인가 (「초상화」 『정치 시편』, II, p. 213)

배가 지닌 생식의 능력을 소유하기 위해서는 만물이 배의 형태를 취하는 것만으로도 충분하다. 풀잎의 만곡이 배의 굽은 모양을 모사하기에 이슬을 피어나게 하는 생산성을 갖는다. 배와 관련되는 증식, 생산성, 풍요로움의 이미지들은 '부풀어 오른다' '넘쳐난다' '피어난다'라는 동사들을 불러온다. 두번째 시의 풀잎-배는 굽은 형태로 인해 둥지의 역할을 하고 있다. 그것은 보호와 모성성의 상징으로서의 배다. 생산의 힘의 중심인 배를 갖고 있는 여성에게 시인은 찬사와 숭배를 보낸다.

너는 자연을 뒤덮어 재생시키는
정확한 불꽃의 영원한 젊음 속에
자연을 희생시킨다

여인이여 너는 너의 몸과
항상 똑같은 몸을 낳는다

너는 닮음이다. (I, p. 459)

　인용한 부분에서 불은 여성과 마찬가지로 비옥한 것으로 그려진다. 여성의 둥근 배처럼 불꽃이 "뒤덮는" 모양은 보호막의 이미지를 떠올리게 한다. 그 생산력에 대해 바슐라르는 다음과 같이 강조한다. "잘 뒤덮이면 핵은 증식할 것이다. 그것은 가장 먼 이미지들을 집결시킬 것이다."[146] 불꽃의 증식력이 "영원한 젊음"을 보장하듯, 여성은 그녀에게서 태어나는 생명체를 통해 스스로의 이미지를 투영하고, 이를 통해 인간의 삶의 지속을 보장한다. 여성은 마지막 연에서 존재의 유추적 단위이자 창조원리인 "닮음"으로 지칭된다.

　여성이 항상 닮은 몸을 생산해낸다는 사실은 엘뤼아르의 여러 시에서 강조된다. 엘뤼아르의 의식 속에서 여성의 생산성은 시인의 창조작업과 동일시된다. 장 아르프가 "예술은 식물에 맺힌 열매나 어머니 뱃속에 있는 아이와 같이 인간 속에서 자라는 나무다"[147]라고 말하고 있듯이,

---

146) Gaston Bachelard, *L'eau et les rêves: essai sur l'imagination de la matière*, Paris, Corti, [1942], 1997, p. 51.

147) M. Jean, G. Neugroschel, *Arp on Arp*, New York, 1969, p. 241. Cité dans Whitney

엘뤼아르는 여성의 출산과정을 「시인의 작업」에서 구체화하고 있다.

> 나는 내가 사랑하는 존재들의 쌍둥이 형제다
> 본래 그들의 분신이고 그들의 진실에 대한
> 가장 좋은 증거다 나를 정당화하기 위해
> 내가 선택했던 사람들의 명예를 나는 지킨다
>
> 그들은 매우 많다 그들은 셀 수 없다
> 그들은 그들을 위해 나를 위해 거리로 나간다
> 그들은 내 이름을 갖는다 나는 그들의 이름을 갖는다
> 우리는 한 나무에 달린 비슷한 열매들이다
>
> 자연보다도 모든 증거보다도 더 위대한(「VI」, II, p. 48)

시적 자아는 그가 사랑하는 모든 인간 존재의 쌍둥이, 분신, 닮은 사람이 됨으로써 그들과 동일화한다.[148] 그가 그들의 쌍둥이인 이유는 다산(多産)의 여성과 나무가 똑같은 열매와 똑같은 인간을 무수히 낳기 때문이다. 이같이 증식되는 이미지들 속에서 시인은 특별히 형제애를 강조한다.

한편 똑같은 열매들의 이미지는 엘뤼아르가 『오래된 첫번째 시각들』(I, p. 553), 『보여주다』(I, p. 999), 『무의지적인 시와 의도적인 시』

Chadwick, *Les femmes dans le mouvement surréaliste*, Paris, Chêne, 1986, p. 142.
148) 『끊임없는 시』의 다음 시구에서 우리는 이와 같은 사유를 만나게 된다. "모든 살아 있는 사람들은 우리를 닮는다/우리가 사랑하는 모든 살아 있는 사람들은."(II, p. 28)

(I, p. 1132)라는 서로 다른 글 속에서 여러 번 인용한 바 있는 블레이크의 구절을 환기시킨다.

모든 사람이 외적으로 드러난 형태로 동일한 것처럼(그리고 똑같이 무한한 다양성을 갖고 있는 것처럼) 그들은 시적 천재성에 대해서도 동일하다.

블레이크처럼 엘뤼아르는 자신의 시에서 '시인의 작업'이 만인의 작업과 다르지 않음을 보여준다. 그것은 비의도적인 시를 쓰는 작업이며, 엘뤼아르는 이에 대해 『무의지적인 시와 의도적인 시』(1942)를 비롯한 많은 자신의 작품과 비평서에서 강조하고 있다.

진정한 시인들은 시가 그들에게만 속해 있다고 결코 생각하지 않았다. (……) 비의도적인 시는 그것이 아무리 상투적이고 불완전하고 거칠어도 삶과 세계, 꿈과 사랑, 사랑과 필연성 사이의 관계에 의해 만들어진다. 그러한 시는 우리의 감성을 일깨우고, 우리의 피에 불의 가벼움을 부여한다. 모든 사람은 프로메테우스의 형제다. 우리는 특별한 지성을 갖고 있지 않은 도덕적인 존재들이자 군중 속에 위치한 존재다.(I, pp. 1132~34)

개인의 정체성을 표시하는 이름들이 나와 타인 사이에서 교류되는 시 「시인의 작업」으로 다시 돌아와보자. 이를 통해 그들은 상징적인 차원에서(이름), 또한 물리적인 차원에서(쌍둥이, 분신) 그리고 종의 차원에서(한 나무의 동일한 과일들) 서로 닮는다. 사람들이 서로 닮아 있으며 그러한 사람들이 무수히 많기 때문에, 그들의 존재는 한정되거나 소외되지 않고 무한한 연대성을 갖게 된다. 이러한 방식의 추론은 존재의 증식을 가능하게 하며 영속적인 삶을 보장하고 '재생산하는 배'의 이미지가 환기시키는 사유와 병행한다. 여성들이 닮음의 원칙에 따라 생명체를 생산하는 한 삶은 지속된다.

3) 중심과 탈중심의 공간미학

배와 집이 재현하는 공간은 중심의 공간이다. 또한 배의 중심인 배꼽과 집은 보편적으로 세계의 중심을 상징한다. 우주론적 전통에 의하면 "태아처럼 모든 것은 배꼽에서 자라나며, 마찬가지로 신은 세상을 배꼽으로부터 창조해나가셨다. 배꼽에서부터 세상은 사방으로 퍼져나가기 시작했다."[149] 따라서 '중심'의 개념은 "창조가 시작될 수 있는 유일한 '창조적 공간'"[150]과 만나며 배의 생산적인 이미지들이 이를 뒷받침한다. 바슐라르는 "집의 '중심적' 특징"에 대해 언급하고 있는데, 그것은 내밀함, 안전함, 어머니의 보호의 공간이며, 그곳으로부터 세계의 광대함이 비춰진다. "몽상가는 거기에서 광대함과 내밀함의 일종의 변증법을 본다."[151]

중심공간은 지점과 원, 또는 중심과 주변의 변증법으로 형성된다. 그것은 방사상의 형태의 움직임, 중심과 주변 사이의 왕래인 확산과 응축으로 활성화된다. 중심은 "하나가 다수로, 안이 밖으로, 드러나지 않은 것이 드러난 것으로, 영원한 것이 일시적인 것으로 향하는 모든 발산과 분산의 과정들이 비롯되는 발생원이자, 합일을 찾아가는 모든 회귀와 응축의 과정들이 원리로써 모여드는 지점"[152]을 상징한다. 우리는 이러

---

149) Mircea Eliade, *Traité d'histoire des religions*, op. cit., p. 318.
150) *Ibid.*
151) Gaston Bachelard, *La terre et les rêveries du repos*, op. cit., pp. 115~16.

한 움직임을 만물이 응집되고 이어서 확산되는 엘뤼아르의 중심공간 속에서 발견한다. 항상 비슷한 몸을 생산함으로써 삶의 증식과 확산을 상징하는 여성의 배와 마찬가지로, 중심공간은 그 안에서 사물과 존재를 증식시킨다.

> 별은 별들을 증가시킨다
> (……)
> 죽은 진주는 쪼개진다
> 천 개의 진주들 생산적인 불들로.(『바깥에서 여기에서 어디에서나』, II, pp. 673~74)

> 무한히 빛나고 타오르는
> 수천의 난초꽃들 살아 있는 다리
> 영원한 탄생의 이미지 메아리 반영

> 그것은 한순간을 얻는 것
> 한순간도 지속성을 의심하지 않기 위해서.(「입맞춤」『대중의 장미』, I, p. 442)

원이 중심의 발산에서 생겨나듯이, 세계는 그 중심원으로부터 전개된다. 각각의 별, 진주, 난초는 그렇게 증식된다. 빛 덕분에 빛나고, 불 덕분에 타오르는 대상들은 증식되어 하늘과 깊은 바다와 대지를 비춘

---

152) Jean Chevalier, Alain Gheerbrant, *Dictionnaire des symbolismes*, Paris, Jupiter, 1969, p. 189.

다. '생산적인 불들'이라는 이미지는 불사조의 역설과 만난다. 불사조는 죽지 않기 위해 죽어야 한다. 마찬가지로, 죽은 진주의 쪼개짐은 고통스러운 경험에 머무는 것이 아니라 영속적인 삶에 도달하기 위한 과정으로 풀이된다. '무한한' '메아리' '반영' '영속적인 탄생'이라는 용어들은 중심공간의 작업을 요약하는 핵심어들이다. 엘뤼아르의 몸은 존재, 사물, 세계를 반영하고 증식시키는 거울로서 기능하는 것이다.

응축과 확산의 움직임 이외에 엘뤼아르의 중심공간은 중심의 역동성과 관련되는 근원적인 성격을 갖는다.

나와 비슷한
사람들을 탄생시키는
부드러운 중심들은 어디에나 있다(「시인의 작업」, II, p. 49)

시인은 '나와 닮은' 사람들을 무한히 만들어내는 여성들의 배를 "부드러운 중심"이라고 명명한다. 옴팔로스는 보편적으로 인간이라는 소우주의 중심과 세계라는 대우주의 중심을 동시에 상징한다. 그렇다면 모든 여성은 자신에게 고유한 옴팔로스를 몸에 지니고 있는 셈이며, 시인은 이러한 이유로 여성으로 인한 중심의 증식에 주목한다.

세계의 중심은 어디에나 있고 우리 집에도 있다(「계절」, II, p. 82)

비평가 조르주 풀레는 엘뤼아르의 중심성의 개념에 대해 신학자들의 용어를 빌려와 '공간의 편재성'[153]이라고 지칭한다. 시인의 공간개념은 신Dieu을 구(球)에 비유한 신플라톤주의적 사유, "그 중심은 어디에나 있고 주변은 어디에도 없다"[154]를 환기시킨다. 엘뤼아르에게 여성의 생식 부위는 신적 영역을 대체하면서 시간과 공간을 초월한 존재의 무한성과 보편성을 획득하고 있다.

계절들은 동시에 어디에나 있다(I, p. 265)

우리는 몸을 마주대고 우리는 땅을 마주하고
어디에서나 태어난다 한계가 없다(II, p. 83)

우리는 어디나 우리의 집이라고 믿는다(II, p. 440)

바라지 않았는데 나는 모든 시대에 있다(II, p. 668)

서로 다른 네 시에서 추출한 이 예들은 공간과 시간과 존재의 편재성을 잘 보여준다. 존재들의 삶은 한계가 없으며 시작도 끝도 없이 영속적이다. 심지어 일상적인 시·공의 조건에서도 자유롭다. 중심의 편재성과 증식은 자연스럽게 존재의 편재성과 증식을 동반한다.

엘뤼아르적인 편재성은 메를로퐁티의 현상학에서 나오는 중심개념인 세계-내-존재의 편재성의 문제를 환기시킨다. 실상 인용한 시구들은 다음 현상학적인 물음에 대한 해답처럼 보인다. "내가 시간과 공간 속에 있다고 말하는 대신, 또한 내가 어디에도 없다고 말하는 대신, 나는 이 순간 이 장소에 있으므로 어디에나 항상 있다고 말해야 하는 것이 아

---

153) Georges Poulet, "Paul Eluard et la multiplication de l'être," in *Europe*, n° 525, janvier 1973, p. 47.
154) *Livre des XXIV Philosophies*, 1520.

닌가?"[155] 인용한 시들 중에서 두번째 시는 특히 존재자의 문제가 인간 존재자가 차지한 위치의 문제를 뛰어넘는다는 사실을 잘 예시한다. "몸을 마주대고 우리는 땅을 마주하고"에서처럼 모든 닻을 자신의 중심에다 내리면 존재는 어디에서나 태어나며 한계가 없어진다.

한편 동시적으로 존재하는 시간과 공간 안에서 시적 자아는 자유롭게 변용할 수 있다.

> 나는 인간이었다 나는 바위였다
> 나는 인간 속의 바위 바위 속의 인간이었다
> 나는 대기 속의 새 새 속의 공간이었다
> 나는 추위 속에 피는 꽃 태양 속의 강
> 이슬 속의 금강석이었다
>
> 우애롭게 고독하고 우애롭게 자유로운(I, p. 1078)

자아의 정체성은 자연요소들과의 관계 속에서 정립된다. 자아는 차례대로 그들과 한 몸을 이룬다. 인간, 바위, 새, 공간, 꽃, 강, 금강석과 동일화되면서 시적 자아는 인간, 광물, 동물, 식물, 공간, 강물이라는 세계의 모든 측면을 총괄한다. 타자가 되면서 존재는 무한히 증식된다.

동일화 과정에 관해 생각해보면 특히 첫 두 행이 흥미롭다. 첫 두 행은 두 세계 사이의 관계와 그 관계의 전복 가능성을 잘 보여주는 아름

---

155) Maurice Merleau-Ponty, *Le Visible et l'Invisible*, Paris, Gallimard, 1964, p. 152.

다운 '교착어법chiasme'으로 형성되어 있다. 나의 동일화 과정은 "인간" "바위" "인간 속의 바위" "바위 속의 인간"이라는 네 단계를 거친다. "인간 속의 바위"는 인간 속에 있는 인간이 아닌 요소를 말하며 "바위 속의 인간"은 무생명체 속의 생명체를 말한다. 따라서 자아는 명백하게 서로 대립되는 것들의 모순을 없앤 채 만물을 총괄하게 된다. 예컨대 2행의 "나는 바위였다"와 3행의 "나는 새였다"라는 두 동일화 작용을 살펴보면, 우리는 "나"가 무거운 것과 가벼운 것 또한 총괄하고 있음을 알 수 있다. 3행은 또한 "대기 속의 새"와 "새 속의 공간"을 이야기하면서 내재성과 외재성의 상호관계를 반영한다.

포함하는 것과 포함되는 것 사이의 일련의 전복과정 안에서 세계의 요소들은 숨을 쉬고 있는 것처럼 느껴진다. 다시 말해 각각의 쌍, 인간/바위, 새/공간, 꽃/추위, 강/태양, 금강석/이슬 안에서 들숨과 날숨을 통해 하나는 다른 것을 받아들이고 다른 것은 또한 하나를 받아들이면서 이들은 서로 내밀하게 섞이게 된다. 이러한 상호작용 덕분에, 생명체/비생명체(인간/바위), 포함되는 것/포함하는 것(새/공간), 생명력/불모성(꽃/추위), 물/불(강/태양), 고체/액체(금강석/이슬) 사이의 모순적인 관계는 우애의 관계가 낳는 통일성으로 대체된다.

한편 중심공간에서 특징적인 '안에dans'라는 전치사의 중요성에도 주목해야 한다. 방금 인용한 시를 포함하여 엘뤼아르의 많은 시에서 이 전치사는 중심공간 속에서 포함하는 것과 포함되는 것, 안과 밖의 가역성을 설명하기 위해 매우 중요한 역할을 수행한다. 다음 시구에서 전치사가 지닌 마술적인 힘에 주목해보자. "물고기 속의 풍경, 자동차 속의 물고기, 슬리퍼 속의 바이올렛, 물병 속의 여성, 말 속의 두 여성들……."(II, p. 844) 이러한 공간 안에서 모든 것은 모든 것 안에 들어 있고, 큰 것은 작은 것 안에 들어 있으며, 무한은 유한 속에, 그리고 살아 있는 것은 생명이 없는 것 안에 존재한다.

엘뤼아르는 "장르의 해체"를 내세우면서 모든 경계가 와해되는 공간을 다시 갈구하는 듯 보인다.

> 장르의 해체가 갖는 매혹적인 형상들이 밤에 춤을 춘다. 새는 여성 안에, 인간은 둥지 속에 뿌리를 내린다. 오 옛 요정이여, 순수하게도 빛깔과 형태, 웃음과 눈물, 짐승과 인간, 물과 불, 하늘과 땅 이 모든 만물을 혼합시키는 '혼돈'의 요정이여, 그대 있는 곳에서 기다려라, 내가 가리라.(『보여주다』, I, p. 929)

"장르의 해체"는 무엇을 의미하는가? 여기에서 '장르'라는 단어는 여러 의미를 포괄하는 것으로 보인다. 우선 그것은 인간계, 동물계, 식물계를 뜻하는 장르이며 그 혼합이다("새는 여성 안에, 인간은 둥지 속에 뿌리를 내린다"). 다음으로는 예술에 속하는 장르들, 다시 말해 사물, 빛깔, 형상을 의미하거나 문학에 속하는 장르인 희극과 비극을 말하고 있다("웃음과 눈물"). 마지막으로 여성형과 남성형이라는 문법적인 장르를 의미하지 않으리라는 법이 어디 있겠는가?("물과 불" "하늘과 땅")

모든 대립항이 "모순되었다고 인지되기를 그치는" 이 세계는 브르통이 『초현실주의 선언』에서 의도한 것에 조응한다. "모든 것은 삶과 죽음, 현실과 상상, 과거와 미래, 소통할 수 있는 것과 소통할 수 없는 것, 높은 것과 낮은 것이 모순되었다고 인지되기를 그치는 정신의 어떤 지점이 있음을 믿게 한다."[156]

---

156) André Breton, "Second Manifeste du surréalisme," in I, p. 781.

2. 피와 도로의 '끊임없는 시poésie ininterrompue'

1) 몸에서 출발하는 길

손이 집을 만든다면, 발은 길을 만들어낸다. 길은 수많은 인간의 특징을 담고 있다. 거리는 인간처럼 고유의 이름을 갖고 있으며 만나고 헤어진다. 엘뤼아르의 시에서 길은 몸으로부터 시작되며("내 이마로부터 길이 출발한다."「여성 매개자들 II」, I, p. 885), 내 몸과 나는 외부세계를 향해 열린다. 도로는 인간의 존재론적 가치를 상징한다.

    풍경이 연장시켰다
    우리의 말과 우리의 행동을
    오솔길은 우리들로부터 떠나갔다(「시인의 작업」『끊임없는 시』, II, pp. 46~47)

"오솔길은 우리들로부터 떠나갔다l'allée s'en allait de nous"라는 시구의 "allée"과 "가다aller"의 과거형 "갔다allait"는 동음이의어의 반복을 이룬다. 이것은 물론 단순한 말장난이 아니라 풍경 속에서 "우리의 말"과 "우리의 행동"이 이어지고 있음을 상징한다. 몸과 연결되어 있는 풍경은 결코 정적이지 않으며 몸의 움직임을 따라 펼쳐지면서 길처럼 전진하고 있다.

『끊임없는 시』(1946)에서도 인체 내부로부터 출발하는 도로가 나타난다.

    이 세계 나는 그것을 내 가슴으로 느끼고 싶다

뛰고 있는 각 심장마다 메아리를 들으리라
한 발 한 발 길은 무한해진다(II, p. 663)

도로들은 우리의 도시를 지나 멀리 가리라
우리가 나아가고 있는 들판에서 멀리
사랑과 함께 삶과 함께 빛과 함께(II, p.664)

도로들 나는 가장 최고의 인간들의 발걸음이다
도로들 나는 내가 기대하는 것보다 더 멀리 가리라(II, p. 675)

첫번째 시에서 도로는 심장의 박동을 동반하면서 몸의 내부로부터 출발한다. 길은 몸의 내부에서 외부세계를 향해 열리고, 반대로 "세계의 길을 통한 피의 고동소리"(「빛깔들의 언어」, II, p. 336)에서처럼 외부에서 내부를 향해 들어오기도 한다. 세상의 지속적인 순환과 무한한 길을 가는 인간의 끝없는 발걸음이 상징하듯, 엘뤼아르에게 있어서는 세계의 끝없는 움직임에 참여하기 위해 자기 심장의 규칙적인 박동소리를 듣는 것만으로도 충분하다. 인간의 삶과 세계는 계속해서 움직이고 있으므로 끝이란 없다. 이 같은 존재의 무한함은 시인을 안심시킨다.

세 시에서 대로와 길은 인간의 발걸음과 동일시된다. "한 발 한 발 길은 무한해진다" "도로들은 멀리 가리라" "도로들 나는 가장 최고의 인간들의 발걸음이다." 이와 같이 길은 한 지역과 다른 지역을 이어주면서 인간들을 일상 삶의 장애물로부터 해방시키고 그들을 '저 멀리로' 데려다준다. 유사한 세 구절, "길은 무한해진다" "도로들은 더욱 멀리 가리라" "나는 더 멀리 가리라" 등이 입증하듯, 인간의 시선은 미지의 세계를 향해 무한히 출발한다. 산다는 것이 길을 떠나는 것에 다름 아니라면, "길"과 "발걸음"은 삶의 인간적인 여정의 공간적 상징들로 해석될 수 있다. 이런 까닭에 시인은 앞으로 나아가는 행동을 강조하고 있다. 그것은 인간 존재를 풍요롭게 하고 공간과 시간을 지배하게 한다.

나는 전진했다 나는 공간과 시간을 얻었다(「죽음 사랑 삶」, II, p. 441)

더 이상 도망치지 않고 나는 나아간다 나는
수액으로 투명한 불로 활력을 얻는다(「바깥에서 여기에 어디에서나」, II, p. 672)

이런 의미에서 시집 『끊임없는 시』의 제목은 매우 의미심장하다. 도로망들처럼 시가 끝없이 펼쳐진다는 것을 의미하고 있기 때문이다. 엘뤼아르의 작품 제목처럼 "시의 오솔길과 대로들"을 따라 전진하는 끊임없는 시는 미개척지를 찾아 항상 더욱 멀리 나아가는 시적 여정을 상징하는 것이 아닐까? 엘뤼아르에게 길의 상징은 시의 운명과 인간의 운명을 동시에 지칭하는 것이 아닌가.

도로들은 서로를 연결시키는 유추과정에 따라 몸의 핏줄들로 변주되어 나타나곤 한다. 다시 말해 인간들이 공유하는 도로들이 집과 집, 도시와 도시, 국가와 국가, 대지와 우주를 연결시켜주는 것과 마찬가지로 피의 순환은 몸의 내부기관들과 외부요소들을 연결하고 있다.

2) 피의 변용과 세계의 순환
시인은 몸의 모든 내적 움직임들 중 특히 피의 순환을 주시하고 있다.

엘뤼아르의 상상세계는 몸, 나무, 대지의 내부뿐 아니라 모든 표면적인 것에서도 핏줄과 핏줄망들을 발견하고 있으며, 그 안에서 피와 같은 액체적인 요소들이 만나고 서로의 요소들을 교환하면서 순환한다. 시인 베르나르 노엘은 "피는 몸의 인식을 알리는 첫 단어다"라고 말한다.

흘러가는 피는 자기 자신에게 고유한 길과 공간을 형성한다. "네 맑은 피가 그리는 부드러운 길들은/피조물들을 만나게 한다"(「화합」, I, p. 46) 피가 그리는 것은 "살의 도로"다(I, p. 427). 인간, 도로, 사물들은 모두 핏줄을 갖고 있기 때문에 모든 길은 서로 연결되어 있으며 피는 어디에나 방해물 없이 순환할 수 있다. 엘뤼아르의 세계에서 피는 바슐라르의 표현을 빌리자면 "가치 부여된 물"[157]이다. 피를 순환하게 하는 생명의 중심기관인 심장은 몸 내부의 소통을 주관하고 있을 뿐 아니라 세계의 소통의 중심으로 기능한다. 시인은 도로망과 핏줄을 통해 사물과 인간의 연결과 소통을 이루고자 한다.

장 피에르 리샤르에 따르면 "피의 고동 속에서 우리는 그 기원의 수수께끼를 상상한다. (……) 우리는 원인 없는 원인의 역설을 꿈꾼다."[158] 거기에 결말 없는 결말의 역설 또한 덧붙이기로 하자. 피는 도로처럼 무한성을 상징하고 있기 때문이다.

인간의 피는 묶렛가락
너무나 단단히 감겨 있어서 끝이 없네(「바깥에서 여기에서 어디에서나」

---

157) 가스통 바슐라르는 '가치 부여된' 피의 시학을 예시하기 위해 시인 폴 클로델을 인용하고 있다. "모든 물은 우리에게 바람직하다. 그리고 물론, 순결한 푸른 바다 이상으로, 물은 살과 영혼 사이 우리 안에 있는 것, 미덕과 정신을 갖춘 인간적인 우리의 물, 어둡게 타오르는 피를 부른다." *L'eau et les rêves*, *op. cit.*, p. 84.
158) Jean-Pierre Richard, *op. cit.*, p. 135.

『끊임없는 시』, II, p. 674)

시인은 피를 물렛가락으로 은유화한다. 그것이 실에 관계된 것이라면 얇고 끊어질 듯한 모습이 우리를 걱정스럽게 할 것이다. 하지만 여기에서의 피는 물렛가락, 다시 말해 무한히 감겨 있는 실타래다. 엘뤼아르는 목숨이 다한 사람의 실을 자르는 운명의 신 파르크Parque로 인해 죽음을 상징하는 물렛가락의 일반적인 상징성을 변형시킨다. 「여성 매개자들」이라는 다른 시 안에서 물렛가락은 탄생의 이미지를 지니는 아침과 연관된다. "비로 치장한 부드러운 향기로 무장한 그의 몸은/그의 생명을 지닌 아침의 물렛가락을 풀어내네"(I, p. 883) 여기에서 우리는 무한한 피가 상징하는 삶의 소멸하지 않는 힘을 확신하게 된다. 피의 분출의 이미지들 안에서 '흐르다'라는 동사는 매우 빈번히 나타난다.

공기와 물은 우리의 손 안에서 흐른다
녹음이 우리의 가슴에서 흐르듯이(II, p. 674)

우리의 몸 안에 세계의 요소들이 들어와 순환한다. 인간의 붉은 피는 자연의 초록빛 피와 섞인다. 대우주는 피의 연결에 의해 소우주와 교신한다. 많은 시에서 엘뤼아르는 세계와 몸의 요소들의 상호 침투성을 노래하고 있다. "무거운 하늘은 내 안에서 흘러갔다"(III, p. 263) 핏줄들은 외부공간과 내부공간, 그리고 몸의 내부와 외부 어디에나 뻗어 있다. 대지 위의 피가 도로로 변용된다면 대지 아래의 피는 우물의 상상력과 만난다.

계곡의 유리는 투명하고 부드러운 불로 가득하다

(……)

대지를 찾으라

지하의 가장 긴 핏줄인 도로와 우물을 찾으라(「그녀가 왕궁을 세웠다」
『대중의 장미』, I, p. 444)

목구멍 속에 입술 속에

손대지 않은 돌과 피의 은밀한 흐름(「도미니크가 오늘 소개한다」『불사
조』, II, p. 423)

피는 어두운 터널과 흡사한 몸의 핏줄 안에서 흐른다.[159] 그것은 지하수가 되어 대지 아래, 손대지 않은 돌 아래 그리고 몸 안에서 흘러간다. "지하의" "손대지 않은" "은밀한"이라는 시어들이 지칭하고 있듯이, 피는 감춰진 장소, 접근할 수 없는 장소 속에서 보호되어 그 순수함을 간직하고 있다. 그것은 어둡고 보이지 않는 장소에서 정화된다. 피는 몸속에서 순환하듯이 지하세계 안에서 순환하면서 대지 안에 뿌리박고 있는 모든 유기체들에게 자양분을 제공한다.

이런 까닭에 피는 또한 뿌리에서 올라와 줄기의 끝으로 향하는 수액과 동일화된다. 식물의 피에 의해 그려진 길은 수직적인 핏줄이다.

수액이 오른다 땅은 증가한다(「모든 것은 결혼한다」, II, p. 307)

조금 전 대기와 수액과 작열하는 씨앗들을

---

159) 바슐라르가 인용한 릴케의 시구를 보라. "핏줄 속의 피처럼 우리가 전진했던 어둠 속에서……" Gaston Bachelard, *La terre et les rêveries du repos, op. cit.*, p. 97.

한껏 머금은 식물들과 꽃들
   힘의 유일한 도로가
   우리의 휴식을 통과한다(「최상의 순간들」, I, p. 1081)

   피가 몸 안에서 순환하듯, 수액은 식물 안에서 순환하면서 생명의 에너지를 공급한다. "작열하는" "힘"과 같은 시어들이 이를 뒷받침한다. 순환의 힘 덕분에 대지는 비옥해진다. 피와 수액은 액체적인 것이지만 시인의 눈으로 볼 때에는 이들이 생명의 에너지를 운반한다는 면에서 불의 이미지를 띤다.

   입마개를 한 새벽으로부터 단 하나의 외침이 솟아나려 한다
   소용돌이치는 태양이 껍질 밑에서 넘쳐흐른다(「세상의 첫 여인」, I, p. 179)

   우리의 수액은 우리의 거울 속에서 불타오른다(「쓰다 그리다 새기다」, II, p. 430)

   수액과 피와 불의 동일화는 물을 타오르게 하고 불을 흘러가게 한다. 첫번째 시에서 우리는 서로 다른 종류의 긴장을 감지할 수 있다. 말하고자 하는 욕망과 입막음당한 사실이 빚어내는 긴장, 몸 안에서, 껍질 밑에서, 대지 아래에서 흐르면서 불타오르는 물이 빚어내는 긴장이 느껴진다. 입마개를 뚫고 단 하나의 외침이 터져나온다면 그 외침은 얼마나 절실하고 중요한 것이겠는가! 게다가 이러한 절실함은 껍질 밑에서 더욱 강화된다. "소용돌이치는 태양"과 같은 수액은 화산 속 용암처럼 터

져나올 준비를 하고 있다. 새벽은 마침내 외침소리를 토해낼 것이고, 태양은 껍질로부터 튀어나올 것이며, 그 흘러나오는 에너지들은 인간, 동물, 식물을 비롯한 세상에 자양분을 공급해줄 것이다.

한편 대지적인 피가 무게를 갖고 있다면, 하늘을 향해 솟구치는 피는 바람처럼 가볍다.

> 우리가 사랑이라 말했을 때 그것은
> 탑 사이 그리고 어린 시절의 해변가에서 보냈던 삶이었네
> 공기의 가벼운 피였네(「겨우 내쉰 한 조각의 숨결」, I, p. 872)

> 새로운 바람의 핏줄 속에서
> 피가 더 빨리 흘러갈 때(『끊임없는 시』, II, p. 28)

공기의 피는 가볍기 때문에 빨리 흐른다. 그것은 한순간 몸의 내부로 침투하며 날숨을 통해 외부세계로 되돌아온다. 바람의 보이지 않는 피가 그리는 길처럼, 보이지 않는 다른 길이 엘뤼아르의 시에서 피와 밀접하게 연관되어 있는데, 그것은 바로 시선이다. "세계 전체가 네 순수한 눈에 달려 있고/내 모든 피는 그 시선 안으로 흘러간다."(I, p. 196) 장 피에르 리샤르는 피의 길과 시선의 길 사이의 동일화를 다음과 같이 지적한다. "엘뤼아르에게 시선의 확장은 대개 피의 분출 안에서 움직인다."[160] 마찬가지로 시선의 이미지는 도로의 이미지와 연관된다. "네 새로운 눈들이 포장된 그들만의 도로를 갖기 위해서."(「하나 안의 두 목소

---

[160] Jean-Pierre Richard, *op. cit.*, p. 134.

리」『열린 책 I』, I, p. 1018)

3) '망상(網狀)공간'과 만인의 지평

배와 집이 중심과 탈중심의 공간을 상징한다면 핏줄과 도로가 상징하는 공간은 '망상(網狀)공간'이다. 그것은 액체나 액화된 사물들이 만드는 그물 모양의 흐름으로 인해, 또한 살아 있거나 생명이 없는 존재들의 이동으로 인해 형성되는 공간이다. 망상공간은 한 거리가 다른 거리로 이어지듯 개개인이 다른 사람들, 사물들 그리고 세계를 만나는 교환의 공간이다. 그곳은 시인이 강조하고 있듯 공공의 장소이며 군중을 만날 수 있는 장소다.

그리고 피는 모두에게로 통한다(『사랑 시』, I, p. 257)

나는 그것을 알고 있다 나는 그들을 위해 말한다

그들은 나를 위해 말한다 우리의 언어는 똑같다
우리의 길은 다른 길들 다른 사람들
다른 시간들로 통한다(「폴 바이양-쿠튀리에를 추억하며」『정치 시편』, II, p. 222)

"피"와 "우리의 길"이 보여주는 것처럼, 망상공간에서는 수평적인 선들이 하나로부터 다수로 그어진다. 이러한 선들은 이데올로기적으로 평등함을 상징한다. 두번째 시의 첫 두 행은 특히 시인과 군중 사이에 맺어진 평등관계를 강조한다. "우리의 언어는 똑같다." 이것은 『시적 명증성』에서 시인이 직접 강조한 것이기도 하다.

순수시라고? 시의 전적인 힘이 사람들, 모든 사람들을 정화시키리라. 로트레아몽의 말을 들어보자. "시는 모두에 의해 창작되어야 한다. 한사람에 의해서가 아니라. (……)"(I, p. 514)

거리는 민중의 공간을 상징한다. 거리의 인간들은 계급과 인종을 초월한 모든 사람을 지칭하며 그들은 평등하다. 망상공간 속에서 시인은 거리의 사람이 쓰는 언어를 쓰고 싶어하며, 피에르 에마뉴엘의 용어를 빌리자면 "사람들 사이에 모든 소통의 토대"가 되는 "만인적인 나"를 강조한다.[161] 망상공간은 관계망을 의미한다. 거리는 다른 거리들로 향하면서 결코 한곳에 머무르지 않는다. 이러한 상징 속에서 시인은 세계를 연결짓는 여러 가지 방법을 모색한다. 특히 손 동작은 연결의 공간을 만드는 데 유용하게 쓰인다. 손을 내미는 행위 또는 잡는 행위는 망상공간 속에서의 전형적인 몸짓이다.

우리 둘은 내밀 손이 있지요
내 손을 잡아요 당신을 멀리 이끌어줄게요
(……)
우리는 섞을 손이 있지요
서로에게 밀착된 우리보다
더욱 매혹적인 것은 있을 수 없죠

---

[161] Pierre Emmanuel, *Le monde est intérieur*, Paris, Seuil, 1967, p. 146.

대지를 하늘에게 하늘을 밤에게

끝없는 낮을 준비하는 밤에게 돌려주는 숲(「살다」『열린 책 I』, I, p. 1014)

명사 '손'이 동반하는 '주다' '잡다' '섞다'라는 동사들은 타인과의 소통에 대한 자발적인 동작을 가리킨다. 손을 잡는 행위는 사랑하는 사람들을 맺어줄 뿐 아니라 자연의 요소들을 연결해준다. 대지에서 하늘, 밤, 낮을 거쳐 숲까지 이르는 연결은 릴레이 경주를 연상시킨다. 피의 흐름처럼 길과 연속되는 발걸음들의 궤적, 지속적인 연결은 망상공간을 특징짓는다. 손을 잡는 행위는 연대감을 부여한다.

내 아름다운 동네 속의 사람들……. 그들은 그들의 거리가 막다른 길이 아님을 안다. 그들은 모든 동료들과 합일되기 위해 애타게 손을 내민다.(「내 아름다운 동네」『정치 시편』, II, p. 219)

시인이 도로와 피의 무한함을 강조하는 이유는 일상의 삶에 존재하는 막다른 길의 존재를 거부하기 위해서다. 손에 손을 잡고 이어진 손들은 도로가 끝없이 연결되어 있는 것과 동일한 가치를 갖는다. 시인은 온 세상의 손금이 이어져서 삶의 길들이 더욱 멀리 뻗어나가기를 바라고 있다.

그의 손에 펼쳐진 손금이
다른 손금들 속에서 이어지기 위해서(『끊임없는 시』, II, p. 28)

한 거리가 다른 거리와 만나면서 이어지는 것처럼, 손금은 다른 손금을 만나서 이어질 수 있다. 흔히 점쟁이는 손금을 읽고 마치 존재의 운명이 몸의 이 미세한 공간 속에 고정적으로 새겨진 것처럼 개인의 미래와 수명을 예언한다. 시인의 생각은 그 한계를 넘어선다. 각자의 손금이 다른 이의 손금과 연결될 때 개인의 유한성은 극복될 수 있다는 것이다. 거리와 손의 연결선에 의해 그려지는 끊임없는 선들은 존재의 확산을 보여주는 주된 이미지다.

> 가장 아름다운 애인이
> 제 손을 내민다 내민
> 손을 통해 그녀는 먼 곳에서 온다
> 그녀의 꿈의 세계 저 끝에서(「그녀는 왕궁을 세웠다」, II, p. 444)

인용문에서 손을 내미는 행위는 '내밀다'라는 동사에 의해, 그리고 형용사 '내민'에 의해 이중으로 강조된다. 매개의 역할을 하는 여성은 동작의 주체로 기능한다. 그녀는 손을 내밀면서 현실의 세계와 다른 세계를 잇는 다리를 놓는다. 두 세계의 거리감은 점점 구체화되는 시어들인 '먼 곳에서' '꿈의 세계 저 끝에서' 등으로 강화되며 이를 통해 손의 매개적인 기능은 부가된다. 현실과 꿈 사이의 관계처럼 망상공간을 핵심적으로 특징짓는 관계들은 표면상 모순적인 것들 사이에서 조직된다.

> 네 연결짓는 손들은
> 빛과 재를 바다와 산을
> 평원과 가지들을 수컷과 암컷을

눈과 열기를 연결지을 수 있다(「네가 만일 사랑한다면」『열린 책 II』, I, p. 1091)

손이 연결짓는 것은 서로 상반된 요소들이다. 하지만 겨울 다음에 봄이 이어지듯이, 또한 밤이 없이는 새벽이 오지 않듯이, 이러한 요소들은 사실 상반되었다기보다는 서로 보완적인 관계에 있다고 할 수 있다. 엘뤼아르는 이러한 관계들을 '결혼하다' '합치다' '결합하다' 등의 연결 동사를 써서 표현하고 있다. 또한 '길게 눕다'라는 또 다른 동사는 망상 공간의 존재론적 측면을 강조한다.

우리 도시의 핏줄 속에
좋은 사람들이 길게 누워 있었다

우리 눈의 모든 길 위에서
성스러운 여성들이 늘어서 있었다(II, p. 137)

인용시에서 엘뤼아르는 도시를 인체로, 인체를 도시로 은유화한다. 이 두 연은 도시-몸의 지각을 형상화한다. '길게 눕다'와 '늘어지다'라는 두 동사는 펼쳐지는 몸의 움직임과 태도와 관련되어 있으며, 끝없이 이어지는 도로망들의 이미지와 겹쳐지기 때문이다. 이처럼 공간은 존재의 환유처럼 여겨진다. 엘뤼아르적인 '거리-핏줄'이 끝없이 이어지며 확산의 이미지를 주고 있듯, 길게 눕는 행동은 "연장되는 몸"(II, p. 337)의 열망, 존재의 확장을 이루어내려는 시인의 열망을 구체적으로 상징하는 것이다. "그녀는 길게 눕는다/고독을 덜 느끼기 위해"(「세계-고독」『순간의 생』, I, p. 4000)라는 다른 시의 시구에서 길게 눕는 행위는 존재의 확산을 의미할 뿐 아니라 타인으로 향한 자아의 개방과 소통의 욕구를 의미한다. 이러한 동작들은 타인에게 건네는 몸의 말처럼 느껴진다.

몸의 망상공간은 한편으론 생명력 넘치는 무한한 공간이며, 다른 한편으론 사물과 인간, 몸의 내부와 외부세계가 합일되는 만남과 결합의 장소다. 『시의 오솔길과 대로들』(1952)이라는 시집명이 보여주듯, 시인은 다양한 도로망과 핏줄을 재현해냄으로써 자신의 시 제목인 "한 사람의 지평에서 만인의 지평으로" 향하는 인간 존재와 시의 여정을 보여준다.

3. (탈)중심공간과 망상공간의 변증법

지금까지 살펴본 두 공간의 특징을 정리해보자.

공간구분 변별적 자질	(탈)중심공간	망상공간
건축	집	도로
몸	배	핏줄
존재론적 공간성	사적 공간	공적 공간
상징성	창조, 탄생 (쌍둥이와 분신의 탄생)	접촉, 소통 (상반되는 것들의 연결)
시간성	동시성 (다시 시작하다, 반복하다)	연속성 (지속하다)
움직임	확산과 응축의 변증법	연장과 전개
존재의 변화	존재의 증식	존재의 확장 서로 다른 존재들의 합일
대표적인 동사	재생산하다, 다시 젊어지다	이어지다, 결합되다
언어학적 관계	계열체적(대체하다, 하나를 다른 하나로 변화시키다)	통합체적 (연결짓다)

하나와 다수 사이의 변증법적인 움직임에 따라 사적 공간과 공적 공간은 차례로 중심공간과 망상공간으로 불린다. 첫번째 공간에서 인간 존재들은 쌍둥이와 같다. 그들은 어디에나 있는 동일한 중심인 여성의 배에서 태어났기 때문이다. 또한 재생의 공간 속에서 존재는 무한히 증식된다. 하나는 다수가 되는 것이다. 망상공간 속에서 생명이 있거나 없는 요소들은 수직적으로 성장하거나 도로처럼 수평적으로 전개된다. 게다가 나와 타인이라는 서로 다른 존재들은 거기에서 만나 서로 연결되며 군중을 형성한다. 표면상 대립의 짝을 이루는 사물들도 망상공간을 통해 소통된다. 결국 그들의 다수성은 단일성으로 바뀐다.

집과 배가 상징하는 사적 공간과 도로와 핏줄이 상징하는 공적 공간을 구분해서 살펴보면 우리는 사실 이 두 공간 사이의 경계도 불분명함을 깨닫게 된다. "우리는 어디나 우리 집이라고 생각한다"(II, p. 440)는 시인의 노래처럼 사적인 공간으로 구분한 집은 항상 외부를 향해 열려 있다. 공적 공간으로 구분한 도로는 육체적 세계와 우주적 세계라는 내·외부에 있는 공간이 서로 교차하면서 피의 그물망들과 겹쳐진다. 두 상징공간 사이의 교차는 특히 다음 시구에서 명백해진다.

그리하여 집의 담벼락들은 공동의 살갗을 가지고 있네
그리하여 도로는 항상 서로 교차되네(「죽음 사랑 삶」 『불사조』, II, p. 442)

두 공간 속에서 나타나는 행동들은 자기 자신과 타인, 나아가서 외부 세계와 관계를 맺도록 하는 것이며, 생명이 있는 존재나 없는 존재 모두를 풍요롭게 하고자 하는 의도를 갖고 있다. 그렇다면 중심공간에서 쌍둥이와 형제를 무한히 생산하는 행위와 망상공간에서 서로의 피를 섞는 행위는 모두 동일성이 이타성에 의해 형성되는 원리를 구현하는 것이 아닐까? 그것은 아폴리네르 이래로 초현실주의자들과 엘뤼아르의 시편들에서 꾸준히 표현되고 있다.

　　나는 내 전체를 형성한다 모든 존재를 통해서
　　모든 시간을 통해서 대지에서 그리고 구름 속에서(「살다」, I, pp. 1013~14)

　위에 인용한 엘뤼아르의 두 시구를 아폴리네르의 「행렬」과 어떻게 연결짓지 않을 수 있단 말인가?[162]

　　어느 날 나는 나 자신을 기다리고 있었다
　　나는 기쁨 네가 올 시간이다라고 내게 말했다
　　그러고는 서정적인 발걸음으로 내가 사랑하는 사람들이 전진했다
　　그들 가운데에는 내가 없었다
　　(……)
　　행렬이 지나갔다 나는 거기에서 내 몸을 찾았다
　　갑자기 나타난 모든 사람과 나 자신이 아닌 사람들이
　　하나하나 나 자신의 조각들을 가져왔다
　　탑을 쌓듯이 사람들은 나를 조금씩 건축했다
　　군중들이 쌓여갔다 나는 모든 육체와
　　인간적인 것들이 형성했던 나 자신 같았다

---

162) Guillaume Apollinaire, *Œuvres poétiques*, Paris, Gallimard, 1965, pp. 75~76.

시인은 마치 타인인 양 자신에게 "기욤"이라고 부르며 말을 건넨다. "나는 거기에서 내 몸을 찾았다"라는 시구처럼 그의 몸 또한 그에게 낯선 존재가 된다. 이제 그의 존재와 그의 몸은 다른 몸 전체로 재구성되기 위해 조각난다. "모든 육체와 인간적인 것들"은 나와 그의 정체성을 재형성한다. 그로 인해 정체성은 이타성을 향해 열린다. 뷔르고스에 따르면, 그것은 "시원적인 찢김의 인식이며, 그것의 결합은 타자에서 자기로의 이행이다."[163] 탑처럼 구축된 몸의 이미지는 마그리트의 작품「과대망상증」(그림 8)을 환기시키기도 한다. 이 그림에서 몸의 상·중·하부는 탑 조각 또는 러시아 인형처럼 쌓아올려져 있다. 여기에서 인간의 몸은 바벨탑처럼 서로 소통되지 않는 요소들로 건축된다.

앞서 인용한 엘뤼아르의 시에서 우리는 시적 자아가 모든 존재에 의해서뿐 아니라 모든 시간에 걸쳐 건축되고 있음을 읽을 수 있다. 그렇게 생성된 새로운 자아는 시간과 공간의 경계를 무너뜨리고 여러 요소를 총괄하고 있으며, 그것은 중심공간과 망상공간이라는 두 공간의 변증법에 의해 상징되는 존재의 증식과 확산의 주제와 만난다. 엘뤼아르가 인용한 로트레아몽의 말처럼 시는 만인에 의해 만들어지는 것이다. 결국 같은 살과 같은 피를 가진 사람들은 같은 중심공간과 망상공간을 공유하게 된다.

---

163) J. Burgos, *op. cit.*, p. 88.

3장 시와 회화의 상호교류와 '탈경계'의 몸

엘뤼아르의 많은 시에는 초현실주의 동료들이 그린 삽화가 등장한다. 또한 그는 동료들의 회화작품을 보면서 마치 삽화가처럼 시를 쓰고자 했다. 그 교류 속에서 우리는 수많은 몸의 이미지들을 발견할 수 있다. 이 장에서는 시각적인 것과 텍스트적인 것을 넘나드는 매개로 기능하는 몸의 특징을 알아보기 위해 화가들의 삽화로 장식된 시집과 시인이 회화작품에 시를 삽입한 작품들을 분석해보고자 한다.

1. 동·식·광물계의 경계 넘나들기아 여성의 '벗은 풍경'

엘뤼아르의 삽화집에는 인간, 동물, 식물 사이의 경계가 무너진 세계가 묘사된다. 삽화가인 샤갈, 발렁틴 위고, 피카소는 세계 사이의 내밀한 연결성을 표현하기 위해 동일한 방식을 쓴다. 단 하나의 선으로 여성의 몸과 동물의 몸과 식물의 윤곽을 동시에 그려내는 것이 핵심이다. 예컨대 시집 『지속하는 것에 대한 힘든 욕망』에 삽입된 샤갈의 삽화들 중 하나는 말의 곱슬곱슬한 갈기가 인간의 굽은 팔을 함께 표현하고 있음을 볼 수 있다. 여기에서 데생의 선들은 인간의 몸을 그려내고 있는 것인지, 동물의 몸을 그려내고 있는 것인지를 구분하기 힘들게 만든다. 시집 『여성 매개자들』을 위한 발렁틴 위고의 삽화들에서 여성 몸의 윤곽은 동시에 식물의 윤곽으로 기능한다. 마찬가지로 피카소는 시집 『평화의 얼굴』의 삽화에서 선을 이중으로 사용하여 여성의 얼굴과 비둘기를 혼합한다. 이 같은 화가들의 시도를 통해 여성, 새, 식물 등은 동일한 몸을 공유하게 된다.

한편 대부분의 삽화는 여성의 몸, 특히 나체를 연출하고 있다. 나체의 여성들은 다양한 화가들에 의해 자연, 동물, 식물, 사물, 남성들과 긴밀한 관련을 맺고 있다. 특히 자연 속에 잠들어 있는 여성에 대한 형상이 자주 등장한다. 폴 델보의 「레다」, 만 레이의 「여성과 그녀의 물고기」의 경우처럼 여성들은 그들의 옆에 동물을 동반하고 잠들어 있기도 하다. 나체의 여성들은 자연풍경의 일부가 되어서 바닷가나 숲 속, 또는 다리 위에서 잠을 잔다. 이들이 자고 있는 침대는 어디에나 위치하는데, 발렁틴 위고의 작품에서는 파도 위나(「여성 매개자들 I」), 숲 속에(「여성 매개자들 IV」), 만 레이의 작품에서는 바다의 수평선 위(「해변」)에 놓여 있다. 만 레이는 「자유로운 손」의 내제(內題)에서 여성의 나체와 손이 아비뇽 다리와, 머리카락이 강물과 완전한 삼투압 현상을 이룬 모습을 보여준다.

여성의 나체는 많은 화가들에 의해 순결한 스크린처럼 상상되곤 한다. 현실의 보이지 않는 차원을 보여주기 위함인 듯, 마그리트의 그림에는 몸속에서 창문이 열리며(『삶의 필연성과 꿈의 결과 이어서 예시들』

의 삽화), 에른스트의 그림에서는 몸의 내부기관들이 나체의 몸 위로 드러나기도 한다(「말」). 여성 나체의 스크린은 또한 남성들의 욕망을 반영한다. 젖가슴은 날개로 변형되고(만 레이), 남성의 손과의 접촉을 통해 여성의 몸 위에 성좌가 그려진다(발렁틴 위고).

동료 예술가들과 마찬가지로 엘뤼아르 또한 여성의 나체에 강하게 천착한다. 폴 델보의 그림에서처럼 그의 시에서 나체의 여성은 거리를 활보한다. "너는 완전히 벌거벗고 밖으로 나갔다."(I, p. 509) 나체성은 여성과 남성 사이의 육체적·심리적 거리를 없애는 사랑의 관계의 근원으로 나타난다. "네 나체성 그 빛이 나를 벌거벗긴다/너와 내 몸은 조금의 거리도 없다."(「물론」, I, p. 437)

연구자들은 엘뤼아르의 나체성의 의미에 대해 상반된 견해를 피력한다. 하나는 나체에서 에로틱한 측면을 완전히 제거했다고 보는 시각이다. 장 오니무스는 "엘뤼아르에게서의(지로두에게서처럼) 나체성은 솔직함, 명백함의 상징이며 어떠한 에로틱한 의미도 없다"[164]고 단언한다. 다른 하나는 이와는 반대로 엘뤼아르의 나체성의 관능적인 측면만을 강조한다. 롤라 베르뮈데즈는 "당연하게도 몸, 살갗 등의 의미론적인 파생을 낳는 나체성은 엘뤼아르의 에로티시즘을 다양한 관능적인 암시들로 채색한다."[165] 그러나 단지 이 두 측면 중 하나로만 한정짓는 것은 엘뤼아르의 나체성이 갖고 있는 다양한 측면을 간과하는 것이라고 생각된다.

완전히 드러난, 완전히 드러난, 네 젖가슴은 얼어붙은 풀 향기보다 더

---

164) Jean Onimus, "Les images de Paul Eluard," in *Annales de la faculté des lettres et sciences humaines d'Aix*, t. 37, 1968, p. 140.
165) Lola Bermudez, "La couleur nue," in *Les mots la vie*, n° 10, 1998, p. 270.

욱 가냘프다. 그것은 네 어깨를 지탱하고 있다. 완전히 드러난 젖가슴. 너는 가장 단순한 동작으로 네 원피스를 벗는다. 그리고 눈을 감는다. 육체 위로 엄습하는 그림자의 추락, 마지막 불꽃 위를 온전히 뒤덮는 그림자의 추락.

　계절들의 꽃다발이 무너지고, 너는 네 심장 깊숙한 곳을 보여준다. (「함께 나눈 밤」, I, p. 375)

　몸의 나체성은 서양에서 흔히 관능의 징표로 여겨졌다. 기독교 전통에 따라 나체성과 관련된 혼란스러운 감정은 원죄로 낙인찍혔다. 하지만 인용문에서 세 번이나 강조된 여성의 나체성은 그러한 상투적 의미와는 거리가 멀다. 그녀의 젖가슴은 풍만하지 않으며 "가냘프다." 벌거벗는 행위는 장 오니무스가 정확히 지적한 대로 소박함과 솔직함에 연관되어 있다. "너는 네 심장 깊숙한 곳을 보여준다"라는 인용의 마지막 구절처럼 옷을 벗는 행위는 보이지 않는 것, 존재의 내부에 가려진 것을 보여주는 것이다. 하지만 이 시에서 에로티시즘 또한 확실하게 드러난다. 그 방식은 초현실주의가 강조하는 '베일로 가려진 에로티시즘'의 유희를 통해 이루어진다.[166] 나체의 이미지 속에는 남성의 시선이 항상 존재한다. 다음은 바라보는 남성 주체와 나체의 여성 사이의 적극적인 교류를 보여준다.

---

166) "그러므로 이 여성이 그림자로 뒤덮이고 애인의 시선에서 사라지기 위해서는 눈을 감기만 하면 된다. 나체로 노출된 여성은 다시금 베일을 쓴다. 그것이 모든 시학에 앞서서 '베일로 가려진 에로티시즘'의 역학이다." Vincent Gille, "Si vous aimez l'amour⋯⋯," in Pavillon des arts, *Le surréalisme et l'amour*, l'exposition Pavillon des Arts(6 mars~18 juin 1997), Paris, Gallimard/Electa, 1997, p. 38.

내가 응시하는 창문 뒤에서

자신의 나체성을 내게 보여주고 싶어 조바심 내는 여인(「길을 가루로 빻는: 시선의 교차로에서」, I, p. 435)

여기에서 여성은 자신의 몸을 가리는 대신 드러내고자 애쓰고 있다. 엘뤼아르의 또 다른 시에서도 "벌거벗고자 하는 네 목마름은 모든 밤의 불을 끈다"(「세 폭의 그림 속 초상화」, II, p. 123)고 되어 있다. "내게 보여주고 싶어서 조바심 내는"과 "내가 응시하는"이라는 서로 상반된 두 움직임은 관찰하는 자와 관찰되는 대상 사이의 상호 긍정적인 의지를 나타낸다. 나체성이 항상 시적 자아의 시선과 연관되어 있기 때문에 그것은 풍경으로 묘사된다.

모두는 서로에게 하늘과 물로부터 공기와 모래로부터
부드러운 나체성을 빚고 있었다
모두는 그들의 표면을 잊어버렸고
그들 자신만을 보기로 약속했다. (「해변」, I, p. 628)

이 시는 동일 제목으로 된 만 레이의 그림(그림 47)을 꾸민 일종의 '삽화 시'다. 만 레이의 그림은 썰물 때의 바닷가 풍경을 묘사하고 있다. 그림에는 광대무변한 해변에 아주 작게 묘사된 사람들이 산책을 하고 있고 수평선 위에 거대한 여성의 나체 절반이 잠겨져 등장한다. 나체성의 테마에 민감한 시인은 풍경 앞에 서서 썰물 때 바다가 밀려간 모습과 옷을 벗은 모습 사이의 상호관계를 꿈꾸지 않았겠는가? 물이 빠져나가면서 바다는 제 속살을 드러낸다. 동시에 세계 전체가 옷을 벗는다. 모두가 나체가 된 존재와 자연요소들 사이에는 진정한 교감이 시작된다. 여성의 나체는 '벗은 풍경'이다.

> 벗은 풍경
> 그곳에서 나 오랫동안 살아가리라
> (……)
> 나의 유일한 우주
> 자연의 리듬과
> 조화를 이루는 내 가벼운 여인이여
> 네 벗은 살이 지속되리라. (「벗은 풍경」, II, p. 11)

이 시는 여성의 나체가 갖고 있는 다양한 양상을 보여준다. 여성 육체의 벗은 풍경은 응시하는 자아뿐 아니라 자연 그 자체와 내밀한 교감을 이룬다. 애인이 보기에 여성의 몸은 유일하고 영원한 처소다. "자연의 리듬과 조화를 이루는" 벗은 몸은 세계의 거울이라는 역할을 수행한다 ("네 젖가슴들이/빛을 반짝이게 하는 근원들" "구름 없는 네 이마를 통해/반사된 하늘 아래"〔*Ibid.*〕). 엘뤼아르에게 나체성은 여성에게만 고유한 것이 아니라 자연과 사물에 고유한 속성이다. 여성의 나체성은 자연의 규모를 갖고 있으며("네 나체성의 돌"〔I, p. 184〕, "네 나체성의 이삭들"〔I, p. 418〕), 마찬가지로 자연의 나체성은 여성적인 속성을 띤다("물결들의 나체성"〔II, p. 181〕).

한편 벌거벗은 여성은 여기에서 "내 가벼운 여인이여"라고 명명되어, 나체성의 개념을 가벼움으로 치환시킨다. 옷은 인간 삶의 무게와 문명을 상징하므로, 옷을 벗는 행위는 상징적으로 세상의 무게와 삶의 일상적인 법칙에서 벗어나는 것이며, 따라서 몸의 진정한 재탄생을 선언하는 것이다.

다시 태어나는 내 목소리 속의 협곡과 늪지대들은
벗은 몸처럼 가벼워지며 노래 부른다(「바깥에서 여기에서 어디에서나」, II, p. 663)

옷을 벗고 가벼워지는 것은 기원으로 회귀하여 새롭게 다시 시작함을 보여주는 상징적인 몸짓이다. 다른 시에서 시적 자아는 다음과 같이 노래한다.

더욱 가벼워진 내 옷들, 더욱 명백해진 내 몸, 더욱 밝아진 내 눈은 세상을 더욱 가볍게, 더욱 명백하게, 더욱 밝게 만든다. 최상의 순환.(I, p. 1117)

가벼움에 대한 욕망 이외에도 옷을 벗는 행위는 여성의 원초적인 모습을 의미한다. 1부에서 살펴보았듯이 폴 델보는 자신의 화폭에 문명화된 성장한 남성과 문명화 이전 상태의 벌거벗은 여성을 대비하여 보여준다. 엘뤼아르에게서 옷이나 장식은 문명을 상징하는 것이 아니다. 나체성 그 자체가 옷처럼 기능하면서 여성의 가장 아름다운 장식처럼 여겨지게 하기 때문이다.

완전히 벌거벗은 네 모습을 보는
이유들 근거들
순수한 나체성 오 치장된 장식이여(「새로운 밤을 통해」, I, p. 366)

여성은 나체성의 옷을 입고 순수함으로 장식된다. 엘뤼아르의 나체성은 순수함의 본질과 닿아 있으며, 그것은 세상과의 소통을 위한 엘뤼아르의 핵심적 사유 가운데 하나다. "어렵겠지만 절대적으로 순수한 상태로 남아 있도록 노력합시다. 그러면 우리는 우리와 연결된 모든 것을 파악할 수 있을 것입니다."(I, p. 37) 나체성 자체가 아름다운 장식으로 기능하는 또 다른 시를 보자.

> 나는 네게 우아하고 빛이 난다고 말한다
> 네 나체성은 내 어린아이 같은 눈을 핥는다.
> (……)
> 나는 네 벗은 모습을 본다, 매듭진 아라베스크 장식이여,
> 회전할 때마다 물렁해지는 시곗바늘이여
> 태양이 땋은 광선들과 내 쾌락의 매듭들을
> 하루 종일 펼쳐내고 있다. (「해와 달 사이에서」 『잊을 수 없는 육체』,
> II, p. 123)

시인이 친근하게 말을 건네고 있는 여성의 나체는 "매듭진 아라베스크 장식" "땋은 광선들" "내 쾌락의 매듭들"이라는 화자의 욕망과 빛의 유희가 빚어낸 다양한 얽힘으로 만들어진 순수한 장식들로 치장된다. 벌거벗은 몸은 새로운 옷을 입는다. 레이요그램rayogrammes 기법[167]

---

167) '레이요그램' 또는 '레이요그래프rayographe'라는 용어들은 만 레이Man Ray의 이름과 '발현'이라는 의미의 '레이온느망rayonnement'에서 왔다. 이것은 1921년 만 레이가 우연히 발견한 '자동기술적인' 사진기법이다. 카메라에 기대지 않고 다양한 오브제들이 놓여진 감광지가 빛에 노출된 후 현상되면 수많은 가려진 오브제들처럼 기능하게 된다. Jean-Paul Clébert, *Dictionnaire du surréalisme, op. cit.*, pp. 500~501.

을 활용한 만 레이의 3분짜리 영화 「이성으로의 회귀」(1923)가 보여주듯, 빛과 창살이 만들어내는 유희에 의해 여성의 벗은 몸에 무늬가 생겨나고, 나체 위에 자연의 옷이 입혀진다. 나체가 사진가에게 예술적 의도와 욕망이 반영되는 흰 스크린이라면, 시인에게는 그 위에 글을 쓰기만 하면 되는 백지의 역할을 하고 있는 것이 아닐까? 그렇다면 여성의 나체는 예술의 옷 또는 장식을 입고 있는 것이라고 볼 수 있지 않을까?

『자유로운 손』의 서문은 다음과 같이 시작한다. "종이, 흰 밤. 몽상가의 눈의 황량한 해변가. 심장이 떨린다."(I, p. 557) 시인이 아직 글쓰기를 시작하지 않은 종이의 순결성과 나체성은 여성의 나체성과 몽상가의 순수한 눈, 황량한 해변의 이미지와 조응한다. 이러한 '흰 밤'은 사실 "쓰어지거나 그려진 모든 흔적에 선행한다."[168] 그것은 탄생의 상태, 창조의 근원을 상징하는 것이다.

2. 언어, 이미지, 오브제로서의 몸

이제 삽화시집 중에서 가장 두드러지는 몸 이미지를 분석하고자 한다. 삽화시집에서 만난 엘뤼아르와 화가들은 텍스트와 이미지를 병치함으로써 몸 이미지를 어떻게 표출하고 있는가? 또한 몸을 매개로 한 텍스트와 이미지의 관계는 어떠한가? 이러한 질문에 대한 해답을 모색하면서 엘뤼아르의 시를 중심으로 그려진 삽화들의 경우와 회화작품을 중심으로 엘뤼아르가 쓴 시의 경우를 차례로 살펴보자.

---

168) Anne-Marie Christin, *L'image écrite ou la déraison graphique*, Paris, Flammarion, 1995, p. 191.

1) 삽화시집에 나타난 시와 이미지의 상호관계

발렁틴 위고는 『동물들과 그들의 사람들, 사람들과 그들의 동물들』(1937),[169] 『여성 매개자들』(1939)[170] 두 권의 시집에 삽화작업을 했다. 첫번째 시집은 앙드레 료트가 그린 다섯 점의 삽화와 함께 1920년에 출간되었다가 1937년에 발렁틴 위고의 삽화가 곁들여져 재출간되었다. 엘뤼아르의 시는 말, 암소, 암탉, 개, 고양이 등 길들여진 동물들에 많은 부분을 할애하고 있다. 발렁틴 위고는 각 삽화마다 동물의 몸과 인간의 몸을 결합하여 시인이 시집 제목을 통해 천명한 인간과 동물 사이의 친밀성과 상호성을 표현한다. 그녀는 동물과 인간 사이의 인접성을 육체적 인접성을 통해 표현하고 있다. 예를 들어 동물들의 몸의 형태가 인간의 얼굴을 나타내게 한다든가(「동물이 웃는다」, 그림 48), 고양이의 앞모습과 인간의 얼굴이 하나로 붙어 있도록 구성하고 있다(「고양이」).

발렁틴 위고의 삽화에는 많은 동물의 이미지 가운데 섞여 있는 인간의 눈의 위치가 특징적이다. 「말」에서 창문 뒤에 있는 인간의 눈은 매달린 말을 응시하고 있다. 또한 페이지 윗부분이나(「암탉」의 경우) 아랫부분에(「거미」의 경우) 위치한 인간의 두 눈은 재현된 동물들을 보고 있는 것이 아니라 정면으로 향해 있다. 이는 마치 동물들의 세계를 꿰뚫고 나가 독자들에게 자신이 본 세계를 보여주려는 듯하다.

또한 삽화들 속에서 보는 것과 보지 않는 것 사이의 관계가 거듭 표현된다. 「새」에서 눈을 뜨고 있는 여성의 얼굴은 다른 등장인물을 향해 있

---

[169] Paul Eluard, *Les Animaux et leurs hommes, Les hommes et leurs animaux*, illustrés par Valentine Hugo, Paris, Gallimard, 1937.
[170] Paul Eluard, *Médieuses*, poèmes illustrés par Valentine Hugo, [S.l.] [s.n.], 1939, p. 65.

는데, 그녀의 눈은 새에 의해 가려져 있다. 다른 작품 「짐승의 발」에서는 고양이의 크게 뜬 눈과 빛에 가려 앞을 볼 수 없는 인간의 눈이 대조를 이루고 있다.

『여성 매개자들』에 할애된 삽화들은 일반적으로 여성의 나체와 자연 사이의 관계에 대해 질문한다. 몸은 자연과 합일을 이루거나 자연에 의해 장식되어 있다. 앞에서 살펴본 바와 같이, 자연풍경과 합일을 이룬 여성의 몸은 엘뤼아르에게 나타나는 핵심 모티브다. 그것은 삽화시집 안에서 몸의 시적 이미지들과 회화적 이미지들의 통일된 조화를 이루어낸다.

「나는 혼자가 아니다」(그림 49)에서 화가는 여성의 몸을 하나의 선으로 그려내고 있는데, 그 선은 꽃으로 연장되어서 보리 이삭, 튤립, 세 송이의 카네이션과 여성의 몸이 동화되어 있다. 「여성 매개자들 II」(그림 50)의 시와 이미지는 시인과 화가의 결합을 더욱더 잘 보여준다. "내 이마에서 출발하는 길"(I, p. 885)이라는 시구에 대해 그림은 이마와 목을 연결하는 지속적인 선과 머리카락에서 출발하여 손, 팔, 젖가슴을 그리는 다른 선을 통해 부응하고 있다. 이 그림에서 선은 때로는 물결치고 때로는 구부러지면서 뻗어나가고 있으며 서로 혼합된 여성과 세계의 긴밀한 관계를 환기시킨다.

「여성 매개자들 VI」을 위한 삽화에서 나체의 여성은 식물풍경과 혼합되어 있다. 여기에서 여성의 흰 몸은 나무들 사이로 길을 내고 있는 듯 보인다. 시는 다음과 같이 시작한다.

내 풍경은 진정으로 커다란 행복
내 얼굴은 투명한 세계(I, p. 899)

시인과 화가는 세상을 매개하는 여성들을 합일된 방식으로 보여준다. 여성의 몸과 세계 전체와의 합일은 가장 단순한 선과 시구로 이루어진다.

다음은 마크 샤갈이 삽화가로 참여한 시집 『지속하는 것의 힘든 욕망』(1946)[171]의 경우를 보도록 하자. 엘뤼아르는 이 시집의 서문에서 다음과 같이 적고 있다. "나는 이 시들을 쓰면서 마크 샤갈의 삽화들로 시집이 장식되리라는 것을 알고 있었다."(II, p. 66) 시인이 어느 예술가가 자신의 텍스트를 재해석하리라는 사실을 알고 시를 쓰는 경우는 거의 드물 것이다. 그러나 엘뤼아르는 이 같은 서술을 통해 시가 먼저고 삽화가 나중에 그려진다는 상투적인 사고에 의문을 제기한다. 시인은 삽화가의 그림을 생각하면서 시를 썼기 때문에 시집의 내용에 대해서는 화가와 시인이 서로 영향을 미쳤다고 생각할 수 있다.

샤갈의 그림에서 인간과 동물의 몸과 세계는 중력의 법칙에 좌우되지 않는다. 그들은 하늘을 자유롭게 날아다니기도 하고 마치 하늘을 땅처럼 딛고 거꾸로 걸어가기도 한다. 거꾸로 뒤집힌 머리, 두 개의 머리를 달고 있는 등장인물을 통해 이성의 장소로서의 머리가 전도되며, 꿈과 환상, 무의식으로 향하는 길이 열린다. 샤갈은 시 「계절들」의 삽화에서 집 앞에 놓인 커다란 거울이 머리가 시계로 바뀌어 있는 인물의 나체를 비추도록 그리고 있다.

이제 샤갈이 인간, 동물, 세계의 경계를 지우는 방식에 대해 엘뤼아르의 경우와 비교하여 생각해보자. 「마크 샤갈에게」(그림 51)라는 첫 시의 삽화는 말의 갈기가 인간의 굽은 팔 역할을 한다. 마찬가지로 「우리의 움직임」에서 인체의 윤곽을 수탉의 윤곽으로 그려내고 있다. 샤갈

---

171) Paul Eluard, *Le dur désir de durer*, poèmes illustrations de Chagall, Paris, Arnold-Bordas, 1946.

의 삽화에서는 인간과 동물, 몸과 배경 사이의 거리가 없어진다. 한편 엘뤼아르는 「마크 샤갈에게」의 시를 "당나귀이거나 암소, 수탉이거나 말"이라는 시구로 시작한다. 여기에서 "이거나ou"라는 접속사는 샤갈의 경계 없는 선이 담당하는 역할을 하고 있다. 샤갈의 다용도의 선이 인간과 동물을 구분하면서 동시에 결합하듯, 엘뤼아르는 '이거나'를 통해 양자택일이 아니라 양쪽 모두를 수용하는 다중의 정체성을 표현해내고 있다. 이와 같은 '이거나'의 용법은 엘뤼아르가 로트레아몽의 문구를 인용하면서 현대 시와 예술의 핵심으로 내세웠던 것을 환기시킨다.

"네번째 노래를 시작하는 것은 인간이거나 돌이거나 나무다"와 같은 가장 단순한 혼합들, 가장 일상적인 변용을 보여주기 위해 화가들에게 얼마나 많은 이미지가 필요한가. (「시의 육체」 『보여주다』, II, p. 937)

접속사 '이거나'는 인간 존재들과 동물의 세계 전체를 자유롭게 변용시킨다. 그리고 이 모든 요소는 그 안에서 어떠한 경계선도 없이 넘나듦으로써 영속적으로 다시 태어난다. 「우리의 움직임」의 두 시구는 탄생의 상태가 촉발하는 기쁨을 간결하게 표현하고 있지 않은가?

우리는 서로 몸을 마주대고 우리는 서로 대지를 마주대고
어디에서나 태어나며 한계가 없다. (II, p. 83)

2) 회화작품에서 비롯된 엘뤼아르의 '삽화 시'

시집 『자유로운 손』(1937)[172]에서 엘뤼아르는 자신이 만 레이의 그림들에 대한 삽화가임을 명시한다. 하지만 어떻게 시어가 회화 이미지의

삽화가 될 수 있을까? 또한 회화로부터 출발한 시는 어떤 특징을 갖고 있을까?

안 마리 크리스탱은 두 초현실주의자의 공동작업에 대해 이렇게 논평한다. "2인칭으로 이루어지는 대화를 통해 언어와 이미지들 사이의 시선교환이 책의 페이지들 사이에서 진정으로 일어나게 되며, 침묵 속에서 현기증 나는 소통이 모색된다. 이것이 『자유로운 손』의 경험이다."[173] 그것은 진정으로 "현기증 나는" 대화다. 시인은 화가가 부여한 제목을 그대로 취하면서도 이미지에 종속되지 않은 채 자유롭게 그림을 해석하고 있다. 시적 이미지가 회화적 이미지와 맺는 관계는 자유로우면서도 동시에 연대적이다.

우선 만 레이의 그림을 살펴보면 우리는 반복되는 몸에 관한 두 테마를 추출할 수 있다. 하나는 육체적인 것과 육체성이 결여되어 있는 듯 보이는 비육체적 사물 사이의 관계고, 다른 하나는 시집 제목에서도 드러나듯 손에 관한 테마다. 우선 관능적인 벌거벗은 여성의 육체와 그림자, 실루엣, 기계적인 것과 같은 비유기체적 사물들 사이의 대조의 문제에 관해 살펴보자. 나체성은 육체성과 관능성을 탁월하게 상징한다. 나체의 여성들은 마치 탄생의 상태나 또는 태곳적 상태 속에 있는 것처럼 흔히 자연요소들과 연관되어 재현된다. 반면 어떤 그림들은 그림자에 지나지 않는 여성들을 제시한다. 예를 들어 「버려진 성」과 「침묵의 탑」에서 우리는 건물 앞에 누워 있거나(「버려진 성」) 또는 담벼락을 기어오르는 (「침묵의 탑」) 그림자-여성들만을 볼 수 있다. 여기에 엘뤼아

---

172) Paul Eluard, *Les mains libres*, dessins de Man Ray illustrés par les poèmes de Paul Eluard, Paris, Gallimard, 1937.

173) Anne-Marie Christin, *L'image écrite ou la déraison graphique*, op. cit., p. 190.

르의 시들이 호응한다. "침묵과 어둠에서/비롯된 죽음만이 있을 뿐이었다."(「버려진 성」, I, p. 564) "그들은 그림자를 갖길 원했다/그들은 육체를 갖길 원했다."(「침묵의 탑」, I, p. 584)

「실과 바늘」(그림 52)에서 여성의 몸은 땅에 심어진 거대한 바늘귀를 통과하는 실로 형성된 실루엣에 지나지 않는다. 이에 대해 시인은 다음과 같이 쓴다.

> 시각을 서글프게 하는
> 육체 없는 열정
> 죽은 별들을
> 끝없이 만들어내기.(I, p. 559)

"육체 없는 열정" "죽은 별들"의 시어가 표상하고 있듯이, 만 레이가 그려낸 실루엣은 엘뤼아르에 의해 추상적이고 잡을 수 없는 것처럼 해석된다. 화가가 제안한 일종의 '몸 없는 몸'의 이미지에서 시인은 삶과 죽음, 탄생과 사라짐, 고통과 열정의 대조적인 모습을 읽어낸다. 이 작품에서 화가의 시선과 시인의 시선은 보이지 않는 세계의 탄생과 죽음이라는 무한한 순간을 함께 포착한다. 「휴대용 여성」(그림 53) 또한 여성 몸의 실루엣을 보여주는데, 이 그림은 세로로 늘어진 줄에 달린 일종의 원판들의 집합으로 형성되어 있다. 이 같은 여성은 불안함을 조성하고 있는데, 오른손으로부터 형성되고 있는 그녀의 몸이 왼손 쪽에서 조금씩 무너지고 있기 때문이다. 하지만 다른 시각에서 보면 한쪽 면에서 다른 쪽 면으로 이동하는 모래시계처럼 오른쪽에서 무너지는 몸이 동시에 왼쪽에서 재구성됨을 알 수 있다. 이로써 이 여성(또는 이 마네킹)은 탄생과 소멸, 유기체와 비유기체, 정태(靜態, 실에 고정된)와 동태(動態, 재구성되고 있는)라는 상반된 항목들의 짝을 종합한다.

「에일리언의 탑」(그림 54)에서 여성의 몸은 양가적인 면을 보여준다. 몸의 상부는 관능적이고 육체적이지만 하부는 성곽과 겹쳐짐으로써 투명하기도 하고 불투명하기도 하여 비물질성과 물질성을 동시에 내포하고 있다. 한편 탑 속에 앉아 있는 여성은 성의 공간적인 차원을 넘어선다. 이러한 그려진 이미지에 시인은 또 다른 애매한 이미지를 호응시키는데, 그것은 열림과 닫힘을 동시에 공존시키는 것이다. "터무니없는 희망/광산 한가운데의 창문"(「에일리언의 탑」, I, p. 655)

'삽화 시인'은 원천이 되는 회화적 이미지들과 나누었던 대화를 그대로 자신의 시를 통해 형상화한다. 만 레이는 「타바렝 무도회에서」라는 그림에서 무도회 장면을 단편적으로 보여주는데, 그중 가장 특징적인 것은 머리 부분이 서커스의 회전하는 바퀴로 대체되고 그 바퀴 주변에 곡예사들이 매달려 있는 여성의 몸이다. 시인은 이 이상한 여성에게 말을 건넨다.

> 너는 머리에 꽃과 과일들을 달고 있는가
> 아니면 너는 그것들의 반영일 뿐인가
> 아네모네 밀감나무
> 백합 복숭아 미나리아재비
>
> 비의 옷을 입고
> 땅의 신을 신고
> 밤으로 치장한 너는

너의 입을 틀어막는

그 빛을 계속 간직할 것인가. (I, p. 656)

곡예사들에게 달린 기괴한 바퀴머리는 엘뤼아르의 시에서 꽃과 과일을 단 신화적인 머리로 표현된다. 그리고 "비의 옷"과 "땅의 신"이라는 자연의 의복으로 치장한 여성의 몸으로 재해석된다. 알록달록하고 다양한 색깔을 지닌 꽃과 과일의 이름을 나열하면서 시인은 화가의 그림을 단어들을 통해 채색하고 있다. 입을 틀어막을 정도로 강렬한 빛을 지닌 여성은 시의 소명인 말보다는 보는 것에 우선권을 부여한다.

만 레이의 「바로 그녀다」(그림 55)에서는 왼쪽에 위치한 실제 여성이 오른쪽에 위치한 조각상 또는 자동인형을 만지고 있는데, 장 피에로에 따르면 그것은 이 여성의 허상이다.[174] 나와 또 다른 나 사이의 거리는 "바로 그녀다"라는 이미지 자체에 새겨진 3인칭의 지시로써 강조된다. 만 레이가 '그녀'의 기계적인 측면을 강조하고 있다면, 시인은 그것이 세계와 맺는 편재적 관계에 중심을 둔다. 엘뤼아르는 만 레이보다 더 구체적으로 이미지를 느끼게 해준다. 일곱 번이나 반복되는 "바로 그녀다"라는 시구는 보이지 않는 장소에 기거하며, 다가가기는 어렵지만 어디에나 현존하는 감춰진 여성을 언어적으로 환기시킨다.

이 별의 잔디밭 위에 있는 사람이 바로 그녀다

이 황량한 집 안에 있는 사람이 바로 그녀다

이 어두운 거리에 있는 사람이 바로 그녀다

---

[174] Jean Pierrot, "Eluard illustrateur de Man Ray: *Les mains libres*," in *Iconographie et littérature. D'un art à l'autre*, Paris, PUF, 1983, p. 187.

기념물 위에 있는 사람이 바로 그녀다
이 야만인들 가운데 있는 사람이 바로 그녀다
이 구걸하는 젖가슴 위에 있는 사람이 바로 그녀다
저기 눈 속에 있는 사람이 바로 그녀다

협곡 깊숙한 곳에서처럼
항상 벽 뒤에 있는 사람이. (「바로 그녀다」, I, p. 568)

한편 우리는 『자유로운 손』에서 다양한 손의 이미지를 만나게 된다. 손이 쥐고 있는 오브제들은 추상적인 개념을 상징한다. 다시 말해 손이 깃발을 쥐고 있을 때는 '자유'를, 남성의 손이 여성의 벗은 몸을 세게 쥐고 있을 때는 '권력'을, 또한 마스크를 쥐고 있을 때는 '나르시시즘'을 의미한다. 게다가 손의 위치와 몸짓은 욕망, 사랑, 두려움과 불안의 감정, 친밀함을 표현한다.

만 레이가 그려내는 손이 구현하는 것은 무엇보다도 여성의 몸을 비롯한 사랑하는 대상들과 접촉하고 싶은 욕망이다. 손은 여성의 얼굴을 만지기도 하고(「명증성」), 여성의 머리카락을 쥐기도 하며(「욕망」), 과일 표면을 살짝 건드리기도 한다(「손과 과일들」).

반면 「고뇌와 불안」(그림 56) 같은 이미지에서처럼, 손은 만질 수 없는 것을 표현하기도 한다. 그림의 화분 속에 식물이 자라나는데, 거기에 팔지를 끼고 매니큐어를 칠한 여성의 손과 그와 반대 방향에 위치한 남성의 손이 매달려 있다. 만 레이의 기이한 이미지는 확실히 "고뇌와 불안"을 자아낸다. 그러나 엘뤼아르는 자유로운 해석을 통해 이미지 속에서 식물들의 순환을 읽어낸다. 해마다 나뭇잎들이 생겨나고 무성해지다가 떨어지는 것처럼, 예술가들의 손도 작업을 하는 동안 계속해서 작품들의 씨를 뿌리고 무성하게 번성시키면서 한편으론 부수어야 한다.

정화하다 희박하게 하다 불모지로 만들다 무너뜨리다
씨 뿌리다 급증하다 자양분을 공급하다 무너뜨리다. (I, p. 580)

한편 만 레이의 「모델」에서 모델의 두 손은 서로 마주한 채 떨어져 있어서 무엇인가 보이지 않는 것을 쥐고 있는 모양을 하고 있다. 또한 「혼자 하는 놀이」의 그림에서 매우 가늘고 긴 여성의 손 또한 마주하고서 세 손가락에 감긴 실로 연결되어 있다. 서로 합쳐질 수 없는 두 손은 연결되면서 동시에 분리되는 것이다.

비슷한 이미지가 「기다림」(그림 57)에서도 나온다. 여기에서도 두 손이 거리를 둔 채 서로 마주하고 있으며 그들 사이에 거미가 거미줄을 치고 있다. 「혼자 하는 놀이」에 그려져 있는 아름다운 여성의 손과는 달리 여기에서의 손은 늙은 남성의 손이다. 손의 늙음과 조밀하게 짜여진 거미줄은 제목이 지시하는 대로 시간의 흐름 중에서도 기다림의 시간을 환기시킨다. 하지만 무엇보다도 실을 잣는 일이나 실 놀이는 예술가의 손, 자유로운 손이 하는 작업을 상징하며 창작의 아름다움을 표현한다. 그렇다면 실과 거미줄은 자유롭게 작업하는 손의 궤적이 아닐까? 「자유로운 손」이라는 제목의 그림에서 만 레이는 손을 형상화하지 않고 굽은 선들의 뒤엉킴을 표현한다. 그것은 작품을 만들어내는 예술가의 손이 움직인 보이지 않는 궤적을 그려내고 있는 것이다.

그림과 시에서 형상화된 손은 금지된 것에 대한 욕망, "금지된 앎에 대한 욕구"[175]를 표현한다. 움켜쥐고 만지는 손은 닿을 수 없는 꿈을 구체적으로 실현하게 해준다. 구름을 손 안에 담는다든가, 「모델」[176)]에서처럼 허공을 쥐고 있는 이미지를 예로 들 수 있다. 하지만 엘뤼아르의 시에서 반복적으로 등장하는 이미지 중 하나인 마주한 두 손은 손의 반사적인 능력, 상호작용성, 배가 되려는 꿈, 사물들과 세계의 존재들을 다수화하려는 특징을 보인다.

금지된 것에 대한 욕망을 표현하는 것은 한스 벨머의 작품 『인형놀이』(1949)[177)]의 경우도 마찬가지다. 벨머는 이 사진집의 서문인 "구체(球體) 관절의 주제에 관한 기록"에서 자신의 놀이를 "실험시"라고 명명한다. 인형은 "도발적인 오브제"의 역할을 담당하며, 실험의 원리는 "의자와 같은 객관적인 현실과 인형과 같은 주관적인 현실의 혼합"을 이루는 것이다. 주관적인 것과 객관적인 것 사이의 혼합은 "명백하게 드높은 현실"[178)]을 성취할 수 있다.

벨머의 세계에서 몸은 초현실주의적 유희의 대상이다. 그의 작품에서 다양한 신체 부위들의 '일반적인' 역할과 위치는 모두 붕괴된다. 몸은 "선험적으로 고정된 기능"[179)]을 전혀 갖고 있지 않다. 다리의 위치에 팔이 붙어 있다든가, 한 몸에 젖가슴들만 잔뜩 모여 있다든가 하는, 일그

---

175) Nicole Boulestreau, *op. cit.*, p. 239.
176) 이 그림은 자코메티의 조각작품인 「보이지 않는 오브제」를 환기시킨다. 조각은 보이지 않는 오브제를 쥐고 있는데, 그 허공의 간극은 욕망과 깊은 고뇌와 연관되어 있다. 브르통에 따르면 자코메티는 벼룩시장에서 금속으로 된 반(半)마스크를 발견했는데, 이 발견된 오브제의 개입은 자신의 조각작품 「보이지 않는 오브제」를 구성하는 데 중요한 해결의 실마리를 가져다주었던 것으로 보인다. André Breton, *L'Amour fou*, in II, pp. 698~707.
177) Hans Bellmer, *Les jeux de la poupée*, illustrés de textes par Paul Eluard, Paris, Premières, 1949.
178) *Ibid.*, pp. 11~12.
179) "최상의 놀이는 끝을 향해가는 미리 결정된 이미지들 안에서보다는 알지 못하는 다음 과정들이 연속되는 사유 속에서 고무된다. 그러므로 선험적으로 고정된 기능의 모든 지지대를 알지 못하는 것이 최상의 장난감이 될 것이다." *Ibid.*, p. 11.

러지고 분절되는 몸의 자의적인 결합이 독자로 하여금 긴장감과 낯섦을 유발하는 한편, 부수고 재조합하는 현장을 지켜보는 공범자로서의 창조적이고 잔인한 쾌감을 느끼게 한다. 한스 벨머의 인형사진과 구조물들은 1936~37년에 이루어졌는데, 1년 뒤 폴 엘뤼아르는 이를 근거로 시를 쓴다. 시인은 괴상하고 자유로운 형태로 된 다양한 인형 앞에서 어떠한 제약도 없이 자유롭게 꿈꾸고 있고, 사진과 시 사이에는 어떠한 구체적인 연관성도 없어 보인다. 엘뤼아르는 분절되고 부풀어 오르는 몸의 이상한 결합 속에서 내면적인 살의 아름다움과 향기를 발견한다.

부푼 뺨들을 지닌 꽃 한 송이, 이 향내 나는 내적인 살결을 삼킨 미식가 여인이여.
필연적으로 장밋빛 입술을 한, 완전히 검은 숲의 박공을 단 여인.[180]

또한 팔이 있어야 할 자리에 두 다리가 뻗어 있고 거기에 남성 바지가 입혀져 있는 벨머의 인형사진 앞에서 엘뤼아르는 다음과 같이 질문한다.

이것은 소녀구나!-그녀의 눈들은 어디 있을까?-이것은 소녀구나!-그녀의 젖가슴들은 어디에 있을까?-이것은 소녀구나!-그녀는 뭐라고 말하고 있을까?-이것은 소녀구나!-그녀는 무얼 하며 놀고 있을까?-이것은 소녀구나, 이것은 내 욕망이로구나![181]

독자들과 마찬가지로 관찰자의 입장에 선 시인은 벨머의 이미지의 의

---

180) *Ibid.*, p. 78.
181) *Ibid.*

미를 차근차근 생각해보고 있다. 그리고 그것은 "내 욕망"이 변용시킨 소녀의 몸이라고 결론을 내린다. 다음은 몸의 이미지에 관해 벨머 자신이 사유한 결과다.

꿈이 그러하듯 몸은 자기 이미지의 중심을 제멋대로 이동할 수 있다. 그것은 모순이라는 이상한 정신에 영감을 받아 다른 몸에서 가져온 것을 여러 부위에 겹칠 수 있다. 예를 들어 다리의 이미지를 팔의 이미지와, 성기의 이미지를 겨드랑이와 겹칠 수 있는 식이다. 이를 통해 '압축'과 '유추적' 근거, '애매성'과 '언어의 유희,' 해부학적으로 기이한 '가능태의 셈'을 이루어낼 수 있다. (……)[182]

하지만 엘뤼아르는 자신의 텍스트에서 벨머처럼 익명성과 파편성 속에서 붕괴되는 정체성을 의도하고 있지 않으며, 오히려 앞에서 살펴본 바처럼 혼합이나 소통을 통해 정체성을 형성해나간다. 장난감 서랍 속 대머리 여자 인형을 떠올리며 "엘뤼아르는 성도착의 사고를 도발하기보다는 어린 시절로 다가가고 있다."[183] 시인은 해석의 행위를 하면서 "완전히 자유롭고 완전히 주관적인 전이를 시도한다. 이미지를 본 시각적인 경험은 그에게 창조적인 기제를 불러일으켜 그가 느꼈던 감정들을 그의 예술에 고유한 방식으로 번역하게 한다."[184]

한편 『원근법』(1948, II, pp. 214~59)이라는 시집에는 알베르 플로

---

182) *Ibid.*, p. 24.
183) R. Riese-Hubert, *op. cit.*, p. 69.
184) Jean Tardieu, *Le miroir ébloui, poèmes traduits des arts*, Paris, Gallimard, 1993, p. 51.

콩의 판화들이 삽입되어 있다. 다른 감각들 중 시각에 특별히 주목하고 있는 엘뤼아르이기에, 자신의 작품들 속에 원근법의 예술을 복원하고자 하는 판화에 관심을 기울이는 것은 자명해 보인다. 알베르 플로콩은 다음과 같이 쓰고 있다.

> 단 하나의 선을 사용하는 원근법은 종이의 차원에 만족하는 상징적인 기하학이다. (……) 종이는 눈과 손을 통해 비전을 받아들이는 스크린이다.[185]

플로콩의 첫 동판화(그림 58)에서부터 볼 수 있고 만질 수 있는 지각들에 관한 관심이 표출된다. 기하학적인 면 위로 오른손이 떠 있고 거기에는 세 손가락이 지워져 있으며, 손바닥 한가운데에 눈이 새겨져 있다. 손바닥이 전통적인 측량의 도구였던 것을 생각해본다면, 손은 "건축할 대지를 합리적으로 소유하고 있다"[186]고 할 수 있다. 판화가는 자신의 작업에 필수도구인 손에 경의를 바친다. 한편 엘뤼아르는 동판화가의 손의 움직임을 따라가고 있다.

> 나는 엮고 나는 풀어낸다 나는 주며 나는 거부한다
> 나는 창조하며 나는 무너뜨린다 나는 좋아하고 나는 처벌한다
> 생각은 나의 꽃 나는 어루만지고 나는 씨앗을 뿌린다
> 나는 내 손가락들로 본다 나는 만지고 나는 이해한다. (II, p. 241)

---

185) *Derrière le miroir*, n° 11-12, octobre 1948. Paul Eluard, II, p. 1111에서 재인용.
186) Gaston Bachelard, *Le droit de rêver*, Paris, PUF, 1988, p. 95.

시인은 무엇보다도 촉각적이면서 동시에 시각적인 신체 부위가 담당한 모든 창조적 과정, 모든 역할을 설명한다. 그것은 진정한 "손가락의 의지"[187]를 상징한다.

　지금까지 우리는 엘뤼아르가 여러 화가들과 함께 작업한 시집들을 살펴보면서 그 작업 속에서 읽을 수 있는 것과 볼 수 있는 것이 조화롭게 교류하고 있음을 알 수 있었다. 미셸 뮈라는 서로 다른 장르의 예술 사이에 이루어지는 교환의 의미에 대해, "초현실주의자들은 언어현상을 지칭하기 위해 이미지라는 용어를 사용한다. 또한 회화작품들을 특징화하기 위해 은유라는 용어를 사용한다. 언어와 시각 사이의 교류는 예술들 간의 교환주체의 역할을 할 수 있었다"[188]라고 평가한다.

　화가들과 시인은 서로 자유롭기 위해 결합한다. 글로 표현된 삽화라 할 수 있는 엘뤼아르 시의 단어와 구절은 그림이나 사진 속 이미지들에서 비롯되지만, 회화적 이미지들과는 별개로 특유의 상상력을 펼친다. 마찬가지로 그려진 시라고 할 수 있는 화가들의 삽화는 엘뤼아르의 시 텍스트에서 영감을 받지만, 고유의 독자성을 발휘한다. 엘뤼아르의 시집 속에서 화가들과 시인은 서로 자유롭게 꿈꾸기 위한 공동의 창작작업을 펼치고 있는 것이다.

　삽화시집들을 살펴보면서 우리는 몸이 이미지와 텍스트 사이의 경계를 왕래하는 중심으로 기능하고 있음을 알 수 있었다. 화가들과 시인은 각자 고유의 방식대로 인간 몸의 다양한 변용과 세계와의 자유로운 결

---

187) *Ibid.*, p. 94.
188) Michel Murat, "Analogie visuelle, analogie verbale : Max Ernst et les poètes," in *Art et littérature*, Aix-en-provence, Université de Provence, 1988, p. 487.

합을 연출하고 있다. 그렇다면 1947년에 출판된 엘뤼아르의 시집 제목을 빌려 말해보자면, 몸은 "언어들과 이미지들의 오브제"로 동시에 기능하는 것이 아닌가?

제3부 로베르 데스노스와 해부되는 몸

로베르 데스노스는 몽환적 상태에서 글과 그림을 창작하는 최면적 잠 실험과 무의식의 글쓰기를 시도하는 자동기술법 실험 당시 초현실주의자들 가운데 가장 탁월한 '화자'이자 가장 놀라운 '영매'로 인정받았다. 초현실주의 실험들에 열정적으로 몰두했던 시인에게 몸은 존재의 심연 속에 묻혀 있는 진실을 끄집어낼 수 있게 하는 중요한 매개였다. 이런 까닭에 그는 몸을 모든 종류의 관찰해야 할 실험대상으로 대할 뿐 아니라, 자신의 시적 의도와 세계관을 드러내는 탁월한 장소로 기능하게 하고 있다.

데스노스의 작품을 다룬 첫번째 연구자는 로자 뷔숄이다. 그녀는 『로베르 데스노스의 시적 변화』[189]라는 비평서에서 연대기 순으로 시인의 삶과 작품 전체를 분석했다. 미셸 뮈라는 이 초현실주의자의 작품들을 텍스트적 접근과 문체론적 접근을 통해 연구하면서, 특히 발화 주체의

---

189) Rosa Buchole, *L'évolution poétique de Robert Desnos*, Bruxelles, Palais des Académies, 1956.

지위, 활용된 기술과 그 효과라는 세 부분에 초점을 맞추었다.[190] 시인이 오늘날 대중에게 널리 알려진 것은 마리 클레르 뒤마 덕분이다. 이 연구자는 데스노스에 관한 많은 논문과 중요한 저서들을 발표했으며,[191] 최근에는 탄생 100주년을 기념하여 그간 미출간되었던 텍스트들을 비롯한 모든 작품을 묶어서 전집을 펴냈고, 그의 작품들이 다양한 관점에 의해 조명될 수 있도록 콜로키움을 공동으로 개최하기도 했다.[192]

데스노스에 관한 많은 논문 중에서 다수가 언어적 유희에 주목하고 있다.[193] 이러한 중요한 연구들과 더불어 몸의 이미지에 대한 연구가 반드시 필요하다고 생각된다. 데스노스는 몸에 대한 초현실주의의 일반적인 비전을 공유하고 있으면서도 한편으로 이와 충돌되는 독특한 특징을 보여준다. 그것은 그의 태도가 몸을 받아들임과 동시에 거부하고 있다는 점에 있다. 데스노스는 자신의 작품 속에서, 특히 해체된 몸, 죽은 몸, 비물질적인 몸에 집착하고 있다. 이 점은 시인이 몸에 대한 거부감을 표현하고 있는 것이 아닌가 하는 의문을 품게 한다. 하지만 더 자세히 들여다보면, 점차적으로 몸에 대한 거부와 부정이 단지 표면적인 것이라는 생각을 하게 된다. 그렇다면 몸의 해부, 몸의 해체라는 빈번히

---

190) Michel Murat, *Robert Desnos: Les grands jours du poète*, Paris, Corti, 1988.
191) Marie-Claire Dumas, *Robert Desnos ou l'exploration des limites*, Paris, Klincksieck, 1980. *Etude de "Corps et biens" de Robert Desnos*, Paris, Champion, 1984.
192) Robert Desnos, *Œuvres*, Paris, Gallimard, 1999. Katharine Conley et Marie-Claire Dumas (dir.), *Robert Desnos pour l'an 2000*, actes du colloque de Cerisy, Paris, Gallimard, 2000.
193) Calogéro Giardina, "Les jeux de mots dans *Fortunes* de Robert Desnos," in *Lettres Romanes*, tome 50, février~mai 1996, pp. 87~100. A. Jeronimidis, "L'outrage du sonnet: A la caille de Robert Desnos," in *Micromégas*, 1991, pp. 185~200. Jean-Michel Adam, "Pragmatique du texte poétique: un *langage cuit* de Robert Desnos," in *Degrès*, 1995, pp. a1~a18.

등장하는 모티브들은 존재의 변용·해체 후에 재생을 준비하는 일련의 변화과정을 알리는 신호는 아닐까?

　시인이 몸에 대해 갖고 있는 비전은 그가 쓰는 언어 속에 투영되어 있는 듯 보인다. 몸이 해체되고 재구성되듯, 전통적인 글쓰기도 위반되고 재구성되기 위해 무너진다. 데스노스가 활용하는 다양한 글쓰기 기법인 말더듬기, 아나그램(anagramme, 글자 수수께끼), 반(反)블라종, 칼렁부르(calembour, 동음이의어의 언어유희), 시 속의 그림, 숫자, 음표 사용 등은 새로운 글쓰기를 향한 무수한 실험들이다. 그는 자신의 마음대로 해체시킨 언어들을 재구성하면서, 인간 몸에 새겨져 있는 삶과 죽음의 긴장을 극복하고자 하는 바람을 표현한 것은 아닐까? 3부에서는 데스노스의 시를 둘러싼 위의 질문들에 대한 해답을 모색하면서, 인간의 몸 내부에 대한 그의 독창적인 비전과 저항정신이 맺고 있는 관계를 생각해보고자 한다.

1장 | 위험에 빠진 육체

데스노스의 작품 속에서 육체는 항상 위험에 처해 있다. 시인은 자신의 환상에 따라 육체를 조작하고 위기의 상황에 빠뜨린다. 데스노스의 시에서 자주 마주치게 되는 상처 입은 몸은 강박증처럼 시인의 세계를 사로잡고 있다. 몸은 날카로운 물체에 의해 관통당하고, 살갗이 벗겨지고, 배를 찔리고, 잘게 잘라진다. 그의 세계에서 살아 있는 존재들은 찔린 상처, 흉터, 할퀸 자국으로 가득하다. 시인의 이 같은 말도로르적인 분노는 어디에서 기인하는 것일까?

1. 해부하기, 몸 내부로의 침투

혁명적인 시인 데스노스는 그의 전 작품을 통해 범죄와 피에 관한 자신의 취향을 끊임없이 표출했다. 그는 '꿈의 산문'에서뿐 아니라 시편들 속에서도 참수된 사람들, 기요틴, 로베스피에르를 언급하면서 혁명과 피를 환기시킨다. 심지어 그는 로베스피에르와 자신을 동일화하기도 한다.

> 내 이름은 로베르 데스노스. 바람에 날리는 깃털 그것은 임신한 여성들의 수치다. (……)
> 로베스피에르가 자신의 손을 내 어깨에 얹지 않았다면 나는 이 시적인 독서를 계속했으리라. 우리는 언덕 위에 있었다. 그는 내게 기요틴이 한 일을 보여주었다. 사십만의 머리가 늪지대를 뒤덮고 있었다. 여성들은 그들의 두개골을 빨아먹고 있었다. 나는 이 광경에 미칠 듯이 기뻐서 로베스피에르를 껴안았다. 그는 슬프고도 부드러운 시선으로 나를 바라보고 난 후, 나를 가슴으로 껴안았다. 그러고는 영국 담배의 향기로운 연기로 사라지기 전 내게 말했다. "너는 치명적인 위험이라 불릴 것이다."(「여명」, DA, pp. 32~33)

데스노스는 잘린 머리뿐 아니라 머리를 삼키고자 혈안이 되어 있는 여성들의 모습을 그린다. 공포를 불러일으키는 이 충격적인 이미지는 이성의 장소로서 다른 신체의 부분들과 구별되는 머리 부분을 공격하고자 하는 시인의 특별한 의지를 드러낸다. 피투성이의 역사 속에 뛰어든 시적 자아는 로베스피에르에 의해 "치명적인 위험"이라 일컬어지면서 그의 분신이 된다. 같은 시집의 다른 시들 속에서도 시적 자아는 범죄자들에 대한 자신의 호감을 끊임없이 표명한다. 「다른 강가에서」라는 시의 화자는 "여성 죄수들이 수감된 감옥"에서 사랑하는 여인을 찾고 싶어한다(DA, p. 33). 그리고 「멋진 강도」의 화자는 "모든 죄수의 피가 내 핏줄 속으로 흐른다"(DA, p. 35)라고 선언하면서 범죄자와 자신을 동일시한다.

데스노스는 일상의 삶에서도 범죄에 대해 큰 관심을 기울였다. 그는 기자로 활동하던 1928년 생 드니에서 일어난 희대의 토막 살인사건을 모티브로 한 『살인마 잭』을 썼으며 독자들을 전율시켰다. 이후 1934년에 출판된 시집 『목 없는 사내들』 또한 범죄정신으로 가득한 참수당한 등장인물들을 묘사하고 있다. 「사람들」(F, p. 61)이라 명명된 시에서, 시인은 "더러운 성격의 사람들" "내 양손의 사람들"이라는 표현을 쓰고 있는데, 특히 "내 양손의 사람들Hommes de mes deux mains"이라는 데스노스의 표현은 "하수인hommes de main"과 "새벽의 사람들 Hommes du petit matin"이라는 관습화된 표현을 떠올리게 한다. 대개 새벽에 사형수를 처형하므로, 이 시에 등장하는 새벽의 사람들은 살인자나 냉혈한을 나타낸다. 또한 시집의 제목은 아폴리네르의 "태양 잘린 목"과 이 시집의 삽화가인 앙드레 마송의 작품에서 빈번히 나타나는 '머리가 없는 사내'의 테마를 연상시킨다. 미셸 레리스에 따르면 "머리가 없는 사람, 그는 자신의 이성으로부터 참수된(이성이 떨어져 나간) 사람이다."[194] 이러한 상징성 이외에도, 마리 클레르 뒤마는 "가장 육체적인 의미에서" 참수의 이미지를 읽어낸다. "그의 '목 없는 사람'은 기요틴의 칼날에 머리를 잃었다. 그는 사회에서 추방된 자를 나타낸다." (O, p. 776) 데스노스 시의 목 없는 등장인물들은 기존 질서의 모든 측면에 대한 저항을 표현한다. 그들은 데스노스 자신과 초현실주의 동료들처럼 혁명가들을 표상하고 있다.

그들은 더 이상 머리가 없는 네 명의 사람들이었지,

---

194) Michel Leiris, *Journal* du 5 octobre 1979, cité dans O, p. 776.

목이 잘린 네 명의 사람들,
그들을 네 명의 목 없는 사내들이라 불렀지.
(……)
그들이 밥을 먹었을 때, 그것은 피바다였지,
네 명 모두 노래하며 흐느끼며,
사랑했을 때, 그것은 피의 사랑이었지.
(……)
사냥에서 또는 축제에서 그들의 머리를 되찾아
스무 번도 더, 백 번도 더
그들에게 가져다주었지만,

그들의 눈이 빛나는 머리들
추억이 잠들어 있는 두개골을
그들은 결코 다시 찾으려 하지 않았지.(「목 없는 네 명의 사내들」, F,
pp. 63~64)

잘려진 머리를 되찾기를 거부하는 등장인물들을 통해 우리는 혁명가들의 단호함을 발견할 수 있다. 등장인물들은 틀림없이 지성을 거부하며("그들의 눈이 빛나는"), 과거를 거부한다("추억이 잠들어 있는"). 같은 시집 속에 수록된 또 다른 시는 「목 없는 자들에게」라는 제목으로 되어 있다. 이 시는 중요한 요소가 결핍된 대상들의 이미지를 열거함으로써 시작된다.

창문 없는, 문 없는, 지붕이 무너져 내린 집들,

자물쇠 없는 문들,

칼날 없는 기요틴……

나는 그대들에게 말을 건네나니, 귀가 없어져버린,

입이 없어져버린, 코가, 눈이, 머리카락들이, 머리가 없어져버린,

목이 없어져버린.(F, p. 89)

「목 없는 네 명의 사내들」과 다르게, 시적 화자는 목 없는 자들에게 직접 말을 건넨 후 그들끼리 서로 대화를 나누도록 하고 있다. 폐쇄된 집(창문 없고, 문도 없는……), 사용 불가능한 문들과 기요틴(자물쇠 없는, 칼날 없는)은 목 없는 자들처럼 의인화되어 있으며, 나아가 은유에 의해 육화되어 있다. 다만 몸의 몇몇 부분이 결핍되어 있으며(귀가 없어진, 입이 없어진, 코가 없어진……), 더 정확히는 머리를 구성하는 부분들이 결핍된 상태다. 그러나 더욱 이상한 것은 그들은 입이 없는데도 포도주도 마시고("당신들은 잘 마신다") 담소도 나눈다는 사실이다.

목 없는 자들은 차례차례 다음과 같이 말하면서 기존 질서에 대한 저항을 표출한다. "모든 문명의 거역자" "비열한 살인마, 여자아이들의 사악한 유혹자, 호색한/경멸스런 도둑" "배신자" "비열한 사람" "모든 규칙의 위반자" "모든 입법자의 적" "초인간적 감각의 소유자"(F, p. 90). 그리고 나서 시인은 다양한 정체성을 가진 자신을 소개하면서 이 대화에 개입한다.

당신은 안녕,

로베르 데스노스의 인사, 악마 로베르의, 로베르 마케르의, 로베르 우뎅의, 로베르 보레르의, 내 사촌 로베르의 (……) 인사를 받는다(F, pp.

90~91)

익명의 대상인 목 없는 자들 앞에서 시인은 끊임없이 변용되는 자신의 다양한 정체성을 열거한다. 그런 후 마지막으로 그는 목 없는 자들을 따뜻하게 칭송한다.

나의 목 없는 자들이여, 내 친애하는 목 없는 자들이여,
너무나 일찍, 영원히 너무나 일찍 태어난 사람들,
내일의 혁명 속에 몸을 적실 사람들(F, p. 91)

시인은 질서와 이성을 상징하는 머리에 대한 체계적인 공격을 감행하기 위해 머리를 비롯한 몸 전체를 해부실험대 위에 올려놓는다.

두개골의 절단
두뇌들의 생체 해부
내장들의 분할
생각들의 해결 (……)
이상적인 흡반들과
생매장의 위대한 봉사
재생 실험실
물어뜯긴 상처들의 탁자
도덕주의자들의 베개 (……)
생각의 메스들의 날 세우기
추억을 가는 맷돌과

제3부 로베르 데스노스와 해부되는 몸 195

관능적인 줄칼. (DA, pp. 44~45)

위의 시에서 시인은 해부대 위에 누운 육체를 보여준다. 그는 몸의 "신비를 진단하느라 바쁜"(PN, p. 59) 의사와 같다. 병치된 각각의 명사구는 수술 장면을 증언하는 것처럼 보인다. 분할, 해부, 생체실험 등의 작업을 통해 육체가 찢겨지면 찢겨질수록 그 육체가 감춘 것이 무엇인지가 점점 더 드러난다. 해부의 주된 대상은 머리 부분과("두개골들" "두뇌들") 두뇌 내부에서 벌어지고 있는 모든 것이다("생각" "도덕" "추억"). 이는 모두 피와 연관되어 있으며, 우리는 특히 이 가운데에서 "로트레아몽주의가 거의 유일하게 작용하는"[195] 두 주요 테마 가운데 하나인 "흡반들"이라는 표현을 찾을 수 있다.

『야자열매에 대한 오드』(1919)에서, 뾰족하고 위험한 몸의 무기들을 갖춘 말도로르적인 동물들은 '나'의 몸, 특히 머리와 눈을 공격한다. 악몽은 맹금류로 형상화된다. "그의 검은 부리가 내 머릿속으로 침투하리라."(CB, p. 25) 그 뒤에 더욱더 놀라운 이미지가 나타난다.

게들은 모든 서정적인 두뇌들을 먹어치웠다.
낙지 한 마리가 은빛 루트에 악착스레 달라붙어 있다. (CB, p. 29)

이와 같이 그의 시에서는 전통적인 서정주의가 공격당하고 부정되고 있다. "모든 서정적인 두뇌들"은 삼켜지고, 바다거북을 지칭함과 동시

---

[195] "실상 살과 피 이중의 요구를 충족시키는 발톱과 흡반이라는 두 주제들 위에서 로트레아몽주의가 거의 유일하게 작용하고 있다고 생각한다." Gaston Bachelard, *Lautréamont*, Paris, Corti, 1965, p. 102.

에 서정시의 상징인 은빛 루트가 공격당한다. 앙드레 브르통은 앙드레 바리노와 나눈 대담에서 초현실주의적인 서정주의를 "통제된 표현에 대한 일종의 경련적인 초월을 구성하는 것"[196]으로 정의내리고 있다.

한편 데스노스는 외부의 사물 속에서도 두뇌의 이미지를 발견한다.

> 내가 몸을 씻고 있는 스펀지는 흘러내리는 두뇌일 뿐이며
> 단검은 그대 눈길의 날카로운 끝으로 나를 관통한다(CB, p. 81)

이 시의 흘러내리는 두뇌라는 표현은 이 책의 1부에서 언급했던 달리의 그림에서 보이는 뇌수종증에 걸린 괴물들을 연상시킨다. 달리와 마찬가지로 시인에게 있어 두뇌는 가장 유연한 물질이다. 그렇다면 시인은 왜 두뇌를 해부하고자 하는가? 그것은 머리가 상징하는 논리적 기제를 조각내기 위해서일까? 아니면 "메스들의 날 세우기"를 통한 "사고의 현실기제"를 파악하고자 함일까?

데스노스는 두뇌를 위험에 빠뜨리기를 즐기며 때로는 관찰자로, 때로는 연출자로 "두뇌 서커스"에 참여하고자 한다. 「포아시스」에서 시는 나무와 같은 생각들이 두뇌 정원의 사막 위에서 피어날 수 있게 하는 원천이다. 시적 화자는 관찰자의 입장에서 페로의 동화 『푸른 수염』의 유명한 구절을 변주하며 '본다'는 행위를 강조한다.

1. 우리는 두뇌 정원의 길 위에 핀 나무와 같은 생각들이다.
2. —안느 언니, 내 성 안나여, 생 안느 쪽에서…… 무엇인가 오는 것이 보이지 않아?

---

196) André Breton, *Entretiens(1913~1952)*, Paris, Gallimard, [1952], 1969, p. 48.

3. ─나는 언어의 향내가 나는 생각들을 본다.
4. ─우리는 두뇌 정원의 길 위에 핀 나무와 같은 언어들이다.
5. 우리로부터 생각이 탄생한다.
6. ─우리는 두뇌 정원의 길 위에 핀 나무와 같은 생각들이다.
7. 언어는 우리의 노예다.
8. ─우리는 이다
9. ─우리는 이다
10. ─우리는 두뇌 정원의 길 위에 핀 나무와 같은 글자들이다.
11. 우리에게는 노예가 없다.
12. ─안느 언니, 내 안느 언니, 생 안느 쪽에서 무엇이 오고 있는지 보여?
13. ─나는 생각들을 본다
14. ─나는 부서진 두뇌들을 본다
15. ─나는 죽은 손들을 본다
16. ─나는 그것들을 사랑한다
17. ─나는 숙인 생각들과 사랑받는 여인들을 본다
18. 그리고 공기와 물이 충분히 든 허파들을 본다
19. 적의 다리에서 익사한 허파들을.
20. 허나 이전 시간은 이미 너무 늦었다
21. ─우리는 두뇌 정원의 사막 위에서 핀 나무들이다. (CB, p. 65)[197]

시인은 언어, 생각, 글자를 배양하는 정원으로 은유화된 두뇌 공간 속에서 생각과 언어가 탄생하는 순간을 포착하고자 한다. 반복과 변주

---

197) 번호는 분석을 위해 필자가 붙인 것이다.

를 사용하는 구조는 "우리는 이다"라는 1인칭 복수대명사의 지시항을 규정하는 것을 목표로 한다. 계열체 축을 따라 "생각"에서 "언어"로, 그러고는 "글자들"로, 마지막으로 "나무들"로 전이되면서 "우리"의 정체성은 다양화된다. 그러나 이러한 전이는 전도를 통해서만 실현될 수 있는 것처럼 보인다. 사실 "우리는 나무와 같은 생각들이다"라는 구절은 5번에서 "우리로부터 생각이 탄생한다"로 이어진다. 그러나 7번의 "언어는 우리의 노예다"는 11번 시구 "우리에게는 노예가 없다"로 부인된다. 이 같은 과정을 통해 언어를 구성하는 글자들은 자유로워져서 어떠한 어법적인 제약도 받지 않게 된다.

여기에서 우리는 데스노스 시의 전형을 이루는 망설임의 신호와 간격을 발견할 수 있다. 2번 시구에 있는 말줄임표(…… 무엇인가 오는 것이 보이지 않아?)와 8번과 9번 시구에서 "우리는 이다"가 반복되는 것이 바로 그 예다. 이러한 기법은 생각이라는 "물살들의 폭포"를 막는 댐과 같은 역할을 한다. 두뇌의 내부를 탐사하는 과정은 또한, "안느 언니, 내 안느 언니……"라고 위험에 빠진 푸른 수염의 아내가 외치는 유명한 질문에 대한 왜곡을 통해 우화적인 공간 속에서 행해진다. 데스노스는 비탄에 빠진 외침소리를 연속적인 언어유희로 변용한다. "안느 언니" "내 성 안나여" "생 안느 쪽에서." 이는 그 유희적 측면 이외에도 생각이 만개하는 과정을 보여주는 것이다.

이제 『푸른 수염』의 장면과 「포아시스」를 병치하여 생각해보자. 페로 동화에 등장하는, 들어가면 죽게 되는 '금지된 방'은 데스노스에게 있어 '두뇌 정원'과 비견된다. 시인은 호기심에 못 이겨 금지된 방의 문을 열게 되며 그 속에서 자신의 남편이 죽였던 전(前)부인들의 시체를 발견하게 되는 푸른 수염의 아내와 동일화된다. 금지된 것을 보고자 하는 똑같은 호기심으로, 데스노스는 일상언어들의 주검이 널려 있는 두뇌의 풍경을 발견한다.

이 시는 "나"가 보는 것이 무엇이냐에 집중한다. "나는 생각들을 본다Je vois les Pan C"라는 대답처럼, 데스노스는 시 속에 철자 말하기 놀이를 도입한다. 우리는 이 문장을 다양한 방식으로 해석할 수 있는데, '생각들Pan C'이라는 시어를 취해보면, 한편으로 두뇌 정원과 관계되므로 심적 행동의 결과라는 의미로 해석할 수 있고('생각들pensées'), 다른 한편으로 '생각들'이라는 단어와 동음이의어를 이루는 '팬지꽃들pensées'이라는 의미로 해석할 수 있다. 또한 두뇌 정원 속 언어들이 해부되고 상처를 입었으므로, "나는 붕대감은 자들을 본다Je vois les pansés"라고 해석할 수도 있다. 랭보가 모음에 시각적이고 청각적인 환기력을 부여했다면, 데스노스는 담화의 부분들을 철자 말하기 놀이가 가능한 일련의 글자들로 바꾸어놓았다. 형용사 "KC"(부서진), "DCD"(죽은), "BC"(숙인), "ME"(사랑받는), 부사 "AC"(충분히), 명사 "l'RLO"(공기와 물), "NMI"(적), 동사 "M"(사랑한다).[198] 이 같은 형태의 약어들은 사유만큼이나 빠르게 기술해야 하는 자동기술법의 글쓰기 형태에 적합할 것이다.

제목만큼이나 의미심장한 시의 마지막 행은 모든 실험적인 여정을 집약한다. 라틴어 포에시스poesis와 유음어인 "포아시스P'Oasis"라는 언어는 시인이 만들어낸 "시poésie"와 "오아시스oasis"의 합성어다. 오아시스는 식물과 물이 있는 장소이며 사막에 있기 때문에 다른 어떤 장소

---

198) 데스노스와 "로즈 셀라비Rrose Sélavy"라는 가명을 공유하고 있는 마르셀 뒤샹Marcel Duchamp은 회화의 전통적인 컨셉과 기법들에 의문을 제기하는 작품 "너는 사랑한다Tu m'"(1918)라는 제목을 통해 청각적인 자질로 글자들을 활용하는 이러한 방식을 실험했다.

보다 값진 곳이다. 마찬가지로 나무와 같은 생각들, 언어들, 글자들은 두뇌 정원의 '사막'에서 태어나기에 더욱 큰 가치를 부여받는다. 시-오아시스는 그것이 제공하는 독특한 기쁨을 통해 시적 오아시스라는 가치를 만들어낸다.

시인은 궁극적으로 무의식에 이르는 깊은 사고들에 다다르고자 한다. 그렇다면 자동기술법, 최면적 꿈, 정신착란의 가상실험과 같은 초현실주의적 경험들은 존재의 가장 깊은 곳에 뿌리 내리고 있는 "나무들"을 꽃피게 하는 목적을 갖고 있는 것이 아닐까? 데스노스는 "이성의 거울에 의해 분리되게 된 내부"[199]를 의미하는 몸의 내부를 가장 잘 탐사했던 초현실주의 시인들 중 한 명이었으니까 말이다.

데스노스의 시적 세계는 "눈을 감고" "시각의 내부"로 내려가자마자 펼쳐진다. 시인은 자신의 내면 속으로 침잠한다. 콜레트 게지는 데스노스에게서 "눈과 몸의 내부에 대한 매혹에 이끌린 사람만이 갖는 자폐적인 에워쌈의 이미지들"[200]을 발견한다. 『'나는 나를 본다'라는 구절은 한 번에 7리를 가는 장화다』[201]라는 시집 제목은 존재 내부로의 끝없는 탐험을 예시한다.[202] 예를 들어 이 시집에 수록된 「내가 무슨 말을 하기를

---

199) Michel Murat, op. cit., p. 84.
200) Colette Guedj, "Cataracte des flots ou les pièges de l'écriture ludique," in *Moi qui suis Robert Desnos: permanence d'une voix*, onze études réunies par Marie-Claire Dumas, Paris, Corti, 1987, p. 142.
201) 『헛수고』라는 시집에 수록된 시에서 이미 이 구절을 발견할 수 있다. "'내가 나를 본다'라는 구절은 한 번에 7리를 가는 장화다. 사람들은 밤낮으로 기꺼이 그것을 본다. 세계의 왕은 이것 이외의 어떤 부적도 갖고 있지 않다." DA, p. 35.
202) 프랑수아즈 하프네에 따르면 "한 번에 7리를 가는 장화들은 동화적 공간의 상징, 부서지고 완벽하게 통제된 공간의 상징일 수 있다. 시인의 자리를 점하며 시선에 의해 마셔진 공간-침대나 방의 공간 속에 갇혀 누워 있는 시인의 공간과 같이 꿈꾸어진 공간일 수 있다." Françoise Haffner, "La poétique du conte chez Joë Bousquet ou le conte comme exercice spirituel," in *Sud*, 1981, p. 101.

바라는가?」라는 제목의 시를 보자.

> 만일 당신이
> 더 명확하게
> 보기 위해
> 내게 상처를 약간 입히지 않는다면 당신은 실패한 것이다(DA, p. 53)

시인은 몸 안을 가리는 표면인 살갗에 상처를 입혀야 몸 내부에 감춰져 있는 것을 볼 수 있다고 말한다. 이러한 사유에 의하면, 상처 내는 행위는 보이지 않는 세계로 들어가기 위해 문을 만들고 여는 필수적인 동작이 된다. 마찬가지로 「탈주자」에서 데스노스는 상처 입히는 행위의 필요성을 정당화하고 있다.

> 아직 감옥에 갇혀 있는 동지들, 내 그대들에게
> 내가 가진 약간의 자유와 힘을 주노니,
> 하늘이 펼쳐지고, 시간이 울리리라……
> 봄에 의해 피 흘리는 깊은 상처들을 지닌 껍질 속
> 나무에 여정을 새겨두었으니,
>
> 함정 없는 삶으로
> 몸 담글 수 있는 맑은 강물로,
> 샘물들과 벌떼들에 의해 전율하는 정원으로 나 있는 길을
> 그대가 손쉽게 발견하게 하기 위함이다.(F, p. 128)

시적 자아는 죄수들에게 탈출할 수 있는 길을 알려주기 위해 나무에 상처를 낸다고 말한다. 죄수들뿐 아니라 나무 자체도 피를 흘림으로써 스스로의 유폐상태에서 자유로워질지도 모른다. 시는 또한 나무들의 상처와 마찬가지로 "바보 같은 성찰로 오염된 책들" 또는 "효소처럼 벽을 부풀어 오르게 하는 그래피티들"(*Ibid.*, p. 125)을 언급한다. 조각하기, 사유하기, 그림 그리기라는 행위를 통해 나무의 살, 책의 살, 담벼락의 살은 문신을 새기게 된다.

머리뿐 아니라 나무 또한 시인이 공격하는 대상이다. "어린 떡갈나무들"은 "잘려진" 채(CB, p. 106) 등장하며, 나무의 껍질은 문신으로 덮여 있다. "모든 나무들 가운데 버려진 한 나무/그 밑동 위에 살아 있는 문신들을 세어보라."(F, p. 81) 삶 자체를 위험에 빠뜨리는 모험을 무릅쓰고서라도 몸과 생명체들의 표면 속으로 침투하고자 하는 맹목적인 강박은 죽음에 대한 매혹과 이어진다. 몸에 대한 시적 실험을 극한까지 밀어붙이는 시인은 몸의 죽은 이미지와 더욱 밀착된다.

2. 익사자의 몸과 희화화된 죽음

존재의 내적 영역까지 내려간 시인은 깊은 무의식 속에서 찰랑거리는 물과 만난다. 심적 바다 깊숙한 곳으로 될 수 있는 한 깊게 잠수하고자 하는 욕망은 데스노스의 주요 시집의 제목처럼 잠의 세계 속으로 "송두리째" 빠져들고자 하는 초현실주의 경험과 연관된다.

루이 아라공은 최면적인 잠 실험에 대해 술회하면서, 잠을 자는 사람을 익사자에 비유한다. "그들은 망각의 순간을 위해서만 살아 있는 것

같이, 마치 바깥에 떠 있는 익사자들처럼 예닐곱 명이 모여 꺼진 불빛 아래 의식 없이 말한다."[203] 그러고 나서 그는 이 놀라운 실험이 야기하는 증상들을 열거한다. "반복되는 실험으로 인해 사람들은 광적으로 신경질을 내며, 치명적인 분노의 상태 속으로 휩쓸려간다. 그들은 야위어 간다. (……) 진정한 육체적 고갈 상태로부터, 죽음의 숨결이 지나가는 것 같은 강직증 상태에서 여러 차례 그들을 꺼내는 것이 얼마나 어려운지를 느낀다. (……)"[204]

가장 뛰어난 탐험자로 인정받은 데스노스는 이러한 모험에 송두리째 몸을 맡긴 체험을 바탕으로 자신의 작품 속에 익사자의 이미지를 등장시킨다. 『자의적인 운명』에 수록된 시들은 바다에 빠져 죽은 시체의 이미지로 가득하다. "죽음을 원소적인 요소로 만드는"[205] 물 위에 뜬 시체는 데스노스에게 있어 세상의 끝을 알리는 신호다. "강물은 여성의 자그마한 시체를 굴린다. 그것은 끝이 임박했음을 의미한다."(DA, p. 59) 마찬가지로 바닷가의 풍경은 낯선 죽음을 예고한다. "연안지대 바닷가의 조약돌들은 파도가 고스란히 싣고 온 죽은 해골들이었다."(NH, p. 59) 익사자의 시체는 죽음의 선박과 같은 이미지를 동반한다.

새로운 민간 무장선이 (……) 앞으로 나아가며 때로는 몇 주 전부터 떠돌아다니는 익사자들의 시체와 부딪치거나 때로는 잠겼다가 떠오르는 신비한 금고와 마주치며 (……) 때로는 유령 새들의 먹이가 되는 (……)

---

203) Louis Aragon, "Une vague de rêves," in *Commerce*, cahier II, automne 1924, cité dans O, p. 140.
204) *Ibid.*, p. 141.
205) Gaston Bachelard, *L'eau et les rêves*, *op. cit.*, p. 125.

죽은 사이렌의 끔찍한 등뼈와 부딪친다.(LA, p. 39)

이 작품에서 떠돌아다니는 배는 바다풍경을 이루는 요소들과 만난다. "익사자들의 시체" "신비한 금고" "죽은 사이렌"은 존재의 깊이를 보여주는 이미지들이다. 이는 순서대로 인간의 세계, 동화의 세계, 전설의 세계에 속하는 세 요소로 죽음과 신비를 동시에 나타낸다.

흔히 데스노스의 시에서 배와 무덤은 동일시된다.

내 무덤 내 예쁜 무덤이여,
그것은 선구(船具)와
뱃사람의 문신을 갖춘 채
리폴린[206]으로 칠해지리라.

내 무덤 위에선 축음기가
아침저녁이고
방탕한 눈짓에 싫증난
카프라리아 전사의 애가(哀歌)를 노래하리라.

내 무덤 위에선 축음기가
이 묘비명을 읊조리리라

자유 평등 우애(DA, pp. 16~17)

---
206) 에나멜 도료 상표명.

여기에서 바다의 무덤은 데스노스가 사랑하는 공간이자 "내 무덤 내 예쁜 무덤이여"라는 찬가를 부를 만한 장소다. 무덤이 떠날 준비를 마친 배인 것처럼, 시인-선장은 떠나기 전에 선구를 갖추는 데 열중하고 있다. 그리하여 죽음의 공간은 리폴린, 선구, 게다가 불모의 장소에 남성성을 부여하는 뱃사람의 문신까지 갖추며 장식된다. 질베르 뒤랑에 따르면, 세계 민속학에는 "배가 갖는 죽음의 가치들이 끈질기게 존속하고"[207] 있다고 말한다. 데스노스의 배-무덤은 이러한 전통 속에 위치해 있다.

마침내 모든 무덤이 라인 강에 있는 라 마르느 운하를 따라 항해를 떠난다. 도형수들은 고통의 도시 근처에서 살과 살갗 사이에 매달려 쓰디쓴 눈물방울들이 된다.(「사형」, DA, p. 35)

배 한 척이 멈춰서
유언을 하고 있다(「내가 당신에게 무슨 말을 하길 원하는가?」, DA, p. 53)

지옥과 다르지 않을 "고통의 도시"를 향해 출발하는 "도형수들"과 가라앉기 바로 직전 자신의 죽음을 준비하는 "배"는 바슐라르가 『물과 꿈』에서 분석한 "카롱 콤플렉스"를 환기시킨다.

특히 단순한 '뱃사공'의 역할은 문학작품 속에 위치하자마자 카롱의 상징에 의해 치명적인 영향을 입게 된다. 단순히 강물을 건너게 해주었을

---

[207] "물론 이런 치명적인 삽입절을 통해 배는 조금씩은 모두 '유령선'이 되며, 죽음의 치명적이며 필연적인 자질들로 이끌려 간다." Gilbert Durand, *Les structures anthropologiques de l'imaginaire*, Paris, Dunod, 1992, p. 286.

뿐인데, 그는 저 너머의 상징성을 띤다. (……) 카롱의 배는 항상 지옥으로 향한다. (……) 따라서 카롱의 배는 인간의 피할 수 없는 불행과 연관된 상징이 된다. 그것은 고뇌의 시대들을 건너갈 것이다.[208]

데스노스의 텍스트인 「시인의 위대한 날들」은 바슐라르의 언급을 예시한다.

> (……) 우리들은 모두 우리 무덤에 늦게 도착하리라.
> 살을 지닌 배가 작은 해변에 처박힌다. 뱃사공은 승객들에게 조용히 하라고 지시한다
> 파도는 초조하게 기다린다 네게
> 더 가까이 가기를
> 오 하나님 맙소사!
> 뱃사공은 파도들에게 말하라고 지시한다. 파도들은 말한다.
> (……)
> 때마침 작은 소금단지인 세레보스가 가는 다리로 간신히 몸을 일으킨다.
> 세레보스는 내게 남은 살만큼의 날을 내 접시에 부어준다.
> 무엇으로 태평양에 소금 간을 할 것인가.
> 그대여 내 무덤에 구명조끼를 놓아주길.
> 혹시 모르니까.(DA, p. 59)

이 시는 틀림없이 카롱의 전설 속 풍경을 묘사하고 있다. 무덤은 바

---
208) Gaston Bachelard, *L'eau et les rêves*, op. cit., pp. 107~108.

다의 이미지를 주고 있고, 승객들은 배가 떠나기를 기다리고 있다. 뱃사공은 승객들을 죽음의 나라로 인도할 것이다. 이 시에 나오는 "접시"는 어쩌면 "죽은 자들의 노잣돈"을 받기 위한 용도로 쓰일지도 모른다. 그러나 이런 유사점에도 불구하고 카롱 콤플렉스는 데스노스의 시를 통해 또다시 변형된다.

"살을 지닌 배"는 앞에서 언급했던 익사자의 시체라는 이미지를 떠올리게 한다. 이때 시인은 유머 또는 아이러니의 방법으로 죽음과 맞서고 있다. 3, 4행에서 그는 "내 하나님께 더 가까이 가게 하소서Plus près de toi mon Dieu"라는 기독교의 성가를 패러디한다. 각 단어를 모두 대문자로 표시하고(Plus Près de Toi), "내 하나님께Mon Dieu"를 그다음 문장의 맨 앞으로 독립하여 보낸 뒤 감탄사 "오!ô"를 첨가함으로써 성스러운 기원의 의미를 왜곡하고 "오 하나님 맙소사!"라는 속된 표현으로 전락시키고 있다. 이 시의 어조는 죽음을 심각하게 여기지 않음으로써 죽음이 수반하는 고통과 거리두기를 하는 것처럼 여겨진다.

죽음이 본격적으로 조롱당하고 있는 것은 특히 마지막 두 행에서다. 대개 사람들은 물에 빠진 승객을 구하기 위해 배나 다리에 구명조끼를 놓아둔다. 다시 말해 구명조끼는 사람을 죽음에서 구하기 위한 용도로 쓰인다. 그런데 무덤에 구명조끼를 놓아달라는 말은 죽은 사람이 무덤으로부터 떨어질 수 있음을 가정하고 있는 것이다("혹시 모르니까"). 사실 프랑스어에서 "무덤tombeau"이라는 말은 "물eau(에) 빠지다tombe : tombe-eau"로 분절할 수 있으며, 이를 통해 다양한 해석이 가능해진다. 무덤 위에 놓인 구명조끼는 만에 하나 무덤 속에서부터 지상으로 다시 올라올 죽은 자를 삶에서 건져내기 위한 용도로 쓰인다. 여기에서 죽음과 삶의 가치는 위와 아래의 가치처럼 전도되는 것이다. 마치 무덤

은 안전한 장소고, 삶은 매일 위험한 물과 같다고 여기는 것과 마찬가지다.[209]

전도와 유머는 시인으로 하여금 구명조끼에 대한 욕구와 "송두리째" 죽음에 몰입하고자 하는 매혹 사이에서 끊임없는 긴장을 유지시켜준다. "죽은 사람은 텅 빈 긴 입김을 들이쉬었다"(「어느 날 밤이 되었을 때」, CB, p. 83)라는 시구가 보여주듯, 삶과 죽음의 역설적인 대비는 인간의 죽을 운명을 초월하는 또 다른 방법이 아닐까?

데스노스에게 나타나는 죽음의 배 이미지는 미셸 푸코가 광인들의 배 Narrenschiff를 통해 언급한 것을 상기시킨다.

> 어떻게 해도 빠져나갈 수 없는 배 속에 갇혀, 광인은 수천의 지류가 있는 강으로, 수천 갈래의 길이 있는 바다로, 모든 것의 바깥에 있다는 완전한 불확실성으로 내맡겨진다. 그는 가장 자유로운 장소 가운데에 있는, 가장 크게 열린 길에 놓여 무한한 교차로에 강력하게 묶여 있는 죄수다. 그는 최상의 승객, 즉 통행에 묶인 죄수다.[210]

그렇다면 무의식의 바다 위를 항해하는 모험을 감행하는 시인과 이 광인-죄수를 대비해볼 수 있지 않을까? 『송두리째』에 수록된 텍스트에 의하면 시인 자신 또한 무한한 의미를 생성하기 위해 시구들, 언어들,

---

209) 데스노스의 초기 작품에 해당하는 이 시의 마지막 두 구절과 그가 죽기 1년 전 마지막 시기에 해당하는 다른 시의 구절을 비교해보는 것은 흥미롭다. "산 자들이여, 결코 나를 두려워하지 말라, 나는 죽었노라./내 정신과 내 육체에서 되살아날 것은 아무것도 없노라"(「묘비명」,『나라』, O, p. 1175) 구명조끼의 이미지에서 제시되는 죽음과 삶의 간섭과는 달리, 이 시에서는 죽음의 영역과 삶의 영역을 완전히 분리시키고 있다. 데스노스는 미리 쓴 묘비명을 통해 자신의 죽음을 예감하고 예언한 것이 아니었을까?
210) Michel Foucault, *Histoire de la folie a l'âge classique*, Paris, Gallimard, 1972, p. 22.

형태-감옥들(CB, p. 52)의 죄수가 된 듯하다. 푸코는 광인의 배가 아르고 선을 타고 황금 양털을 구하러 간 그리스 신화 속 영웅들의 이야기에서 빌려온 문학작품이라고 설명한다.[211] 그런데 다다 시기 데스노스의 첫 시 제목이 바로 「아르고 선의 영웅들의 비밀」이다. 다음은 황금 양털을 찾아 떠나는 영웅들의 출발 장면을 환기시키는 대목이다.

그러자 키도, 뱃사공도, 돛도 없이,
아르고 선은 모험의 길을 떠났다
붉게 물든 수평선 위로 끌리는
따뜻한 양털을 찾으러 머나먼 곳으로. (CB, p. 21)

물론 랭보의 「취한 배」의 영향도 간과할 수 없다. 하지만 데스노스는 아르고 선의 영웅 신화를 창조적으로 변형하여 음란한 에로티시즘과 죽음의 정서를 첨가했다. 그는 많은 부분에서 죽음의 이미지를 예고한다. "당신들의 무덤 위에서 음흉한 버섯들이 자라나리라"(CB, p. 17), "그들은 각자 곰팡이 핀 비스킷 두 개를 먹었다"(CB, p. 20). 『송두리째』라는 시집이 위의 시로 시작되는 것은 매우 의미 깊다. 시인이 완전한 상실을 무릅쓴 모험의 출발을 알리고 있기 때문이다. 「오 젊음이여」라는 시에서 우리는 죽음 앞에 직면한 시인의 모습을 다시 발견한다.

무덤은 이리저리 북적대는 친구들로 가득하다
그들의 잠이 평온해지기를 그들의 죽음이 혹독하지 않기를

---

211) *Ibid.*, p. 19.

허나 병에 포도주가 남아 있는 한
내 잔을 채워주기를 그리하면 내 귀를 막고서
나 내 가슴에 차오르는 바닷소리를 들으리라. (DA, p. 115)

시인은 죽음이 심각하지 않으며 "혹독하지 않기를" 기원한다. 시는 최면적인 잠 실험 당시의 이미지들을 환기시킨다. 여기에서 삶과 죽음의 경계지역인 무덤은 회합의 장소에 모인 초현실주의자들이 잠들기 직전과 잠든 후의 경계를 상징한다. 함께 모인 동료들 가운데서, 그들의 속삭이는 소리와 토론하는 소리에 무심한 채, 시인은 고독하게 잠의 세계로 빠져든다. 그는 스스로를 유폐하고("내 귀를 막고서"), 죽은 자신의 친구들을 생각하거나 바깥세계의 소리를 들으려 하지 않은 채, 오직 자신 안에 있는 대양의 소리만을 듣고자 한다. 여기에서는 어쩌면 로트레아몽의 유명한 외침을 지칭하고 있을지도 모른다. "오랜 대양이여 나 그대에게 인사하노라."[212] 이 시의 마지막 세 시구의 아름다운 이미지에 주목해보자. 포도주를 마시듯, 익사자는 그가 몸을 담그고 있는 바닷물을 마신다. 얼마나 아름다운 전도이며 얼마나 아름다운 취기인가!

시인은 즐겁다고 생각되는 자신의 장례식에 여성들을 초대하고자 한다.

오 사랑받는 여성들이여! 내가 알았던 당신들, 내가 잃고 있는 당신들, (……) 나는 당신들 모두를 내 장례식에 초대하노라. 마땅히 그래야 하는 정말 그로테스크하고 우스꽝스러운 장례식, 노란 꽃들과 위뷔 아버지의 촌뜨기들을 장의사로 대령한 장례식! (……)

---

212) 『말도로르의 노래』 노래 I, 9절, in Lautrémont, *Œuvres complètes*, Paris, José Corti, 1984, pp. 135~42.

사랑의 한시적인 성격은 죽음의 한시성과 마찬가지다(NH, p. 207)

인용문에서 화자는 장례식의 그로테스크한 측면과 우스꽝스러운 측면을 함께 강조한다. 이에 대해 미셸 푸코는 죽음을 대면하는 이와 같은 방법이 이미 15세기에 존재했음을 알려준다.

죽음의 절대적 한계 앞에서 느끼는 공포는 연쇄적 아이러니 안에서 내재화된다. 사람들은 미리 그 공포를 무장해제시킨다. 사람들은 공포에 일상적이며 통제된 형태를 부여함으로써, 또한 매순간 삶의 스펙터클 속에서 공포를 쇄신하면서, 각자의 악덕, 결점, 우스꽝스러움 속으로 공포를 산재시킴으로써 공포 그 자체를 하찮은 것으로 치부한다.[213]

우스꽝스러운 죽음의 역설적인 측면은 세계의 가치들이 갖는 질서를 교란시킨다.

> 잠수함대들이여 내 무덤에 가까이 다가오지 말라:
> 나는 낡은 묘소들과
> 새 묘소들 사이에서
> 해골들을 균등하게 나누기 위해
> 낡은 관의 못을 빼는 일꾼.
> (……)
> 나는 죽은 지 얼마 안 된 시체.

---

213) Michel Foucault, *op. cit.*, p. 26.

그대들이 영구차를 만나게 되거든 신발을 벗으라,

그것이 죽은 자에게 이로울 행위.

그는 벌떡 일어나

밖으로 뛰쳐나오리,

노래하리,

무곡의 노래를 부르리

그리고 미래에는 갓난아이들이 해골들을 대동하고

세상에 도달하는 광경을 보게 되리(「길을 잃게 하는 사람 잭」, DA, p. 56)

많은 유머가 담긴 이 시에서 시적 자아는 양가적인 역할을 하고 있다. 그는 망자(亡者)이면서 무덤을 파는 인부다. 그는 관에 못을 박는 것이 아니라 반대로 못을 뺀다. 그가 잠정적인 행인들로 하여금 영구차가 지나갈 때 모자가 아닌 신발을 벗으라고 한 것 또한 세계의 자연스러운 질서를 전복하는 행위다. 르위츠키에 따르면, "망자들의 세계는 일종의 산 자들의 세계의 반대급부다. (……) 여기에서 사물들의 가치는 전도된다. 지상에서 늙고, 쇠약하고, 가난하고, 죽었던 사람은 이 세계에서 젊고, 강인하고, 부유하고, 살아 있는 사람이 된다."[214] 뒤죽박죽된 세계에서는 신생아들과 해골들이 이웃한다. 이곳에서 삶과 죽음의 연속은 우스꽝스러운 방식으로 제시된다. 게다가 시체들의 춤과 노래는 죽음에 대항하는 상징적인 몸짓들이다. 그럼으로써 절대적 부동의 상태로 있어야만 하는 죽은 자들에게 유동성을 부여하고 있는 것이다. 데스노스의 부인이었던 유기 데스노스가 쓴 책 『유기의 고백들』에 수록된 데스노스

---

214) Gilbert Durand, *op. cit.*, p. 248.

의 그림(그림 59)은 폴 델보의 회화에서 나타나는 해골들을 연상시키기도 하면서 웃고 있는 해골과 살아 있는 사람의 즐거운 대면의 장면을 보여준다.

이같이 데스노스는 죽음에 대한 즐거운 이미지를 통해 죽음을 조롱하면서 죽음과 거리두기를 시도한다. 하지만 그는 역설적으로 끊임없이 자신이 죽었다고 선언한다("나는 죽은 지 얼마 안 된 시체" "내 무덤" 등). 이는 죽음이 얼마나 강박관념처럼 그를 따라다니고 있는지를 반증하는 것이다.

시체와 바다-무덤의 재현은 또 다른 중요한 의미를 내포한다. 데스노스는 1926년 『초현실주의 혁명』지에 수록된 "세기아의 고백"의 한 구절에서 어린 시절부터 그를 매혹했던 죽음에 대한 유혹을 술회한다.

나는 혼자 놀았다. 여섯 살의 나는 꿈속에서 살았다. 상상력은 바다에서 벌어지는 비극들에서 자양분을 얻었고, 나는 아름다운 배를 타고 매혹적인 나라로 항해했다. (……) 그래서 나는 양탄자의 해변을 향해 팔짓으로 수영을 했다. 어느 날 나는 첫번째 성적인 감흥을 느꼈다. 나는 본능적으로 그것을 죽음의 고통과 동일시했고, 그때부터 여행을 떠날 때마다 희미한 바다 속에서 익사하며 죽음을 받아들였다. (……) (O, p. 299)

데스노스는 어린 시절의 상상 속에서 목적지에 이르려면 죽음의 끔찍한 고통을 참아야 한다는 사실을 깨달으며 그를 세상의 다른 편으로 데리고 간 바다여행에 매혹을 느꼈다. 그는 성적 쾌락이 죽음의 치명적이면서도 매혹적인 성격, 그리고 익사자의 경험과 공통점을 가지고 있음을 예감했다. 『회화적 의미 II』에서 말콤 드 샤잘 또한 오르가슴과 "존재의 두 위대한 감각적 현상인 탄생과 죽음"[215] 간에 존재하는 유사성을 지적한다. 데스노스는 이것을 「아주 오랜 후에」라는 시에서 표현하고 있다.

네가 아는 난파된 배의 뼈대는—폭풍우와 입맞춤들의 그 밤을 너는 기억하느냐?—그것은 난파된 배였을까 아니면 바람에 실려 봄비 속으로 굴러간 부드러운 여성용 모자였을까?—동일한 장소에 있었다. (CB, p. 140)

부서진 배와 비에 젖은 채 바람에 실려간 여성의 모자는 다시 한번 에로스와 타나토스가 섞인 에로틱한 경험을 환기시킨다. "육식동물의 이빨을 가진 아름다운 입"(F, p. 42)이 보여주듯, 데스노스 작품에 나오는 여성은 항상 양가성을 갖고 있어서, 아름다우면서도 잔혹하고 공격적이다. 데스노스의 작품에 반복되어 등장하는 이러한 이미지는 "성적인 권력과 공격성에 연결된, 다시 말해 필연적으로 사랑과 죽음을 이어주는"[216] 이빨의 상징성을 갖고 있다.

여성의 몸이 지닌 에로틱한 부위들에는 경이로움과 위험이 함께 섞여 있다. 아름다움은 치명성을 동반한다. 그렇기에 데스노스의 세계에 자주 등장하는 신화적 인물인 아름다운 사이렌은 상어들이 우글거리는 가운데에서 산다.

---

215) Robert Bréchon, *Le Surréalisme*, Paris, A. Colin, 1971, p. 106.
216) Françoise Loux, Philippe Richard, *Sagesses du corps: la santé et la maladie dans les proverbes français*, Paris, Maisonneuve et Larose, 1978, p. 39.

형제 같은 상어의 무리들 사이에서 사는
단단한 젖가슴을 가진 사이렌은 많은 이야기들을 알고 있지(CB, p. 153)

사이렌은 에로스와 타나토스의 간섭과 일치를 구현한다.

그녀 안의 모든 것이 그녀의 원소인 물과 흡사하나,
그 물은 산속의 물, 여기에 뛰어들어 헤엄치는 사람의
사지를 얼어붙게 하여 그녀의 애인으로 만든다:
그는 고통받는다. 그는 가라앉는다. 그는 12월의 물살 속에서 죽는다
(F, p. 13)

사이렌은 헤엄치는 남자를 죽음으로 인도한다. "전대미문의 사람, 팡토마스라 불리는 여성"(F, p. 16)에게 매혹된 그는 「선박의 고통」에서 환기되고 있는 것과 비견할 만한 큰 고통을 겪는다.

북극으로 떠나는 흑단 나무로 된 배여,
여기 얼어붙은 둥근 만(灣)과 같은 형태의 죽음이 있다.
빙산에 걸려 꼼짝 못하는 배의 고통을 나는 알고 있다.(LA, p. 49)

"치명적인 장미나무숲을 통과하는"(F, p. 29) 사이렌은 시인을 다음 두 감정의 교차점으로 몰고 가는 죽음의 매개자다. 시인은 사이렌의 애인이 되기 위해 죽음의 깊이 속으로 잠수하고자 하는 유혹과 난파에 대한 두려움을 동시에 느낀다. 반인반어(半人半魚)인 사이렌은 현실과 경이로움의 융합을 구현한다. "만일 우리가 한순간 그 존재를 상상한다면,

사이렌은 바로 그 순간에 대기 속 자신의 자리를 차지한 채, 신비로운 자신의 무게 전체로 인간의 대지 위를 힘껏 누르면서 손으로 만질 수 있고 볼 수 있도록 육체적으로 거기에 존재한다."(EP, p. 122) 여기에서 사이렌은 사랑이라는 추상적인 개념을 의인화한 인물이며, 시인이 "시라무르Siramour"라는 신조어를 만들어 자신의 시집 제목으로 삼았던 것처럼, 매혹과 죽음 사이에서 흔들리는 사랑의 양가성을 드러낸다. 데스노스는 사랑의 양가성을 "가짜 오렌지같이 구워지고 다시 구워진 사랑"(F, p. 34), "황산염 속에서 헤엄치는 물고기와 같은 사랑"(「살기를 띤 대기」, DA, p. 51), "죽음과 사랑의 나무"(「떡갈나무의 마음과 함께」, CB, p. 121) 등 다양한 이미지를 통해 구체적으로 보여준다.

한편 시인이 보기에 사랑의 독소적인 성격은 시 자체가 갖고 있는 성격이기도 하다. 로즈 셀라비의 아포리즘 가운데 「시에 대한 정의」를 떠올려보자.

로베르 데스노스: 사랑의 몸, 언제 네가 사랑의 끈으로 나를 목매달아 죽일 수 있을까?[217]

시인이 "사랑의 몸"이라고 지칭한 에로스의 몸은 타나토스와 마찬가지로 자살에 매료된 그의 관심을 환기시킨다. 몸 안에는 에로스와 타나토스로 구성된 혼란스런 커플이 영원히 깃들어 있다.[218] 데스노스는 에

---

217) Robert Desnos, "Fragments inédits de Desnos," in Michel Murat, *op. cit.*, p. 192.
218) 이에 관해 정신분석학자의 언급을 참조해보자. "에로스가 날아오르거나 숨어 있거나 간에, 신의 곁 천국 안에까지 혹은 사람 마음의 깊숙한 이기적인 곳까지 이르거나 간에, 에로스는 자신과 함께 자신이 가진 본질적 자질들을 데리고 가는데, 그중 가장 일정한 것은 자신의 형제인 타나토스를 자신 가까이 데리고 가는 것이다. (……) 왜냐하면 (……)

로티시즘에 관한 자신의 글에서 이에 관한 아름다운 이미지를 전개한다. "열대의 대양과 북쪽 바다를 통해, 끊임없이 난파에서 되살아나는 증기기관인 아무르AMOUR 호가 무적의 뱃머리를 앞세워 항해하고 있다."(NH, p. 111) 데스노스가 보기에 에로티시즘은 항상 죽음과 동시에 부활을 내포하는 난파의 경험을 환기시킨다.

'만리장성la muraille de Chine'이라는 표현과의 언어유희를 통해 생성된 「죽음: 떡갈나무 장벽la muraille de chêne」이라는 제목의 텍스트에서 데스노스는 다음과 같은 생각을 피력한다.

> 나는 온갖 감수성과 슬픔이 결여된 죽음에 대한 취향과 혼재되지 않은 사랑에 대해 생각할 수 없다. 시각과 촉각의 경이로운 만족, 완벽한 쾌락, 바로 그대들을 통해 내 생각이 죽음과 관련을 맺을 수 있다. (……) 사랑의 한시적인 성격은 죽음의 한시적인 성격과 같다.(NH, p. 207)

이와 같이 사랑과 죽음 간의 밀접한 관계가 설명된다. 게다가 한시성이란 서로에게 공통적인 요소이기 때문에, 크로노스는 시적 의식 속에서 에로스, 타나토스와 결합된다. 데스노스는 이러한 "한시적인 성격" 때문에 사랑하는 대상의 순간적인 측면에 주의를 기울인다. 사랑받는 애인의 육체는 바다의 시체보다도 더욱더 죽음에 가까운 형태로 제시된다. 그것은 비물질적인 육체다.

에로스가 영원히 지속되기 위해 본질과 영혼을 함께 융해시키고자 할 때, 그는 '개체화의 원리'의 저항에 부딪히기 때문이다. 그 저항은 그토록 그를 자극하여 그는 파괴와 죽음의 천사에게 통로를 내어주게 된다." Marie Bonaparte, *op. cit.*, p. 120.

3. '꿈의 산문les récits de rêve' 속의 의인화된 육체

『지옥의 형벌들 혹은 뉴헤브리디스』(1922)는 데스노스가 소설이라고 명명한 텍스트이자 자동기술법 시도의 첫번째 결과물이다. 이는 몸에 대해 갖는 작가의 공격적인 태도를 특별히 잘 드러내는 작품이기도 하다. 게다가 이 책은 "잠의 전염병이 초현실주의자들을 덮쳤던"[219] 해에 출간되었다. 여기에는 산문과 시, 소설과 '꿈의 산문,' 속담과 격언 등 모든 종류의 글쓰기 기법이 총망라되어 있다. 허구적인 등장인물들은 로베르 데스노스 자신을 비롯하여 초현실주의 동료들인 페레, 아라공, 비트락, 브르통, 그리고 초현실주의 선구자인 아폴리네르에 이르기까지 현실의 인물들과 뒤섞여 나타난다.

이야기는 사도마조히즘으로 가득하다. 등장인물들은 다른 등장인물들의 몸을 절단할 뿐 아니라 스스로를 자해하기도 한다. 그중 미스 플라워라는 주인공은 가장 잔혹한 카니발리즘을 보여준다.

> 미스 플라워는 내 어깨에 손을 얹는다:
> "180도에 위치한 세상의 오대륙인 당신의 눈을 내가 먹어치우리"
> 그녀의 이빨들이 내 눈구멍 안에 박혔다. 나는 수정체의 액이 내 잇몸들 사이로 흐르는 것을 느꼈다.
> 그녀가 자신의 입맞춤을 풀었을 때, 내 다른 쪽 눈이 푸른색으로 다시 돋아났다.
> 그녀는 스무 번이나 내 눈동자들을 들이마셨고, 내 눈구멍 속에서 스무

---

[219] Louis Aragon, "Une vague de rêves," *op. cit.*, p. 140.

번이나 푸른 눈이 다시 생겨났다. 그래서 나는 웃을 수밖에 없었다.(NH, p. 67)

타인의 몸을 먹는 행위는 소유하고자 하는 욕망을 표현하는 것이다. 그렇기에 미스 플라워는 소우주뿐 아니라(애인의 눈) 대우주(당신의 눈과 동격 관계에 있는 세상의 오대륙들)를 성공적으로 소유하고 있다. 눈이 세계 전체를 상징하고 있으므로, 눈을 먹는 행위는 이 식인 여성으로 하여금 세상을 소유할 수 있도록 해준다. 이야기는 눈에 대한 작가의 집착을 포함하여 개인적인 환상으로 가득하다. 이같이 식인종의 잔혹한 행위는 다시 생성되는 눈, 그리고 화자의 웃음과 대조를 이룬다. 바슐라르에 따르면 "공격 의지는 고통과 환희의 이원체계 속에서 활성화된다. 사람들은 공격의 의지를 에로틱한 본능과 공격 본능의 이중성 속에서 다시 발견하게 된다"[220)]는 것이다.

어떤 장면에서는 화자가 자신의 육체의 분열을 이야기한다.

나는 갈망의 대상인 항아리를 붙잡았다. 이내 뚜껑이 튀어 올라 하늘을 날며 말했다:
"나는 기욤 아폴리네르다."
나는 즉시 내 몸의 왼쪽이 마비되면서 보이지도 들리지도 않는 것을 느꼈다. 그게 사실이 아님을 알아차리자마자 내 몸은 위와 아래 두 부분으로 갈라졌다. 다른 쪽은 내 앞에 있었다. 몸의 절단면에는 유리가 끼워져 있었다. 나는 내 반쪽을 통해 내 형체를 판단할 수 있었다. (……)

---

220) Gaston Bachelard, *Lautréamont*, op. cit., p. 34.

내가 너무나 놀라고 있는 가운데 내 반쪽이 이러한 말을 했다:

"나, 기욤 아폴리네르는 네게서 네 몸의 조각을 빌리노니 너는 그것을 내게 빌려줄 의무가 분명히 있느니라."(NH, p. 56)

화자의 몸은 이렇게 해서 이중으로 분열된다. 역설적이게도 이러한 분리는 그가 자신의 정체성을 파악하도록 해준다("나는 내 반쪽을 통해 내 형체를 판단할 수 있었다"). 그리고 객체화된 몸과 "나" 사이의 거리는 주체로 하여금 자신의 존재를 관찰할 수 있도록 해주고 "나"의 조각을 통해 그것을 식별할 수 있게 해준다. 한편 몸의 두 부분 중 하나는 "기욤 아폴리네르" 행세를 한다. 텍스트 속에 상호 텍스트성이 개입되어 있다고 할 수 있는데, 그것은 『알코올』의 시인이 데스노스에게 미친 영향력이 강조되고 있기 때문이다("너는 그것을 내게 빌려줄 의무가 분명히 있느니라"). 여기에서 '빚을 지다'라고도 해석되는 '빌리다'라는 동사는 몸을 자연스럽게 교환할 수 있는 것으로 상정한다. 이런 방식으로 정체성과 이타성 사이의 간격이 무너진다. 마치 교환기를 통과한 듯, 정체성은 이타성으로 전환되기 위해, 또는 자신의 두 자아 간의 연결을 도모하기 위해 끊임없이 변용된다. 그리하여 뒷부분으로 이어지면서 아폴리네르는 계속해서 항아리의 뚜껑, 화자, 전화선과 동일시되면서 그 자신이 소통의 도구가 되고 있다.

나의 분리와 변용은 고통을 수반하지 않는다. 이야기 속 아폴리네르는 화자가 고통을 겪고 있지 않음을 두 번이나 강조하여 증언한다. "너를 아프게 하지 않고 네 몸을 관통하는 급행열차" "전제와 가정들은 네게 어떤 고통도 주지 않을 것이다." 고통스럽기는커녕 두 반쪽 몸체는 아이들과 놀면서 즐기기조차 한다("우리는 갑부의 아이들과 함께 돌차기 놀이를 하는 행운을 누렸다"). 심지어 변용의 마지막 단계에조차 아무것도 잃은 것이 없다. "나의 경우를 말하면, 나는 정상적인 나의 모습을 되찾았다."(NH, pp. 56~57)

이같이 몸의 각 부분은 그로테스크한 방식으로 텍스트의 내용을 풍부하게 하는 역할을 한다.

귀와 입들은 대기 속을 산책했다. 몇몇 입술이 우리에게 혓바닥을 내밀기 위해 벌어졌고 그게 다였다. 다음 날 눈들이 이유 없이 모든 자물쇠와 모든 유리창에 달라붙었고 우리는 우리의 집으로 들어가기 위해 핀으로 눈을 찔러 터뜨려야만 했다.(NH, p. 40)

이제 완전히 독립적이 된 몸의 각 부위는 자유롭게 이동하면서 세상을 조롱하고 있으며, "이유 없이"라는 표현처럼 어떠한 논리의 법칙을 떠나서 수수께끼처럼 움직인다.[221] 이 같은 육체들이 보여주는 광경은 분명 존재의 내면풍경의 단편들이리라. 화자는 의인화된 육체의 조각들을 사방에서 마주치고 있는데, 그들은 대체로 불분명한 방식으로 말하고 이상한 몸짓으로 행동한다.

두 개의 대로가 만나는 곳에서 아름다운 젖가슴이 나를 멈춰 세웠다. 장밋빛 유두 부위에 꽃이 피어나서 나는 염화제일수은을 내포한 여신 미네르바의 그 유두를 빨아먹고 싶어했을 것이다.(NH, p. 46)

---

221) 게다가 작가 자신도 다음과 같은 구절을 통해 이러한 비논리적인 면을 강조하고 있다. "그때 불꽃 다발이 시궁창 입으로부터 이유 없이 솟아올랐다." NH, p. 57.

그러므로 조각난 육체는 거부된 육체가 아니다. 육체에 가하는 폭력인 절단행위조차 예상과는 다르게 육체를 해방하는 의미를 갖는다. 그자비에르 고티에는 절단행위가 내포하는 독립성과 복수성에 주목한다. "치밀하게 조각조각 잘려진 육체는 수많은 요소들로 분리될 수 있다. 그 각각은 '성공적으로 자신의 고유의 삶을 살아갈' 것이며, 혹은 계속 반복되는 일련의 이미지들로 무한히 복제되리라."[222]

또한 몸의 특정 부위는 계시적인 상징을 보여준다. 그중 벵자맹 페레의 팔의 경우가 두드러진다.

> 벵자맹 페레의 팔. 나는 그것을 기차역 속에 놓아두었다. 벵자맹 페레의 팔은 그 공간에서 혼자 제자리걸음을 하다가 둑 위에서 출구를 가리킨다. 그러고 나서 그 너머를, 그랑 카페 뒤 프로그레를, 그리고 그 너머를…… 그리고 그 너머를……(NH, p. 26)

이 대목에서 페레의 팔은 어디가 출구인지를 가리킨다. 출구는 필시 초현실의 세계로 향해 있으리라. 이윽고 화자는 다시금 페레의 팔을 목격한다.

> 나는 비행기 유리창에 부딪치는 가벼운 소음에 이내 잠에서 깨어났다. 어떤 팔 하나가 문 앞을 통과하고 있었다. 나는 소매단추에서 내가 기차역에 두고 왔던 벵자맹 페레의 팔을 발견했다. 그것은 나한테로 오더니 내 목을 움켜잡았다. 내가 '아로카리아'라는 운명적인 말을 내뱉지 않았

---

[222] Xavière Gauthier, *op. cit.*, p. 56.

다면 그것은 내 목을 졸랐을 것이다. 곧 조였던 목이 풀려오더니 팔이 문을 열어주었고 복도 쪽으로 사라졌다.(NH, p. 39)

'아로카리아'는 안데스 산맥이 원산지인 관상수이며 '원숭이들의 절망'이라는 이름으로도 불린다. 화자는 "운명적인"이라고 특징지어진 이 단어를 발음하면서 영매의 역할을 하게 된다. 이 마술적인 주문을 외우고 나자, 페레의 팔은 마치 금지된 통로를 지키는 관리인이 현실의 저 너머에 위치한 세계로 인도하듯 문을 열어준다.

페니스는 장면이 바뀌는 순간에 가장 빈번히 등장하는 의인화된 육체다. 그것은 에로스적인 강렬한 함의와 더불어 황당한 이미지들을 보여준다. 게다가 이 이야기에서 남성의 섹스는 스핑크스처럼 화자에게 수수께끼를 던지며 성적인 방식으로 예언을 한다.

나는 어느 날 유곽으로 모험을 감행했다. 거대한 페니스 하나가 그곳에 혼자 살고 있었다. 그것은 핀으로 관통당한 채 있었다. 칫솔들이 양탄자의 역할을 하고 있었다. 그리고 페니스는 내게 말했다:

"만일 네가 아코데온 노인을 창피하게 여긴다면, 초인종들이 뭐라 하겠느냐?"

"만일 초인종들이 해바라기의 푸른 빛깔을 노랗게 물들인다면, 축음기들이 뭐라 하겠느냐?"(……)

나침판들은 배꼽을 대신해서 광장의 문지기들에게 야유를 퍼부을 것이다. 가로등들은 중앙 부분이 서로 이어질 것이다. 그것이 바로 동정 없고 욕망 없고 거부 없고 혐오감 없는 남성 성기의 예언이니라.(NH, pp. 40~41)

이러한 수수께끼들과 장광설에 대해 화자는 다음과 같이 반응한다. "나는 아무 대답 없이 그에게서 떠났다." 페니스는 대답 없는 담화를 유도함으로써 대화의 맥을 끊는다. 코드 생산자인 페니스는 대화를 교묘하게 피해가며, 코드 해독자로 하여금 코드 수행을 할 수 없게 만듦으로써 언어의 친교적 기능을 거부한다. 이 같은 육체적 언어의 법칙은 비맥락성에 있다. 페니스의 언어는 필시 무의식이나 꿈의 언어를 대변하고 있기 때문이다. 초현실주의자들의 '질문-대답 놀이'는 바로 이와 동일한 효과, 다시 말해 각각의 대답이 질문과 독립적으로 존재하도록 하여 무의식의 언어를 캐내고자 하는 효과를 의도하고 있다.

작가는 페니스의 언어를 통해 관습적인 언어를 성적으로 만들어 새로운 언어로 변화시킨다. 남성 성기가 자유롭게 변용되는 다른 장면을 인용해보자.

연기가 약간 솟더니 페니스의 자리에 비트락이 있음을 알아보았다. 그는 팔 아래에 자신의 머리를 들고 있었다. 그는 한 번의 몸짓으로 자신의 머리를 다리 사이로 옮겼다. (……)
가장 중요한 순간에 비트락이 입을 열었다. 그곳으로부터 페니스의 무리들이 쏟아져나왔고 거리의 양쪽에서 열을 지어 스스로를 비춰보고 있었다.
어떤 목소리가 "앙드레 브르통 씨"라고 외쳤다. 그 즉시 페니스들은 25명의 앙드레 브르통 씨의 표본이 동시에 들어오는 것을 내게 보여주는 반사경이 되었다. (NH, pp. 47~48)

위의 인용문에서 성기는 감춰지지 않고 적극적으로 드러난다. 트리스탕 차라가 "생각은 입속에서 만들어진다"고 선언한 바 있었지만, 데스노스는 언어가 페니스 속에서 만들어진다고 생각하는 듯하다. 그가 시구로 된 이야기 속에서 성기들이 부르는 서창(敍唱)의 장면을 집어넣었기 때문이다. 이야기의 화자는 페니스의 언어를 "매혹적인 언어"로 여기고 있다(NH, p. 53).

데스노스의 '꿈의 산문' 속에서는 가장 터무니없는 것, 가장 성적인 것이 가장 큰 가치를 부여받는다. 데스노스의 세계에서 페니스, 발, 내장의 언어들은 머리의 언어보다 더 선호된다. 몸은 금기로부터 완전히 해방되고, 육체의 상부와 하부를 대립시키는 위계구조 또한 전복된다. 이러한 전복은 모든 종류의 혁명을 야기한다. 데스노스가 "당신의 살을 위해 사랑하고 당신의 정액을 마셔요"(NH, p. 73)와 같은 문구에서 행한 치환은 "추상적인 것이나 정신적인 것을 구체적인 것이나 물리적인 것으로 대체하려는 목적을 갖는다."[223]

한편 조각난 몸은 꿈의 장면을 반영한다. 『지옥의 형벌들 혹은 뉴헤브리디스』 속에서 내면의 깊이로 하강하는 경험이 환기되며 '배꼽'은 그러한 경험을 상징하는 몸의 부위로 나타난다.

> 내가 익사하는 지고의 순간에 나는 눈을 반쯤 감는다. 내 얼굴의 특징들이 내 배꼽 쪽으로 내려간다. (NH, p. 29)

몸의 중심이자 세계의 중심인 배꼽은 나침반과 동일시된다.

---

[223] Renée Riese-Hubert, "Proverbes et images dans *Pénalités de l'enfer*," in Marie-Claire Dumas (dir.), *"Moi qui suis Robert Desnos" : permanence d'une voix*, op. cit., p. 123.

배꼽 대신에 놓인 나침반들이 광장지기들을 야유할 것이다.(NH, p. 41)

그의 배꼽 위에서 나침반의 바늘 두 개가 돌고 있고, 그 극점은 오! 내 손가락들이 사라진 이 근육 잡힌 엉덩이다.(NH, p. 67)

이러한 성적인 나침반이 가리키는 방향은 신비한 세계와 이어져 있다.

베르뒤르, 베뉘와르와 나는 비명을 질렀다. 대장의 손은 바늘이 두 개 달린 야광 나침반을 높이 들고 있었다. 그는 그것을 관찰하며 다음과 같이 말했다.
"한 바늘은 남극을 가리키지만 다른 바늘은 알 수 없는 곳을 가리키는구나.
—그것이 우리가 따라가는 방향이다."(NH, p. 63)

마법과 주술이 가득한 초현실주의적 삶은 아직 개척되지 못한 존재의 심연에서 펼쳐진다. 앙드레 브르통은 『초현실주의 2차 선언』에서 이렇게 말한다. "(……) 초현실주의의 사고는 단지 우리의 심적인 힘의 총체적인 복원을 지향할 뿐이다. 그 방법은 우리 안으로의 현기증 나는 하강, 감춰진 지역들의 계속적인 조명, 그리고 다른 상소들을 점진적으로 어둡게 하기, 금지된 영역 한가운데를 영원히 산책하기라는 임무들과 다르지 않다(……)."[224]

꿈의 장면은 항상 불완전하고 단편적이다. 데스노스는 시집 『행운들』의 서문에서 다음과 같이 말한다.

내 야심들 중 하나는 지금과 같은 시를 쓰는 것이 아니다. 그런 것은 별로 드문 것이 아니므로, 1920년 무렵 내 동료들과 내가 썼던 시들과 같은 시를 쓰는 것이 내 바람이다. 그때 우리는 탄생에서 죽음으로 이르는 위대한 시가 시인의 전 의식에서 만들어지며, 그것만이 자의적인 단편들을 드러낼 수 있다고 믿으며 현실을 부정했다.(F, p. 161)

이러한 단편적인 양상은 『지옥의 형벌들 혹은 뉴헤브리디스』뿐 아니라 데스노스의 다른 시들과 '꿈의 산문'들에 풍요롭게 나타나는 단편적인 몸의 이미지, 어떠한 논리적 연결도 없는 혼종의 이미지와 연관된다. 우리는 자아의 내부로부터 즉각적으로 흘러나오는 자유로운 말들, 황당무계한 말들을 데스노스의 작품 전체에서 찾아보게 될 것이다.

---

224) André Breton, I, p. 791.

2장 | 비생명체들의 몸

데스노스의 작품에서 나타나는 몸은 인간에 한정된 것이 아니라 동물, 식물, 광물 그리고 신화적 세계로 다양하게 확장되어 표출된다. 프랑수와 다고네는 '몸'이라는 언어에 포함된 복수성을 다음과 같이 강조한다. "몸이라는 아름다운 말은 확장되거나 포괄적으로 불릴 수 있어서, 바다 소금이나 분필 조각 혹은 수정 등 물질적인 존재들에게 우선 적용되며, (……) 이러한 예들은 진정으로 몸에 속한다."[225] 여기에 비물질적인 존재들의 목록도 포함시켜야 한다. 데스노스는 이보다 더욱 복잡하고 혼종적인 몸의 다른 형태인 '살을 가진 유령'에 천착하고 있기 때문이다. 죽어 있으면서도 살아 있는 이 존재는 기존의 육체성 지체에 의문을 제기한다. 하지만 살을 가진 유령은 유기체와 시체를 동시에 지칭하는 '몸'이라는 단어의 이중성에 부합하고 있으며, 존재와 비존재, 삶과 죽음을 동시에 가리킨다.[226] 그렇다면 시인은 절단된 몸뿐 아니라 혼

---

225) François Dagognet, *Le corps multiple et un*, Le Plessi Robinson, Laboratoires Delagrange-Synthélabo, 1992, p. 7.

종적인 몸을 등장시키고, 모든 무생물 안에서 육체적인 것을 발견하며, 몸을 지속적으로 변용시키면서 일상적으로 몸에 부여되는 한계들을 무화시키고자 하는 것일까?

1. 하늘과 바다와 대지의 혼종체 '불가사리'

데스노스는 초현실주의 화가들과 마찬가지로 몸을 파괴하려는 욕망과 더불어 자신의 마음대로 그 몸을 재조립하고자 하는 욕망을 갖고 있다. 이런 까닭에 그의 작품에는 인간, 동물, 식물, 광물 등 모든 세계와 모든 신화적 등장인물들을 아우르는 혼종적인 몸 이미지가 무수히 등장한다.

데스노스의 시 세계를 대표적으로 표상하는 혼종적인 몸 중 하나가 바로 '불가사리'다. 시인의 관심을 끈 것은 분명 불가사리의 길고 유연한 팔과 별 모양의 몸통, 그리고 쉽게 재생되는 속성 때문일 것이다. 시적인 힘을 통해 세계를 부수고 재건축하는 일을 끊임없이 모색하는 시인에게 있어서 불가사리가 갖고 있는 재구축의 가능성은 매혹적이다. 불가사리는 동물이지만 그 몸통의 모양과 다섯 개의 팔의 형태를 통해 별과 동일시된다. 데스노스의 시 속에서도 하늘의 별과 바다의 불가사리, 그리고 지상에 있는 사람의 손은 서로 전이된다.

이러한 전이 덕분에, 하늘, 인간, 바다는 동일한 위치를 점하게 된다.

---

226) Chantal Jaquet, *Le corps*, Paris, PUF, p. 23. 같은 책에 의하면 이러한 사실은 독어나 영어의 경우와는 구별된다. "독어는 살아 있는 몸Leib와 시체Körper를 구별하면서 두 개념을 달리 사용한다. 마찬가지로 영어 또한 body와 corpse를 구별한다."

별이 밤하늘에 빛날 때 불가사리는 바다 깊숙한 곳에서 꿈틀거린다. 별 l'étoile과 바다la mer라는 의미를 모두 갖고 있는 단어 불가사리l'étoile de mer는 시인의 생각 속에서 천상의 육체를 부여받는다. 별은 또한 무대 위에서도 빛난다. 관객들은 연극 무대의 어둠 속에서 무대 위에서 빛나는 여배우를 바라본다. 데스노스에게 별이 그가 열정적으로 사랑했던 유명가수인 이본느 조르주Yvonne George를 의미하기도 한다는 사실은 너무도 잘 알려져 있다. 그는 시 「부정법」에서 각 줄의 첫 글자를 붙이면 그 시의 주요 단어나 작가의 이름이 되는 시 작법인 아크로스티슈(이합체의 시acrostiche)를 활용하여 이본느 조르주의 이름을 로베르 데스노스 자신의 이름과 서로 조응하도록 만들었다. 이 밖에도 데스노스의 시 텍스트들은 천상과 지상, 바다와 인간의 세계를 아우르는 별의 이미지를 도처에 형상화하고 있다. 그 예로 하나만 들어보면, "성체첨례(聖體瞻禮)Fête-Dieu"라는 표현을 전도시킨 제목인 「악마-축제Fête-Diable」라는 시는 별의 다양한 변용을 제시한다. 포도주의 마지막 한 방울이 붉은 별로 변용되고, 그것은 대지로 내려와 눈〔目〕의 모양으로 한 여행자의 이마에 고정되다가 마침내 "밤의 피조물들 가운데 가장 아름다운" 무대 위에서 빛나는 한 무희로 변용된다(F, pp. 75~76).

데스노스는 1928년에 기자로 활동하면서 영화제작과 연극적 글쓰기라는 새로운 형식을 실험했다. 같은 해에 그는 자신이 시나리오를 쓰고 만 레이가 감독을 한 「불가사리」라는 영화를 발표하며, 중요한 희곡작품인 「에트왈 광장」을 쓴다. 「불가사리」와 「에트왈 광장」 모두의 경우 이야기의 중심 모티브는 비장하며 불가능했던 사랑, 데스노스가 스타 이본느 조르주에게 헌신했던 보상 없는 열정을 담은 사랑을 표현하고 있다.

데스노스는 이 영화에 대한 자평에서 불가사리를 "진정으로 잃어버렸지만 그녀가 없었다면 가슴 벅찬 기억을 간직하지 못했을 잃어버린 사랑의 구현체"라고 정의하면서 사랑의 "보상 없는" 측면을 특히 강조한다(NH, p. 425). 영화의 자막에는 데스노스의 '꿈의 산문'인 『죽음에는 죽음을』의 일부가 쓰였고, 영화는 「그녀는 얼마나 아름다운지」라는 시로 시작하고 있다.

> 무엇보다
> 그녀는 얼마나 아름다운지
> 만일 꽃들이 유리로 되어 있다면
> 아름다운, 유리꽃처럼 아름다운
> 살꽃처럼 아름다운
> 꿈같은 소리 하지 말라!
> 불꽃처럼 아름다운
> 건강의 벽들
> 그녀는 얼마나 아름다"웠는지"
> 그녀는 얼마나 아름다"운지." (O, p. 421)

물론 시인은 여성의 아름다움을 찬양하고 있지만 동시에 혼종적인 것의 아름다움을 찬미하고 있기도 하다. "유리꽃" "살꽃" "불꽃"이 보여주듯 유기적인 것과 비유기적인 것(유리꽃), 식물과 인간(살꽃), 식물의 개화와 원소의 연소(불꽃) 사이의 경계가 무너지면서 변용이 일어나고 있는 것이다. 영화상의 자막으로 우리는 "그렇게 아름답다고? 시벨 여신이여!Si belle? Cybèle(시 벨? 시벨)"이라는 언어유희를 읽을 수 있는데 이는 여성의 신화적인 측면을 드러낸다. 시벨은 출산의 여신이며, 야성의 자연을 구현한다.

시나리오에서 데스노스는 영화에 쓰일 음악 또한 명시한다. 다음은 영화의 초반부에 쓰일 음악에 대한 그의 설명이다.

「사랑의 기쁨」("사랑의 기쁨은 단지 한순간만 지속될 뿐이니"라는 대사에 일치하는 소절만 사용. 필요하다면 침묵을 준 후 다시 반복할 것) (O, p. 422)

노래로 불려지는 이 소절은 사랑의 일시적인 측면과 지속적인 변용을 함께 강조한다. 우리는 이 대목을 「에트왈 광장」의 1장 세번째 술꾼의 대사에서 다시 발견한다. "사랑의 기쁨은 한순간만 지소오옥된다네(du-u-ure). 시간을 죽이세."(NH, p. 350) "시간을 죽이세"라는 표현은 연극의 서로 다른 등장인물들에 의해 계속 반복된다. 데스노스는 이 표현을 일상적인 시간을 소멸시킨다는 문자 그대로의 의미로 쓴다. 그래서 데스노스의 영화와 연극 두 작품은 시작부터 일상적인 시간의 경계를 넘어서고 있다.

시나리오 「불가사리」에서 불가사리는 어항, 방, 거리, 계단 등에 위치하면서 그 편재성으로 인해 일상의 공간성을 무너뜨린다. 불가사리는 거의 모든 시퀀스에서 다양한 사물과 병치되면서 인간의 몸(손, 발), 별, 여성, 남성 등 구분되는 세계들 간의 경계를 무너뜨린다. 예를 들면 19, 20단락은 손과 불가사리를 동일시하고 있다.

XIX. 젊은이는 자신의 손을 들여다본다. 한쪽 구석에 있는 불가사리.

XX. 사람의 손. 검은 줄로 표시된 그 손의 손금들.(O, p. 424)

다른 장면에서는 책 위에 올려진 여성의 발이 클로즈업으로 비춰지고 그 옆에 불가사리가 놓여 있음을 볼 수 있다(XVI). 그리고 장면 XVIII과 XXXIII에서는 불가사리가 이중 인화의 방식으로 나타난다. 게다가 만 레이는 "부옇게 된 유리를 통해 사진이 그림이나 초등학생의 그림과 흡사하도록 보이는 효과"를 사용한다. 왜냐하면 "나체를 전체로 보여주는 것이 검열에 허용되지 않았기 때문이다."[227] 이러한 제약은 현실과 꿈이 혼합된 듯한 효과를 부여한다.

이제 「에트왈 광장」을 살펴보자. 이 작품은 1928년 일간지 『르 스와르』에 연재되었다. 이 희곡에서 불가사리의 이미지와 상징은 영화 속과 별반 다르지 않다. 여기에서도 불가사리는 공간의 한계를 무너뜨린다. 1장에서 불가사리는 굴뚝 위에 존재하는 것과 동시에 부재한다. 게다가 그것은 하늘과 바다가 아닌 굴뚝 위에 있음으로써 특별한 장소성을 갖게 되며, 그럼으로써 그 팔들은 별의 팔이 발하는 빛처럼 환한 불꽃(굴뚝의 불)을 연상시킨다. 2장에서 역시 불가사리의 편재성은 공간의 개념을 무너뜨린다.

영화에서처럼 연극 속의 불가사리 또한 인간의 손을 강하게 연상시킨다. 이 극의 주인공인 막심의 대사를 참조해보자.

다섯 개의 팔! 손의 다섯 손가락, 다섯 가지 감각, 바로 이것이다.
그것은 아무것도 말하는 바가 없지만 완전히 바보 같은 것은 아니

---

227) Man Ray, *Autoportrait*, Actes Sud, 1998, cité dans O, p. 429.

다.(NH, p. 360)

조금 뒤에서 막심은 파브리스라 불리는 자신의 애인의 손과 별을 동일시한다.

> 막심 (일어서며)
> 그게 정확해. 네 손을 내게 줘봐, 네 손들을…… (그는 손에 입맞춤을 한다.)……
> 두 개의 별들.(NH, p. 365)

이 작품에서 불가사리의 이미지는 하늘의 별과 인간의 몸을 동시에 구현한다("풍만한 아름다운 별"). 불가사리는 열렬하게 추구하는 것의 구현체인 욕망의 대상을 상징하고 있기도 하다. 2장에서 막심은 만일 그것을 찾지 못하면 집을 부수겠다고 결심한 채 불가사리를 찾는다. 첫 번째 술꾼이나 순경과 같은 다른 등장인물들은 막심에게 불가사리를 자신들에게 넘기라고 얘기하면서, 그것이 자신들에게는 죽고 사는 문제라고 강조한다.

> 첫번째 술꾼 (무릎을 꿇는다.)
> 막심, 생사의 문제이니 당신의 불가사리를 내게 주세요.
> (……)
> 순경 (무릎을 꿇는다.)
> 내 죽은 아내와 요람에 담긴 어린 딸의 이름으로 애원하노니, 당신의 불가사리를 내게 주세요!(NH, p. 362)

8장에서 파브리스는 사랑을 구원하기 위해 존재, 이름, 익숙한 생각 등 모든 종류의 습관에서 벗어나야 한다고 강조한다. 그녀가 생각하기에 모든 습관은 시체에 지나지 않는다. "제발 애원컨대, 우리 떠나요, 떠납시다. 장소만 바꿀 것이 아니라 당신 존재를 쐐기풀밭에 던져버려요. (……) 그게 재미있으면, 우리 이 시체들이 어떻게 되는지 지켜보러 돌아오자고요."(NH, p. 412)

연극의 마지막 부분은 사랑과 죽음뿐 아니라 익살과 비극을 저울질하고 있다. 마지막 장면은 막심이 자신의 자살계획을 알리는 것으로 되어 있다.

막심
오! 그것은 일반적인 자살이 아니에요. 나는 다른 사람과 똑같이 죽고 싶지 않아. 내가 나를 죽인다면, 그건 한번 연습해보고자 함이야.(NH, p. 419)

그러나 주인공은 자살을 심각하게 고려하지 않는다. 그에게 있어 자살은 하나의 연습행위일 뿐이다. 1944년에 출간된 이 희곡의 두번째 판본에서는 헌사 부분과 부제인 "9장으로 된 전대미문의 대비극"이라는 부분이 사라지고 "반(反)시anti-poème"라는 용어가 대신 자리한다. 시의 정반대를 표명한 데스노스의 연극은 바로 삶 그 자체를 드러내고 있다. 불가사리라는 혼종의 몸을 자유로이 변용함으로써 언어로 표현할 수 없는 정념을 구현하고 있는 것이다.

2. "관능적인 그림자"와 애매성의 미(美)

1) 유령 애인

붙잡을 수 없고, 병적이며, 한시적인 사랑의 대상은 육체의 부재로 특징지어진다. 유령, 환영, 귀신, 망령들은 부재 속의 존재, 비형태 속의 형태를 상징하며 데스노스의 세계를 사로잡고 있다.[228] 티에리 오베르에 따르면, "개인의 유한성과 관련되는 시체와 해골 등의 유해와는 다르게 유령은 추리소설의 일화적인 잉여물이 되는 것이 아니라 죽음의 단절을 통한 진정한 입문자로 자리매김된다."[229] 따라서 연인으로서의 시인은 유령을 쫓아가면서 몸의 흔적들을 지우고 싶어하는 것처럼 보인다. 하지만 데스노스의 경우에는 분석을 더 정교하게 해야 할 필요가 있다. 실상 시인은 유령인 여성의 비물질적인 특징을 육체적 자질로 끊임없이 변형한다. 그는 "물질적인 신기루"(「만일 네가 안다면」『신비스런 여인에게』, CB, p. 96) 또는 "관능적인 그림자"(『암흑』, CB, p. 123)와 같이 양가성의 유희를 가능하게 하는 용어를 쓰고 있다.

1929년에 쓰인 시 「사이렌-아네모네」에서 시적 자아는 "살과 뼈를 가진 신기루"에게 말을 건넨다. "살과 뼈를 가진 신기루여 그대는 암흑의 사막을 넘어 솟아오르는가."(CB, p. 154) 죽음에 이어 환생도 표현된다. "내가 어떤 유령에 대해 말하는지 알겠느냐/그리고 어떤 환생에 대해서 말하는지도."(「시라무르」, F, p. 28)

---

228) 브르통, 수포, 샤르, 망디아르그와 같은 다른 초현실주의자들에게서 나타나는 유령의 테마에 관해서는 Claude Leroy, *Le mythe de la passante: de Baudelaire à Mandiargues*, Paris, PUF, 1999, pp. 167~251을 참조할 것.

229) Thierry Aubert, "Le Surréaliste et la mort," in *Mélusine*, n° 16, 1997, p. 224.

『미지의 여인에게』(1926)라는 시집은 이러한 애매성의 상태를 탁월하게 보여준다. 여기에서 사랑의 대상과 사랑 그 자체는 항상 일시적이지만 어떤 종류의 육체성, 관능성, 물질성을 갖고 있다. 시집을 여는 첫 시「오 사랑의 고통이여!」는 표면상 시적 전통에 위치한 비가(悲歌) 형식으로 되어 있는 듯하지만 실상은 놀랍고 황당한 이미지를 담고 있다.

오! 사랑의 고통이여, 내가 낳고 옷을 입힌 당신이여, 당신은 내가 단지 옷과 눈, 목소리, 얼굴, 손, 머리카락, 이, 눈…… 등만 알고 있는 내 사랑과 혼동되는구나……(CB, p. 90)

사랑의 대상은 사랑과 사랑이 야기하는 고통을 몸으로 구현한다. 몸의 구체적인 부분인 눈, 목소리, 얼굴 등은 비육체적인 것과 연관된다. 물론 시인은 여기에서 접근할 수 없는 사랑에 대한 갈망을 표출하고 있다. 그는 이러한 붙잡을 수 없는 대상을 몸의 구체적인 현실과 동일시한다. 시적 자아는 신체 부위들을 열거하면서 실제로 사랑하는 대상을 자신의 앞에 나타나게 하려는 것처럼 보인다. 사랑의 대상의 창조자인 그는 육체적 요소들의 합일로부터 현실의 존재가 태어날 것이라고 상상한다. 그래서 그는 계속해서 가능한 한 가장 세밀하게 육체의 성격을 뽑아낸다.

내 웃음과 내 기쁨은 당신 주위에서 응결된다. 그것은 당신의 화장, 당신의 분, 그것은 당신의 붉은 빛, (……) 그리고 그것은 또한 목이 생겨날 무렵 귀와 목덜미 사이의 이 작은 주름이다. (……) 실상 당신은 얼마나 옷을 잘 입고 있으며 근사하게 치장하고 있는가.(CB, p. 89)

붙잡을 수 없는 대상을 구체화하고 육화하려는 시도는 그의 시집 어디에서나 찾아볼 수 있다. 「내가 그토록 너를 꿈꾸었기에」라는 시를 예로 들어보자.

내가 그토록 너를 꿈꾸었기에, 네 그림자를 감싸 안으며 내 가슴 위로 포개지도록 익숙해진 내 팔은 네 몸의 윤곽에 따르지 않으리라, 어쩌면.
(……)
내가 그토록 너를 꿈꾸었기에, 네 유령과 그토록 함께 걷고, 말하고, 잠들었기에 어쩌면 내게 더 이상 남은 것은 없으리라, 단지 유령들 가운데에서 유령이 되는 것과, 네 삶의 해시계 위에서 명랑하게 산책하고 또 산책할 그림자보다 백 배 더한 그림자가 되는 것 이외에는.(CB, p. 91)

일시적인 대상에게 다가가기 위해 시적 자아는 두 가지 태도를 취한다. 그는 한편으로 "너-유령"과 동일화되며, 다른 한편으로 잡을 수 없는 대상을 잡을 수 있는 내성으로 변형하기 위해 유령에게 육체적인 측면을 부여한다. 우리는 유령을 껴안고, 유령과 함께 걷고, 말하고, 잠자고, 산책하는 시적 자아의 몸짓들에 공감할 수 있다. 아르멜 키트리가 지적하듯, "백 배 더한 그림자"(백 배 더 어두운)가 육체적 두께를 획득하게 된 것과 마찬가지로 "꿈의 물질성은 지각 가능하게 된다."[230]

역시 『미지의 여인에게』에 수록된 두 시 「아니 사랑은 죽지 않았다」와 「죽음의 순간에 닥친 손처럼」은 유령 같은 신비한 애인에 의해 구현된 사랑과 죽음 간의 뗄 수 없는 관계를 강조한다. 첫번째 시는 다음과

---

[230] Armelle Chitrit, *Robert Desnos: Le poème entre temps*, Montréal, XYZ éditeur, 1996, p. 40.

같은 고백으로 시작된다. "아니, 사랑은 죽지 않았다 자신의 장례식이 시작됨을 선언하는 이 심장과 이 눈과 이 입 속에서."(CB, p. 98) 죽은 사람이 자신의 장례식을 알릴 수는 없는 일이므로 "자신의 장례식이 시작됨을 선언하는"이라는 구절이 담고 있는 역설을 통해 작가는 에로스와 타나토스를 동시에 구현하는 '사랑'과 삶과 죽음에 의해 동시에 생명력을 얻는 '몸'을 강조하고 있다. 몸이 결국은 죽음을 면하지 못한다 할지라도 심장, 눈, 입과 같은 서로 다른 신체의 일부는 죽음을 무릅쓰고 영속하며, 사랑의 병적인 성격을 초월할 수 있음을 입증하고 있다. 질베르 뒤랑이 "죽음에 대항하기 위해 사람들이 내세우는 것은 죽음 그 자체다"[231]라고 언급한 것처럼 말이다. 「아니 사랑은 죽지 않았다」를 좀 더 읽어보자.

다음과 같은 사실들을 후회해서는 안 된다고 생각하라. 나보다 전에 롱사르와 보들레르는 가장 순수한 사랑을 경멸했던 늙은 여성들과 죽은 자들의 회한을 노래했다.
너, 네가 죽을 때,
너는 아름다울 것이며 항상 매혹적이리라.
나는 네 불멸의 육체와 삶과 영원이 지속되는 경이로움 속에 항상 존재하는 놀라운 네 이미지 속에 완전히 파묻혀 이미 죽어 있을 것이다. 하지만 만일 내가 살면,
네 목소리와 그 어조, 네 시선과 그 빛들,

---

231) Gilbert Durand, *op. cit.*, p. 233. 게다가 『초현실주의 혁명』지는 2호부터 다음과 같은 중요한 질문을 던졌다. "자살은 해결책인가?" 크르벨Crevel에 따르면 "자살에의 집착"은 "자살에 대항하는 최상의 치료책"일 수 있다고 말한다. Henri Béhar, Michel Carassou, *Le Surréalisme*, Paris, Librairie Générale Française, 1992, p. 19.

너와 네 머리카락의 향기 그리고 많은 다른 것들이 여전히 내 안에 살아 있으리라.
롱사르도 아니고 보들레르도 아닌 내 안에,
로베르 데스노스인 나 그리고 너를 알고 사랑했기에 그럴 가치가 있는 나.
너를 사랑하기 위해 로베르 데스노스인 나,
그리고 경멸할 만한 대지 위에 내 추억 이외에 다른 평판을 덧붙이고 싶지 않은 나.(CB, p. 99)

데스노스는 롱사르와 보들레르가 갖는 자신과의 차이점을 강조하면서 늙음과 죽음이 회한의 대상이 아니라고 말한다. 오히려 그것들은 사랑하는 여성을 영원히 "아름답고 매혹적인" 사람으로 만든다고 보았다. 초현실주의적인 유희 속에서 시체가 "우아하게" 되는 것처럼 말이다. 데스노스의 에로티시즘은 사랑의 터무니없고 격정적인 면을 강조한다. 그는 에로티시즘에 관한 자신의 연구에서 롱사르 작품에 나타나는 "에로티시즘이라고 말하기에는 지나치게 경박한"(NH, p. 122) 성격들을 비판한다. 데스노스의 에로티시즘은 죽음을 예언함과 동시에 부인하고 있으며 삶과 죽음을 전도시키면서 사랑의 양가성을 끊임없이 강조하고 있다("네가 죽는다면" "네 불멸의 육체" "나는 이미 죽어 있을 것이다" "만일 내가 산다면"). '깨어 있으면서 잠자는 자dormeur éveillé'인 데스노스는 살아 있으면서 죽은 여성을 추구하고 있는 듯 보인다. 시인은 사랑을 짓누르는 숙명과 사랑의 영원성을 동시에 보여준다. 그의 감정은 유한성과 영원성 사이에서 망설인다. 삶은 그 안에 죽음을 내포하고 있으며 삶과 죽음의 공존은 죽음을 초월할 수 있는 첫 단계이기 때문이다.

시집 『미지의 여인에게』 이외에도 우리는 데스노스의 다른 작품들 곳곳에서 붙잡을 수 없는 여성 몸의 흔적을 발견할 수 있다. 밤의 신비한 여성 방문객은 1926년 11월 10일부터 1927년 2월 말까지 데스노스가 기록한 『유령의 일기』 속에 등장한다.[232] 이 글의 도입부는 "믿을 수 없는 풍경 속의 초자연적인 존재들" 중 그가 만났던 "***의 밤의 여성 방문객들"을 예고하고 있다(O, p. 395). 작가는 꿈과 현실을 같은 위계 속에 놓으면서 꿈속 여성에게서 살과 뼈를 가진 여성의 모습을 보았다고 말한다. 자서전적인 자아는 자신의 감각을 통해 그녀를 지각했음을 강조한다.

> ***는 실제로 나에게 왔다. 나는 그녀를 보았다. 나는 그녀의 소리를 들었다. 나는 그녀의 향기를 느꼈고 이따금씩 그녀가 나를 스치기조차 했다. 시각, 청각, 후각, 촉각이 모두 그녀의 존재를 인식했으므로, 그와 같은 감각에 의해서만 통제되는 다른 현실들도 거짓이라고 의심하지 않는 다음에야, 내가 그녀의 실재성을 의심할 까닭이 어디에 있겠는가?(O, p. 396)

『그림에 관한 글』에서 데스노스는 "꿈과 물질성을 갖는 신비한 정체성을 가진 여성은 물질성에 더 적은 현실성을 부여하며, 꿈에 억제할 수 없고 실제적인 존재성을 부여할 것이다"라고 말하고 있다(EP, p. 68). 같은 맥락에서 시집 『목 없는 사내들』(1934)에 수록된 첫 시인 「유령」

---

232) 데스노스의 일기는 자신을 유령과 동일시하고 있는 필립 수포의 『어느 유령의 일기』를 환기시킨다(Paris, Point du jour, 1946). 클로드 르루와에 따르면 수포의 모든 작품은 "유령들에 홀려 있다." Claude Leroy, "*Westwego* ou le passage du témoin," in Jacqueline Chénieux-Gendron (dir.), *Philippe Soupault, le poète*, Paris, Klincksieck, 1992, p. 13.

은 물질과 비물질, 무거움과 가벼움, 탄생과 소멸이 공존하는 온갖 불분명한 사물을 총망라한다.

　　진흙에서 태어난, 하늘에서 솟아난, 구름보다 더 가벼운, 대리석보다
　더 단단한,
　　(……)
　　진흙으로 빚어진 좋은 잠
　　커피와 밤과 석탄과 잉크와 미망인의 베일에서 태어난
　　그리고 1억 명의 흑인들로부터 태어난
　　전나무 그늘 속 두 흑인의 포옹으로부터 태어난(F, pp. 59~60)

　이 시에서 인간, 사물, 시간은 검은색이라는 카오스적이고 불투명한 색을 똑같이 공유한다. 그들은 꿈의 논리에 의해 이곳저곳에서 혼란스럽게 태어난다. "두 흑인의 포옹"이라는 이미지가 잘 보여주듯이 그것들은 서로 뒤섞이고 사라진다. 또한 "유령"이라는 용어는 공간적 애매성을 환기시킨다. 그것은 사랑하는 여성의 부재 속에 현존의 문제를 개입시키기 때문이다. 애매성은 시간에서도 비롯된다. 「아주 오랜 후에」라는 시의 일부를 인용해보자.

　　네 추억 혹은 오히려 네 감미로운 존재는 같은 자리에 있었다
　　투명한 존재와 내 존재
　　아무것도 변하지 않았다 하지만 모든 것은 내 관자놀이와 내 눈과 동시
　에 늙어갔다
　　이런 상식을 좋아하지 않는가? 나를 내버려두라 나를 내버려두라 이러

한 아이러니한 만족은 너무도 드물다
모든 것은 늙었다 네 존재 이외에는(CB, p. 140)

시적 자아는 존재하면서 늙어가는 자신의 몸과, 현실적으로는 부재하지만 항상 그 안에 현존하여 그가 말을 건넬 수 있는 여성의 몸을 대비시킨다. 수사학에서처럼 비교되는 대상인 여성의 몸은 "숨은 in absentia" 몸이다. 여성의 몸이 그림자이기 때문에 그러한데, 시인은 그림자에 물질성을 부여함으로써 부재하는 육체를 곧바로 되살리고 있는 것이다. 그 후 데스노스는 「시론」이라는 시에서 사랑, 죽음, 관능적 사랑 간의 만남과 조화를 노래하며 자신의 시학을 피력한다.

죽음의 냄새 삶의 냄새 포옹의 냄새
우스꽝스러운 그림자 피조물들은 여기에서 서로 굴러야 하고
싸워야 하고 포옹해야 한다(O, p. 1242)

에로스와 타나토스 간의 왕래는 삶과 죽음의 애매한 유사성과 관련되어 있다. 삶과 죽음을 동일시하는 시인의 시선은 초현실주의자들이 우상화했던 사드의 시선과 다르지 않다. 사드는 교황 브라쉬의 말을 빌려 다음과 같이 단언한다.

모든 존재 안에 있는 삶의 원칙은 죽음의 원칙에 다름 아니다. 우리와 우리 안의 유아들은 삶과 죽음 모두를 동시에 다시 살아간다. (……) 죽음은 비유적으로만 존재하며 어떠한 현실성도 갖고 있지 않다. 죽음에 움직임을 전달하는 물질성의 미묘하게 다른 부분을 결핍한 채, 물질은 바로

그것 때문에 소멸되지 않고 있다. 물질은 형태를 바꾸게만 할 뿐이며, 부패해간다. 그것이 바로 물질이 간직한 움직임의 증거다. 그것은 대지에 즙을 제공하고 대지를 비옥하게 하며 자신의 세계와 마찬가지로 다른 생태계들의 재생을 돕는다. 결국 우리가 받은 첫번째 삶과 우리가 죽음이라고 부르는 두번째 삶 사이에는 근본적인 차이가 전혀 없다. 왜냐하면 첫번째 삶은 여성의 모태에서 조직된 물질의 형성을 통해 생겨나고, 두번째 삶은 이와 마찬가지로 땅의 내장 속에서 새로워지고 다시 조직되는 물질의 형성을 통해 생겨나기 때문이다. 따라서 소멸된 물질은 스스로 새로운 모태 속에서 정화된 물질로 이루어진 미립자들의 씨앗이 된다. 그 씨앗은 소멸된 물질이 없었으면 표면적인 부동 상태에 머물러 있었을 것이다. (……) 그것은 죽음이 삶과 마찬가지로 필요하며 죽음이란 전혀 존재하지 않는다는 것을 당신에게 일깨워준다. (……)[233]

죽음으로부터 삶이 생겨나며 대지는 썩은 물질 덕분에 비옥해진다는 생각은 데스노스의 여러 텍스트에서 찾아볼 수 있다. 예컨대 시 「버드나무 아래」에 나오는 나무는 삶과 죽음 간의 교차성을 상징한다. "유명한 나무가 땅 쪽으로 깊은 뿌리를 뻗고서 교수형에 처해진 사람들과 함께 세상의 저 너머 위쪽으로 자라고 있다."(CB, p. 112) 그리고 「사랑의 꽃과 이동하는 말들로부터」에서처럼 나무들의 죽음은 꽃을 피어나게 한다.

> 나무들은 꽃 주위에서 하나하나 죽어가며
> 그들의 썩어가는 죽음으로 꽃을 비옥하게 했다(CB, p. 117)

---

[233] Marie Bonaparte, *op. cit.*, p. 139에서 재인용.

데스노스가 죽기 1년 전인 1944년에 출간된 시집 『나라』에서는 삶과 죽음의 불분명한 경계가 두드러지게 드러난다. 이 시집에 수록된 시들 중 「무덤」에서 데스노스는 죽음이라는 "행복한 부패"에서 태어난 새로운 삶을 시화하고 있다.

> 여기가 내 무덤이 되리라, 특히 이 세 그루의 나무 밑이.
> 나 봄의 첫 이파리들을 따리라
> 화강암 받침돌과 대리석 기둥 사이에서.
>
> 나 봄의 첫 이파리들을 따리라
> 허나 다른 이파리들은 행복한 부패로부터 양분을 받으리라
> 가능하다면 십만 년을 살 이 육체로부터. (O, p. 1162)

시인은 예언적인 어조로 자신의 묘비명을 적고 있다. 그는 끊임없이 삶과 죽음을 저울질한다.

> 살아 있고, 실재하고, 존재한다고
> 스스로 믿는 것은 터무니없는 일
> 죽었고, 고인이 되었고, 지나가버렸으며, 시간 밖에 있다고
> 스스로 믿는 것은 터무니없는 일(「추수」, O, p. 1166)

시인의 목소리는 "무덤으로부터 나온 것 같을지라도" "여름과 봄만을 말한다." 그는 "아름다운 계절이 다가오고 있음을" 알리며 "그것이 들리지 않는가?"라고 우리에게 묻는다(「목소리」, O, p. 1171). 티에리 오

베르는 『초현실주의와 죽음』이라는 연구서에서 초현실주의에서 죽음을 수용하는 방식을 두 가지로 정리하여 언급한다. "한편으로 초현실주의자는 개인을 부정하는 죽음-소멸에 직면해 있고, 다른 한편으로는 초현실주의만의 빛을 발하는 초현실적 죽음에 닿아 있다."[234] 데스노스에게 있어서 이러한 두 특징은 앞에서 언급한 관능적인 유령 속에 공존하면서 삶과 죽음의 "변증법적 균형"[235]을 구현한다. 관능적인 유령은 소멸로서의 죽음이라는 측면에서 시인으로 하여금 유한성 속의 영원성을 파악하도록 해준다. 초현실주의적 죽음의 측면에서 그것은 부재 속의 존재, 현실과 초현실의 매개가 된다.

또한 관능적인 유령들이 비현실과 현실이라는 두 영역을 동시에 점하면서 보여주는 양가성은 시인으로 하여금 매개적 공간 속에서 살아가게 해준다.

소중한 이중의 삶이여! 내가 세상 사람들처럼 말할 때, 나는 또한 가공의 생명체들과도 말하고 있다. 사람들이 내가 여기에 평온하게 있다고 믿을 때, 나는 저 너머에 있다. 모두가 알지 못하는 격정적인 나라에 있다.[236]

시인에게 있어서 '여기'와 '거기'에 동시에 있는 것은 경이로운 모험이다. 데스노스는 "내가 꿈과 현실, 욕망과 소유, 미래와 과거를 혼합할 것이라고 독자에게 미리 알릴 정도로 나는 매우 친절한 사람이다"[237]라

---

234) Thierry Aubert, *op. cit.*, p. 222.
235) André Breton, *Les Vases communicants*, Paris, Gallimard, 1995, p. 138.
236) Robert Desnos, "Confession d'un enfant du siècle," *op. cit.*, p. 18.
237) *Ibid.*, p. 18.

며 꿈과 현실을 동일선상에 놓고자 하는 포부를 드러낸다.

2) 그림자와 그 육체

그림자라는 중요한 테마는 단지 사랑과 여성적 구현체와 관련된 애매성에 국한된 것만은 아니다. 그것은 또한 그림자와 육체라는 비물질적인 것과 물질적인 것 사이의 관계에 새로운 문제를 제기한다. 그림자는 빛이나 물질이 없이는 존재하지 않는 의존적인 것이라 늘 부차적인 대상으로 간주되어왔다. 몸의 입장에서 그림자는 그것을 끊임없이 따라다니는 분신과 같은 존재로 여겨졌을 뿐이다.

그러나 독일 낭만주의는 빛과 상관없는 그림자를 작품의 주요 소재로 삼아왔다. 이런 의미에서 데스노스는 낭만주의의 계승자라 할 만하다. 그 또한 그림자를 전면에 내세우면서 낮보다는 밤을, 의식보다는 무의식을, 그리고 표면보다는 깊이에 대한 선호를 보여주었다. 하지만 데스노스는 낭만주의자들보다 더 멀리 나아간다. 자아가 자신의 육체와 분리되듯, 육체는 그림자와 분리된다. 완전히 자유로워진 그림자는 어디로나 자유롭게 움직이면서 데스노스의 작품 세계를 사로잡고 있다. 이런 의미에서 시집 『행운』에 수록된 시 「그림자를 잃어버린 사람」은 중요하다.

이 시의 제목은 틀림없이 1814년 프랑스계 독일작가인 아달베르 폰 샤미소에 의해 출판된 동명의 소설 제목을 반영한 것으로 보인다. 또한 이 두 작품은 여러 가지로 공통점을 갖고 있기 때문에 데스노스의 시를 소설과 연관하여 살펴보는 것은 유용하다. 소설의 주인공인 피터 슐레밀은 계속해서 돈이 가득 채워지는 마술지갑과 자신의 그림자를 교환한다. 하지만 사람들이 그림자에 부여하는 중요성이 매우 크다는 사실을 깨닫고는 지갑을 버리고 전 세계를 유랑하게 된다. 이에 비하여 데스노스의 시는 대화형식으로 되어 있다. 많은 등장인물이 그림자의 주제에 대해 얘기하는 과정에서 각자 자신의 이야기를 하고 다른 사람들의 견해를 묻는다. 소설에서와 마찬가지로 그의 시에서 그림자는 주체의 몸과 분리된다.

 ―내가 그것을 어디에다 두었나? 어떤 창고 속에? 어떤 우물 속에?
 낮과 밤의 어떤 교차로 속에?
 어떤 동굴 속에, 연기 나고 그을음이 생기는 어떤 굴뚝 속에 두었나?(F, p. 145)

 이 시의 시작 부분은 그림자가 창고, 우물, 동굴, 굴뚝이라는 깊이와 관련된 장소들과 연관됨을 보여준다. 이 장소들은 분명 무의식과 꿈의 영역을 상징하고 있을 것이다. 인용문 뒤에는 다음과 같은 시구가 이어진다. "내 그림자는 밤과 쉬인다/석탄과 그을음과 섞인다."(F, p. 149) 이같이 몸에서 분리된 그림자를 통해 우리는 어떠한 얽매임과 억제 없이 표현될 수 있는 무의식의 승리를 본다.

 낮 동안 내 몸의
 윤곽들을 따라다니느라 지친
 항상 땅 위에서 끌려다니느라 지친

 내 그림자는 마침내 경계 밖으로 나온다
 내 그림자는 마침내 자신의 은신처로부터 나온다

그리고 자신의 욕망이 초대하는 곳으로 떠난다.(F, p. 148)

동명의 소설에서는 그림자를 둘러싼 중요한 내기가 벌어진다. 그림자는 마법의 부적이나 영혼과 바꿀 수 있는 위력을 갖고 있다. 시에서도 마찬가지다. 사람들은 남의 그림자를 빌릴 수도 자신의 그림자를 빌려줄 수도 있으며, 한 사람의 그림자가 다른 사람의 그림자로 변할 수 있다.

—그렇다고? 만일 네가 네 그림자를 잃어버렸다면
블라인드의 틈새로
먼지 가득한 대기의 길을 따라 날려 보냈다면,
수치심도 곤란함도 느끼지 말고 다른 그림자를 가져라.(F, p. 146)

나는 아침의 네 그림자를 따라간다.(F, p. 150)

흥미로운 점은 시와 소설 모두 그림자의 가치를 문제 삼는다는 것이다. 3연에서 그림자의 중요성은 처음에는 무시된다.

—하지만 왜 그것이 너를 곤란하게 하지?
내 눈엔 그림자가 너무나 하찮게 보이는데.(F, p. 145)

하지만 이러한 선언이 이내 역전되면서 "아니, 내게 가장 소중한 것이 바로 내 그림자야"(F, p. 146), "왜냐하면 인간에게는 자신의 그림자가 필요하기 때문이지"(F, p. 148)라는 시구들이 나타난다. 부정과 인정의 순간들은 소설에서도 동일하게 드러난다. 앞부분에서는 주인공이 그림자의 가치를 모르고 있다가 그것을 팔고 나서야 소중함을 알게 된다는 내용이 제시된다. 악마는 그림자와 영혼을 교환하자고 제안하는데, 이를 통해 그림자와 영혼의 등가성이 강조된다. 무의식의 영역 쪽으로 향하고 있는 샤미소와 데스노스의 작품은 빛에 비해 부차적으로 여겨지는 그림자를 전면으로 내세운다. 그림자의 가치전도는 다음 시의 두 행에서 특히 두드러진다.

> 게다가 내 그림자는 뒤에 있지 않다:
> 당연히 그래야 하는 것처럼 그것은 앞에 있다. (F, p. 150)

주도권을 잡게 되기 전, 자유가 없는 그림자는 주인의 의지에 따라 땅에 끌려다니는 "끈에 묶인 개"에 비유된다. 다음 시에서 그림자는 육체성을 갖게 되는 반면 오히려 육체는 육체성을 잃는다. 그림자는 육체와 상관없이 증식된다.

> 네 그림자로부터 그림자들이 날아간다
> 그리고 어두운 네 몸 자체는
> 그림자들 가운데 그림자, 숫자들 가운데 숫자 (F, p. 147)

그림자의 반향은 세상 전체를 가득 채운다. 시어 "그림자ombre"와 "숫자nombre"는 그림자와 무관한 듯 보이는 단어 '숫자'라는 철자 안에 그림자의 철자가 모두 담겨 있음을 보여주면서 그림자의 영향력을 새삼 환기시켜준다. 그림자라는 지시대상은 알지 못하는 사이에 지나간다는 성격을 갖고 있는 것이다. 역시 '그림자'의 철자를 품고 있는 "장애encombre"나 "잔해décombres"라는 시어들의 유희 또한 마찬가지의 원리로 되어 있다.

> 아니, 내게 가장 소중한 것은
> 포장이 잘 되어 있는 길과 잔해 속에서
> 장애 없이 나를 동반해주었던 내 그림자다. (F, p. 148)

그림자의 세계를 섭렵하고 난 시인은 긴 시의 결론을 다음과 같이 내린다.

> 삶은 삶의 한가운데에 있다,
> 살 아래에서 노래하는 피는
> 몸, 세계 그리고 신비의
> 지도를 그린다,
>
> 별과 땅의 관계,
> 믿음직한 증거, 사랑스런 동반자인
> 유연하며 결코 외롭지 않은 그림자여
> 우리는 네 주름 속에서 잠이 든다. (F, p. 151)

"살 아래에서 노래하는 피"는 표면 뒤, 존재와 세상의 깊이에, 모든 것의 이면에서 움직이는 그림자와 다르지 않다. 감춰진 것, 보이지 않는 것은 드러난 것과 보이는 것에 활기를 불어넣는 힘을 내포하고 있다. 몸이 없으면 정신 또한 존재하지 않듯이 그림자가 없으면 빛도 없다. 이런 까닭에 데스노스는 그림자에 찬사를 보내고 있으며, 신비스럽게 감춰진 세계인 꿈의 세계로 자신을 데려다줄 그림자의 주름 속에서 잠들고 싶어한다.

3) 영화의 유령 팡토마스 Fantômas

그림자 쪽으로 시선을 돌린 시인이 빛과 그림자의 유희로 이루어진 영화에 애착을 보이는 것은 자연스러운 일이다. 데스노스의 시적 세계를 사로잡고 있는 유령들의 이미지는 실상 영화 자체의 본질을 이룬다. 데스노스는 "영화적 재현의 조건들(빛의 다발들, 어두움, 고독) 속에서 현실과 비현실, 의식과 무의식 간 몽환적인 상태의 등가물을 발견한다."[238] 데스노스가 쓴 「유령들의 힘」[239]이라는 제목의 기사는 스크린과 현실에서 동시에 존재하는 유령들의 존재를 강조한다.

> 유령들은 존재한다. (……)
> 빛과 셀룰로이드 덕택으로 우리를 위해 태어난 위엄 있는 유령들은 영화관의 어두운 밤 속에서 우리들 곁으로 찾아온다. (……) 유령은 관객의 팔장을 끼고 상상력의 힘으로 영화관에서 나와 변모된 도시 속으로 간다. 운명은 다른 흐름을 따라간다.

영화는 데스노스에게 현실과 상상을 구분할 필요가 없는 지고의 지점으로 접근하게 해준다. 영화 속의 팡토마스는 허구적 육체 속에 현실적

---

[238] Michel Ciment, "Ombres blanches et nuits noires: Robert Desnos et le cinéma," in *L'Herne*, consacré à Robert Desnos, 1987, p. 199.
[239] *Le Soir*, 19 avril 1928. Introduit dans RO, p. 115.

육체가 공존하는 유령이라는 문제적 존재를 구현한다. 루이 페이야드는 수베스트르와 알렝의 소설인 『팡토마스』의 모험들을 처음으로 스크린으로 상영했다. 데스노스 시의 첫번째 소절은 이 같은 애매한 등장인물의 성격을 명확하게 규정한다.

"팡토마스!"
―뭐라고 말하셨어요?
―나는…… 팡토마스라고 말한다.
―그게 무엇을 의미하지요?
―아무것도…… 그리고 모든 것을!
―그러니까 그게 뭐냐구요?
―아무도 아니지만…… 누군가이지![240]

데스노스는 아무도 아니면서 누군가인 사람, 아무것도 아니지만 모든 것인 사람이자 사물, 이러한 모순적이고 양가적인 등장인물에 큰 의미를 부여하면서, 팡토마스가 반항과 자유를 구현한다고 생각했다. 시인은 "이 현대 서사시의 에피소드들은 여전히 우리의 기억 속에 존재한다"[241]고 기록한다. 그는 1933년 폴 드아름므의 라디오 오페라 제작을 위해 19세기의 유명했던 범죄에서 영감을 받은 퓌알데스의 비가(悲歌)라는 고전적인 모델을 기반으로 「팡토마스의 위대한 비가」를 쓴다. 이 작품은 여러 촌극과 하나의 결구로 분절된 25편의 노래로 되어 있다.

---

[240] Ado Kyrou, *Le surréalisme au cinéma*, Paris, Le Terrain Vague, 1963, p. 52.
[241] Robert Desnos, "Fantômas" "Les vampires" "Les mystères de New York," in *Le soir*, 26 févrter 1927. Introduits dans RO, p. 84.

『행운』이라는 시집 속에는 「팡토마스의 비가」라는 제목 아래 몇몇의 노래와 결구만 수록되었다.

데스노스는 이 오페라-시에서 팡토마스의 잔인하고 폭력적인 특징뿐 아니라 자유를 향한 모험, 모든 법칙과 모든 한계에 대항하는 투쟁을 비중 있게 그리고 있다. 노래 1에서는 "이름 없는 모든 중죄/고문, 폭력들이/항상 처벌받지 않다니, 애석하도다!/범죄자 팡토마스에 대하여"(O, p. 944)라고 되어 있다. 팡토마스 앞에서는 어떤 장애물도 무용하다. 그는 노래 21에서 "팡토마스는 또다시 빠져나갔도다"라고 말한다.

데스노스가 묘사한 팡토마스는 그림자이자 육중한 육체를 가진 존재다. 「차르의 계체량」이라는 에피소드에서 러시아의 황제 차르로 변모한 주인공은 몸무게가 90킬로그램이나 나간다. 게다가 에피소드 6의 시에서 "시체는 정말 살아 있도다/그것이 팡토마스다, 제군들이여!"(O, p. 945)라고 노래하고 있듯이 팡토마스는 삶과 죽음 사이를 자유롭게 왕래한다. 「살해하는 망자!」(O, p. 753)라 불리는 에피소드에서는 살인자의 지문이 1년 전 죽은 사람의 지문과 일치한다. 팡토마스는 살아 있는 망자일 뿐 아니라 살해된 살인자이기도 하다. 시인은 이와 같은 방식으로 살아 있는 시체, 살을 가진 그림자, 부재 속의 존재 등 악의 영웅이 갖고 있는 모순적인 모든 측면을 조명한다. 게다가 우리를 방문하는 살아 있는 망자는 과거와 현재를 왕래하면서 일상의 시간성을 무화(無化)하기까지 한다.

시인이 "오페라. 발레. 음악. 희극"이라 범주화한 『팡토마스』의 다른 판본에서 주인공은 레이디 벨탐의 노래를 통해 삶과 죽음에 맞선다.

회춘하게 하는 목욕의 시간이다

죽음의 정확한 순간에

갓난아기의 울음과 같은 임종의 순간.

죽음이여! 오 죽음이여! 어린아이 짓이여! ……(O, pp. 760~61)

이 판본에서 데스노스는 라디오에서 방송된 것과 완전히 다른 이야기를 전개하고 있으며, 그보다 더 진전시키고 있다. 이제 팡토마스는 삶과 죽음 간의 경계를 뛰어넘을 뿐 아니라 스크린 위와 관객석 안에 동시에 존재하면서 현실과 스펙터클 사이의 경계를 무화시킨다.

조명이 꺼진다. 영사기들이 관객석을 훑고 지나가고 사람들은 무대 위 오케스트라 지휘자 자리와 관객들 사이 여러 좌석 속에서 팡토마스를 동시에 발견한다.(O, p. 761)

데스노스는 팡토마스를 자신의 뜻대로 창조한다. 모든 장벽을 뛰어넘는 육감적인 유령을 통해 그는 허구와 현실, 꿈과 깨어 있음, 그림자와 빛, 그림자와 육체, 죽음과 삶이라는 상반된 다양한 요소를 총괄하면서 그 모순들을 무화하고자 시도한다.

3. 검은 육체의 부활과 이미지의 변용

데스노스의 몸에 관한 문제의식은 물질성과 비물질성 그리고 이들의 융합에 관한 성찰로 이어진다. 그는 살을 지닌 그림자를 형상화하면서 비물질적인 것의 물질성을 강조한다. 또한 비물질적인 것으로 전환되는 물질에도 관심을 기울이고 있는데 그러한 물질이 바로 석탄이다. 석탄은 조밀한 덩어리이자 가루이며 연소를 통해 가스라는 기체로 변하는 고체다. 땅 깊숙한 곳에 묻혀 있는 이 질료는 변용의 과정을 통해 하늘 높은 곳으로 승화된다. 검은 빛깔은 작열하는 불의 색깔인 붉은 빛으로 변용되며 그 역동성은 이내 부동성을 대체한다. 석탄이 시인의 관심을 끄는 이유는 그것이 타오르면서 이분법적인 긴장을 일소하기 때문이리라.

변용하는 것은 대개 "사물의 어두운 면"[242]임을 주목해본다면, 어두운 빛깔로 인해 밤이 굳어진 것이라고 상상케 하는 석탄이라는 이 카오스적인 물질에 시인이 경도하는 이유를 알 수 있다.[243] 대지의 깊숙한 곳에 있는 석탄은 강력한 무의식의 상징물 중 하나다.

데스노스의 글 중에서 특히 1927년에 출간된 『암흑』이라는 시집 속에 수록된 24편의 시는 세상의 무의식적이며 어두운 면에 대한 시인의 관심과 석탄에 대한 개인적인 상징성을 잘 드러내준다. 석탄이 직접적으로 등장하는 시는 「IV. 고정관념」「XVI. 이미지들의 정체성」「XXIV. 대리석 장미로부터 불꽃 장미까지」이다.

「고정관념」의 시 구성은 그 자체로 석탄의 카오스적인 질료를 연상시킨다. 12줄로 늘어지는 두번째 행은 특히 언어들이 얽힌 실타래처럼 뒤엉켜 있어서 매우 인상적이다. 우리는 이 부분을 여러 번 읽고서야 비로소 상반되는 두 축을 추출해낼 수 있다. 하나는 여성의 머리카락이고 하

---

242) 앙드레 마송은 이 개념을 독일 낭만주의자들에게서 빌려온다. André Masson, *Le Rebelle du surréalisme: écrits*, Paris, Hermann, 1976, p. 16.
243) 세르주 고베르 또한 데스노스에게 있어 '석탄'이라는 질료의 중요성을 강조한다. "검은 것 혹은 신비로운 것을 의미하는 밤은 데스노스를 매혹시키는 질료인 석탄 속에 응축되어 있는 듯 보인다." Serge Gaubert, "Desnos et le naufrage," in *Europe*, mai~juin, 1972, p. 28. 그 밖에도 Serge Gaubert, "Robert Desnos: Bois-charbon," in *Textuel*, n° 16, février 1985, pp. 78~91을 참조할 것.

나는 시인의 손이다. 첫번째 항목은 많은 머리카락으로 상징되는 고정된 것이며, 두번째 항목은 물거품, 구름, 바람, 감춰진 별이라는 일시적이고 사라져버리는 것들이다. 어두운 깊이 속에 있는 석탄은 죽음을 연상시키면서 혼란스럽게 뒤섞여 있는 분위기를 집약하고 있는 듯 보인다. 이 시에서 석탄이 자리하는 곳의 깊이는 시간의 개념으로 은유화된다.

> 한순간은 광산의 깊이와 함께 지나간다
> 무연탄이 나지막히 신음하다 송이송이 도시 위로 내려온다
> (……)
> 광산들은 나지막히 코를 곤다
> 지붕들은 무연탄으로 뒤덮인다(CB, pp. 110~11)

광산들이 무의식을 상징한다면 무연탄은 무의식의 중요한 부분을 구현한다. 이 시에서 무연탄은 잠이 든 사람들이 모르는 사이 밤새도록 내려 지붕을 뒤덮는 눈에 내재적으로 비유된다. 오랜 시간 심층에 머물러 있으며 무의식의 가공되지 않은 조각인 무연탄은 눈처럼 의식적인 자아를 상징하는 지붕을 단 한순간에 뒤덮을 수 있다. 내리는 것과 쌓여가는 것의 수직적 움직임은 너무나 빨리 이루어져서 광산의 공간적 깊이는 첫 행의 "한순간" 속에 사라진다. 이러한 시간성, 아니 광산의 깊이가 갖는 이러한 무-시간성은 『죽음에는 죽음을』의 화자가 "나는 광산의 한가운데 어두운 복도 안에서 무한한 존재성을 체험했다"라고 말한 그 "무한한 존재성"을 일깨운다. 여러 세기 전부터 파묻혀 있던 석탄은 깊이의 탐색자로서의 진정한 상징이다. 그것은 데스노스적 풍경 속의 '전환 요소'로서 "우리로 하여금 작품의 모든 내적 영역을 다양한 방향으로

탐사하게 만들어준다."[244] 이 같은 석탄의 다양한 요소는 「이미지들의 정체성」에서 보다 뚜렷하게 드러난다.

> 얼마 전부터 나는 동물과 물병에 맞서 맹렬히 싸운다
> 어쩌면 열 시간이 차례로 지나갔으리라
> 산호를 두려워했던 헤엄치는 미녀가 오늘 아침 잠에서 깨어난다
> 호랑가시나무로 장식한 산호는 문을 두드린다
> 아! 다시 석탄 항상 석탄이로군
> 나는 네게 간청하나니 꿈과 내 고독의 수호천사 석탄이여 나를 내버려 두어다오
> 산호를 두려워했던 헤엄치는 미녀 얘기를 계속할 수 있도록 나를 내버려두어다오
> 내 꿈의 매혹적인 주제를 더 이상 방해하지 말라.(CB, pp. 133~34)

이 시는 일종의 시 속의 시다. 한편으로는 석탄에 의해 사로잡힌 나의 이야기이며, 다른 한편으로는 내가 전하는 헤엄치는 미녀의 이야기로 되어 있기 때문이다. 하지만 텍스트의 두 층위의 차이가 겨우 감지되자마자 석탄이 그 사이를 오고 감에 따라 두 층위는 겹쳐진다. 실상 헤엄치는 미녀에 대해 얘기하고자 하는 화자의 모든 노력에도 불구히고, 석탄은 화자의 생각에 개입되면서 이야기를 중단시킨다. 오히려 석탄은 헤엄치는 미녀를 제치고 중심 주제가 되면서 이야기 속으로 들어간다.

---

244) '전환 요소'라는 용어는 장 피에르 리샤르의 개념이다. *L'univers imaginaire de Mallarmé*, Paris, Seuil, 1961, p. 26.

하늘과 땅과 바다의 깊이에서 비롯된 석탄은 산호로 된 부리와 미망인의 베일로 된 자신의 커다란 날개를 자랑스러워했다

그는 매일 밤 도시 변두리 묘지 쪽에서 벌어지는 다양한 장례식에 참석했다

그는 대사들의 무도회에 참석했고 하얀 새틴 원피스들의 고사리 이파리에 자신의 지문을 찍었다

그는 선박들 정면에 서 있었고 선박들은 되돌아오지 않았다

산호를 두려워했던 헤엄치는 미녀의 이야기는 '자신의 산호 부리를 자랑스러워한' 석탄의 이야기로 바뀐다. 석탄은 망자의 공간 속에서나 축제의 공간 속 어디에도 존재한다. 그리고 석탄이 꿈꾸었던 곳의 깊이는 하늘, 땅, 바다를 모두 아우르고 있기에, 석탄을 매개로 하여 천상, 지상, 해상의 서로 다른 장소들은 그 속성을 교환하게 된다. 이 시의 마지막 부분은 소리의 측면에 집중되고 있다. 석탄의 어두운 목소리는 내적 자아에 의해 꿈속에서 들리는 목소리와 연관된다.

그의 발걸음 소리는 거리에서 울리며 밤의 침묵을 교란시켰다
석탄, 소리 나는 석탄이여 꿈의 주인 석탄이여

"소리 나는 석탄"은 확실히 열정에 가득 차서 끊임없이 변화하며 고저를 통해 음성적 힘을 전달하는 데스노스의 시를 상징한다.[245] 석탄에

---

245) 데스노스의 "소리 나는 석탄"은 아라공의 "소리 나는 뱀"과 비교해볼 수 있다. "허나 네가 원하는 것, 네가 사랑하는 것, 이 소리 나는 뱀은 네 자신을 비롯한 모든 것에 열중한 언어들이 행복한 굴절과 입맞춤의 무게를 지닌 문장이다." Louis Aragon, *Le libertinage*, Paris, Gallimard, 1978, p. 212.

매혹당한 시인은 불면의 밤을 보내면서 끊임없이 노래하는 과정을 통해 자신의 꿈에 대해 이야기한다. 다음은 시의 마지막 부분이다.

나는 불 앞에 앉아 밤 내내 머물러 있으리라 암흑의 날개를 지닌 석탄이 내 단조로운 길 위에 연기 나는 그림자와 타는 불의 치명적인 어른거림을 계속해서 비추는 동안 석탄에 대해 질문하면서
소리 나는 석탄 잔인한 석탄 석탄이여

석탄의 연기는 데스노스에게 있어 삶의 징표다. "내 그림자는 밤과 섞인다/석탄과 그을음과 함께/그리고 연기가 난다 내가 살아 있으므로."(「자신의 그림자를 잃은 사람」, F, p. 149) 로제 다둔은 이 부분을 "가장 짙은 어둠 한가운데에서조차 비상의 약속들이 기거하고 있다. 암흑 속의 침잠은('나는 밤 내내 질문하며 머물러 있으리라') 해방과 닿아 있다"[246]고 풀이한다. 시 「고정관념」은 석탄이 지닌 진정한 혼종성을 보여주고 있으므로, 특히 이미 인용한 바 있는 다음의 시구 "하늘과 땅과 바다의 깊이에서 비롯된 석탄은 산호로 된 부리와 미망인의 베일로 된 자신의 커다란 날개를 자랑스러워했다"에 주목해보자.

여기에서 석탄은 "산호로 된 부리"와 "미망인의 베일로 된 자신의 커다란 날개"가 있는 검은 새의 형태로 환기된다. "미망인의 베일"이라는 시어는 석탄의 이미지에 애매성을 부여한다. 또한 「낮에 꾸는 꿈을 위하여」의 한 시구인 "이미 태양은 미망인의 원피스로 변신했다"(CB, p. 126)를 떠올려보자. 상을 당한 표시로 입는 미망인의 원피스는 변장에

---

[246] Roger Dadoun, "Grandes images du grand livre poète Robert Desnos," in *Simoun*, nº 22-23, 1956, p. 90.

지나지 않는다. 검은 베일을 쓴 태양의 겉모습은 곧 소멸될 것처럼 여겨지지만 실상 검은 베일 뒤에는 살아 있는 불이 숨어 있다. 마찬가지로 검은 물질, 차갑고 죽어 있는 물질인 석탄은 그 한가운데 불을 내포하고 있다. 따라서 석탄-새가 미망인의 베일과 같은 제 날개를 펼칠 때, 검은 새는 타오르는 불사조로 변신한다.

시 「대리석 장미로부터 철의 장미까지」 또한 다른 세계들이 만나는 교차지점을 석탄 속에서 발견해낸다.

 석탄 장미는 가루에서 불의 장미로 변신한 흑인 불사조였다. 그런데 낮에 광부들이 장미를 무연탄 폐석 안으로 옮기기 위해 공손하게 영접하는 장소가 탄광이며, 그 어두운 복도로부터 석탄 장미가 끊임없이 피어오르며 사막의 문들을 감시하고 있었다.(CB, p. 147)

"석탄 장미는 흑인 불사조였다……"라는 은유는 석탄, 장미, 흑인, 불사조라는 네 개의 구별되는 현실을 서로 관련짓는다. 다시 말해 광물, 식물, 인간, 신화적 동물을 아우르고 있는 것이다. 비교의 요소는 특히 검은색이나 붉은색이라는 빛깔에 있다. 하지만 비교하는 것들과 비교되는 것들이 섞이는 은유에 의미를 부여하는 까닭은 결정적으로 변용의 능력에 있기 때문이다.[247] 데스노스의 세계에서 이러한 카오스적인 장미[248]와 비교할 수 있는 것으로는 "폭풍우 한가운데에서 피는 아네모네,"

---

247) 은유와 변용 간의 관계에 관해서는 가스통 바슐라르의 말을 인용해보도록 하자. "은유들은 자연적으로 변용과 관련되며 상상력의 세계에서 존재의 변용은 이미 비유된 환경에 꼭 들어맞음을 알게 되리라." Gaston Bachelard, *Lautréamont*, *op. cit.*, p. 55.
248) 시 「오랜 아우성」에서 "석탄의 꽃"이라는 표현 또한 찾아볼 수 있다. "이른 아침 오늘 저녁 나를 잠재워줄 커다란 품을 가진 처녀 석탄의 꽃이여 안녕," in CB, p. 124.

"화산 위로 피어오르는" 아네모네, "대서양의 파도로부터/달빛으로부터 눈으로부터 그리고 석탄으로부터" 생겨나는 "대초원" 등이 있다. (CB, pp. 155~56) 석탄 장미는 깊은 장소에서 끊임없이 꽃을 피우고 광부들의 손길에 의해서만 밖으로 나올 수 있다. 그렇다면 데스노스를 비롯한 초현실주의 시인들이 바로 광부들의 역할을 하고 있는 것은 아닌가.

데스노스적인 불사조-석탄은 일차적으로는 부활을 상징하고 있지만 시인이 다음과 같이 쓸 때에는 의미가 달라진다.

　부활하는 장작이
　너무 강렬해서 불사조는 거기에서 살아남지 못하리라

석탄이 죽은 식물의 변용에서 비롯되었다면[249] "부활하는 장작"은 죽음을 거쳐간 삶을 예고한다. "재탄생의 약속이 생겨나게 하는"[250] 석탄이라는 카오스적인 몸 또한 마찬가지다. 석탄의 심장 속에서 자고 있는 불이 일단 폭발되면 "해방하는 불"(PN, p. 72)의 힘이 탄생하면서 죽음과 근접하게 된다. 시 「동사원형」에서 데스노스는 삶과 죽음 사이에서 흔들리는 불의 역설을 노래한다. "거기에서 죽다 오 아름다운 불꽃이여 거기에서 죽다 (……) 물과 함께 태어나나 그리고 죽지 않는다."(CB, p. 108) 이후에 『행운』이라는 시집 속에서 그는 죽음 후의 부활이라는 모티브를 바커스 신화와 연관짓는다.

---

249) "고사리들은 석탄을 담은 보석상자들로 향한다." in CB, p. 151.
250) Valéry Hugotte, "Robert Desnos, la vie à venir," in Laurent Flieder (dir.), *Poétiques de Robert Desnos*, Paris, (éd.), ENS 1995, p. 26.

그의 입술 위에 감도는 웃음은 딸기를 짓이길 것이다,
그의 눈은 더욱 순수한 운명에 의해 표시될 것이다.
그것은 잿더미와 잉걸불에서 다시 태어나는 바커스,
이빨 속의 잿더미, 손 안의 잉걸불.

허나 다시 태어나는 어떤 사람을 위해 누가 얼마나 죽지 않고
심장과 발에 무거운 사슬들을 매고 있겠는가.
강물은 흐르고 망자들은 썩으리라……
매년 떡갈나무 이파리들은 다시 푸르러지리라.(F, p. 38)

데스노스는 이 시에서 바커스가 제우스에 의해 번개를 맞은 티탄의 재로부터 다시 태어난다는 오르페우스 신화에서 영감을 받는다. 그는 "다시 태어나는" 제우스의 아들이 겪는 고통을 강조한다. 실상 "무거운 사슬들"은 재탄생이 죽음의 끔찍한 고통을 겪은 후에만 실현될 수 있음을 알려준다. 하지만 그는 무거움/가벼움, 낮은/높은 등 여러 가지로 대비되는 "무거운 사슬들de lourdes chaînes"과 "떡갈나무 이파리들le feuillage des chênes"이라고 운을 맞추면서 경신되는 삶에 의해 환기되는 희망을 강조한다. "매년 떡갈나무 이파리들은 다시 푸르러지리라."

석탄은 또한 데스노스가 1925년경에 쓴 1막으로 된 희곡 『사랑의 숲』의 주인공이기도 하다. 여기에서 나무 석탄은 "잡을 수 없는 여인을 위해 타오르는"[251] 사랑의 숲으로 변모된다. 지옥, 여성, 석탄이라는 세 등장인물 간의 대화는 죽음 속의 삶 또는 삶 속의 죽음에 관한 작가의

---

251) Marie-Claire Dumas, "'Postface' à Robert Desnos," in *Le Bois d'amour*, Paris, (éd.), des Cendres, 1995.

사유를 담고 있으며, 또한 자신의 작품 속 역설인 석탄을 체화한 것에 대한 사유를 담고 있다. 다음은 이 희곡작품의 멋진 결말이다.

　　석탄―내 옆구리에는 허파가 있어!
　　여성―보여줘.
　　지옥―그것은 용암이야.
　　여성―아름답구나.
　　석탄―허파는 내 언어의 표시야.
　　(……)
　　석탄―나는 자살을 믿지 않아.
　　지옥―자살은 결코 일어나지 않았지.
　　여성―우선 그 누구도 죽을 수 없어.
　　지옥―그래 그 누구도.
　　(커튼이 내려온다)

　변용의 계기가 되는 애매함의 속성을 가장 많이 지니고 있는 카오스적인 몸은 끊임없이 변화함으로써 다시 태어나게 된다. 데스노스는 역설적이게도 몸을 거부함으로써 그것을 받아들이고 있으며, 마찬가지로 죽음 속에서만 삶을 인정한다. 그는 카오스석인 몸을 통해 죽음이라는 한계를 넘어 삶으로, 몸의 매개를 통한 재탄생으로 향하고자 하는 의지를 보여주고 있는 것이다.

3장 | 일상언어를 넘어서

데스노스는 『자유가 아니면 사랑을!』에서 "경이로움의 유기체적이고 시각적인 표현으로서의 글쓰기라는 마법적인 현상"에 대해 말한다(LA, p. 47). 몸에 대한 거부 속에 역설적으로 들어 있는 긍정적 태도는 데스노스의 글쓰기 행위와 직접적인 연관성을 갖고 있는 듯 보인다. 실상 죽음을 안고 있는 몸에 대한 관습적인 사고를 전복하는 행위는 사회적으로 약속된 언어 형태에 저항하는 위반적이고 전투적인 글쓰기 행위와 분리할 수 없기 때문이다.

1. 반복의 기법과 육성(肉聲)의 글쓰기

데스노스는 시어와 시구들을 반복하기 좋아한다. 그는 반복을 통해 "끊어지는 시구 형태"[252]를 창출하고 있으며, 이를 통해 "육성에 의해 만들어지고"[253] 독특한 리듬을 실어내는 글쓰기를 탄생시킨다. 데스노스의 작품에서 가장 많이 쓰이는 반복은 두어반복이며, 후렴구의 형태로 시구 전체가 반복되는 경우 또한 즐겨 쓰인다. 어린이들을 위해 창작된 『노래하는 우화들과 노래하는 꽃들』을 보면 특히 시에 구술성의 표지를 주는 반복이 무수히 나타나는 것을 볼 수 있다.

여기에서 반복되는 시어는 「영양」 속의 "팡! 팡! 팡!"의 경우와 같이 주로 의성어 또는 의태어에 속한다(O, p. 1328). 시인은 언어의 사전적인 어원에 상관없이 의성어·의태어적인 형태를 동물이나 꽃의 이름에서 만들어낸다. 「귀뚜라미 La sauterelle」(O, p. 1330)라는 시어의 철자에는 "뛰다 sauter"라는 동사가 숨어 있으며, 시인은 "뛰어, 뛰어, 귀뚜라미 Saute, saute, sauterelle"라는 시구의 반복을 통해 명사에 역동적인 유동성을 부여한다. 「해마」(O, p. 1330)에서는 "영광을! 아름다운 해마에게 영광을!"과 "힙! 힙! 힙! 해마를 위하여"라는 두 시구가 반복된다. 물론 시인은 "해마 L'hippocampe"라는 단어 첫 부분에 들어 있는 "힙! 힙! 힙! hip! hip! hip!"이라는 대중적인 감탄사를 빼내어 "영광을! 아름다운 해마에게 영광을"이라는 시구와 조응시킨 것이다. 이때 "힙!"은 승리와 열광을 나타내는 의성어로, "만세!"라고 번역할 수 있다. 그는 이 작품에서 마치 해마라는 단어에 영광과 환희라는 의미가 어원적으로 들어 있는 듯 여겨지게 함으로써 단어의 새로운 기원을 만들어낸다.

다른 시들도 이와 유사한 의미 형태적 미끄러짐의 원리를 갖고 있다.

---

252) Hélène Laroche Davis, *op. cit.*, p. 100.
253) 르네 플랑티에는 데스노스의 육성의 글쓰기가 "'반복'이라는 한 단어로 요약될 수 있는 구전시의 모든 기법에 의거한다"라고 지적한다. René Plantier, "L'écriture de la voix de Robert Desnos," in *Europe*, mai~juin 1972, p. 57.

「올빼미」에서는 마치 올빼미가 우는 소리를 모사하려는 듯, 또는 '올빼미 Les hiboux'라는 발음〔이부우〕의 메아리 놀이를 하려는 듯 "우! 우!Hou! Hou!"라는 야유의 의미를 지닌 감탄사를 반복한다. 게다가 시 전체 속에〔우ou〕라는 발음으로 끝나는 시어들을 증식시킴으로써 새로운 각운을 만들어내고 관계없어 보이는 단어들을 서로의 메아리가 되도록 연결짓는다(올빼미들hiboux, 이들poux, 배추들choux, 무릎들genoux, 보석들bijoux, 조약돌들cailloux, 장난감들joujoux, 어디에서 où, 안달루시아Andalous, 대나무Bambou, 통부투 지역Tombouctou, 프와투 지역Poitou, 만주인들Mandchous, 광인들fous). 이 원리는 다음의 시에서도 동일하게 적용된다. 「은방울꽃Le muguet」에 들어 있는 음절들은 "주의하라! 주의하라!Au guet! Au guet!"와 "즐거운! 즐거운!Gai! Gai!"이라는 두 반복적인 감탄사를 낳는다. 명령어인 "뚫어라, 뚫어라, 눈꽃이여perce, perce, perce-neige"는 「눈꽃」(O, p. 1346)이라는 시에서 여러 번 반복된다. 반복의 기법은 시에 리듬을 부여하며, 그것이 동반하는 변주는 환상적인 이야기를 전개시키고 놀라움을 창출하는 효과를 가져온다. 시인은 시와 이야기의 교차를 통해 중세의 이야기 장르인 노래하는 우화의 새로운 버전을 만들어낸다.

한편 반복은 구술성의 효과만이 아니라 텍스트의 회화성에도 영향을 미친다. 「사랑의 꽃과 떠도는 야생마들로부터」는 마치 시인이 그들을 호명하듯 "떠도는 야생마들"이라는 네 번에 걸친 반복으로 끝난다.

바사삭 소리를 내는 서리와 익은 과일들 떨어지는 꽃잎들 썩고 있는 물
서서히 변형되는 늪지대의 질척거리는 땅들이
떠도는 야생마들이 지나가는 것을 본다

> 떠도는 야생마들
>
> 떠도는 야생마들
>
> 떠도는 야생마들
>
> 떠도는 야생마들.(CB, p. 119)

이 시에서 반복되는 말들은 글에 목소리의 환기력을 입힌다. 게다가 반복은 페이지 위에 언어로 그림을 새긴다. 이 같은 활자상의 외침은 야생마들의 이동을 볼 수 있게 만든다. 데스노스는 다른 시 속에서도 반복을 통해 "볼 수 있는 소리"의 재현을 즐긴다. "외쳐라/신음하라 울어라 아! 아! 아! 아! 자취 너는 사라진다 이 바위 같은 푸른 빛깔 안에서."(「밤의 자살」, CB, p. 125)

데스노스는 내면에서 본 비논리적이고 카오스적인 장면들을 묘사하기 위해 두운법적 반복을 사용한다. 「중도에서」라는 시에서는 내용을 나타내는 시어가 아니라 문법적인 표시를 보여주는 시구인 "그리고 또한"이라는 말이 반복된다.

> 그리고 또한 술 취한 인부가 다리 모퉁이에서 노래한다,
>
> 그리고 또한 여인이 그 애인의 입술을 깨문다,
>
> 그리고 또한 장미꽃 잎이 텅 빈 침대 위로 떨어진다,
>
> (……) (F, p. 71)

이 결합된 접속사와 부사는 반복 또는 첨가의 역할을 하면서 "인간이 자신의 삶의 정확한 한순간에 보게 되는 수많은 사물들"(F, p. 71)을 적절히 표현해낸다. 이 밖에도 데스노스의 반복기법은 말더듬증과 유사한

형태를 보이기도 한다. 말더듬증은 논리적인 언어를 거부한다. 장 피에르 리샤르는 『사물의 상태』라는 평론집에서 말더듬증을 벙어리 상태의 완화된 표현으로 인식하고 있다. "이러한 비극에 글쓰기가 출구를 보여줄 수 있을까? (……) 그것은 실어증, 벙어리 상태(혹은 그 완화된 표현인 말더듬증)이다."[254] 「봉봉 Le Bonbon」이라는 시에서 시인은 그 출구를 보여주고자 한다.

나 나 는 는 산의
왕 왕 이다 이다
나는 예쁜 예쁜 아픈 예쁜 예쁜 눈들 눈들을 가지고 있다
더위 더위이다

나는 코가 있다
내 각각의 손에 손에
손가락 손가락 손가락 손가락 손가락이 있다

나는 이빨 이빨 이빨 이빨 이빨 이빨 이빨
    이빨 이빨 이빨 이빨 이빨 이빨 이빨
이빨 이빨 이빨 이빨 이빨 이빨 이빨
이빨 이빨 이빨 이빨을 갖고 있다

너는 나를 나를 고통스럽게 한다 한다

---

[254] Jean-Pierre Richard, "Manteaux et tombeaux," in *L'Etat des choses*, Paris, Gallimard, 1990, p. 80.

허나 나는 상관없다 상관없다
                문문.(CB, p. 78)

'나'의 두 번의 반복은 자아가 이미 이중으로 분열되어 있음을 드러낸다. 마치 시가 시적 자아의 정신분열증을 보여주려는 듯, 같은 단어들이 이중, 삼중, 다중으로 반복된다. 이러한 반복을 통해 시인은 어쩌면 앞으로 나가고 싶지 않은 자신의 욕망을 폭로하고 있는 것일지도 모른다. 다시 말해 말더듬증은 어린 시절로의 퇴행을 나타내고 있는 것이다. "봉봉," 곧 "사탕"이라는 시의 제목이 그 단서를 제공해줄 뿐만 아니라, 3행에서 시인이 "보beaux(아름다운)"-"보보bobos(아픈)"라는 동음어적 연결고리를 통해 유아어인 "보보bobos"를 사용하고 있기 때문이다. 게다가 그는 자신의 작품 속에 어린 시절의 경이로운 세계를 동요나 동화 등의 유아적 사고를 도입하여 표현하기를 즐기기도 한다. 예를 들면 「쿠쿠Coucou」라는 시의 첫 행은 "모든 것이 어린아이의 이미지 속에서처럼 만들어지도록"(F, p. 94) 구성되어 있다.

  시인은 다섯 손가락의 '다섯'이라는 숫자형용사 대신 손가락이라는 단어를 다섯 번 반복하면서 체계적으로 숫자를 거부한다. 특정한 신체 부위를 반복하여 부름으로써 마치 몸이 실제로 생성되는 느낌을 주고 있는 것이다. 데스노스의 「봉봉」은 원래 안나-일다 살롱이라는 폴란드의 정신병 환자의 시를 원작으로 삼은 작품이다.

   나 나 는 는 산의
   왕 왕 이다 이다
   나는 내 정부의

젖가슴들 젖가슴들과 손가락들

손가락들 손가락들 손가락들 손가락들을 좋아한다 (……)

사람들은 사람들은 번개들을 많이 만든다 만든다

아무것도 아무것도 아닌 이유들로

아무것도 아무것도 아닌 아닌 사랑을.

더위 더위이다.[255]

데스노스는 스스로 이 시에 대해 분석한다.

첫번째 행은 말더듬기다. 세번째, 네번째 또한 같은 기법이 사용되지만 그 적용에 있어서는 얼마나 다른가. 젖가슴은 두 번, 손가락은 다섯 번 반복된다. 마치 언어가 미지의 여성의 손과 가슴을 탄생시키는 듯하다. 불필요한 부사는 없다. 문장은 바로 여성 자신이 된다.[256]

데스노스는 언어의 환기력을 강조한다. 이는 글쓰기 속에서의 몸의 분출을 말하는 것이 아니겠는가? 「봉봉」에서 시인은 아무것도 변형시키지 않고 안나-일다 살롱의 시 첫 두 행과("나 나 는 는 산의/왕 왕 이다 이다") 마지막 행("더위 더위이다")을 그대로 차용하고 있다. 알렝 셰브리에는 "나 나 는 는 왕 왕 이다 이다"가 수많은 형벌을 받았던 그리스 강도에 관한 에드몬드 어바웃의 소설 『산의 왕』에서 비롯된 과대망상증

---

255) Paul Eluard, "Le génie sans miroir," in II, pp. 787~88. 엘뤼아르 이름 뒤에 숨은 이 텍스트의 진짜 저자가 데스노스임이 나중에 밝혀진다. "이 글은 실상 로베르 데스노스가 쓴 것이었으며 그림 또한 그의 작품이었다." Ibid., p. 1251.

256) Ibid., p. 788.

적 주제를 묘사하고 있다고 지적한다.[257] 이러한 관점에서 보자면 이 시는 인체의 세 부분이 점점 줄어들면서 탑 모양으로 쌓이고 끼워 맞춰지는 「과대망상증」이라는 마그리트의 그림을 연상케 한다. 시인이 몸의 한 부분을 지칭하는 단어를 반복하고 있다면, 화가는 유사한 몸의 조각을 쌓아올리고 있는 것이다.

데스노스는 안나-일다 살롱의 시 첫 두 행을 차용하면서 시적 자아의 정체성에 혼란을 일으킨다. 그것은 "나는 타자다"라고 천명하는 또 다른 방식이다. 게다가 그는 자신의 해설을 통해 그대로 차용한 마지막 행의 중요성을 강조한다. "이 시는 명사가 명사 자체의 수식어로 그대로 쓰이는 대담한 문법적 운용으로 끝이 난다."[258]

데스노스는 자신의 시에 정신분열증 환자가 쓴 세 시행을 고스란히 도입함으로써 병적인 상태를 가장한다. 그는 이렇게 해서 자신의 텍스트에 "광란에 빠진"[259] 태도를 부여하면서 「봉봉」을 메타 시로 만들고 있다. 게다가 그는 자신이 새로 쓴 부분 중 고통을 의미하는 단어들로 병적인 상태를 강조하기도 한다(3행 "아픈아픈bobos," 13행 "고통스럽게 한다"). 그는 다음과 같이 기록한다. "광인들의 가장 부러운 특권은 가장 신통치 않은 일들을 시화하는 것이다. (……) 정신착란자들의 손에서는 모든 것이 변모할 수 있는 것처럼 보인다."[260]

---

257) Alain Chevrier, "Aspects de la répétition dans la poésie de Robert Desnos," in Katharine Conley et Marie-Claire Dumas (dir.), *Robert Desnos pour l'an 2000*, op. cit., p. 252.
258) Paul Eluard, op. cit., p. 788.
259) 브르통의 개념이다. 브르통은 데스노스에 관해서 "그가 사랑하는 페트뤼스 보렐의 방식대로, 초현실주의에 광란에 빠진 태도를 부여하는 데 가장 기여한 사람이다"라고 말한다. André Breton, "Sur Robert Desnos," cité dans O, p. 110.
260) Paul Eluard, op. cit., pp. 788~89.

또한 데스노스는 반복기법을 다양하게 활용한다. 예를 들면 그는 같은 어원에서 출발하여 의미와 음성이 유사한 명사와 형용사, 또는 부사를 병치시킨다. 「밤바람」에서 그는 이 기법을 체계적으로 활용한다.

> 바다의 바다 위에서 미친 사람들이 정신을 잃는다
> 사냥꾼들을 사냥하며 죽은 자들은 죽고
> 론도춤을 둥글게 춘다
> 신적인 신들이여! 인간적인 인간들이여!
> 내 손가락적인 손가락으로 나는 두뇌적인 두뇌를 파괴한다.
> 얼마나 고통스러운 고뇌인가
> 허나 질서 잡힌 정부(情婦)들은 더부룩한 머리털을 갖고 있다
> 천상의 하늘들
> 지상의 대지
> 그런데 천상의 대지는 어디에 있는가? (CB, p. 71)

언어적 약속에서는 같은 생각의 무의미한 반복이라 하여 피하는 동어반복을 데스노스는 의도적으로 활용한다. 그러나 그는 이렇게 함으로써 우리로 하여금 그것이 진정으로 불필요한 반복인지를 질문하게 한다. 예를 들어 그는 모든 신이 항상 신적이며 모든 인간이 항상 인간적인지를 질문하게 만든다. 다시 말하면 데스노스의 동어반복은 단순히 언어유희의 즐거움만을 위한 장치가 아니다. 그것은 마지막 행의 질문으로 우리를 유도한다. "그런데 천상의 대지는 어디에 있는가?" 이를 통해 시인은 자연스럽고 명백한 것이라고 여겨지는 대상을 새롭게 바라보게 하는 것이다. 서로 반대되는 것들의 결합, 전도의 실험, 모든 관습적인

것에 대한 문제제기는 데스노스 시학의 핵심을 이룬다. 그렇다면 그가 구현하기 좋아하는 하이브리드적인 몸은 '두뇌적인 손가락'이나 '손가락적인 두뇌'에 대한 탐색을 상징화하는 것은 아닐까?

　데스노스의 시에서 드러나는 다른 반복기법으로는 동음이의어의 유희가 있다. 스스로를 "동음이의어들의 연인"(CB, p. 50)이라 지칭한 그는 "동냥aumône"이라는 단어와 "동음이의어homonyme"라는 단어의 합성으로 만들어진 제목 『오모님 L'Aumonyme』(1923)[261]이라는 시집을 비롯하여 자신의 시 전체에서 이 기법을 많이 이용하고 있다. 예를 들어 다른 인용시들 속에서 "피sang"라는 단어의 동음이의어들에 주목해보자.

　　파렴치한 피에 의해 그리고 장미들과 숲에 의해
　　살인적 하늘의 지붕 아래 그려진 원
　　입맞춤의 새벽에 태어나는 부르고뉴(「시라무르」, F, p. 16)

　　그들은 입맞춤을 위해
　　남은 피를 주리라.

　　그들의 손은 수많은 선을 갖고 있다(「네 명의 목 없는 사내들」, F, p. 64)
　　Le cercle tracé sous les toits du ciel assassin

---

[261] 거의 동음이의어적인 이 두 단어 "동냥aumône"과 "동음이의어homonyme" 간의 결합은 단순한 언어유희를 넘어서는 듯 보인다. 『오모님』의 서문에서 시인은 "동음이의어들의 연인에게 자비를"(CB, p. 51)이라고 쓰고 있다. 또한 『로즈 셀라비』의 92호에서는 "동냥"이라는 시어가 나온다. "부자들에게 동냥을 베푸시오, 그러고 나서 바위에 시몬느의 우상(偶像)을 새기시오." 데스노스는 틀림없이 이 단어의 종교적인 의미를 전도하기 위해 사용한 것으로 보인다. 『오모님』이나 『로즈 셀라비』에서 드러나는 반(反)교권주의적인 주제들이 이러한 가정의 사실성을 입증한다.

Par le sang sans vergogne et les roses et les fourrés
Bourgogne naissante à l'aube d'un baiser(「Siramour」, F, p. 16)

Ils auraient pour un baiser
Donné ce qui leur restait de sang.

Leurs mains avaient des lignes sans nombre(「Les quatre sans cou」, F, p. 64)[262]

이 시에서는 동일한 음상(音相)으로 인해 언어들이 자체적으로 증식하는 듯 보인다. 데스노스는 똑같은 소리를 취하면서도 의미를 다르게 변주함으로써 끊임없이 이전의 언어를 부수고 새로운 언어를 만들어낸다. 카오스적인 과정 속에서 끊임없이 반복되는 소리들만이 솟아오른다. 그리하여 동음이의어의 유희는 글쓰기에 인간의 목소리를 삽입하게 한다. 르네 플랑티에는 그의 시에 대해 "시인은 자신의 시를 입으로 쓴다"고 언급하면서 "시는 공간과 시간에 관한 입술과 숨결이며, 결국 죽음에 저항하는 인간의 목소리를 천명하는 것"이라는 결론을 내린다.[263] 「문학」이라는 시의 시구들은 데스노스 시학에서 간과할 수 없는 요소인 '글로 쓰인 구술성'에 대한 적절한 예를 보여준다.

그러므로 나는 내가 말하듯 쓰겠노라
만일 미광(微光) 속에 나타난 몇몇 문법학자가

---
[262] 밑줄은 필자가 표시한 것이다.
[263] René Plantier, op. cit., pp. 51~52.

까다롭고 언짢게 나를 비난하고 싶어한다면 어쩔 수 없지
나는 그를 꼼짝 못하게 할 수 있는 다른 학문이 있노라.(DA, p. 99)

내적 목소리에서 비롯된 구술성은 시인에게 일상언어의 문법적 규칙을 체계적으로 위반하면서 고유한 리듬을 담은 새로운 글쓰기를 탄생시키고 있는 것이다.

2. 해부되는 글자들과 반(反)블라종

자아가 "송두리째" 상실되는 경험은 존재론적인 문제에만 국한되는 것이 아니다. 언어 또한 똑같은 상실의 경험을 겪게 된다. 데스노스는 재현된 몸만을 해부하는 것이 아니라 시어 또한 해부한다. 그는 시구와 언어를 마음대로 절단하고 위치를 전환하며 재구성한다. 몸이 해부대 위에 놓여 있다면 언어 또한 동일한 장소에 놓여 내부를 드러내게 된다. 데스노스가 시집 『송두리째』에서 가장 체계적인 방식으로 시어의 재단을 극단까지 밀어붙였다는 점은 의미심장하다. 그가 시에서 실험한 것은 한스 벨머가 조형예술 영역에서 실험한 과정을 환기시킨다. 벨머가 인형을 조작하면서 조각난 인형의 몸과 분설된 언어를 똑같이 취급한 것처럼, 데스노스는 어떤 방식으로 언어와 일상의 육체에 대해 투쟁하는지를 보여줄 수 있도록 주로 인체 부위와 연관된 의미론적인 장에 속한 언어들을 조작한다.

『로즈 셀라비』(1922~23), 『오모님』(1923), 『익힌 언어』(1923)라는 세 소시집으로 구성된 시집 『송두리째』는 특히 일상의 몸과 언어가

동시에 전복되면서 새로운 몸과 새로운 언어를 생성해내는 몸과 언어 간의 병치를 잘 보여준다. 로즈 셀라비의 격언들 중 두 항목을 인용해 보자.

 7. 오 내 두뇌여, 창백해져가는 진줏빛 별이여.(CB, p. 33)

 59. 로즈 셀라비는 자기 두뇌의 꿀이 하늘의 담즙을 시큼하게 하는 기적이라고 천명한다.(CB, p. 38)

 창작된 고유명사인 로즈 셀라비는 무엇보다도 이름을 해체하고 재조립하는 모색적인 연구를 발생시킨다. 격언 7에서는 '두뇌/진줏빛과 별/창백해져가다crâne/nacre, étoile/étiole'라는 두 개의 아나그램을 찾아볼 수 있다. 시적 자아를 상징하는 로즈 셀라비는 이 두 아나그램을 통해 빛과 에너지를 잃어가는 별과 동일시된 머리의 착란적인 상태, 또는 빈사상태를 환기시킨다. 다시 말해 진줏빛의 부서지기 쉬운 속성과 "창백해져가는"이라는 동사의 의미가 결합되어 머리가 갖는 불안한 이미지를 만들어내는 것이다.
 격언 7이 진줏빛 색채를 통해 머리를 시각화한다면, 격언 59는 달콤하면서(꿀) 쓴(담즙) 머리의 애매성을 드러내면서 머리를 미각화한다. 여기에서 (꿀의) 달콤함은 (담즙의) 쓴 속성으로 변화하고 있으며, 또는 (꿀의) 달콤함이 쓴 속성에 (담즙의) 신랄함까지 함께 갖게 한다. 그러므로 두뇌의 꿀은 마치 어떤 음식이나 사유처럼 달콤하고도 시큼한 것으로 표현된다.
 로즈 셀라비의 격언 시리즈에서는 눈꽃perce-neige, 손톱깎기coupe-

ongles 같은 3인칭 직설법 현재동사와 명사로 이루어진 합성어들을 모델로 하여 어원을 재구성하는 음성적인 언어유희가 핵심적으로 표현되며, 두 요소의 연결과 융합을 용이하게 해줄 중앙모음의 변형이 첨가된다. 관습화된 언어는 도치될 뿐 아니라 분해되고 있다. 해체된 인간의 몸이 신비한 자신의 내부를 드러내는 것과 마찬가지로, 분해된 언어는 숨겨진 구성과 의미를 드러낸다. 이에 관해서는 인류학자인 마르셀 주스의 견해를 참조해보자. "처음에는 그렇게 이상하게 여겨지는 우리의 어휘가 일단 이해되고 나면 너무나 쉽다. 그것은 당신이 언어를 부순다면 현실을 얻을 수 있다는 뜻이 된다."[264]

프랑스어의 경우 우리는 화난 사람이 음절을 잘라서 "그건 말도-안-돼c'est ri-di-cule"라고 말함으로써 뒤의 말 "엉덩이cul"를 강조하는 것을 흔히 들을 수 있다. 언어의 해부자인 시인이 우리에게 발견하게 해주는 것은 에로틱하면서 우스꽝스러운 요소일 뿐 아니라, 오히려 첫번째 구성요소인 "주름ride"과, 그것과 연관되는 두번째 요소가 서로 다른 층위의 용어들을 혼합하면서 유사-어원을 만들어가는 과정이다. 그 과정에서 일상어(주름, 입술, 살갗), 비속어(엉덩이cul), 해부학적 용어(개구부orifice)들이 총동원된다.

『오모님』에서도 언어유희의 목적은 『로즈 셀라비』와 마찬가지이며, 다만 그 과정에서 차이점을 보일 뿐이다.

나 나는 여성의 어깨를 좋아한다
욕망하는 자의 극점과

---

264) Marcel Jousse, *L'anthropologie du geste*, Paris, RESMA, 1969, p. 28.

라인 강의 조약돌 같은 그녀의 차가운 젖가슴을.(「백지 서명」, CB, p. 60)

Moi j'aime l'épaule de la femme
Les pôles de l'affamé
Et ses seins froids comme les cailloux du Rhin. (「Blanc seing」, CB, p. 60)

이번에는 일련의 동음이의어를 연속적으로 배치시킴으로써 기이한 이미지를 만들어내도록 하는 것이 관건이며, 이것이 바로 소리이고 동음이의어의 원리가 된다. 때에 따라서는 한 단어를 절단하기도 하고, 두 단어를 잇기도 하면서 시인은 새로운 발견을 해낸다. 몸의 솟아오른 부분인 '어깨l'épaule'가 '극점les pôles'이 되면서 몸은 대지적인 차원을 획득한다. 시적 자아의 욕망의 대상인 여성은 거꾸로 욕망하는 자(l'affamé)가 된다. 또한 젖가슴은 단단함("조약돌")과 액체성("라인 강")이라는 상반되는 두 자질을 갖게 된다. 이렇게 해서 우리는 새로운 글쓰기와 새로운 몸의 영원한 창조과정을 목도하게 되는 것이다.

이제 마지막으로 『익힌 언어』라는 부분을 분석해보자. 이 부분은 시인이자 요리사가 준비한 진정한 성찬이라 할 수 있다. 그는 경구화된 표현, 대중의 구어적인 표현, 다른 시인의 시구와 같은 재료들을 자신만의 요리로 바꾼다. 「밤바람」의 중요한 시구인 "내 손가락적인 손가락으로 나는 두뇌적인 두뇌를 파괴한다"(CB, p. 71)를 다시 인용해보자. 일상어를 공격하고자 하는 의도적인 중복법은 몸의 파괴적 이미지에 조응한다. 데스노스는 이 부분에서 몸의 블라종 장르를 자신의 임의대로 바꾸어 사용하고 있다. 데스노스의 기법은 블라종의 전통을 계승한 엘뤼아르와는 달리 반(反)블라종의 전통에 더 가까우며, 이에 관해서는 「이자벨과 마리」라는 다음의 시 전체를 인용하는 것이 적절해 보인다.

이자벨은 계단 밑에서 마리를 만났다:
"너는 머리카락일 뿐이야!"라고 그녀에게 말했다.
―그럼 너는 손이야.
―네가 손이야, 견갑골(肩胛骨)아!
―견갑골이라고? 너무 심하잖아, 젖가슴 같은 년!
―혀! 이빨! 치골(恥骨)!
―눈!
―눈썹! 겨드랑이! 허리!
―목구멍! …… 귀!
―귀라고? 내가? 널 봐라, 콧구멍아!
―뭐라고, 늙은 잇몸아!
―손가락!
―보지야!"(CB, p. 84)

이 시가 전통적인 블라종의 단계를 따라가는 점이라면 몸의 일부를 열거한다는 점과 환유적인 논리로 전개된다는 점뿐이다. 하지만 이것이 여성 몸의 아름다움을 찬사하는 것과는 한참 거리가 멀다는 점에서 블라종 전통과 거리를 두고 있다고 할 수 있다. 이자벨과 마리의 적대적인 대화에서 여성들의 정체성은 몸의 일부로 한정된다. 신체 부위를 열거하는 것은 욕설을 내뱉는 행위와 등가를 이룬다.

"보지/바보con"라는 말은 마지막 대답을 단독으로 만들어내면서 앞에 나왔던 대화 속에서 여러 신체 부위의 이름을 욕설의 방편으로 사용하고 있음을 결정적으로 보여준다. 다른 대화는 첫번째 의미를 지시하지 않은 채 서로 싸우는 여성들 사이에서 욕설과 동일하게 튀어나온다. 동시에 이 모욕적인 단음절은 그것이 가진 원래 의미가 새롭게 분출되어 나오도록 유도된다.

같은 부분에 수록된 시-콜라주인 「입 속의 심장 Cœur en bouche」 또한 전통과 거리가 먼 유사-블라종이라 할 수 있다. 이 시의 제목은 "상냥한 체 bouche en cœur"라는 경구화된 표현을 전도시킨 것이며, 이를 통해 시인은 "몇몇 사용된 말들은 만일 문자 그대로의 의미대로 간주한다면 분명히 힘을 얻을 수 있다"(NH, p. 123)고 주장한 바에 대한 구체적인 사례를 보여준다. 뿐만 아니라 시인은 다음 시를 통해 전복의 시학을 표명한다.

그의 외투는 석양과 같이 끌리었고
그의 진주 목걸이는 치아처럼 아름다웠네.
집을 둘러싸고 있는 젖가슴의 눈[雪]과
화로 속 입맞춤의 불꽃.
그리고 그의 다이아몬드 반지는 눈[目]보다 더 반짝거렸네.(CB, p. 80)

이 시에서 목걸이나 반지 같은 여성의 몸을 장식하는 데 쓰이는 장신구들은 거꾸로 몸에 의해 장식된다. 몸의 여러 부위를 이러저러한 사물과 비교하는 대신에, 저자는 인간의 몸이 아닌 사물을 숭배하듯 비교하는 것과 비교되는 것 간의 질서를 전도시킨다. 이러한 전도는 아주 평범한 은유들을 새롭게 만든다. 그 결과 엘뤼아르의 경우와 마찬가지로 몸의 각 부위는 총체 속에 수렴되지 않는 결과를 가져온다. 몸은 조각조각 분해되고 세계 속으로 흩어진다. 기호의 전복은 과장된 명칭에서 비롯된다. 데스노스는 "젖가슴의 눈" "입맞춤의 불"이라고 위치를 전환함으로써 몸의 우주적 확장을 극단까지 밀고 나가고 있으며 다른 각도에서 보면 우주를 육체로, 전체를 부분적인 측면들로 환원시키고 있는 것이다.

이미 인용한 바 있는 희곡작품인 「사랑의 숲」에서 주인공으로 설정된 석탄의 장광설은 전치된 블라종 기법으로 되어 있다.

> 석탄―그녀는 붉은 미역 원피스를 입고 있다. 그녀는
> 바다의 박물관에서 훔쳐온 보석을 갖고 있다.
> 그녀의 머리는 사원처럼 만들어져 있다.
> 그녀는 가짜 이빨, 가짜 눈, 가짜 코를 갖고 있다.
> 그녀는 심장을, 어쩌면 매우 좋은 마음을 갖고 있으리라.[265]

이번에는 여성의 몸이 다양한 대상으로 잘 비유되어 있지만 그럼에도 그 대상들에 의해 장식된 것과는 거리가 멀다. 실상 그것들은 여성 몸의 이미지를 괴상하고 기이하게 만들어놓는다. 이런 방식으로 관습적인 몸은 죽고 그 자리에 새로운 몸이 태어난다. 다음의 「익힌 언어 1」에서 작가는 경구화된 문장들을 체계적으로 부수고 있다.

> 우리 영혼의 에움길을 지닌 초상화
> 우리 닫힌 마음으로

---

265) Robert Desnos, *Le bois d'amour*, op. cit., 페이지 표기 없음.

가슴에 발을 얹고 말해볼까요?

아니면 밤 내내 운이 따르지 않는 게임을 할까요?(CB, p. 72)

경구화된 각각의 표현 안에서 한 단어를 반대어로 교환함으로써("우리 영혼의 에움길을/우리 영혼의 지름길을, 닫힌 마음으로/열린 마음으로, 가슴에 발을 얹고/가슴에 손을 얹고, 운수가 나쁜/운수가 좋은) 시인은 언어를 "익히고 있다." 언어연습 또는 언어실험이라 할 수 있는 『익힌 언어』에 실린 열다섯 편의 시는 문법, 발음, 경구화된 표현 등 모든 종류의 규칙을 위반한다. 그것은 데스노스의 시가 무엇보다 실험적인 시임을 입증한다. 「이상적인 정부」에서는 명사가 동사를 대체한다. "그런데 그는 열쇠, 그리고 정부여! 너는 소나무 예쁜 꽃병에 담긴 나는 의자 만일 길들이 무덤들Or il serrure et, maîtresse! Tu pitchpin qu'a joli vase je me chaise si les chemins tombeaux"(CB, p. 75) 동사가 부재한 상태에서 시어들은 서로에게 연결되지 않고 콜라주 작품 속에서처럼 병치된다. 「신발 신은 동사Au mocassin le verbe」는 독이 든 동사가 어떻게 인칭대명사의 체계를 전염시키는지를 보여준다. "너는 나를 자살한다 그렇게 온순하게도./그러나 어느 날 나는 너를 죽을 것이다." (CB, p. 79)

데스노스는 『익힌 언어』의 마지막에 수록된 시 「그는 좋은 친구였네」에서 인체에 관한 경구화된 표현들을 집약하고 있는데, 이번에는 그 형태나 의미를 변화시키지 않는다. "그는 가슴에 손을 얹었고/달에 머리를 두었다/(……)/뱃가죽이 등에 달라붙었고/우리의 눈 속에 그의 눈을 담았다. (……)"(CB, p. 86) 이 시구들은 인체와 관련된 언어로 조합된 표현이 프랑스어에 얼마나 많은지를 보여준다. 몸의 언어에 속하는 상투어들이 열거되는 과정에서 마치 망자의 뼈에서 새 살이 돋듯이 상투적인 언어는 시적 공간 속에서 신선함을 되찾고 있다.

각각의 신체 부위는 아름답거나 추하지 않다. 여기에서는 여성 육체에 가치를 부여하는 것이 관건이 아니라 육체의 존재성이나 비존재성을 말하는 것이 중요하기 때문이다. 시적 자아 자신이 글쓰기를 통해 몸을 창조했다 할지라도 그것은 단순한 대상에 불과하여 이를 부분적으로밖에는 파악할 수 없다. 그러므로 여성을 총체적으로 태어나게 하기 위해서는 그녀를 구성하는 요소들을 집착적으로 반복할 수밖에 없다. "롱사르도 보들레르도 아닌" 데스노스의 반(反)블라종은 전통에 대한 저항을 의미한다. 이같이 인간 몸과 일상화된 언어를 해체하고 재구축하는 기법은 언어를 상투성에서 벗어나게 하고 새롭게 태어나도록 하는 데 기여한다.

3. 내면의 '몸-언어'와 무덤의 시학

데스노스는 자신의 시 속에 프랑스어가 아닌 다른 언어를 서슴지 않고 쓴다. 그는 시집 제목으로 'The night of loveless nights'라는 영어를 쓰고 있을 뿐 아니라 「처럼」(F, p. 79)이라는 시에서 영이, 이달리아어, 스페인어, 프랑스어로 된 동음이의어의 유희를 즐긴다.

Come, 이라고 영국인이 영국인에게 말한다 그리고 그 영국인이 온다.
Côme, 라고 역장이 말한다 그리고 이 도시로 온 여행객은 손에 가방을 들고 기차에서 내린다.

Come, 라고 다른 사람이 말한다 그리고 그는 먹는다.

Comme, 나는 처럼 이라고 말한다 그리고 모든 것이 변형된다. 대리석은 물로, 하늘은 오렌지로, 포도주는 평야로, 실은 숫자 여섯으로, 심장은 고통으로, 두려움은 센 강으로.

위의 시처럼 시인은 영어 come, 이탈리아어 côme(이탈리아어로 Como라 불리는 이탈리아 도시), 그리고 스페인어 come(먹다), 프랑스어 comme(처럼)를 자유자재로 넘나든다. 그는 또한 문학장르와 그 경계들에 의문을 제기하면서 문자가 아닌 것, 다시 말해 낙서, 숫자, 음표 등을 시에 사용한다.[266] 이러한 이단적인 글쓰기 또는 일상적 용법에서 전치된 글쓰기는 어쩌면 일상어로는 표현할 수 없는 존재 내부의 혼란스러운 풍경을 표현하는 데 적합할 수 있을 것이다. 특히 그림은 개인의 욕망을 명확히 표현할 수 있는 기호가 되기에, 데스노스는 최면적 꿈 실험에서 자신이 내부에서 본 것을 표현하는 방편으로 글과 그림을 동시에 사용했다.

데스노스는 화가처럼 직접 그림을 그리기도 하고, 초현실주의 동료 화가들의 다양한 작품을 비평하기도 했다. 『화가들에 관한 글』이라는 중요한 저서는 막스 에른스트, 프란시스 피카비아, 마르셀 뒤샹, 앙드레 마송 등의 작품에 관한 비평을 모아놓은 것이다. 이 책은 또한 1922년부터 1939년까지, 특히 대부분 최면적인 꿈 실험의 시기였던 1922년 말부터 1923년까지 데스노스가 그린 그림들을 집중적으로 수록하고 있다. 이같이 창작과 비평이라는 다른 두 방식을 통해 데스노스는 문학과

---

[266] 예를 들면 「예술 리듬이 부여된 버릇 Art rythmé tic」(CB, p. 66)에서 "젖가슴, 9를 위한 이 상자" "항해자들이여 2-3을 건너라/모든 8-S로" 등을 발견할 수 있다.

회화 두 장르의 긴밀한 관계를 추출해낸다. 그의 문학작품들에서 중요성과 빈도수를 확인할 수 있었던 몸의 수많은 주제를 다루고 있는 이 저서는 회화에 관해 성찰할 뿐 아니라 자신의 시학에 관해, 또한 이 둘 사이의 왕래에 관해 성찰하고 있다.

1) 살인과 피의 취향

데스노스가 초현실주의 화가들에 대해 강조하여 드러내는 테마는 그가 자신의 작품 속에서 다루는 테마와 동일한 경우가 많다. 『화가들에 관한 글』에서 그가 강조하는 것은 특히 분할과 재구성의 주제다. 막스 에른스트의 『백 개의 머리를 가진/머리가 없는 여성 *La Femme 100 têtes*』(1930)에 관한 데스노스의 글은 매우 중요한데, 그가 이 글을 빌려 자신의 시학과 고유의 미학을 피력하고 있기 때문이다.

> 시인은 시를 위한 늑대다. 그는 시와 싸우고 그것을 제압하고 아름다운 이빨과 긴 발톱으로 찢는다. 시인은 그것을 자양분으로 삼는다. 영원한 투쟁과 같이, 연인들의 무자비한 싸움과 같이, 증오나 죽음 같은 강한 열정이 시인과 그의 이상적인 애인을 결합시키면서 동시에 갈라놓는다. 이러한 살인과 피의 취향 없이는 이 분야에서 유효한 작품이란 없다.(EP, p. 133)

그에게 있어 시란 시인이 공격해야 하고 삼켜야 하는 먹잇감이다. 마치 시인의 사명이란 시를 파괴하는 일인 양 말이다. 시인은 철저한 싸움을 통해 아카데미풍의 녹을 모두 제거할 때까지 시를 발가벗겨서 그 안에 숨어 있던 신비로움을 발견하고자 한다. 게다가 시인과 시 사이의 관계는 에로스와 타나토스가 항상 섞여 있는 시인과 애인이 직면한 관계와 일치한다. 데스노스의 시론은 그가 표현하는 조각난 몸, 부서진 풍경, 언어의 해체를 매우 충실하게 반영한다.

또한 그는 에른스트에게서 이러한 "살인과 피의 취향"을 발견한다. "모든 시인의 운명에 복종하면서 막스 에른스트는 신비로움의 한 조각을 취하여 현실의 찢어진 원피스를 그 조각으로 복원해낸다."(EP, p. 134) 에른스트의 작업과 마찬가지로, 피카소의 그림은 데스노스에게 "조물주의 작품, 맹렬한 파괴자의 작품, 그리고 형태의 천재적인 '재구축자'의 작품과 대면하고 있다"는 느낌을 준다. 그렇기에 "파괴의 필요성, 잔혹함, 피카소에게서 입증되는 형태의 비극에 관한 취향"(EP, p. 164)은 데스노스의 경탄의 대상이 될 뿐 아니라 그의 작품 속에서 드러나는 원리 자체가 된다. 마찬가지로 데스노스는 피카비아에게서 '창조와 직결되는 파괴'를 감탄의 시선으로 발견한다.

당신은 모든 것을 흩어놓았다, 당신은 모든 것을 부서뜨렸다, 당신은 얼마나 큰 기쁨으로 새로운 경계들을 넘었으며, 처녀지를 짓밟았으며, 당신이 창조했던 미지의 신비로운 풍경들에 대해서 스스로 놀랐는가.(EP, p. 89)

데스노스는 공격의 의지를 강조하는 만큼 예술가들에게서 상실의 경험을 찾아내는 것을 중시한다. 예술가들의 창작의 근원은 오로지 상실 안에서만 찾을 수 있다고 생각하기 때문이다. 피카비아에 관해 그가 쓴 다음의 글(1927)을 참조해보자.

그림이 완성되면 스스로가 놀라게 될 정도의 일시적인 만족감을 경험하기 위해 그는 이 위험한 지역 속으로 송두리째 몸을 던진다.(EP, p. 98)

만 레이는 데스노스에게 있어 이러한 현기증 나는 하강의 입문자다.

그를 따라서 우리는 살 또는 빛의 이 미끄럼틀을, 이 현기증 나는 경사면들을 내려간다. 우리는 어렴풋이 본 지하실의 열쇠를 찾는다. (······) 하지만 물 밑 우리들의 이미지로부터 반복되는 요청에도 불구하고 감히 송두리째 그곳으로 몸을 던지려고 하지 않는다.(EP, p. 74)

결국 데스노스는 자신의 저서에서 화가들이 이 신비스럽고 위험한 대륙의 탐험가들이며 위험을 무릅쓰고 누구보다 더 가까이 죽음 곁에 다가갔던 사람들임을 강조하고 있는 것이다.

2) 예술가의 이름에 관한 유희

데스노스가 즐겨 해부하는 또 다른 대상은 사람이나 사물의 '이름'이다. 그의 시집들은 심지어 고유명사에 대한 해부실험 연구라고 말할 수 있을 정도인데, 그러한 연구의 의미는 그자비에 뒤랑의 지적처럼 "언어를 해부하면서, 우리는 그 비밀스런 하부조직들에 관한 것을 알게 될 뿐 아니라 우리 자신에 관한 어떤 것도 알 수 있게 된다"[267]는 점이다. 이러한 관점에서 데스노스가 그토록 열정을 기울였던 고유명사의 해부는 우리 자신에 관한 어떤 것을 발견하게 해주는 탁월한 방식이 된다.

---

267) Xavier Durand, "Michel Leiris et la substance verbale," in *Cahiers Dada-surréalisme*, n° 4, 1970, p. 81.

데스노스는 특히 초현실주의자들의 이름을 가지고 유희하기를 좋아한다. 이 이름들은 시인이 보기에 결코 자의적이지 않으며 그 이름에 해당되는 사람들의 운명과 강하게 관련되어 있다. 그리하여 그는 "작가의 이름인 서명은 작품에서 가장 중요한 부분이며, 그의 삶의 의미를 형상화한 것이며, 열쇠다"라고까지 말한다(EP, pp. 78~79). 또한 그는 "그 이름을 갖고 있는 사람의 운명에 어떤 역할을 담당하도록 영원히 운명지어진 이름들이 있다"(EP, p. 106)고 말한다. 그리하여 미로의 이름은 스페인어로 "나는 보았다"를 의미하는 것이 된다.[268] 미로의 회화세계는 그의 이름을 음성적으로 포함한 형용사로 규정된다. "미로의 그림은 미로볼랑하다 즉 너무나 거창하다.La peinture de Miró est Mirobolante." (EP, p. 107)

『화가들에 관한 글』에 수록된 데스노스의 그림들은 자신의 이름과 동료들 이름의 철자를 시각적 요소처럼 사용하고 있다. 이 글자들은 흔히 여러 종류의 선박 이미지를 형상화하는 데 쓰인다. 데스노스DESNOS의 철자들과 말킨MALKINE의 철자들은 작은 배의 형상을 그리기도 하고 (EP, p. 5, p. 228, 그림 60, 61), 로베르 데스노스ROBERT DESNOS와 그의 연인 이본느 조르주YVONNE GEORGE의 철자들은 서로 나란히 이웃한 두 척의 배로 만들어지기도 한다. 이름의 첫 글자를 딴 Robert의 R, Yvonne의 Y는 돛대를 형성한다(그림 62).

---

268) 미로의 이름의 끝 철자 o에 악센트 6가 붙어 있음에 유의해보자. 이 악센트는 프랑스어 텍스트나 영어 텍스트에서 흔히 생략된다. 데스노스가 취한 번역인 "나는 보았다"라는 1인칭 복합과거는 악센트가 있는 경우나 없는 경우 모두에도 정확히 해당되지 않는다. 악센트가 있는 miró의 경우에는 "그녀/그가 보았다elle/il vit"라고 하여 보다mirar 동사의 3인칭 단순과거가 사용되어야 하며, 악센트가 없는 miro의 경우에는 "나는 본다"라는 1인칭 현재동사가 쓰여야 마땅하다. 데스노스는 첫번째 철자 형태의 과거형과 두번째의 인칭을 취하여 다시 한번 혼종형을 만들어내고 있다.

데스노스는 작가들과 화가들의 이름을 가지고 서슴지 않고 유희를 벌인다. 아나그램인 "아라공ara gon"(ara는 잉꼬, gon은 평면각을 재는 단위. 여기서는 장갑gant과 동음이의어의 유희를 하고 있다), "마르셀 뒤샹 Marchand du sel"(직역하면 소금장수) 또는 동음이의어의 유희인 "말라르메Mâle armé"(무기를 갖춘 수컷)가 그 몇몇 예다. 한 사람의 이름은 무엇보다도 그의 정체성을 나타내지만 그의 인격에 관해서는 어떠한 정보도 주지 않는다. 하지만 데스노스는 친구들의 이름을 해부하고 자신의 마음대로 재조립함으로써 각자의 인격을 드러내고 거기에서 숨은 정체성을 보여주고자 한다.

고유명사에 관한 언어유희들은 철자적 해석을 기반으로 한 시각적 유희를 동반한다. 데스노스는 여기에서 동료들의 혼종적이고 양성적인(여성의 두 젖가슴과 남성의 성기) 벗은 몸을 형상화한다. 매번 그는 이름이 환기시키는 동음이의어의 유희에 따라 페니스를 변형한다. 그리하여 엘뤼아르("aile ou art?," 날개인가 혹은 예술인가?)에서는 나비가 두 날개를 활짝 펴고 있다(그림 63). 피카비아("Pis qu'habit a")의 페니스는 별로 변용된다(그림 64). 데스노스("d'aine os," 당나귀의 뼈)의 페니스는 뼈를 갖고 있다(그림 65). 아라공("ara gon")의 성기는 거대한 잉꼬로 변하고 그 뒤에는 장갑이 놓여 있다(그림 66). 이러한 구어적-시각적 칼랑부르(동음이의어의 말 맞히기 놀이)는 "기호의 자의성이라는 사고에 의문을 제기하면서, 사유보다 덜 심각한 언어가 사물을 반영한다는 사고를 가진 '크라틸리즘cratylisme'(시니피앙과 시니피에 관계의 동기화)으로 대체한다."[269]

---

269) Colette Guedj, "L'effervescence du lisible et du visible dans quelques fragments icono-textuels de Robert Desnos," in *La Licorne*, n° 23, 1992, p. 206. 이 연구에서

3) 예술가의 의사(擬似) 죽음과 작품의 탄생

데스노스는 구어적·시각적 칼랑부르를 통해 초현실주의 동료들의 정체성을 해체한 후 재구성했으며, 다른 한편으로 그들의 죽음을 선언하면서 그 정체성을 무화하기도 했다. 이에 관해서는 "'쾌활한' 무덤"을 환기해볼 필요가 있다. 『지옥의 형벌들 혹은 뉴헤브리디스』의 끝에서 두번째 페이지에 나오는 무덤 속에는 초현실주의 동료들이 쉬고 있는데, 데스노스 자신은 나중에 거기에 "기거하게 될 것"이라고 쓰고 있다. 재현된 무덤의 한가운데에는 배의 칼리그람에 의해 형상화된 "공동묘혈"이 있고, 그곳에 초기 초현실주의자들이 기거한다. 여기에서 다시 우리는 "송두리째 침몰한" 무덤-배의 이미지를 찾아볼 수 있다. "여기가 바로 피비린내 나는 섬들의 암초에 걸려 송두리째 침몰한 '쾌활한' 승객들의 무덤이다."(NH, pp. 102~103)

이 광대한 묘지에 누워 있는 망자의 리스트는 시간, 공간, 허구, 인간의 일상적인 범주를 넘어선다. '꿈의 산문'의 허구적 주인공인 미스 플라위는 로베스피에르나 로돌프 드 합스부르크 등의 역사적 인물들과 나란히 위치해 있고, 마찬가지로 데스노스의 초현실주의 동료들처럼 살아 있는 인물들과 불멸의 신까지 함께 배치되어 있다. 게다가 데스노스는 익명의 사람을 위해 자리 하나를 마련해둔다. "여기에서는 누군가가 쉬고 있다."

묘지의 건축가는 "쾌활한"이라는 표현을 통해 죽음의 공간이 가지고 있는 즐거운 측면을 강조하는 것을 잊지 않는다. 초현실주의 동료들의 죽음은 그 자체가 유희다. "내 친구들은 잘 살아 있다. 나는 재미삼아

는 언어와 그림을 연결하는 세 종류의 유형을 분석한다. 이름에서 출발하는 그림, 최면적 꿈 실험의 결과로 나타난 그림-글씨, 구어적·시각적 칼랑부르가 그 세 유형이다.

(……) 그들이 죽었다고 생각한다."[270] 데스노스는 어쩌면 자신의 마음대로 새로운 신전이나 또는 진정한 바벨탑을 건설하고 싶었는지도 모른다. 어쨌든 이 가짜 죽음의 공간 속에서 그는 삶과 죽음, 현실과 허구, 과거와 현재, 인간과 불사의 신 사이의 경계들을 지운다. 「두뇌 서커스단의 이름 없는 거리들이 있는 도시」(EP, p. 9, 그림 67)라 불리는 데스노스의 유명한 그림에서 우리는 두 번이나 반복되어 쓰인 "쾌활한"이라는 단어를 다시 발견할 수 있다. 줄지어 늘어선 건물들(또는 선박들) 중 한 곳에는 남성 성기의 이미지가 새겨져 있고 "죽음을 사시오"라는 문장이 쓰여 있다.

계속해서 『화가들에 관한 글』에 수록된 많은 그림 또한 죽음의 테마를 다루고 있다. 십자가형에 관한 그림은 명백하게 반교권주의적이다. 예수의 십자가에 새겨진 죄명인 I.N.R.I(유태인의 왕 나사렛 예수)는 동음이의어의 유희에 의해 "어떤 사람이 웃는다Un rit"(그림 68)로 변모한다. 데스노스는 그림 속 제목의 표지 위에 "Nous nous PASSION de notre Seigneur Jésus-Christ"라고 쓰면서 예수의 죽음을 조롱한다. Passion de Christ 하면 그리스도의 수난을 뜻하지만, 동사를 쓸 자리에 Passion이라는 단어를 씀으로써, "se passer de notre Seigneur Jésus-Christ," 다시 말해 "우리는 우리의 군주 지저스 크라이스트가 필요 없다"라는 의미로 읽히도록 하고 있다. "자유기 아니면 죽음을"이라는 금언이 혁명기 위에 새겨져 있는 그림도 보인다(EP, p. 21, 그림 69). 이 그림에서 우리는 "부랑아"라고 쓰인 교수대와 함께 마리안느의 데스노스적 버전을 볼 수 있다. 혁명당원이 쓰던 붉은색 프리지아 모자 대신에 별로 장

---

270) *Littérature*, n° 14, juin 1920.

식된 벌거벗은 여성이 표현되어 있는 것이다. 그녀는 어떤 검을 향해 서 있는데, 그 검의 손잡이는 라틴어로 된 "너는 이 표시로 인해 승리하리라"라는 문장으로 둘러싸여 있고, 검은 M, J, S라는 글자로 둘러싸인 심장을 관통하고 있다. 마리-클레르 뒤마는 그것이 레뷔rébus(그림 수수께끼)이거나 레뷔적인 배치일 것이라고 예측한다.[271] 확실한 것은 데스노스가 자동기술적인 메시지나 최면적 꿈 상태 속에서 본 광경을 표현하기 위해 회화적이면서 시적인 수단을 동시에 활용할 필요성을 느끼고 있다는 점이다. 언어는 그의 최면적인 텍스트 속에서 회화와 분리할 수 없는 일부가 된다.

최면적인 경험의 산물인 데스노스의 그림들의 제목은 「앙드레 브르통의 죽음」「여기에 엘뤼아르 잠들다」「막스 모리즈의 죽음」 등 동료들의 묘비명으로 되어 있다. 아라공의 죽음을 예고한 그림 「이곳에서 아라공이 죽다」(EP, p. 12, 그림 70)는 스핑크스의 이미지와 함께 "하지만 그는 어디에 있는가?" "나는 그것을 해독했다 R.D."로 구성되어 있는 일종의 수수께끼다. 데스노스가 미래를 예고하면서 동료들의 죽음을 언급한 곳은 비단 그림만이 아니다. 그는 『두번째 예언서』에서 자기 자신의 운명을 예고하기도 한다. 여기에서 그는 "나는 내 예언을 결코 조정하지 않았다. 나는 나를 실어가는 미지의 숨결이 내게 받아쓰게 하는 대로 썼다. 무슨 일이 일어나든지 간에 네가 실수할 리 없다 정령이여, 숨결이여, 영감이여"라고 쓰고 있다.[272]

초현실주의자들의 죽음에 관해 그려지거나 쓰인 이 같은 수많은 예언

---

271) Marie-Claire Dumas, "Les rendez-vous graphiques de Robert Desnos," in *Mélusine*, n° 4, pp. 156~57.
272) Robert Desnos, "Trois livres de prophéties de Robert Desnos," in *Pleine Marge*, n° 2, déc. 1985, p. 52.

은 우리로 하여금 창작과 창작자 간의 관계에 대해 성찰하게 한다. 데스노스는 작품이 생명체와 같기 때문에 작가처럼 유한하다고 여긴다. 따라서 "화가들의 작품이 모든 인간의 생산물과 마찬가지로 일시적이며 늙음과 죽음의 근사치에 의해 쇠약해진다"(EP, p. 24)고 생각했다. 그는 다음과 같이 썼다.

> 물질의 낡음이라는 생각, 치명적인 불꽃으로 타오르는 사랑이라는 생각이 없다면, 죽음에의 임박이라는 감각이 없다면, 변신 직전에 있는 정신의 고뇌가 없다면 시도 없다.(EP, p. 123)

이런 까닭에 시인은 끊임없이 시 속에서 자신의 죽음과 자신의 무덤에 대해 이야기하고 있다. 사지가 절단된 빈사상태의 몸은 작품이 묘비명으로 변하고 글쓰기가 유언적 형태로 변할 정도로 죽음을 예고한다. 「통지서」라는 시 속에서 그는 선언한다. "나는 오늘 저녁 내 마지막 영성체를 한다." 그리고 다음과 같이 자신의 죽음을 준비한다.

> 유명한 부인이 온다
> 죽음의 우체부가
> 나에게 편지 한 상을 들고서
> 내 친애하는 데스노스 내 친애하는 데스노스여
> 내가 당신에게 약속날짜를 알려주러 왔으니
> 며칠 후에
> 당신에게 알려주리라
> 당신은 저세상의 옷을 입으리라

그러면 모두가 너무나 만족하리라(DA, p. 52)

　죽음의 의식을 치르기 위해 시인은 무덤을 준비했듯 수의를 준비해야 만 한다. 5행의 "내가 당신에게 약속날짜를 알려주러 왔으니"에 주목해 보자. 죽음의 날짜는 어쩌면 초현실적 세계와 연결되어 있을지도 모르 며, 로베르 데스노스는 다른 사람들을 그곳으로 입문시킬 수 있는 사람 들 중 하나다. 초현실주의자들에게 던져졌던 질문, "당신은 왜 글을 쓰 십니까?"에 대해 데스노스는 "약속날짜를 알려주기 위해"라고 대답하지 않았던가? 앙드레 브르통은 『나자』에서 초현실주의 꿈 실험 당시의 풍 경을 환기시키면서 "데스노스가 눈을 감은 채 훗날을 위해 내게 했던 그 와의, 다른 사람과의, 그리고 나 자신과의 수많은 약속에 대해서"[273] 언 급한다.

　또한 데스노스는 글쓰기란 삶의 이편에 숨겨진 죽음과 대면하는 것임 을 우리에게 보여주고자 한다.

　　종잇장은 커다란 흰 날개를 펼친다
　　이내 그의 두 발톱이
　　내 눈을 뽑아내리라
　　뭐가 뭔지 모를 내 몸
　　고인이 된 내 몸이여!
　　온갖 우스꽝스러운 날들 중 어느 날
　　당신은 화려하게 치장된 그 몸을 보게 되리라(「두번째 무한의 문」, DA, p. 50)

---

[273] André Breton, *Nadja*, Paris, Gallimard, [1928], 1992, p. 36.

이 시의 많은 요소는 애매하다. 그가 더 이상 자신의 몸을 보지 못하게 되리라는 것인지("고인이 된 내 몸이여!"), 아니면 무슨 일이 일어날지 모르겠다는 것인지("뭐가 뭔지 모를 내 몸"), 아니면 자신의 몸에 작별을 고하려는 것인지 우리는 알 수 없다. 분명한 점은 데스노스에 고유한 글쓰기의 탄생이 자아 상실, 자기 몸의 상실("고인이 된 내 몸") 그리고 오래된 시각의 상실("내 눈을 뽑아내리라")의 경험을 동반한다는 사실이다. 이 인용 부분은 시집 『오모님』(1923)에 수록된 다른 시와 흡사하다. 그 시에서 데스노스는 역시 "불의feu" "고인의feu"라는 두 동음이의어의 유희를 벌이면서 창작에 사용되는 두 신체 부위인 손과 눈을 제거한다. "고인이 된 우리의 손, 고인이 된 우리의 눈은 고인들의 스승이었다."(CB, p. 53)

인용한 시에서 "뭐가 뭔지 모를"이라는 대목이 보여주듯 자아의 정신은 흰 종이처럼 텅 비어 있는 처녀림이 된다. 시적 자아는 죽은 자신의 몸을 타인의 몸처럼 응시하면서 객관화한다("고인이 된 내 몸이여!"). 데스노스만의 서정적 자아는 이렇게 해서 전통적인 서정자아가 표출하는 내적인 감정이나 감흥을 배제시킨다. 눈은 종잇장의 은유인 독수리의 발톱에 의해 잔인하게 뽑힌다. 그의 「시론」은 공격의 의지로 가득 차 있다. 스승의 숨결을 표상하는 '나'는 말한다.

썩어라 늙은 살 늙은 뼈여
얼굴을 관통하여
이빨이 부서지든 잇몸에서 피가 흐르게 하든 간에
나는 내 주인의 숨결을 증언하는 시
물이 흐른다 벌새와 꾀꼬리와

냄비 속에서 불타는 알코올의 부조리한 노랫소리와 함께

내 몸을 타고 흐른다(O, p. 1241)

피 흘리기 위해 살은 베어져야 한다. 피가 분출하듯, 존재의 깊이에서 타오르는 불꽃이 용암처럼 분출된다. 만일 시인이 몸을 공격하는 것이라면, 그 이유는 그 안에 무엇인가가 갇혀 있다고 생각하기 때문일 것이다. 그의 환상은 몸이 가두고 있는 것을 쏟아내게 하기 위해 몸의 껍질들을 부수는 데 있다. 『자유가 아니면 사랑을!』의 첫 장은 "로베르 데스노스"라는 제목 아래 다음과 같은 묘비명으로만 되어 있다.

1900년 7월 4일 파리 출생.
그가 이 글을 쓴 날인 1924년 12월 13일 파리에서 사망.(LA, p. 19)

이렇게 해서 로베르 데스노스는 허구적으로 죽고 그의 글은 새롭게 태어난다. 사랑이 에로스와 타나토스의 양가성을 지니고 있듯이 그의 시 자체가 죽음의 매혹과 뒤섞여 있다. "지금 사람들은 뾰족한 시의 젖망울을 빨아댄다/그 치명적이면서 빛나는 젖가슴에서."(DA, p. 51) 마찬가지로 로즈 셀라비는 다음과 같이 질문한다. "언어들이여, 당신은 신화이고 망자들의 도금양 이파리와 같은가?"(CB, p. 43) 몸은 살아 있으면서 죽음에 사로잡혀 있으므로, '몸의 글쓰기'의 양가성 또한 자연스러운 방식으로 표출되고 있는 것이다.

데스노스의 시적 공간 안에서 몸은 정신의 언어로 변모한다. 관습적인 몸이 파괴되고 재구성되는 것과 마찬가지로, 언어에 관한 유희들은 글쓰기의 해체를 동반한 다음 새로운 글쓰기로 변모한다. 그리하여 부정되고 재발견되는 글은 사회적 관습에 따르는 명확한 언어의 일상적 사용에 익숙해진 의식과 정신을 전복한다.

　데스노스의 시는 끊임없이 새로움을 만들어냄에 따라, 미리 규정되지 않은 무한함에 열려 있게 된다. 그가 자신의 작품 속에서 시인의 죽음을 천명하는 이유는 무화작용을 거친 글쓰기의 영원성을 강조하기 위해서다. 데스노스의 시학의 힘은 몸의 거부에서 수용으로, 죽음에서 삶으로, 글쓰기의 파괴에서 재구축으로 향하는 끊임없는 변용 속에 깃들어 있다.

제4부 벵자멩 페레와 폭식하는 몸

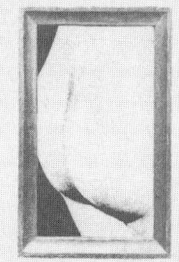

뱅자멩 페레는 초기부터 최후까지 브르통 곁에 남아 초현실주의를 꽃 피우는 데 중추적인 역할을 한 가장 충실한 초현실주의 멤버였으며, 초현실주의 글쓰기의 정수라고 할 수 있는 자동기술법적 글쓰기를 자유자재로 구사한 뛰어난 시인이었다. 그는 시, 동화, 초현실주의 산문, 소설, 평론을 모두 수록한 7권에 이르는 방대한 분량의 저작 『전집』을 남겼다.[274] 하지만 그는 감정적이고 공격적인 독특한 성격 때문에 "전대미문의 초현실주의자" "초현실주의 괴짜" "완전한 반항아" "영원한 혁명가" "구제불능의 뱅자멩"이라고 불렸고, 정작 그의 문학세계는 엘뤼아르나 데스노스에 비해 상내적으로 주목을 받지 못했을뿐더러 정당한 평가도 받지 못했다.

　그에 대한 연구는 1960년대와 1970년대부터 장 루이 베두엥, 클로드

---

[274] Benjamin Péret, *Œuvres complètes*, tomes 1, 2, 3, Paris, Losfeld, 차례대로 1969, 1971, 1979. tomes 4, 5, 6, 7, Paris, Corti, 차례대로 1987, 1989, 1992, 1995. 이하 축약해서 t. 1부터 t. 7로 표기한다.

쿠르토, 장 크리스토프 바일리 세 연구자에 의해 시작되었는데, 그들의 연구서는 이 작가의 중요성을 입증하고 작품세계를 읽어내도록 도와주는 입문서의 역할을 해주었다.[275] 또한 1980년대에는 장 미셸 구티에가 주도한 공동연구서에서 페레와 초현실주의, 시, 정치, 회화, 멕시코 등과의 관계가 조명되었다.[276] 이와 비슷한 시기에 페레에 관한 박사논문이 두 편 나왔는데, 알렝 라니에프스는 페레의 혁명적 글쓰기라는 주제 안에서 정치와 초현실주의의 연관성을 탐구했으며,[277] 리샤르 스피트리는 질베르 뒤랑의 상상계적 방법론에 따라 페레의 작품을 연구했다.[278] 1990년대에 이르러 페레의 정치참여에 관한 소책자[279]와 텍스트적 접근, 인류학적 접근으로 이루어진 몇몇 논문이 나오면서 페레의 작품세계에 대한 다양한 면이 밝혀지고 있으나 여전히 대부분의 연구가 기초적인 수준에 머무르고 있는 실정이다.[280]

페레의 작품 속에서 몸의 테마를 다룬 연구서는 없다. 다만 몇 명의 연구자가 그의 작품 속에서 두드러지는 감각 데이터들의 혼란을 지적하

---

275) Jean-Louis Bédouin, *Benjamin Péret*, Paris, Seghers, [1961], 1973. Claude Courtot, *Introduction à la lecture de Benjamin Péret*, Paris, Le Terrain Vague, 1965. Jean-Christophe Bailly, *"Au-delà du langage," une étude sur Benjamin Péret*, Paris, Losfeld, 1971.
276) Jean-Michel Goutier, *Benjamin Péret*, Paris, Veyrier, 1982.
277) Alain Laniepce, *Benjamin Péret: unité politique et technique d'expression*, thèse de 3ᵉ cycle de l'université Paris XII, 1981.
278) Richard Spiteri, *Les structures de l'imaginaire dans la poésie de Benjamin Péret*, thèse de 3ᵉ cycle de l'université Paris III, 1983.
279) Guy Prévan, *Péret Benjamin révolutionnaire permanent*, Paris, Syllepse, 1999.
280) Masao Suzuki, "Le Déshonneur des poètes: Benjamin Péret et la théorie surréaliste du signe," in *Pleine Marge*, nº 21, juin 1995, pp. 111~17. Richard Spiteri, "Péret, Freud et Frazer," in *Mélusine*, nº 16, 1997. Richard Spiteri, *"Quatre ans après le chien* de Benjamin Péret, prélude à l'amour sublime," in *Mélusine*, nº 18, 1998, pp. 284~90.

고 있을 뿐이다. 조제 피에르의 지적대로 감각의 혼용은 "나는 귀인 것을 담배라 부른다"라는 유명한 시구 이래로 페레 작품의 뚜렷한 특징을 이룬다.[281] 마찬가지로 초현실주의 사전에서는 페레에 대해 이렇게 언급한다. "후기 보들레르적 상징주의자들의 고심한 듯한 그러나 논란의 여지가 있는 조응·correspondances을 벵자맹 페레는 시각, 촉각, 후각, 미각의 즉흥적인 연쇄로 대체시켰으며, 그중에서도 미각은 그의 대단한 식욕으로 인해 가장 선호되는 감각으로 작용한다."[282]

연구자들은 공통적으로 페레 작품의 중요 테마로 '음식'의 테마에 주목한다. 장 루이 베두엥은 다음과 같이 지적한다. "음식은 시인의 정신세계에서 중요한 자리를 차지한다. 페레의 시들과 동화 속에는 15세기 제롬 보쉬의 '낙원'에 가득한 반수신(半獸神)과 식물들만큼이나 수많은 음식이 일상용품 시장에 넘쳐난다."[283] 이에 대해 장 크리스토프 바일리는 "페레의 시 속에서 발견되는 유복함은 (……) 결핍을 표현하는 것일 뿐이다"[284]라고 지적하면서 풍요로운 음식 이미지 속에 감춰진 작가의 허기와 욕망을 밝힌다. 한편 줄리아 필드 코스티취는 음식이 무엇보다 외부세계를 내면화하고 모든 종류의 이분법을 무너뜨리는 기제로 사용됨을 보여준다.[285]

우리가 보기에 음식과 관련된 주제와 감각의 착란은 시인의 작품에서

---

281) José Pierre, "Péret et la peinture," in Jean-Michel Goutier, *op. cit.*, p. 108.
282) Adam Biro, René Passeron (dir.), *Dictionnaire général du surréalisme et ses environs*, *op. cit.*, p. 326.
283) Jean-Louis Bédouin, *op. cit.*, p. 31.
284) Jean-Christophe Bailly, *op. cit.*, p. 91.
285) Julia Field Costich, *The Poetry of change: a study of the surrealist works of Benjamin Péret*, Chapel Hill, University of North Carolina press, 1979, pp. 135~46.

높은 빈도수를 차지하는 삼키기와 토하기, 마시기와 오줌 누기, 들어가기와 나가기라는 몸의 동작을 나타내는 동사들이 지칭하는 것과 밀접하게 연관되어 있다고 할 수 있다. 다시 말하면 시인은 특별히 섭취, 소화, 배설이라는 몸의 세 기능에 집착하고 있다. 또한 그는 몸뿐 아니라 "땅, 요리, 위장에서 벌어지는 세 층위의 소화작용을 같은 선상에 놓고 있다."[286) 소화작용으로 표상되는 몸의 왕복운동은 페레의 시학을 형성하는 결정적인 것으로 보인다. 그것은 몸과 세계, 내부와 외부 간 소통의 방식이 될 뿐 아니라, 모든 세계의 경계, 모든 이분법적 한계를 무너뜨리는 시인만의 고유한 방식으로 작용한다. 음식을 부수는 행위와 그것을 소화시키는 행위는 해체작용을 거친 변신을 지향한다. 그것은 새로운 발견과 창작을 위해 부순 다음에 재구성하는 초현실주의자들의 작업도 마찬가지다. 따라서 페레가 중시하는 몸의 내적 작용은 초현실주의 화가들이나 시인들의 내적 작업을 환기시키는 효과 또한 가져온다.

페레의 작품 속에 나타나는 몸의 역동적인 움직임들은 동화적인 세계와 그로테스크의 세계를 환기시킨다. 입의 역할은 구술성을 앞세우는 동화에서뿐 아니라 그로테스크 세계에서도 매우 중요하다. 그로테스크 세계를 연구한 바흐친의 언급처럼 세계를 삼킬 수 있는 입은 모든 입구가 그렇듯 "두 육체 간, 그리고 몸과 세계 간의 경계를 극복하는 장소가 되며, 상호적인 교환과 지향이 이루어지는 장소"[287)가 되기 때문이다.

---

286) Gaston Bachelard, *La Formation de l'esprit scientifique*, Paris, Vrin, 1993, p. 176.
287) Mikhaïl Bakhtine, *L'œuvre de François Rabelais et la culture populaire au Moyen âge et sous la Renaissance*, Paris, Gallimard, 1973, p. 315. 같은 페이지에서 바흐친은 다음과 같이 쓴다. "그로테스크에서 입은 얼굴 부위 중 가장 눈에 띄는 부분이다. 그로테스크한 얼굴은 '크게 벌린 입'으로 귀결되고 그 나머지는 입이라는 '크게 벌어진 그리고 흡수하는 육체적 심연'을 둘러싸는 데만 사용될 뿐이다."

두 세계는 무엇보다 기이하고 경이로운 세계라고 할 수 있다. 동화적인 세계는 시간과 공간의 일상적인 조건을 뛰어넘은 거꾸로 된 세계이며, 그로테스크의 세계는 전복의 정신을 실천하는 축제성과 연관되어 있다. 페레의 작품 속 육체는 삶의 한계로부터 자유로워져서 혁명의 정신을 전적으로 투영하고 있다. 이제부터 경이로움의 장르인 동화와 중세의 민중적인 기질을 반영하는 그로테스크 세계와의 관련하에 무한히 변용하면서 이질적인 요소들과 자유롭게 결합하는 몸의 이미지를 살펴보고자 한다. 그런 다음 동화적이고 그로테스크한 몸이 대단한 기동력과 극단적인 혼종성으로 특징지어지는 페레의 글쓰기를 통해 어떻게 표현되고 있는지를 분석할 것이다.

1장 | 동화적인 몸과 감각의 재구성

페레의 작품은 소설뿐 아니라 시에서 또한 동화적인 면을 강하게 풍긴다. 로베르 베나윤은 페레가 "동화와 오래된 의식의 집요하고 감탄스런 몰이꾼"[288]이었다고 술회한다. 특히 그의 전집 3권과 4권에는 동화에 관한 작가 특유의 열정이 깊숙이 배어 있다. 『양의 넓적다리, 그의 삶, 그의 작품』이라는 동화집 제목만 보더라도 작가가 얼마나 동화의 세계에 탐닉하는지를 잘 보여주고 있지 않은가? 양의 넓적다리를 의인화한 페레의 작품은 루이스 캐롤의 『이상한 나라의 앨리스』에서 양의 넓적다리가 초대객들에게 대접되기 전 벌떡 일어나 앨리스 여왕에게 인사하기 위해 몸을 숙이는 순간을 떠올리게 한다.

페레의 대부분의 동화가 1922년에서 24년 사이, 다시 말해 최면적 꿈 실험의 시기에 쓰였다는 것은 동화가 꿈과 신화에 근접한 장르임을 확인해준다. 페레의 동화들은 동화적 측면뿐 아니라 환상적 측면을 함

---

288) Robert Bénayoun, "Préface," in *Le Grand Jeu*, Paris, Gallimard, [1928], 1997, p. 8.

께 가지고 있어서 세르주 포슈로 같은 연구자는 이를 "동화적인 환상"[289] 이라고 지칭하기도 했다. 또한 『그리고 젖가슴은 죽었다』(1926) 같은 동화는 이질적인 요소들의 생경한 결합과 이상한 변용을 통해 낯섦, 부조리함, 공포의 감정을 불러일으키면서 환상적인 면모의 정수를 보여준다.

> 그 다음 날 그는 자신의 손이 너무 무거워서 손을 드는 것이 불가능할 지경에 이르렀음을 느꼈고, 그것을 잘라버림으로써 단숨에 문제를 해결했다.
> 맙소사! 수술을 집도했던 외과의사들은 이 두 기관을 절제할 수 없었다. 뿐만 아니라 수술도구들이 부서졌고 그들의 턱 위에 두번째 코가 나타났으며, 콧구멍이 하늘을 향해 뒤집혔다. 코가 너무 무거운 나머지 그들은 얼굴을 앞쪽으로 기울이며 걸어야만 했는데 그것은 삶의 거의 모든 상황 중 가장 불편한 자세였다.(t. 4, p. 70)

페레는 자신의 작품 속에 동화적 요소를 집어넣음으로써 "현실과 상상세계 사이에 단절이 존재하지 않으며, 시인이 드러내고 보여주고자 할 임무로 생각하는 연속성이 존재한다"[290]는 사실을 강조한다. 동화의 고유한 자질을 강하게 지니고 있는 페레의 몸 이미지는 표면적으로 이분법적인 두 질서 사이의 경계를 없앤다. 이렇듯 동화뿐 아니라 시에서도 나타나는 동화의 고유한 정신과 글쓰기는 특별한 관심을 끈다.

---

289) Serge Fauchereau, *Expressionnisme, dada, surréalisme et autres ismes*, Paris, Denoël, 2001, p. 437.
290) Marc Eigeldinger, *Poésie et métamorphoses*, Neuchâtel, La Baconnière, 1973, p. 259.

1. '이야기 시' 속에서의 몸

왜 페레는 자신의 시 속에 동화적인 요소를 집어넣었을까? 그의 작품 속에서 동화와 시는 어떤 방식으로 혼융되어 있는가? 일상적인 시·공의 질서를 뛰어넘는 세계 속에서 의인화된 음식과 사물은 독특한 몸의 동작과 움직임을 보여주면서 이러한 질문에 대한 풍요로운 해답을 제시하고 있는 듯 보인다.

1) 경이로운 세계

"옛날에 누추한 집에 익숙해진 어느 바나나가/자기 머리의 울타리를 뛰어넘었다네."(t. 1, p. 77) 페레의 시는 동화를 여는 마술적 언어인 '옛날에' '옛날 옛적에'로 시작하여 우리를 단숨에 머나먼 상상의 세계 속으로 인도한다. '옛날 옛적에'라는 시작은 이어질 내용이 우리가 아는 즉각적인 현실에서 벗어나며, 논리와 인과관계가 단절됨을 보여주는 사건이 곧 일어날 것임을 암시한다.[291] 인과관계의 전복은 페레의 시를 구성하는 서사적 표현법 중 가장 중요한 특징으로 꼽힌다. 그의 시에는 '왜냐하면' '그래서' 등의 연결어가 무수히 쓰이고 있는데, 이 같은 페레의 연결어들은 일반적인 논리적 어법을 비껴간다.

페레는 허구에 의해 자신의 시를 풍요롭게 한다. 그의 시에 등장하는 인물들은 동화 속에서와 마찬가지로 시간적으로("옛날에"), 공간적으로 ("먼 왕국에서"), 사회적으로("어떤 왕과 왕비가") 동떨어진 곳에 위치해 있다. 그는 자기 스스로의 논리를 가지고 고유한 시간을 만들어낸다.

---

291) Bruno Bettelheim, *Psychanaylse des contes de fées*, Paris, Robert Laffont, 1976, pp. 101~102.

정신분석학의 입장에서 코, 작은 손가락, 반지 등이 갖고 있는 모든 성적인 암시를 고려해본다면, 동화는 어린아이의 세계와 에로틱한 세계를 동시에 연결하고 있으며, 그 밖에도 관습적인 것과 환상적인 것, 꿈과 현실, 익숙한 것과 낯선 것을 함께 내포한다고 할 수 있다. 따라서 동화의 양가적인 자질은 초현실주의자들이 꿈꾸는 이분법적인 것들의 무화가 지니는 욕망에 부합한다. 페레의 동화와 시는 모두 일반 동화에 고유한 "진정으로 낯선 결합을 창출해내고자 하는 욕망"[292]을 강하게 내포하고 있는 것이다.

동물·식물·광물 등의 세계의 구분을 무너뜨리는 것은 동화가 가진 중요한 매혹의 요소다. 페쥐의 지적처럼 "동화는 인간의 몸, 식물, 돌 사이의 복합적인 결합을 만들어낸다. 그것은 유기체와 비유기체 간의 도치가 점차 이루어지는 변화를 이끌어낸다."[293] 이러한 변화는 다양한 조합으로 만들어지는 페레의 혼종적인 몸을 조명하는 과정에서 구체적으로 분석될 것이다.

"이야기 속에 들어 있는 시적인 요소, 경이로움을 되찾기 위해 시는 서사적인 된다"[294]고 말할 수 있을 만큼, 경이로움은 페레를 완전히 매혹시키는 동화적 요소다. 경이로움은 세상, 인간, 사물들로 하여금 일상 삶의 질서와 장애물로부터 자유롭게 해준다. 그것은 생명이 없는 존재들에게 생명력을 주고 말을 하게 하고 춤을 추게 한다. 세계를 가르는 경계가 다양한 방법으로 무너지며, 몸은 터무니없이 커지거나 감지할

---

292) Pierre Péju, *La petite fille dans la forêt des contes*, Paris, Robert Laffont, 1981, p. 91.
293) *Ibid.*, p. 89.
294) Michel Collomb, "Les simulacres du sens dans la poésie de Benjamin Péret," in *Le siècle éclaté*, n° 3, 1985, p. 112.

수 없을 정도로 작아진다. 또한 자신의 무게나 세상의 무게에서 자유로워져서 날아다니기도 한다.

또한 경이로움은 초현실주의 전체가 추구하는 목표 중 하나다. 브르통은 "'경이로움'에로의 완전한 내맡김, 이러한 내맡김 안에 사람들 사이의 영원한 소통이 가능한 유일한 근원지점이 있다"고 본다.[295] 페레는 경이로움이 어디에나 있다고 천명한다. "경이로움, 나는 반복해서 말한다, 그것은 어디에나, 모든 시대에, 모든 순간에 있다."[296] 그는 시적 경이로움을 정의 내릴 수 없는 어떤 빛나는 것으로 간주한다.

사람들은 틀림없이 내가 여기에서 시적 경이로움에 대해 정의 내리기를 기대할 것입니다. 나는 절대로 그런 일은 하지 않습니다. 경이로움은 본질 자체가 빛나는 것으로 태양과의 경쟁을 허용하지 않습니다. 그것은 어두움을 몰아내지만 태양은 자신의 빛을 흐립니다. 물론 사전은 경이로움의 어원을 삭막하게 제시하는 데에서 그치겠지요. 그럴 경우 경이로움은 식물 표본 속에 보존된 난초만큼이나 그 성격을 알 수 없는 것이 되고 맙니다. 그래서 나는 그것을 단지 환기시키고자 노력할 것입니다.[297]

이와 같이 페레는 경이로움을 이론적으로 정의 내리기를 거부한다. 경이로움이란 예기치 않은 어떤 장소, 어떤 순간에 출현하는 것이어서 고정되지도 갇혀 있지도 않다. 우리가 보기에 페레는 그것을 자신의 시

---

295) André Breton, "Le Merveilleux contre le mystère" [1936], in *La Clef des champs*, Paris, Pauvert, 1979, p. 13.
296) AML, p. 16.
297) AML, p. 14.

속으로 불러들이는 일에 성공하고 있으며, 여기에서 경이로움은 명백하게 빛난다. 페레의 시는 많은 기이한 사건이 벌어지는 장이다. 왕, 왕비, 의인화된 신체 부위는 엉뚱한 모험을 겪게 되고, 하나의 모험은 빠른 속도로 다음 모험으로 이어진다. 빠름의 속성은 현실과 허구를 뒤섞고 시와 동화를 매혹적인 방식으로 결합한다. 그렇기에 '허구적인' 시들 속에서 현실은 갑자기 동화적인 것, 또는 경이로운 것이 된다.

2) 의인화된 세계

의인화는 동화의 특별한 기법들 중 하나다. 동물들은 말을 하고 사물들은 살아 있으며 자유롭게 이동한다. 페레의 세계에서 모든 것은 의인화되고 스스로 고유의 삶을 살아간다. 그것이 선험적으로 생명체냐 또는 비생명체냐에 관계없이 모든 존재나 사물은 고유의 몸을 지니고 하품과 같은 인간의 생리적 반응들을 보여준다. "펠트로 된 램프들이 강낭콩처럼 하품을 할 때."(t. 2, p. 32) 시인은 세계를 전복시켜서 거꾸로 된 세상을 그리고자 한다. "어떤 시계가 (……) 울리기 전에 끝내 웃음을 터뜨리려 하네/세상이 뒤집어졌음을 제 주인들에게 알리기 위해."(「내일 만나요」, t. 2, p. 33)

신체 부위들 또한 의인화되어 있다. 「엄지발가락의 모험」(t. 1, p. 89)의 발가락이나 「입술 끝으로부터」의 의인화된 모든 손가락은 독특한 방식으로 차례차례 나타났다가 사라진다.

> 콧노래로 왈츠 곡을 부르는
> 잔꽃무지들이 그곳에서 잠들 수 있도록
> 새끼손가락이 몸을 편다

그러고는 전화번호부 위에서 다시 몸을 웅크린다
(……)
보름달에 경의를 표하기 위해 태어난
가운뎃손가락은
풀잎의 손을 찾아 나섰다가
산토끼 털 때문에
꾀꼬리의 노랫소리 때문에
희미하게 서성거리는 그림자처럼 부드러운
미나리아재비의 향기 때문에
길을 잃은
검지들을 애도한다(「입술 끝으로부터」, t. 2, pp. 305~306)

다섯 손가락의 기이한 이야기 속에서 우리는 온갖 종류의 혼종 형태들과 오감의 혼합을 경험할 수 있다. 이같이 페레의 시는 일상의 것과는 전혀 다른 이야기의 시·공간을 환기시킨다.

우리는 푸른 젖가슴들이 심어져 있는 대로 위를 지나갔다
그곳에서는 정향이 커피빛 하늘을 수놓았다
어린양을 먹는 유리풀잎들에게 나는 무슨 짓을 했던가
그들이 내 얼굴에 구멍 뚫린 그들의 슬리퍼를 던지도록
나는 그들에게 무슨 짓을 했던가
슬리퍼의 뚫린 구멍을 통해 나는 거꾸로 된 세상을 본다
겁에 질린 망자가 그를 죽인 자를 죽이는 것을
그리고 시곗줄이 목매달아 죽은 자의 목에 걸려 있는 것을.(「네 펜을

빌려다오」, t. 2, p. 97)

첫 두 행은 전도된 공간을 묘사한다. 나무 대신 푸른 젖가슴들이 심어져 있는 대로는 인간계와 식물계의 구분이 사라진 공간이다. 마찬가지로 양을 먹는 유리풀잎들은 식물, 광물, 동물을 뒤섞는다. 게다가 빛나는 지점 대신에 검은 지점을 수놓는 정향은 하늘에 떠 있는 네거티브 별과도 같다. 이같이 뒤죽박죽된 공간은 관계들의 전도 속에서 일련의 비현실적인 사건을 예고한다. 심지어 먹는 자와 먹히는 자 사이의 관계도 전도된다. 어린양을 먹는 풀들은 "나는 무화과가 당나귀를 먹는 것을 보았노라!(『말도로르의 노래』, IV, 2)"라고 한 로트레아몽의 유명한 이미지를 환기시킨다. 몸의 하부에 신는 슬리퍼는 몸의 상부인 얼굴을 공격한다. 게다가 희생자와 구조된 사람, 죽은 자와 산 자 사이의 관계들 역시 살해된 사람이 살인자를 죽이는 마지막 부분을 통해 전도된다.

페레 시의 동화적 이미지들은 다양한 방식으로 세계의 경계를 무너뜨린다.

> 왕이 자신의 백성에게 말했다
> 모두 한 발을 땅속에 심고
> 다른 발이 피어나기를 기다리라
> 그랬더니 팽팽해진 두 발에서 이삭이 솟아났다(「가엾은 밀」, t. 1, p. 220)

인용한 시구는 식물과 인간의 경계를 무너뜨린다. 이 시는 안데르센의 동화 『엄지공주』를 연상하게 한다. 아이가 없었던 부부가 화분에 보리알을 심었는데 그 식물에서 인간인 엄지공주가 탄생하게 된다는 것이 동화의 시작 부분이다. 동화의 경우 식물에서 인간이 태어난다면 페레의 시에서는 인간의 몸에서 식물이 돋아난다. 왕은 백성에게 발 하나를 땅속에 심으라는 터무니없는 행동을 명령한다. 하지만 이러한 행동은 생산적인 결과를 낳는다. 심어진 발이 뿌리의 역할을 하고 다른 발이 줄기 역할을 함으로써 두 발에서 이삭들이 솟아났기 때문이다. 사실 페레는 "한 발을 땅속에 심다mettre un pied en terre"라는 가짜 경구를 만들어내면서 이와 관련된 관습화된 다양한 표현들과 유희를 하고 있는 것이다. 프랑스어에는 '한 무릎을 땅에 놓다mettre un genou en terre'로 직역할 수 있는 충성의 표시를 뜻하는 경구와, '발을 땅에 놓다mettre pied à terre'라고 하여 타고 있던 짐승에서 내릴 때 쓰는 표현이 있다. 다시 말해 페레의 표현은 이 두 가지 경구화된 표현의 혼합이라고 할 수 있다. 또한 페레의 경구는 '땅에 묻다mettre en terre'라는 표현을 환기시키는데, 관습화된 표현처럼 죽은 자를 묻는 것이 아니라 반대로 살아 있는 육체의 일부를 묻어서 새 생명을 탄생시키려는 전복의 의도를 함의한다. 이를 통해 몸과 식물의 경계는 무너지고, 세계는 풍요로워진다.

  한편 인용한 시 3행의 '기다리다'라는 동사에 주목해보자. 부동의 상태로 참을성 있게 기다리는 행위는 백성의 경우에서처럼 변신이나 변화를 준비하기 위해 또는 생산성을 얻어내기 위해 반드시 필요한 단계다. 페레는 '기다리다'라는 동사를 일견 그것과 상반되어 보이는 '춤추다'라는 동사와 더불어 자주 사용하고 있다. 표면적으로 상반되어 보이는 부동성과 유동성의 두 태도는 페레의 세계에서는 모순 없이 공존한다. 이러한 부동성 속의 유동성은 자동기술법의 성격을 환기시켜준다. 자유로운 사고의 빠른 속도는 육체적인 부동성을 동반하기 때문이다. 그렇기에 '기다리다'라는 동사는 꿈 실험의 시기를 환기시키는 '자다'라는 동사와 관련이 있는 것으로 보이며, 꿈의 시기 동안 "페레는 데스노스와 크르벨과 함께 앉아 있거나 서 있거나 간에 가장 쉽게 잠이 들고, 늘 꿈꿀 준비가 되어 있고, 자신의 무의식이 말해지도록 할 수 있는 사람이었다."[298]

페레의 세계를 살아가는 존재들이 기다리는 것은 궁극적으로 전복적이고 경이로운 사건이다.

> 바람 밑과 별들의 눈〔雪〕 아래에서 기다리기
> 탈색한 이마 위로 피어나는 무례한 꽃(「시간과 공간을 통과하여」, t. 1, p. 76)

더불어 「시문을 조심하라」라는 시도 인용해보자.

> 그〔해적〕는 소담한 바위 위에
> 경이로움의 한가운데에 서서 기다린다
> 대지가 그것을 피하는 배로부터 멀어지듯 손이 멀어지는 것을
> 그는 기다린다 자신의 애인들의 눈이
> 그것을 흉내내는 도토리들로부터 다시 대이나는 깃을
> 그는 기다린다 자신의 발 밑으로 떨어지는 눈송이들이
> 파리떼들처럼 날아가는 것을
> 그는 기다린다 살이 해골들을 뒤덮고

---

[298] Robert Bénayoun, *op. cit.*, p. 8.

해골들이 들판을 뒤덮기를(t. 1, p. 72)

시문simoun은 사하라 사막에서 부는 열풍을 뜻한다. '이야기 시'의 주인공인 해적은 열거된 일련의 사건들이 일어나기를 '서서' 기다린다. 그 사건들은 부조리할 뿐 아니라 매우 상징적이다. 여기에서 서서 기다린다는 것은 조바심의 강도가 얼마나 큰지를 보여준다. 주어진 첫번째 사건은 환상문학에서 흔히 볼 수 있는 모티브인 손의 분리다. 여기에서 흥미로운 것은 대지와 동일시된 손이 배에서 멀어져갈 때, 배 또한 이 '손-대지'를 피한다는 점이다. 다시 말하면 한 주체가 다른 주체에게 행위를 할 때, 그 다른 주체는 단순히 그 행위를 감내하는 것이 아니라 동시에 다른 주체에게 자기 자신의 행위를 하고 있는 것이다.

눈의 재탄생이라는 그다음 사건의 경우도 마찬가지다. 눈이 도토리에서 재생될 때, 도토리는 눈을 흉내내고 있었다. 다시 말하면 일종의 눈의 재생산으로부터 도토리 또한 다시 태어난다. '도토리'라는 시어가 도토리나무의 열매를 가리킴과 동시에 페니스의 귀두를 지칭한다는 점을 감안한다면 우리는 여기에서 몸과 식물, 몸의 상부와 하부 간의 경계가 무너지는 광경을 목도하게 된다. 게다가 프로이트에 따르면 눈은 상징적으로 성기와 동일시되고 시각의 상실은 거세를 상징화한다. 그러므로 눈의 재생은 거세의 행위가 전복되는 사건을 표현한다고 말할 수 있다. 세번째 사건은 상부와 하부 간의 수직적인 교차, 다시 말하면 추락과 상승의 교차에 해당된다. 성적인 차원에서 다시 생각해보면 비상은 꿈의 상징성에서 욕망의 상승 또는 오르가슴을, 그리고 추락은 그 후의 이완을 상징하지 않는가? 또한 마지막으로 네번째 사건은 삶과 죽음을 공존하게 한다(살과 해골들). 그렇기에 이 모든 사건의 의미를 종합해볼 때

해적이 기다리는 것은 어쩌면 모든 표면적인 모순이 부서지는 시·공간의 지점일는지도 모른다.

2. 음식들의 질서

동화 속에서는 음식을 먹고 말을 내뱉는 신체기관인 '입'과 그것에 의해 이야기 전개를 이루는 '구어성'이 우선시된다. 마찬가지로 페레는 몸의 동화적 이미지 속에서 끊임없이 입의 궁극적인 기능 가운데 하나인 먹는 것을 환기시킨다. 그것은 시집 『체리 세 알과 정어리 한 마리』(1936)와 「옛날에 한 빵집 여주인이」(1924), 「아글레는 나무딸기 앞에서 심심해한다」(1925), 「씻지 않은 포도를 먹지 말라」(1927) 등의 작품이 수록된 동화집 『양의 넓적다리, 그의 삶, 그의 작품』(1957) 속에서 그 구체적인 특징을 발견해낼 수 있다.

살바도르 달리의 표현을 빌리자면, 페레의 텍스트는 초현실주의의 새로운 시대가 갖는 "일종의 근원적인 거대한 허기"[299]를 일깨워준다. 달리는 브르통의 유명한 문구를 패러디하여 "아름다움은 먹을 수 있게 되리라 아니면 존재하지 않으리라"[300]고 천명한다. 페레의 작품은 음식의 세계를 집요하게 추적하면서 달리가 천명한 먹을 수 있는 아름다움이 무엇인지를 시적인 방식으로 환기시키고 있는 것이다.

---

299) Salvador Dali, "De la beauté surréaliste et comestible, de l'architecture et modern'style," in *Minotaure*, n° 3-4, 1933, p. 70.
300) *Ibid.*, p. 76.

1) 음식들의 삶과 감각의 논리

페레의 작품 속에 등장하는 음식은 일상에서와는 달리 소비자에게 선택되어 삼켜지도록 얌전히 기다리지 않는다. 그렇기에 결코 수동적이지 않은 음식은 세계 속의 주인공이 되어 열정적으로 자기만의 고유한 삶을 살아간다. 시인은 음식의 움직임, 몸짓, 작용과 반작용에 세밀한 관심을 기울인다. 『월등하게 뛰어난』(1934)이라는 작품은 특히 음식들의 놀라운 활동을 세밀하게 묘사한다. 완전히 의인화된 음식들의 움직임은 인간의 움직임과 다르지 않다. 그리하여 복숭아 타르트는 테이블 위에 있지 않고 "여행객처럼 방랑한다."(t. 2, p. 26) 냄비에 담긴 닭은 복화술사와 싸움을 벌인다(t. 2, p. 28). 음식들은 그들의 권리를 주장하거나 불만을 표출하기 위해 화를 낸다("사과들이 정의를 요구할 때," t. 2, p. 32, "푸른 강낭콩들이/화가 나서 줄기를 버리고/그들 자신이 냄비 속으로 향할 것이다." t. 2, p. 34). 강낭콩처럼 종달새들도 스스로 부엌으로 향한다("허나 만일 종달새들이 구워지기 위해서/부엌문 앞에 줄을 선다면," t. 2, p. 52). 소시지 자신도 배가 고프다("소시지는 배고파 죽을 뻔했다/그는 오른쪽 왼쪽으로 왔다 갔다 달린다/허나 오른쪽과 왼쪽 모두에서 그는 흰 토마토들밖에는 볼 수 없다." t. 2, p. 40). 요약하자면 음식들은 스스로 주도권을 쥐고 있으며, 이로 인해 소비자와 소비되는 것 사이의 관계가 전복된다.

이 가운데 올리브는 특히 시인의 마음을 사로잡는다. 그것은 "올리브처럼 푸른 눈"(t. 1, p. 290)에서 나타나듯 인체를 비교하는 잣대가 되기도 하고, 다음 시에서처럼 이상적인 거주지로 여겨지기도 한다. 시인은 그 사랑스러운 이름을 메아리치듯 반복하여 부른다.

우리는 살고 싶다
올리브 바다 위에서
올리브들이여 올리브들이여 올리브들이여 올리브들이여(t. 1, pp. 213~14)

시인은 이 작은 과일들의 조그마한 동작까지도 관심을 기울이고 있으며, 다음의 시에서는 「올리브들은 무얼 하고 있을까」라고 질문한다.

네가 만일 내 머리에 올리브들을 던진다면
내 두개골 아래로 숲이 생겨나리라
골무 속에 들어간 올리브 한 알처럼
네가 어느 날 숲 속에서 길을 잃도록 하기 위해

내 머리에 난 길을 잘 알고 있는 올리브들은
비가 되어 숲 속에 내리리라
그 길은 행인들의 오물을 수염에 묻힌
그리스도의 무너진 십자가들로 포장된 길
집의 길 불꽃보다도
고양이의 길 개보다도
온도계의 길 열기보다도
도로의 길 달리는 사람보다도 네가 더 잘 아는 그 길
그런데 너는 죽은 나뭇가지처럼 비겁하게 귀를 막은 채
네 목소리로 빈 조개껍질들을 휩쓸어가고 있구나
올리브들은 그 사실을 잘 알고 있지

그들은 네 몸 위로 올라가 엉덩이를 따라 미끄러져 내려온다
네 가슴 네 어깨 네 머리를 뒤덮는다
올리브들이 네 숨통을 조이기를(t. 1, p. 222)

　여기에서 우리는 올리브들의 다양한 변신을 보게 된다. 그것은 공격의 무기, 숲, 비, 일종의 '머리-미로'의 안내자, 시의 청자인 '너'의 세계에 침입한 자들로의 변신이다. 올리브라는 테마에 관한 상상세계의 구조는 올리브와 인체의 일부 사이의 우발적인 만남에서 비롯된다. 올리브들과 시적 자아의 머리가 부딪치는 것은 우연한 만남이 가져다주는 물리적인 충격이며, "내 두개골 아래로 숲이 생겨나리라"라는 시구에서 알 수 있듯이 놀라운 사건을 만들어낸다. 그때부터 비옥한 머리로부터 자아의 내면풍경, 무의식의 수수께끼 같은 감춰진 세계의 풍경이 펼쳐진다. 머리의 숲 속 미로와도 같은 풍경은 한편으로 앞에서 살펴본 데스노스의 '두뇌 정원'을 연상시키며, 다른 한편으로는 마송의 그림에 나오는 미로와 같은 몸을 떠올리게 한다.
　의문 형태의 제목인 "올리브들은 무엇을 하고 있을까?"에 대해서 이 시의 마지막 행은 "올리브들이 네 숨통을 조이기를"이라고 화답한다. 이것은 '나'의 또 다른 자아일지도 모르는 '너'라는 존재가 올리브를 던진 행위에 대한 올리브들의 복수를 의미하는 것일까? 충분히 그럴 수 있다. 숨 막힘은 '나'와 '너'에 의해 경험된 올리브들의 집착을 설명해 주기 때문이다. 올리브들은 '내' 몸의 내부를 모두 차지하고 있으며, 숲이 되고, 비가 되어 내리고, 너의 엉덩이, 너의 가슴, 네 어깨와 네 얼굴 등 '네' 몸의 외부 전체에 침투한다. 이제 올리브들의 움직임은 내부와 외부를 교차시킬 뿐 아니라 시 전반부에서 하강하다가(내 두개

골 아래로 생겨나는 숲, 올리브 비) 시 후반부에서는 상승으로(엉덩이로부터 머리까지) 바뀐다.

한편 음식들은 축제를 벌이기도 한다. 극도로 열정적인 그들은 춤을 추고 노래를 한다.

> 내 토마토들은 네 나막신들보다 더 잘 익었고
> 네 아티초크들은 내 딸을 닮았네
>
> 시장이 선 광장에
> 토마토와 아티초크가 있었지
> 둘은 뿌리를 축으로 돌고 있는
> 무 주위에서 춤을 췄네
>
> 토마토여 춤추라 아티초크여 춤추라
> 그대들의 혼인날은 잉어들의 시선보다 맑으리니
> 물컹한 배와 같은 눈물을 흘리며
> 우리를 바라보는 나막신들이 노래한다면
> 그들은 관 벌어지는 소리를 내며 시체 하나가 튀어나오게 하리
> 시체는 유리창에 부딪히는 주약돌처럼 손뼉을 치며
> 말하리
> 아니! 이 가격으로는 내 토마토를 절대 줄 수 없어(「토마토 없이는 아티초크도 없는 법」, t. 1, p. 227)

시인은 일상적으로 비교할 수 없는 사물들을 비교한다. 서로 다른 차

원에 있는 내 토마토와 네 신발(음식과 의복), 네 아티초크와 내 딸(음식과 인간)이 비교된다. 소유형용사(나의, 너의)의 용법은 비교당하는 요소들 사이의 차원적 차이를 평준화한다. 그리하여 '네 신발'과 '내 딸'이 마치 토마토나 아티초크와 같은 농산물처럼 사고파는 식료품들로 여겨지게 한다. 시인은 모든 것에 시장의 원리를 적용한다. 그들의 유용성이나 기능이 서로 비교 불가능할지라도, 사물들(상품들)의 가격은 이 모두를 비교 가능하게 만들어주기 때문이다.

그러고 나서 우리는 춤, 노래, 결혼, 무생물적인 대상들의 의인화(토마토, 아티초크, 신발, 시체)…… 등 진정한 카니발의 축제 속으로 뛰어들게 된다. 동화에서는 흔히 인형 같은 비생명체들이 일상의 모든 행동이 정지되는 밤이라는 시간을 틈타 생명력을 부여받는다면, 페레의 음식들은 낮 동안, 일상의 현실 자체 속에서 동화적인 공간을 만들어낸다.

2) '동화적' 카니발리즘

엄청난 식탐을 가진 시인의 작품 속에서 모든 것은 음식이 될 수 있다. 다시 말하면 음식의 범주는 몇몇 식물이나 동물에 국한되는 것이 아니라 사물, 인간의 몸, 언어조차도 포함한 세상의 모든 것을 포괄하는 것이다. "갈색 맥주 두뇌"(t. 2, p. 62), "올리브처럼 푸른 눈들"(t. 1, p. 290), "손들의 소비"(t. 1, p. 152) 등 신체 부위는 은유적 또는 유추적 방식에 의해 음식이 된다. 요리사가 요리를 만들듯, 시인은 수많은 양념을 버무려 혼종적인 몸을 만들어내고 독자들은 이를 소비하게 되는 것이다.

이러한 이미지는 달리나 마송 같은 초현실주의자들이 표현했던 주제인 카니발리즘을 환기시킨다. 그들에게 있어서 카니발리즘은 "가톨릭 전통에서 비롯된 위로하는 자애로운 동정녀가 아니라 치명적인 구술성을 가진 원시적 여성, 태초의 대모신magna mater, 맹수들의 위대한 여신, 동물적이며 동물에 고유한 힘을 갖춘 여성에 대한 두려움과 여성에 대한 비전"[301]과 연관되어 있다. 하지만 페레의 카니발리즘은 반드시 이와 일치하지는 않는다. 대개 페레에게서 나타나는 카니발리즘은 우스꽝스럽고 동화적이며, 16세기 화가 아킴볼도의 초상화를 연상시킨다.

> 그는 굴 껍데기 귀를 가진 남자
> 파리떼들의 행렬에
> 흰 바위들이 증발했을 때
> 그의 머리카락은 거품 속에서 춤을 췄네
> 그는 올리브같이 푸른 눈을 가진 남자
> 자신의 배같이 검은 올리브들을 가진 남자(「막스 에른스트의 초상화」, t. 1, p. 290)

귀, 머리카락, 눈, 배와 같은 몸의 각 부위는 몸 전체와 동떨어진 채 외부세계 속으로 흩어진다. 그것들은 차례대로 굴, 거품, 푸른 올리브, 검은 올리브와 비교된다. 몸과 몸 밖에 있는 것 간의 경계는 모호하고 유동적이다. 특히 비교하는 것과 비교되는 것이 전도되어 있는 마지막 행의 경우는 마치 검은 올리브가 몸의 일부이고 배가 몸 외부의 대상인 것처럼 그려진다.

페레는 굴, 올리브 같은 음식을 통해 에른스트의 몸을 먹을 수 있도

---

301) Jean Clair, "Méduse et l'art moderne, visages de l'épouvante," in *Topique*, n° 53, 1994, p. 46.

록 구성함으로써 아킴볼도의 방식을 취한다. 아킴볼도는 친숙한 대상들을 일정한 테마에 따라 구성하여 그 배열이 인간의 얼굴을 나타내도록 했다.[302] 그는 야채, 식기류, 책 등을 모아서 그것들이 마치 인간의 신체 요소인 것처럼 만들어놓는다. 그렇다면 일상의 삶을 구성하는 몸, 음식, 대상들을 자유롭게 혼합해놓은 페레의 시도는 아킴볼도 기법의 언어적 버전이라고 할 수 있지 않을까?

인간의 육체와 마찬가지로 언어들도 음식과 결부되어 있다.

> fois라는 철자에 대해 나는 놀라고 있다
> 그것은 밀가루를 묻힌
> 버섯과 너무나 닮았다(「사냥」, t. 2, p. 39)

시적 자아가 "fois"라는 철자와 버섯 사이의 유사성에 대해 놀라고 있는 동안, 독자들은 오히려 그들 사이의 비유사성에 놀라게 된다. 하지만 "밀가루를 묻힌 roulé dans la farine"이라는 표현의 비유적인 뜻에는 "잔꾀에 의해 속은"이라는 의미가 있음을 상기해보자. 먹을 수 있을 것처럼 멀쩡한 버섯에 독이 있을 수 있는 것처럼, fois라는 철자의 마지막 "s"가 복수를 만들 때 쓰는 것이 아니라 단어의 단수 형태의 일부인 것이 기만적이지 않은가?

한편 많은 페레의 시에서는 음식물의 비가 내린다. "하지만 빵 조각들의 비가 내리리라/너는 그것으로 엉덩이를 닦으리라."(「내일 만나요」, t. 2, p. 33) 이 구절은 음식이 단지 먹는 용도로만 쓰이는 것이 아님을

---

302) Marcel Brion, *op. cit.*, p. 130.

보여준다. 이와 같이 일상적인 빵의 용도는 전도되고, 그 조각들이 입이 아닌 엉덩이로, 먹는 것이 아니라 문지르는 것으로 사용된다.

「애매한」이라는 시에서 시인은 우스꽝스러운 소시지 비를 창조한다. "소시지 비가 내린다 그들은 아이쿠 하면서 흑인들의 머리 위로 내린다."(t. 2, p. 108) 액체가 아니라 고체이며 마실 수 있는 것이 아니라 먹을 수 있는 많은 종류의 비가 내린다("숲 속에서 올리브 비가 내리리라"〔t. 1, p. 222〕, "정어리 비가 내리기를"〔t. 2, p. 25〕). 먹을 수 있는 비 외에도 꽃비나 다양한 사물의 비가 페레의 세계를 경이롭게 한다.

    비가 온다 맞다 종려나무 줄기 비가 온다(t. 2, p. 66)

    보도의 가장자리에
    1896년 일기가 있었다 거기에서는 1903년에 튤립 비가 온다고 예고했다
    그러고는 땅 위에서 몸을 뒤트는
    뜨개바늘의 비가 왔다(「네 펜을 내게 빌려다오」, t. 2, p. 98)

이와 같이 물을 대신하여 하늘에서 떨어지는 오브제들은 자연의 법칙에 위배되는 이상한 현상을 예고하는 페레의 동화적 세계를 다채롭게 형상화한다.

3. 몸의 순환적인 리듬

음식의 이미지는 섭취, 소화, 배설이라는 몸의 생리적 기능과 연관된다. 이러한 기능은 삼키기와 토하기, 들이쉬기와 내쉬기, 들어가기와 나가기라는 몸의 교차적인 움직임으로 표현된다. 그것은 세계와 몸의 내부에 숨어 있는 경이로움을 표출시키는 방법이기도 하다. 또한 내부와 외부, 나와 세계의 관계를 전복시키거나 소통하게 하는 시인의 고유한 방법이 된다. 이 교차성은 밀물과 썰물의 흐름으로 형상화되는 시인의 중요한 시학과 연결되어 있다.

1) 삼키기의 이동성

페레의 시에 나오는 등장인물들은 세상의 모든 대상에 대해 거대한 식욕을 갖고 있다. 그중에서 특히 신발은 타인에 의해 흔히 삼켜지는 대상이다. 이것은 민속동화에 자주 등장하는 장화의 모티브를 연상시킨다. 한 번에 7리를 가는 장화는 동화의 중요한 성격 가운데 하나인 시·공의 일상적 질서를 단번에 뛰어넘는 상징물이다. 데스노스는 마술장화의 이미지를 변형하여 장화를 자아의 내부와 소통하는 매체로 기능하게 했다('내가 나를 본다'라는 구절은 한 번에 7리를 가는 장화다). 이를 페레의 판본으로 변형한다면 "'나는 먹는다'라는 구절이 한 번에 7리를 가는 장화다"라고 수정해야 할 것 같다. 「스페이드 에이스」라는 시에서 우리는 다음과 같은 시구를 만난다.

　　나는 한 번의 페달로 7리를 가리라

큰 사이즈로 공간 한 컵을 주세요
　　위장 속으로 굴러들어갈 도로의 뱀장어 안주하구요.(t. 1, p. 121)

　차례대로 술과 안주로 비유된 공간과 길은 몸의 내부로 들어간다. 인용시의 이미지는 '풍경을 즐기지 않고 오래 달리다'라는 의미를 가진 프랑스 숙어 'avaler des kilometres'를 환기시킨다. 이를 문자 그대로 해석하자면 '많은 킬로미터들을 삼키다'로 풀이할 수 있어서 도로를 통째로 삼켜 위장 속으로 집어넣는 페레의 시 이미지와 상응한다. 또한 "큰 사이즈로 공간 한 컵을"이라는 표현은 '맑은 공기를 마시러 야외로 나가다prendre un bol d'air'라는 숙어를 떠올리게 한다. 마법의 장화가 실현해주는 빠른 이동은 초현실주의적 맥락에서 보면 사고의 흐름을 빠르게 받아 적은 자동기술법상의 속도와 비교해볼 수 있다. 페레의 다음 시구는 이를 예시해준다.

　　빨리 달리고 거의 생각하지 마라
　　그것이 당신의 권리
　　그것이 당신의 팔(t. 1, p. 212)

　자동기술법 실험의 경우 사고는 이성에 의해 작동되는 모든 통제에서 벗어난 상태에서 말로 또는 글쓰기로 자신과 대화를 나눈 결과를 받아 적는 것이다. 여기에서 7리를 가는 장화의 역할을 하는 것은 팔이다. 장화가 시간과 공간의 경계들을 초월하게끔 해주듯, 팔의 질주가 만들어내는 속도는 의식과 무의식의 경계를 뛰어넘어 내면의 말을 받아 적게끔 한다.

그렇다면 페레의 시에서 장화를 먹는 행위는 무엇을 의미하는 것일까?

　헌병은 자신의 장화를 먹고 싶어했네
　허나 장화는 그의 손을 물어뜯었네
　그래서 그는 작은 나라의 왕이 되었네(「순식간에」, t. 2, p. 64)

　화이트소스에 찍어서
　먹어버렸기 때문에
　실내화가 없는 왕에 대해 얘기하지 않을 수 없었네
　몇 개의 트렁크에 의해서 잡아먹힐
　자신의 차례가 온다는 걸 그가 그저 알기라도 하면 좋으련만(「다른 날과 같은 어느 날 밤」, t. 2, p. 77)

　이제 발을 보호하는 실내화와 장화는 음식으로 변모한다. 몸의 하부와 환유관계를 이루는 이 물체는 몸의 상부인 입에 위치한다. 위생적인 음식과는 달리 신발은 딱딱한 재료로 되어 있고 더럽다. 신발을 삼키는 것은 관습과 위배되는 행위다. 이것이 페레가 세상 사물들의 일상적인 위치를 전도하고자 시도한 전형적인 본보기다. 특히 여기에서 신발을 먹거나 먹으려고 하는 주체는 왕이나 헌병이다. 그들은 권위자이고, 법의 수호자이며, 그렇기에 백성의 눈으로 보았을 때는 적대적인 존재다. 그렇기에 페레는 민중적인 야유의 방식을 빌려 힘 있는 등장인물들을 우스꽝스럽게 만들고, 그들로 하여금 몸의 하부에 상응하는 반(反)귀족적인 물건을 먹게 함으로써 그들을 깎아내리고 있는 것이다.

등장인물들의 굴욕은 먹는 자와 먹히는 자 사이의 또 다른 전도에 의해 더욱 강화된다. 여기에서 먹는 자는 이내 먹히는 자가 된다. 헌병은 장화를 먹고 싶어함으로써 장화에 의해서 깨물린다. 마찬가지로 자신의 실내화를 삼킨 왕은 몇 개의 트렁크에 의해서 삼켜질 위기에 봉착한다. 이 전도된 움직임은 환상적인 변용을 이끌어낸다. 시구들이 반영하는 동화적인 세계 속에서 생명이 없는 대상들은 전제적인 권위자들을 공격하기 위해 생명력을 부여받고, 그것은 상황의 역전과 등장인물들의 변신을 가능케 하고 있는 것이다. 이 같은 먹는 자와 먹히는 자의 관계는 또한 힘과 관련된 현실적인 관계이기도 하다. 우리는 정상에 오르거나 권력을 쥐기 위해 타인을 짓밟는 사람들을 현실에서 보아왔다. 이렇게 똑같은 상황이 현실과 상상 세계에 동시에 연관되고 있는 것이다.

페레의 세계에 등장하는 대상들은 권력자들에게 적대적이다. 신발들이 헌병대 앞에서 무료한 하품을 해대는 장면(이는 신발 밑창이 떨어진 모양을 연상시킨다. t. 1, p. 30)이나 군인들에 대항한 기차역의 공격적인 몸짓을 예로 들 수 있다. "허나 설탕으로 뒤덮인 기차역은/군인들에게 침을 뱉는다."(t. 2, p. 62) 계속해서 신발을 삼키는 이미지를 보여주는 다른 시를 인용해보도록 하자.

> 너는 입을 벌려 네 신발을 삼키고
> 너는 입을 벌려 풍경을 토해낸다
> 그리고 그 풍경은 너를 닮아 있다(「적이 서둘러 움직인다」, t. 1, p. 164)

신데렐라 동화에서 신발은 왕자가 찾는 여성의 정체성을 알려주는 대상이다. 이에 비해 페레의 시에서 신발은 자아의 내부와 외부세계를 동화시켜주는 대상으로 기능한다. 신발은 세상을 주유하면서 그 풍경들의 기억을 간직하고 있다. 따라서 신발을 삼키는 행위는 몸의 내부에 외부의 풍경을 들이는 것이고 그것을 자신의 풍경으로 변용시키는 의미를 갖는다. 모자가 하늘과 연관되어 있다면, 신발은 땅, 그리고 지하세계와 접촉한다. 신발을 먹는 행위는 자아의 분신으로 하여금 숨겨져 있는 어두운 '지하의' 다른 세계, 몸으로 말하자면 그 내부인 뱃속으로 향하게 한다.

2) 토하기의 가변성

소화의 이미지만큼이나 배설의 이미지는 페레의 시 속에서 중요한 위치를 차지한다. 특히 토하는 행위는 일상적인 등장인물들의 움직임인 것처럼 흔하게 나타난다. 토하기는 소화가 되지 않았다는 몸의 신호지만 문화적으로는 잔치의 이미지와 연관된다. 토하는 사람은 성찬을 환기하는 대표적인 모티브가 될 정도로 17세기 화가들의 관심을 끌었다.[303]

페레의 작품에 등장하는 구토의 이미지는 동화에서 표출되는 뱉어내기의 이미지에 가깝다. 우리는 동화에서 소녀들이 착한가 못됐는가에 따라 보석을 뱉어내기도 하고 뱀을 뱉어내기도 하는 이야기를 읽은 적이 있지 않은가. 예컨대 페로의 『동화』에 보면 한 처녀가 말할 때마다 입에서 꽃이나 보석을 뱉어내는 마법을 요정에게서 선물받는 장면이 나온다. 이 동화처럼 페레의 서술적인 시들은 몸의 내부에 숨어 있던 어떤 신비로운 광경을 내보내기 위해 구토라는 생리적 현상을 활용한다.

동화에서 등장인물이 말할 때마다 무엇인가를 뱉어내는 것은 말하기

---

303) Nadeije Laneyrie-Dagen, *L'invention du corps: la représentation de l'homme du Moyen Age à la fin du XIXᵉ siècle*, Paris, Flammarion, 1997, p. 166.

와 음식 섭취라는 입의 두 기능을 동시에 작동하게 한 것이다. 그것이 구토의 경우가 되면 거부 또는 배설의 기능을 의미한다. 음성과 배설에 관계된 입의 두 기능에 관해 피에르 페쥐는 다음과 같이 설명한다.

『숲 속의 세 난장이』라는 동화에서 가짜 왕비의 입에서 나온 말은 마법으로 인해 모두 두꺼비로 변모된다. 그녀가 왕과 함께 있을 때, 우리는 일련의 양서류적 언어들이 폭포수처럼 쏟아지는 진정한 '독백-구토'의 현장에 참여하게 된다. 이것은 마치 문장들이 개구리 울음소리로 변모하고, 문장의 파편들이 뛰어다니면서 침대와 방을 채우기 시작한 광경을 연상시킨다.[304]

입에서 튀어나오는 사물들은 "갑자기 물질화된 언어" 또는 "언어-사물들, 언어-동물들"[305]과도 같다. 같은 맥락에서「소중히 간직해야 할」이라는 시는 광물의 언어를 표현한다.

    그녀는
    폭동을 일으킨 그녀 입술의 두 깃발을 통해
    모암(母巖)에서 솟아난 루비가 지르는 승리의 외침이 새어나가도록 하고 있다(t. 2. p. 271)

이 시는 동화에서처럼 루비로 응고된 외침소리를 들려준다. 폭동의 깃발, 입술, 루비의 공통된 빛깔이자 혁명의 상징인 붉은 빛깔은 이 시

---

304) Pierre Péju, op. cit., p. 90.
305) Ibid.

의 지배적인 분위기를 연출하고 있으며, 그 세 요소는 은유적인 관계로 연결되어 있다. 입술은 폭동을 상징하면서 휘날리는 두 개의 깃발처럼 움직인다. 루비는 오랫동안 묻혀 있었던 어두운 모암으로부터 솟아났기에 더욱 값지고 빛나는 의미를 갖는다. 이 같은 루비와 은유관계를 이루는 외침은 그녀가 내면으로 침잠했던 인고의 시간을 다 겪고 난 후의 승리의 외침을 의미한다.

대개 동화의 경우 몸에서 나오는 대상들은 긍정적이거나 부정적인 대조적 가치를 대변한다. 다시 말해 보석은 징그러운 동물들과 상반된 가치를 가진다. 그러나 페레의 시에서는 입에서 나오는 식물, 동물, 광물들이 도덕적 가치와 전혀 무관하다. 토하는 주체 또한 반드시 인간뿐만 아니라 사물들, 동물들, 식물들, 입 이외의 몸의 다른 부위 등 다양하게 나타난다. 그들은 자신의 안에 있는 내용물을 내보내기 위해 고유의 방법으로 그들의 입구를 열고 있는 것이다.

데스노스가 주로 몸과 세계의 내부를 침투하고자 하는 시적 경향을 보이는 반면, 페레는 세계로 하여금 그 내부를 뱉어내게 하는 시적 전략을 구사한다. 마치 시인은 "네가 먹는 것을 보여다오, 그러면 네가 누구인지 말해주마"라고 말하는 듯하며, 온 세계가 서둘러 자신의 내장을 보여주고자 하는 것처럼 말이다. 만물의 몸 내부에는 끊임없는 변용의 힘을 지닌 수많은 대상이 숨어 있다. 그것들을 끄집어내기 위해서는 뱉고, 토하고, 기침해야 하는 것이다.

> 깃발 하나를 내보내기 위해 무덤이 열리리라
> 사랑과 죽음을 갈라놓는
> 인간의 다리에 이르기까지

깃발은 운하의 왼쪽 강을 따라가리라
흰 담비떼가 되기 위해
끊임없이 글라디올러스를 뱉어내고 있을 산꼭대기에
깃발은 인간의 다리를 꽂아놓으리라(「위스키 있어요?」, t. 1, p. 153)

이제 죽음의 공간에서 나온 깃발은 인간의 다리를 만난다. 깃발은 다리를 산 정상에 꽂아놓는다. 산 정상은 성스러움을 상징하는 하늘과 경계를 이루는 곳이다. 그렇다면 산 정상에 꽂힌 인간의 다리는 몸의 하부와 세계의 상부, 속된 것과 성스러운 것을 만나게 하는 계기를 부여해주는 것이다. 이러한 만남은 산의 반응을 이끌어내며(산은 끊임없이 글라디올러스를 뱉어낸다), 또한 새로운 변용을 이끌어낼 것이다(흰 담비떼가 되기 위해). 이 같은 예기치 않은 놀라운 변화는 매우 빠르게 이루어진다. 이 아름다운 장면을 다음과 같이 읽어낼 수도 있지 않을까? 활화산은 여기에서 글라디올러스로 은유화된 용암을 분출하기를 그치고 눈(여기에서는 흰 담비로 은유화되어 있다. 이 동물은 여름에는 담황색을 띠다가 겨울이 되면 흰색으로 바뀐다)으로 뒤덮인다.

시인은 그의 작품들 속에서 여러 번 지진과 용암의 분출이라는 이미지를 환기시킨다. 지진은 그때까지 볼 수 없었던 땅 깊숙한 곳을 드러내는 계기가 된다. 화산폭발 역시 광물의 액체성을 띤 불이 땅속 깊이에서부터 표면으로 나오게 해준다. 다시 말하면 이러한 자연현상들은 내부와 외부의 소통을 가능하게 하는 것이다. 「곧 만나요」라는 시에서 우리는 세계의 입구가 열리는 광경을 목도한다.

마지막 지진으로 인해 열린 틈으로

파이프 모양의 새들이 나온다(t. 2, p. 185)

　이 시가 보여주는 것처럼 세상의 균열로부터 어떤 존재나 대상이 갑자기 솟아나온다. 그들은 "파이프 모양의 새들"이 표상하듯 혼종적이며 예기치 않은 대상이다. 이와 같이 페레에게 있어서 내부에 있는 것은 외부로 흘러나오거나 분출하는 대상이다. "너는 수액이 밀짚 나무들 밖으로 솟아나는 것을 느꼈느냐/그리하여 강으로 흘러가는 것을."(『돌 속에서 잠들다, 잠들다』 I, t. 1, p. 48) 그 결과 세계의 내부와 외부는 서로 섞이면서 자유롭게 그들의 본질을 교환할 수 있게 된다.

3) 삼키기와 토하기의 상호작용

　삼키기와 토하기의 두 행위는 종종 교차된다. 삼키는 것은 몸의 외부에서 내부로 향하는 움직임이며, 토하는 것은 그 반대의 움직임을 의미한다. 이 두 움직임의 교차는 몸과 세계, 안과 밖의 상호작용을 일으킨다. 삼키기와 토하기의 두 움직임은 내부와 외부의 지속적인 전도를 일으키면서 우리로 하여금 페레 자신의 표현처럼 "세계의 다른 면을 응시하도록"[306] 해준다.

　우리는 페레의 작품 속에서 삼키기와 토하기 사이의 관계에 대한 다양한 경우들, 다시 말해 먹기와 뱉기, 마시기와 오줌 누기, 들어가기와 나가기 등을 찾아볼 수 있다. 먹고 배설하는 행위는 크게 보면 태어나고 죽는 현실 삶의 사이클과 관련된다. 이러한 일상성은 「벵자맹 페레의 기억들」이라는 시에서 보여지는 동화성을 동반한다.

---

306) J. H. Matthews, "Du cinéma comme langage surréaliste," in *Etudes cinématographiques*, nº 68-69, 1965, p. 70.

곰 한 마리가 젖가슴들을 먹어치웠다

소파가 먹히자 곰은 젖가슴들을 뱉어냈다

젖가슴들로부터 암소 한 마리가 튀어나왔다

암소는 고양이들을 오줌으로 배출했다

고양이들은 사다리를 만들었다

암소는 사다리를 기어 올라갔다

고양이들도 사다리를 기어 올라갔다

높은 곳에서 사다리가 부러졌다

사다리는 뚱뚱한 우체부가 되었다

암소는 재판석으로 추락했다

고양이들은 막달라 마리아의 역할을 했다.

그리고 나머지는 임신한 여인들을 위해 일기를 썼다(t. 1, p. 125)

「벵자맹 페레의 기억들」이라는 제목만으로 미루어보면, 이 시의 내용은 페레 자신이 과거에 실제 일어났던 사실을 기술하는 것으로 이루어지리라 예상된다. 그러나 시를 구성하는 실제 내용을 살펴보면, 주인공은 페레 자신이 아닌 동물들이며, 개연성 있는 과거의 일이 아니라 현재와 동떨어진 과거인 단순과거로 기술된 사건들이 펼쳐지면서 전형적인 우화의 특성을 보여준다. 동화적 등장인물들이 현실 삶의 일상적인 사이클인 먹고 배설하는 행위를 수행함으로써 일상성은 무너지고 낯설어진다. 우화적인 동물들은 내부와 외부(첫 네 행), 상승과 추락 또는 쌓기와 무너뜨리기(다음 네 행) 등 상반되거나 상호적인 움직임을 보여준다. 몸의 생리현상을 나타내는 동사들이 '먹다' '뱉다' '오줌 누다' 등 숨 가쁘게 연속되어 나오면서 등장인물들의 빠른 변신을 보여주는 지표로 작용하고 있으며, 의외의 상황이 벌어지고 있음을 알려준다.

4행의 고양이를 오줌으로 배출하는 행위에서 볼 수 있듯이, 페레의 많은 시에서 등장하는 대상들의 몸에서 흘러나오는 것은 액체가 아니라 단단한 물체들이다. 시 「구운 종달새 요리」에서는 파이프 오르간이 부풀어 오른 정어리 통조림과 오렌지 껍질을 오줌으로 배출한다.

> 내 어머니의 피는 파이프 오르간의 음관(音管)에 양식을 주고
> 오르간은 불룩해진 정어리 통조림과
> 오렌지 껍질을 오줌으로 배출하네(「구운 종달새 요리」, t. 2, p. 81)

모든 것은 모든 것에 양식을 제공하고 모든 것을 배출한다. 어머니 몸의 피는 무생물인 오르간에 자양분을 제공하고, 그 관은 다시 음식들을 배출하는데, 그 음식들은 상했거나(불룩해진 정어리 통조림) 찌꺼기다(오렌지 껍질). 몸과 마찬가지로 세계도 액체가 아닌 단단한 물체들을 밖으로 방출하여, 하늘에서는 정어리 비, 뜨개바늘 비, 소시지 비, 올리브 비 등이 떨어진다. 페레의 시는 자연의 법칙을 순식간에 무너뜨리면서 액체적 상상력과 고체적 상상력을 자유롭게 넘나드는 장소가 되고 있는 것이다.

시적인 이야기가 계속됨에 따라 포함하는 것과 포함되는 것 사이의 관계도 끊임없이 변화한다.

> 그는 너무나 세게 나팔을 불어서
> 코가 호두처럼 벌어졌네
> 호두는

아주 멀리
작은 외양간을 뱉어냈네
외양간에서 가장 어린 송아지가
자기 아빠 소에 의해 황화된
소시지 껍질로 된 병 속으로
자기 엄마 소의 젖을 배출했네(「용감한 사람들」, t. 2, p. 28)

이 시에서 불다, 열리다, 뱉다, 배출하다라는 동사는 내부에서 외부로의 움직임을 예시한다. 등장인물들은 무엇인가를 삼킨 다음 그것을 이내 뱉어내어 다른 것으로 변용시키거나 그들 자신의 내부로부터 지금까지 보지 못했던 무엇인가를 외부세계에 쏟아낸다. 방출하는 것과 방출되는 것 사이의 관계는 호두가 외양간을 뱉어내고, 외양간은 송아지를, 송아지는 어미 소의 젖을 방출하는 연쇄적인 이미지들로 구현된다. 하나의 행위가 놀라운 결과와 함께 다른 행위를 불러오는 방식으로 이야기는 계속된다.

먹기, 뱉기, 오줌 누기와 같은 자연적인 현상은 세상을 변용시키고 예기치 않은 사건들을 일으키는 계기를 제공한다. 사물과 동물, 인간의 몸들은 완전히 대등한 관계에서 서로를 먹으며 서로에게 먹힌다. 들어가고 나오는 이 교차적인 움직임은 밀물과 썰물을 주기적으로 준비하면서 구르고 흔들리는 '순환적인 시'를 추구하는 페레의 시학과 닿아 있다.

인간은 순환적인 시를 발견한다
그는 시가 식물의 흐름처럼
구르고 흔들리면서

주기적으로 밀물과 썰물을 준비하고 있음을 알아낸다(「나뭇잎들의 결혼」, t. 1, p. 152)

여기에서 시는 차례대로 배, 나뭇잎, 조수에 비유된다. 시는 배의 흔들림과 진행, 나뭇잎의 추락과 재생, 조수의 밀물과 썰물이 만들어내는 균형 잡힌 교차적 움직임에 의해 생성되는 생명 에너지를 갖고 있다. 페레의 순환적인 시는 그 주기성을 따르기도 하고 재구축하기도 하면서 이러한 총체성을 포착하고자 한다. 구티에의 지적에 따르면 페레의 시는 "메아리의 시, 자기 자신의 거울 속에 반사되는 시, 자기 자신을 축으로 돌아가는 시 그리고 자율적인 움직임에 자양분을 제공하는 비밀스러운 힘을 항상 자기 안에서 길어내는 시"[307]이다. 하지만 그렇다고 해서 그의 시가 나르시스적이지만은 않다. 그것은 항해하는 배처럼 항상 외부세계를 향해 열려 있다. 그런 의미에서 앞에서 인용한 시를 다음 시와 대조해보는 것도 흥미롭다.

오 내 여자친구여
내 조수 내 밀물이며 내 썰물인 그대
해빙처럼 내려갔다 올라가는 그대
낙엽의 추락 안에서만 출구를 갖고 있는 그대(『돌 속에서 잠들다, 잠들다』, t. 1, p. 60)

조수의 균형적인 움직임은 추락 다음에 새롭게 생성되는 나뭇잎들의

---

307) Jean-Michel Goutier, *op. cit.*, p. 59.

이미지를 동반하고 있다. 페레는 이같이 밀물과 썰물, 하강과 상승, 추락과 재생이라는 왕복의 움직임을 선호한다. 균형 잡힌 관계는 나와 내 여자친구 사이의 사랑의 장면과 교차된다.

한편 페레의 작품 속에서 강조되고 있는 몸의 동작들—기침하다, 먹다, 뱉다, 무엇인가를 던지다, 코를 막다— 은 새롭게 생성된 미신들을 수행하기 위해 사용된다. 페레는 「흩뿌려진 소금」에서 "시는 다양한 단계에서 미신을 만드는 일을 주도한다"(t. 7, p. 68)라고 말하면서 "시의 배아인 미신은 인간의 첫 시적 표현, 종의 가장 원시적인 직관을 구현하며, 현 시대에도 미신이 존속한다는 사실은 인간 정신의 시적인 항상성을 보여준다"(t. 7, p. 70)라고 시와 미신의 관계에 대해 부연설명하고 있다. 페레는 분석의 마지막 부분에 미신의 예를 제시하는데, 거기에서 나타나는 몸짓들은 때론 부정적 의미를, 때론 주술적 가치를 갖고 있음을 알 수 있다.

장교를 보면 불행하다: 그가 지나가면 코를 막아라.
금전적인 문제가 없도록 확실히 해두려면 그해에 먹은 첫 청어리의 뼈를 간직하라.
깃발을 보면 나쁜 징조를 쫓아버리기 위해 뒤로 돌아서 침을 뱉어라.
묘지 앞을 지나갈 때에는 담 너머로 아무 쓰레기나 던져라, 행운이 온다.
경찰서 앞을 지나가면서 갑자기 재채기가 나오면 앞으로 올 불행을 조심하라.(t. 7, p. 70)

페레는 『아메리카의 신화, 전설, 민속동화 선집』 서문에서 다음과 같이 단언한다. "주술사, 시인, 광인을 묶는 공통항은 오직 마법뿐이다.

마법은 시의 살이자 피이다."[308] 프레이저가 『황금가지』에서 과학과 마술 사이에 존재하는 유사관계를 지적한 것처럼, "페레는 과학과 시가 같은 기원을 갖고 있으며, 과학은 세계의 마술적 해석으로부터 나온다고 믿고 있다."[309]

   페레의 시는 동화나 환상문학으로부터 온 다양한 측면을 보여주면서도 한편으로는 이와 다른 특징을 드러낸다. 페레의 이야기 시에서는 주인공과 조력자들로 구성된 이해 가능한 이야기가 부재하며, 이미지와 등장인물들이 어떠한 일관성과 맥락도 없이 너무나 빨리 변신한다. 게다가 그는 관계대명사 '누가qui'와 '누구를que,' 또한 인칭대명사 '그들ils'과 '그녀들elles'을 남용하고 있어서, 독자들이 충분히 주의를 기울이지 않으면 쉽게 흐름을 놓치게 되어 그가 누구를 말하는 것인지 무엇에 대해 말하는 것인지를 알 수 없게 된다.

---

308) AML, p. 23.
309) Richard Spiteri, "Péret, Freud et Frazer," *op. cit.*, p. 128.

2장 그로테스크한 몸과 전복(顚覆)의 유희

페레의 세계 속 몸은 기이함으로 특징지어진다. "타인에게 투사된, 게다가 다른 사물에 투사된"[310] 몸은 그것을 가진 주체에만 한정되어 있지 않다. 혼종적이고 괴상한 몸은 세상의 다른 요소들과 뚜렷한 경계를 짓지 않은 채 그 특징과 속성을 공유한다. 이와 같은 맥락에서 페레의 몸 이미지는 바흐친이 연구한 라블레의 그로테스크한 육체의 이미지를 연상하게 한다. 바흐친은 물질적인 것, 육체적인 것에 새롭게 가치를 부여하면서, 몸의 과장이나 불구성이 일종의 육체성의 승리를 의미한다고 말한다. 우리는 이 장에서 바흐친이 언급하는 그로테스크한 육체의 특징들이 페레의 작품 속 몸에 어떤 방식으로 투영되어 있는지를 분석해보고, 중세의 그로테스크한 육체와 20세기 초현실주의 육체의 연관성을 생각해보고자 한다.

---

310) Raffaella di Ambra, *Plaisirs d'écriture: une lecture thématique de l'œuvre de Roland Barthes*, Paris, AEP, 1997, p. 48.

그로테스크라는 용어는 네로의 황금으로 된 집Domus aurea을 발굴하기 위해 15세기 고고학자들이 판 동굴 '그로테Grottes'에서 왔다. 이곳의 식물들, 동물들, 또한 신화적 짐승인 키메라들이 환상적인 움직임 속에서 서로 얽혀 있는 기이한 아라베스크 문양은 르네상스의 '피투라 그로테스카pittura grottesca'에 영감을 주었다.[311] 인간의 다리가 새와 연결되어 있고, 성기에서 꽃이 피어나며, 인간의 팔이 나뭇잎과 이어지는 등(그림 71) 여러 가지 요소가 서로 얽혀 있는 그로테스크 모티브처럼, 페레의 시도 모든 요소가 그 경계를 침범당하면서 혼재된 형태로 얽혀 있다.

방파제처럼 단단한
달걀처럼 금속 인간들의 머릿속에서 자라는
마로니에 나무에 핀 첫번째 꽃(「빗변의 정사각형」, t. 2, p. 134)

볼프강 카이저는 그로테스크에 관한 중요한 연구서에서 초현실주의에 나타난 그로테스크 이미지에 몇 페이지를 할애했는데(비록 데 키리코, 탕기, 달리, 에른스트의 회화작품들에 한정되었지만), 그에 따르면 그로테스크는 오히려 익살극burlesque에 가깝다고 할 수 있다.[312] 하지만 그로테스크와 초현실주의와의 연관성은 오히려 그로테스크가 갖고 있는 본질적인 특징에서 찾아야 하지 않을까? 예술과 문학 속에 나타난 그로

---

311) François Nourissier (préf.), *Dictionnaire des genres et notions littéraires*, Paris, Encyclopaedia universalis, A. Michel, 2001, p. 348.
312) Wolfgang Kayser, *The Grotesque: in art and literature*, New York, Columbia University, 1957, pp. 168~73.

테스크는 공포와 유머, 아름다움과 기괴함, 욕망과 혐오 등 극단적인 것들의 병치로 특징지어진다. 특히 그로테스크한 몸은 탄생과 죽음, 늙음과 젊음, 몸의 상부와 하부, 몸의 외부와 내부를 결합하고 있다. 또한 그로테스크 세계에 핵심적인 상반되는 것들의 경계 부수기는 앞에서 여러 번 언급한 초현실주의의 '지고의 지점'에 대한 탐구와 서로 통한다.

바흐친에 따르면 그로테스크는 전복을 중시하는 사육제와 연관된다. 다시 말해 그로테스크 정신은 모든 금기를 무너뜨리고자 하며, 일상에 묻힌 것을 발견하고자 하는 초현실주의적 의지에 부합된다. 따라서 그로테스크에 깃든 전복의 정신과 많은 공통점이 있으리라고 생각되는 페레의 초현실주의에 깃든 저항정신을 비교하여 살펴보자.

1. 몸의 다양한 전이와 공격의지

그로테스크한 몸은 몸의 상부와 하부 사이의 공간적 전도로 특징지어진다. 바흐친에 따르면 그로테스크한 몸에서는 "얼굴을 엉덩이로, 위를 아래로 대치"하는 것에 주목해야 하며, 뒤는 "얼굴의 반대쪽" 또는 "거꾸로 된 얼굴"이라는 것을 이해해야 한다.[313] 물론 몸의 안과 밖도 뒤집어진다. "그로테스크의 세계에서 내적인 요소들(피, 내장, 신장 그리고 다른 기관들)과 외적인 요소들은 하나의 이미지 안에서 녹여진다."[314] 그

---

[313] (……) 그로테스크한 육체에 관계되는 주요 사건들, "육체적 드라마의 행위들"—먹기, 마시기, 생리현상들(그리고 다른 형태의 분비물들: 땀, 콧물 등), 성행위, 임신, 출산, 성장, 노화, 질병, 죽음, 다른 육체에 의한 찢김, 해체, 삼켜짐—은 몸과 세계의 경계들이나 오래되거나 새로운 육체의 경계선상에서 실행된다. Mikhaïl Bakhtine, *op. cit.*, p. 370.

리하여 각 신체 부위에 일상적으로 부여된 역할이 전복되며, 몸의 카오스 상태는 역설적으로 더욱더 진정한 육체성을 드러낸다. 관습적인 틀에서 자유로워진 육체는 페레의 자유로운 정신과 깊은 관련을 맺는다.

1) 몸의 안과 밖, 위와 아래의 전도

우리가 몸의 동화적 이미지 속에서 살펴보았던 삼키기와 토하기의 교차행위는 그로테스크적인 이미지 속에서도 강조된다. 바흐친은 "물질적이고 육체적인 영역," 다시 말해 먹기, 마시기, 성생활, 그리고 그에 상응하는 육체적 사건들이 그로테스크 세계에서 긍정적인 가치를 갖고 있다고 설명한다.[315]

입은 몸과 세계 사이의 왕복을 실현시켜주는 이상적인 기관이다. 몸과 세계 사이의 경계가 없어지고 외부세계와 사물들의 융합이 이루어지기 위해서는 먹거나 토하면 된다. 마찬가지로 페레의 세계에서도 포함하는 것과 포함되는 것, 내부와 외부의 왕복은 소화기제의 매개를 통해서 이루어진다. 「무슨 상관인가」라는 시는 그러한 상호관계를 구현하고 있다.

> 하지만 익사자는 물 밖으로 나오고 붉은 깃발처럼 흔들린다
> 그의 손과 이빨들은 딱딱 소리를 낸다
> 그의 유언은 알에서 새가 나오듯
> 입에서 나온 병 속에 들어 있다(t. 1, p. 184)

---

314) *Ibid.*, p. 316.
315) *Ibid.*, p. 315.

시의 처음부터 죽음은 삶과 뒤섞인다. 익사자는 물 위에 떠 있지 않으며 살아 있는 사람처럼 물 밖으로 나온다. 그는 깃발처럼, 다시 말해 물건처럼 흔들린다. 그는 익사자이지만 손과 이빨로 소리를 냄으로써 삶과 죽음을 함께 내포하고 있다. 그러고 나서 죽음을 알리는 유언이 나오는데, 유언이 새의 탄생과 비교됨으로써 죽음의 영역을 다시금 삶에 개입시킨다. 또한 세번째 시구에서는 마치 러시아 인형처럼 포함되는 것과 포함하는 것의 관계가 연속적으로 이어진다. 익사자의 입은 병을 포함하고 있고 병은 유언을 담고 있다. 그리고 유언은 그의 마지막 의지를 내포한다. 그로테스크적 세계 속 죽음과 삶의 합일은 "죽음이 삶의 순환 속에 완전히 포함되면서 삶의 여러 측면 중 하나를 구성하게 됨으로써 이루어진다."[316] 그로테스크적 육체는 안과 밖 사이의 변화 이외에도 위 대신에 아래가 위치지어짐으로써 몸의 위계를 전복시킨다.

민중들의 축제가 갖는 아주 중요한 요소들 중 하나는 폄하, 전도, 가장의 표시로 위계적인 위와 아래를 전환하는 것이었다. 예를 들어 광대는 신성한 왕이었다. 그는 위와 아래를 바꾸게 하고, 죽음 후에 새로운 탄생을 겪도록 하기 위해 모든 고귀한 것과 오래된 것, 모든 준비된 것과 끝난 것을 물질적이며 육체적인 '낮은 것'의 지옥 속으로 떨어뜨렸다.[317]

마찬가지로 페레의 작품 속에서 육체적인 '낮은 것'들의 반란은 여러 방식으로 시도된다.

---

316) *Ibid.*, p. 356.
317) *Ibid.*, p. 307.

그의 어깨 위 그의 엉덩이
머리는 낮게 눈은 천장으로 향한 채
그는 세상을 떠돌며
파이프를 거꾸로 피우고 있지(「단지」, t. 1, p. 117)

이 시에서는 어깨보다 높이 위치한 '엉덩이'로 인해 몸의 상·하부가 전도된다. 물론 아이를 어깨에 목말태울 때를 생각하면 별로 기이한 모습이 아닐 테지만, 여기에서는 "그의 어깨 위 그의 엉덩이"라고 하여 결코 상식적으로 가능하지 않은 전도가 이루어진다. 머리를 낮게 하고 눈을 천장으로 향한다는 2행의 행동이나 파이프를 거꾸로 피운다는 터무니없는 이미지가 부조리한 측면을 강화하고 있는 것이다. 또한 언어적인 측면에서도 전도가 일어난다. "그의 어깨 위 그의 엉덩이son cul sur son épaule"라는 구절은 '어깨 위에 머리를 가지다'로 직역할 수 있는 '지각이 있다avoir la tête sur les épaules'라는 표현을 패러디적으로 전도한 것일 수 있다. 위의 숙어적 표현이 현실적인 태도를 내포하고 있다면, 페레의 패러디는 그와는 정반대의 의미를 나타내고 있을 것이다. 그렇다면 이는 '머리 너머의 엉덩이'라고 직역할 수 있는 '곤두박질하여cul par-dessus tête'라는 표현의 새로운 버전일 가능성 또한 배제할 수 없다.

이렇게 시인은 몸의 하부와 뒷면을 강조함으로써 상부와 앞면에 비중을 두는 기존의 가치를 뒤집는다. 또한 페레는 다음 시에서 일반적으로 손에 해당하는 동작과 역할을 발에 부여하고 있다.

농부여 농부여 네 발로 암소들의 젖을 짜렴

예수처럼 더러운 네 발로

그러면 네 우유는 산 위로 가서

눈으로 바꾸리라(「우울한 암소들」, t. 1, p. 224)

이 시는 각 신체 부위의 가치를 전도시키고 동시에 성스러운 것을 속되게 만든다. 시인은 예수를 농부의 더러운 발에 비유함으로써 가장 미천한 것과 등가를 이루게 하여 예수의 신성성을 박탈하고 있으며,[318] 예수의 영광스러운 손이라는 일상화된 개념을 전도시킨다. 게다가 눈 대신 암소의 젖이 산꼭대기를 뒤덮는다. 이 또한 탈신성화를 보여주는 행위라 볼 수 있다. 영양분을 함축한 짐승의 젖은 눈 덮인 산의 신비스러운 상징을 모성성으로 대체한다. 동물의 몸 내부에서 나온 우유는 외부 자연계의 요소로 변용하여 대지의 내재적 승리를 보여주고, 산꼭대기가 상징하는 초월이라는 기존의 사고에 대항한다.

한편 몸의 여러 부위는 다른 부위뿐 아니라 다른 대상으로도 대체된다. 19편의 짧은 시들로 구성된 다음의 시는 시인이 이런 종류의 '비정상적인 일'을 행하는 사람임을 알려준다.

만일 당신이 차고에서 검은 짐승을 발견한다면

그가 뒷걸음치면서

당신에게 다가가도록 하시오

그리고 그의 오른쪽 눈을

---

[318] 익히 알다시피 예수는 죽기 전날, 제자들의 발을 씻어줌으로써 스스로 신성함을 탈피했다. 이 상징적인 몸짓을 계승하여 프랑스의 왕과 왕비들은 매년 부활절 때 열두 명의 가난한 사람들의 발을 씻어주었으며, 교황 또한 열두 명의 주교들의 발을 씻어주고 있다.

예술적으로 조각된
상수리 열매로 바꾸시오(t. 1, p. 210)

19편 중 첫 편인 이 시는 동물의 몸과 식물의 몸, 자연적인 것(눈)과 예술에 속한 것(조각된 상수리) 사이의 교환을 제안한다. 이어서 시 3을 보자.

귀가 없으면 서약도 없는 법
잘 감시하시오 잘 감시하시오
살갗들이
당신의 가슴으로부터 떨어져 나가
다시는 그들을 볼 수 없을 테니까(t. 1, p. 210)

페레는 속담에 흔히 이용되는 '……이 없으면 ……도 없다'라는 형식을 자신의 시에서도 즐겨 사용한다. 위의 시 첫 행에서처럼 그는 부정적인 방식으로 귀와 서약을 대면시킨다. 그래서 첫 두 행은 세 가지 감각과 관련된 몸의 부분인 귀, 입(서약), 눈(감시하다) 사이의 긴밀성을 보여준다. 그리고 나서 살갗의 이미지와 함께 촉각적 감각이 첨가되며 그것 역시 절단된 몸이라는 부정적인 방식으로도 환기된다. 한편 시 5에서는 몸 하부의 두 부위인 성기와 발이 교환된다.

오 돌의 여성들이여
당신들의 남편이 떠났고
얼음을 잘라냈노라

당신들의 성기는 거울처럼 닮았으니
당신들의 발이 그것들을 대체하는구나(t. 1, p. 211)

마치 신체 부위가 교체 가능한 부품인 양 닮은 성기는 발로 교체된다. 몸의 한 부위를 다른 부위로 변화시키는 것은 말콤 드 샤잘의 표현에 따르면 "인체의 연금술"[319]에 속한다. 이 같은 변화는 시 8에서도 환기되고 있다.

만일 당신이 춥다면
거울 속을 바라보라
성기 대신 혀가 있을지니(t. 1, p. 215)

정신분석학적 시각에서 입과 성기는 밀접하게 연관되어 있다. 시 8의 마지막 행처럼 소화기관과 성적 기관 사이의 관계는 『그리고 젖가슴들은 죽어갔다……』(1926)라는 페레의 동화 속에서 "성기처럼 치장된 여성들의 입"(t. 4, p. 83)이라는 구절을 통해 나타난다. 그로테스크한 시각에서 혀와 발의 변환 또는 혀와 성기 간의 변환은 몸의 상부와 하부의 본격적인 전도를 상징화한다. 또한 몸의 하부에 대한 집착은 몸의 상부에 대한 거부와도 통한다

말이 내부로부터 나와 본능적인 목소리를 듣게 될 때, 목소리를 만들어내는 것은 언어가 아니라 본능에 가까운 더욱 낮은 다른 기관들이다.

---

[319] 말콤 드 샤잘은 시와 연금술 사이의 관계를 『틈 La Brèche』이라는 잡지 창간호에 수록된 "초현실주의자들에게 보내는 메시지"에서 피력하고 있다. Jean-Christophe Bailly, *op. cit.*, p. 61.

이는 한스 아르프의 시에서 환기하고 있는 점이다.

> 말하는 데 혀는 아무런 소용이 없다
> 말하기 위해서는 털이 없는 혀보다는
> 당신의 발들을 사용하라
> 말하기 위해서는 당신의 배꼽을 사용하라[320]

아르프는 페레처럼 내부의 언어와 직접적으로 연결된 본능의 언어, 다시 말해 몸 하부의 언어에 주의를 기울인다. 한편 페레에 있어서는 몸 외부의 대상이 성적 기관의 역할을 담당할 수 있다.

> 그의 성기 대신에 놓인
> 네덜란드의 차임벨이
> 도시의 마지막 소문들을 포착한다(「s로 방향전환한 A」, t. 1, p. 108)

이 시에서 외부세계의 대상인 차임벨은 몸의 일부인 성기로 대체된다. 남성성의 에너지는 생기 넘치고 즐거운 종소리로 변환된다. 차임벨의 청각적 감각과 성적 기관의 촉각적 감각이 서로 교환된다. 게다가 소리를 내는 기구인 차임벨은 저녁의 종소리로 변환된 도시의 소문들을 잡아내는 기구로 변환된다. 도시의 주민들은 남성 기관에서 비롯되는 성적인 소리들을 듣게 된다. 마찬가지로 시「개를 쫓아다닌 4년」은 몸과 세계 사이에 성기전환이 일어나는 기이한 이미지를 제공한다.

---

320) Hans Arp, "Bagarre de fruits," in *Jours effeuillés*, Paris, Gallimard, 1966, p. 156.

다시 말하면 파도는 산을 들어 올릴 신념이나 힘이 없다
나는 그것에게 내 성기를 빌려준다 그러면 모든 것은 말해진다
그리고 우리는 모두 매우 만족스럽다(t. 1, p. 147)

여기에서 우리는 새로운 세속화 작용을 볼 수 있다. 에로스가 경이로운 시적 창조의 근원적인 원칙처럼 나타남으로써, 믿음과 성서적인 기적을 에로스와 성이 대체한다. 성적 기관을 갖춤으로써 세계는 에로스화되는 것이다. 그리하여 몸과 세계는 에로틱한 교류관계에 놓이게 된다. 다음 시에서는 몸의 상부와 하부가 변환되는 것과 마찬가지로 세계의 상부와 하부 또한 교환된다.

태양이
수염과 함께 땅으로 내려올 때
우리는 가방을 열리라
그러면 마지막 쥐의 자손들이
그들의 언어를 잊어버리리라
방 안에서는
오렌지들이 태양까지 굴러가리라
만일 누군가가 시간을 묻는다면
마지막으로 온 사람이 그에게
장갑인 양 제 입술을 건네주리라(「사각형의 아이들」, t. 1, p. 142)

세상을 지배하는 태양은 수염을 달고 땅으로 내려옴으로써 인간화된다. 또한 지상의 열매인 오렌지가 땅에 떨어진 태양과 동일한 가치를 갖

게 됨으로써, 세계의 위와 아래의 구분과 상징성은 무너진다. 태양의 하강, 가방을 여는 행위, 쥐에 의해 언어를 망각하게 되는 행위, 오렌지의 여행, 마지막 오는 사람이 입을 제공하는 행위로 이어지는 사건들은 어떠한 납득될 만한 연관관계도 갖고 있지 않다. 하지만 이 모든 부조리한 사건들은 시인의 상상력 속에서 고유한 논리와 고유한 인과관계를 가지고 연결된다. 마지막 세 행의 경우도 마찬가지다. 어떤 사람이 시간을 물었을 때 마지막으로 온 사람은 그에게 시간을 가르쳐주는 것이 아니라 입술을 건넨다. 입술은 마치 장갑처럼 선물로 줄 수 있는 오브제로 여겨진다. 시인은 일상의 기능에서 자유로워진 몸의 일부들이 떼어낼 수도 변환될 수도 있음을 보여주고자 한다.

이 같은 변환은 감각의 자유로운 전이에 의해서도 실행된다. 시각, 청각, 후각, 촉각, 미각과 연관된 신체 부위들은 결코 고유한 역할을 수행하지 않는다. 다섯 감각은 어떠한 상호 충돌과 모순 없이 서로 교환되고 합일된다.

(……) 계통수
그 안에서 나는
날갯짓을 하며 스페인계 스위스 사람들을 따라 날아갔던
사랑하는 여성의 입술들을 발견한다(「네 펜을 빌려다오」, t. 2, p. 98)

미각(입술들)은 촉각(날갯짓)으로 전환된다. 새처럼 날아오르는 입술의 이미지는 만 레이의 작품인 「관측소의 시간에, 연인들」(1932, 그림 19)을 환기시킨다. 또한 "그의 젖가슴들이 우표들의 느린 비행을 바라보고 있는/아름다운 여성"(「분」, t. 2, p. 268)에서는 촉각과 시각의 혼합을, 또한 "눈의 어눌한 에너지가 깨어난다"(『마지막 불행 마지막 기회』 IV, t. 2, p. 171)에서는 언어의 기능들과 (어눌한) 눈의 기능들(눈물)이 혼합됨을 볼 수 있다. 비슷한 종류의 감각의 혼합은 그 밖에도 굉장히 다양하게 나타난다. "피비린내 나고/만개한/손의 시선"(t. 1, p. 168)이라는 시행이 보여주듯 촉각적 시선이 폭력적이고 매혹적으로 제시된다. 무질서해 보이고 혼란스러워 보이는 감각들의 혼합은 혼돈 속의 질서인 '카오스모스'를 보여주고 있는 것이다.

그의 눈의 안락의자 속에 편안하게 앉기 (……)

당신의 눈은 두 개의 소금 조각들
아름다운 날처럼
어떤 손바닥 안에서도 녹아내리지(t. 2, p. 82)

시 「애매한」에서는 감각의 교환이 더욱 독특한 방식으로 이루어진다.

만일 네 스웨터가 이빨이 아프다고 하면 그에게 안약을 주어라
만일 그가 귀가 아프다고 하면
약간의 겨자를 주어라(t. 2, p. 108)

몸의 상부에 관계된 옷인 스웨터는 의인화되어 환자가 된다. 그의 병은 가슴(스웨터)과 얼굴(이빨, 귀, 겨자와 연관된 입)의 만남의 계기를 부여한다. 진단은 병과 전혀 상관없이 내려진다. 눈에 관한 약이 이빨을 위해 처방되고, 조미료가 귓병에 처방된다. 이를 통해 이루어지는 다

섯 감각의 조응은 결코 보들레르의 상응처럼 조화롭지 않다. 그것은 기이하고 예기치 않은 것이며, 우스꽝스럽고 익살스럽고 그로테스크하다.

2) 가학적인 몸과 피학적인 몸

페레의 세계는 종종 전쟁터로 변한다. 그 세계의 구성원들은 서로를 물어뜯고 주먹을 날리거나 발길질을 하며 고함치고 신음하고 으르렁댄다. 이러한 우스꽝스러운 몸짓들은 그로테스크한 세계를 강하게 연상시킨다. 「기타 등등」이라는 시를 보자.

> 다시 볼기짝에 발길질을
> 그리고 빈 정어리 통조림은 스스로를 성스럽다고 여겼다
> 아가리에 구두 굽으로 발길질을
> 그것은 순수한 꿀 속을 헤엄치는
> 성스러움이다(t. 2, p. 100)

엉덩이에 가한 발길질(v. 1)과 입을 가격한 구둣발(v. 3)은 익살꾼들이 민속축제 때 당해야만 했던 몸짓들이었다. 속어의 사용("볼기짝" "아가리")은 페레의 시를 관통하는 민중의 핏줄과 관련된다. 폭력적이고 우스꽝스러운 몸짓들은 몸의 하부와 상부(발, 엉덩이와 아가리), 성스러움과 속됨(성스러운, 빈 정어리 깡통)을 대면시킨다. 그리하여 기존의 가치와 위계질서는 전복된다. 그러나 이 같은 폭력은 몸 전반에 상처를 입히지만 반드시 몸에 대한 공격적인 행위를 의미하는 것은 아니다.

> 여행자는 위안받음을 느끼리라

그리고 기다리리라

(……)

자신의 수염이 면도되기 위해 자랄 것을

귀 부근에 큰 상처가 생겨

그곳을 통해 신중하고 근심스러운

작은 유리 도마뱀이 빠져나올 것을

그 도마뱀은 자기 주인의 배꼽을 결코 다시 찾아낼 수 없으리라

그리고 머리핀 모자핀 넥타이핀 기저귀 안전핀과

이미 주먹을 움켜쥔

귀퉁이가 깨어진 야만스런 샐러드 그릇이

그를 학대하려 기다리고 있는

굴뚝 속에서 길을 잃으리라(「네 계단씩」, t. 2, p. 27)

  상처 입은 몸의 열린 틈새 사이에서 신비스러운 혼종의 동물이 나온다. 그것은 다시 주먹을 쥐고 기다리는 다양한 종류의 사물들에 의해 상처 입게 된다. 그리하여 상처 입는 행위는 몸의 내부에 감춰져 있는 것을 드러내는 계기가 된다. 폭력적인 몸짓은 상대방과의 관계에서 역동적인 작용과 반작용의 결과를 이끌어낸다. 그것이 페레에게 고유한 세상의 사물들을 소통시키는 방식인 것이다.

  폭력을 당하는 몸은 기형적이다. 그로테스크 세계가 비형식적인 것, 불균형적인 것, 기이한 것과 관련이 있는 것처럼 페레의 세계는 과장과 결핍을 겪는 몸을 환기시킨다. 가령 시 「늙은 공병들의 조종장치」에서 몸의 각 부위는 일상적인 숫자를 갖고 있지 않다.

나는 눈 한 개와 두뇌 두 개를 갖고 있을 뿐
그러는 당신, 당신의 귀는 어떠한지(t. 1, p. 22)

페레는 묘사하는 몸의 기이함을 강조하기 위해 '오직 ……만ne……que'이라는 한정어를 자주 쓴다.

삽으로 연주를 했던
농부가 있었네
그에게 있었던 건
머리 하나와 팔 두 개
발 네 개와 눈 두 개
귀 하나와 이빨 세 개뿐
허나 그는 시간을 허비하지 않았던
농부였네(「들판의 벼룩들」, t. 1, p. 221)

이렇듯 한정어는 몸의 각 부위의 숫자가 정상일 경우에도(머리 하나, 팔 둘, 눈 둘) 정상적이지 않을 경우(발 네 개, 귀 하나, 이빨 세 개)와 마찬가지로 부족하거나 많다는 느낌을 준다. 또한 『씻지 않은 포도를 먹지 말라』(1927)라는 동화에서 "똥 덩어리"라 불리는 등장인물은 자기의 손가락이 잉여적이라고 느낀다.

그는 자기의 열 손가락으로 무엇을 해야 할지 더 이상 알 수 없었다. 그는 첫번째로 마주친 행인에게 말한다.
—선생님, 저는 손가락이 열 개입니다. 어쩌면 너무 많은 건지도 몰라

요. 손가락 한 개만 먹어주세요.(t. 4, pp. 111~12)

인용한 동화에서 '무위도식하다ne pas savoir quoi faire de ses dix doigts,' 직역하면 '제 열 손가락으로 아무것도 할 수 없다'라는 뜻을 가진 숙어적 표현이 문자 그대로 해석되고 사용된다. 등장인물은 열 손가락으로는 아무것도 할 수 없으니 무엇인가를 할 수 있는 방법으로 누가 자신의 손가락 하나를 없애주어야 한다고 생각하고 있다.

한편 "수염이 난 늙은 군주의 이마 위로 솟은 추한 젖가슴"(t. 2, p. 84)의 경우처럼 몸의 각 부위는 자유롭게 위치를 이동한다. 서로 동떨어진 신체 부위들 간의 결합은 어떤 의미에서 벨머의 인형실험을 연상시키기도 한다. 페레의 이미지는 여성적인 것(젖가슴)과 남성적인 것(남성의 이마), 또한 감춰진 부분과 드러난 부분을 결합함으로써 권력을 지닌 인물인 늙은 군주를 희화화한다. 이와 같이 시인은 혼종화된 형태뿐 아니라 혼종되는 결합의 과정 자체도 보여준다.

위험하지 않은 정원사는 자신의 굴 껍데기 얼굴 위에 있는 코가 개체생식에 의해 재생산되는 것을 느꼈다
재채기를 유발하기 위해 코를 나무에 접붙이려는 생각을 하면서(「전 생애」, t. 2, p. 239)

이 시에서처럼 개체생식은 몸의 재생산을 가능케 하는 방법이며, 확실히 그로테스크 세계의 방식을 환기시킨다. 세계의 요소들을 융합하려는 이 방법은 몸, 과일, 바다, 식물들 간의 혼종적 합일과 마찬가지로 기이하다. 하지만 페레에게 있어서 몸의 혼종적인 이미지가 항상 그로

테스크하지만은 않다.

> 내가 베었던
> 내가 사등분으로 베었던 모든 꼴이 내 머리 위에 붙어 있다면
> 나는 새벽의 머리카락 신선한 버터로 만든 머리카락을 갖게 되리
> 그런데 베어진 꼴은
> 바람에 날리는 깃털처럼 강으로 가버리네(「꼴 시렁에 꼴이 하나도 없을 때」, t. 1, p. 225)

이 이미지는 몸의 일부(머리카락)와 자연요소들(꼴, 새벽, 신선한 버터) 사이의 아름다운 형태의 혼종을 구현한다. 하지만 조건법은 그것이 실현되지 않았음을 알려준다. 자연의 차원에서 이미지들은 꼴에서부터 새벽까지 그리고 신선한 버터에 이르기까지 연쇄적으로 이어지면서 꼴을 먹는 암소가 만들어낸 이미지를 형성한다. 신선함은 이 시의 전체를 특징화하고 있는 것이다.

문자 그대로 번역한 제목 "꼴 시렁에 꼴이 하나도 없을 때 Quand il n'y a plus de foin dans le râtelier"는 구어로 '돈이 떨어지게 되면'을 의미하는 표현이다. 제목은 죽은 은유상의 의미인 '자금부족'이라는 뜻보다, 문자 그대로의 의미인 '꼴 시렁에 꼴이 하나도 없을 때'로 해석해 보았을 때 오히려 시의 내용에 부합된다. 시 안에서 꼴은 강으로 가버린다. 이와 마찬가지로 2행에서의 "내가 사등분으로 베었던 couper les cheveux en quatre"은 구어로 '지나치게 세밀히 따지다'라는 뜻이다. 시인은 이를 문자 그대로의 의미로 해석하면서 이미지를 전개해나감으로써 숙어적 표현들을 쇄신하고 있다.

한편 「엉망진창」이라는 시는 "엉망진창이 된" 몸의 다양한 부위를 보여준다.

> 만일 테이블 다리들이 서로 영원히 헤어지기 전에 악수를 한다면 어찌할 것인가
> 만일 임시정류장들이 서로의 코를 잡아먹는다면 어찌할 것인가 (……)
> 거대한 엉덩이들이 흰 수염을 뒤덮는다면 어찌할 것인가 (……)
> 왕의 코가
> 지하철 정류장이 된다면 어찌할 것인가(t. 2, pp. 101~102)

의문 형태로 제시된 네 개의 질문은 모두 부조리하다. 발, 코, 엉덩이, 수염은 낯섦의 감정을 가중시킨다. 이들은 일상적인 육체의 일부가 아니다. 발과 코는 '책상다리les pieds de table' '심하게 싸우다se manger mutuellement le nez(직역하면 서로의 코를 잡아먹는다)'라는 경구화된 표현들의 일부를 이루는데, 의인화됨으로써 원래의 육체적 의미를 되찾는다. 다시 말해 의인화된 책상다리는 죽은 은유의 상투성을 탈피하고 있는 것이다. 그리하여 몸의 상부에 위치한 손들은 등장인물이 된 다리, 곧 몸의 하부에 종속된다.

또한 엉덩이와 왕의 코는 동화적인 분위기 속에서 자유롭게 변용된다. 엉덩이의 경우와 관련된 세번째 상황은 불가능한 몸, 실현할 수 없는 조합을 제시한다. 거대한 엉덩이들이 환기시키는 이미지처럼, 마지막 상황에 등장하는 코는 극단적인 과장법의 대상이 된다. 지하철 정류장이 되는 코의 이미지는 라블레나 페레의 작품에 빈번하게 나타나는 과도한 몸 이미지를 전형적으로 보여준다. 그 이미지는 부조리하게도

오래된 것(왕)과 현대적인 것(지하철)을 혼합한다.

몸은 일상적인 형태로부터 해방된다. 일상적인 몸을 전도하는 방식은 몸의 일부를 서로 교환시키거나 몸 이외의 요소들과 교환시키는 것이다.

> 사슴의 눈은
> 내게 양철판을 약속한다
> 내게 신문을 준다
> 그리고 내 팔을 자른다(「진짜 삶」, t. 1, p. 166)

여기에서 '나'는 사슴의 눈으로부터 신문을 받고 내 팔을 대신하여 양철판을 받게 될 것이다. 나와 타인 사이에서 거래가 이루어지고 그 거래에서 사물과 몸은 같은 교환가치를 갖는다. 시인은 역설적이게도 그것이 '진짜 삶'이라고 말한다. 이 시에서 팔이 잘렸다면「불구자들의 노래」에서는 다리가 잘릴 차례다.

> 내게 네 팔을 빌려다오
> 내 다리 대신 사용하게
> 쥐들이 그걸 먹어버렸거든
> 베르덩 계곡에서
> 베르덩 계곡에서
> 나는 쥐들을 많이 먹었지
> 하지만 그들은 내 다리를 돌려주지 않더군
> 그 이유로 사람들이 내게 전쟁의 십자가를 주었지
> 나무다리와 함께

나무다리와 함께(t. 1, p. 273)

　이 시는 현실과 상상을 뒤섞고 있다. 역사적인 차원, 다시 말해 현실의 차원에서 이 시는 1차 세계대전에서 가장 참혹한 살육이 자행되었던 베르덩 계곡의 전쟁을 환기시킨다. 내용의 차원에서는 이 전쟁에서 다리 하나를 잃고 훈장을 받고 나무다리를 지니게 된 상이군인들의 노래를 들려준다. 상상의 차원에서 이 시는 몸의 그로테스크한 면을 환기시킨다. 첫 두 행은 '네 팔'과 '내 다리'의 교환을 보여줌으로써 내 몸과 네 몸, 몸의 상부와 하부가 전환되는 과정을 드러낸다. 그러고 나서 먹는 자와 먹히는 자, 인간과 동물(쥐) 간의 전도가 일어난다. 그것은 전쟁의 맥락에서 볼 때 죽이는 자와 죽음을 당하는 자 사이의 잔혹한 전도 관계를 상징한다.

　이 시는 역사와 상상을 결합할 뿐 아니라 비극적이고 무거운 내용과 우스꽝스럽고 가벼운 형식을 결합한다. 두 번이나 반복되는 후렴구("베르덩 계곡에서"와 "나무다리와 함께")는 동요노래comptine의 형식을 띰으로써 절단되고 혼종된 육체의 이미지의 잔혹성과 무거움을 가볍게 만든다.

2. 몸과 언어

　그로테스크한 세계에서 몸의 이미지는 독특한 언어적 용법과 병행된다. 몸의 하부에 대한 경도는 '낮은 언어'의 사용, 다시 말해 속어와 천박한 언어의 사용을 동반한다. 속어적, 대중적 표현은 라블레적인 소극을 통해 사회를 뒤엎고자 하는 의도를 담고 있는 그로테스크적 언어, 또는 카니발적 언어에 속한다. 따라서 낮은 언어는 어떤 사람이나 어떤 상황을 조롱하는 일종의 익살극 같은 풍자[321]에 가깝다.

민중적이며 풍자적인 정신이 배어 있는 페레의 시적 언어는 사회에 대항하는 강한 저항을 표출한다. 우리는 그의 작품 속에서 반교권주의적이거나 반교황적인 풍자를 쉽게 발견할 수 있다. 또한 페레 시의 언어는 그로테스크나 풍자에 가까운 중세의 '횡설수설coq-à-l'âne' 또는 '풍자시fatrasie'의 전통에 닿아 있다. '횡설수설'의 서간시는 1530년에서 1545년 사이에 프랑스에서 대단한 성공을 거두었던 문학장르로 17세기까지 지속되었으며, 풍자적이거나 환상적인 장르라는 정체성을 가지고 미묘한 무질서를 배양하는 것을 특징으로 삼는다.

그런 의미에서 페레의 시는 진정한 '횡설수설'의 시에 속한다고 할 수 있다. 이 같은 시는 어떠한 연결구나 이유 없이 한 주제에서 다른 주제로 전이한다. 그렇기에 페레의 시는 13세기 중후반 동안 아르투와 Artois 지역과 에노Hainaut 지역에서 집중적으로 만들어졌던 무의미에 기반을 둔 중세의 풍자시와도 닿아 있다. 무의미 시는 19세기 이후 영국인들에 의해 활발히 실험된다. 『난센스』[322]라는 제목의 로베르 베나윤의 선집 속에 페레는 라블레, 에드워드 리어, 루이스 캐롤과 함께 정당한 위치를 차지하고 있다. 그렇다면 지금부터 우리는 낮은 언어와 하부

---

321) 중세 사람들은 때로 풍자를 사티루누스, 곧 인간의 몸, 염소의 뿔과 다리를 가진 신화적 인물과 접목시켰다. 사티루누스는 정확한 목적 없이 이리 뛰고 저리 뛰는 벌거벗고 악취를 풍기는 존재로 그려진다. 풍자 또한 장식이 없는 간결한 문체로 되어 있으며, 정확한 주제가 없는 상태에서 신랄하고 잔인한 용어를 사용한다는 점에서 사티루누스를 닮았다. Béatrice Didier (dir.), *Dictionnaire universel des littératures*, Paris, PUF, 1994, p. 3411.

322) Robert Bénayoun, *Le nonsense*, Paris, Balland, 1977.

의 육체가 만들어내는 연관관계를 구체적으로 살펴보면서, 여기에 어떤 방식으로 민중의 피와 저항성이 투영되어 있는지를 살펴보기로 하자.

1) '낮은 언어'의 은유적 탐색

'민중적인' 또는 '저속한' 언어들은 가장 육체적이며 가장 물질적이다.[323] 피에르 기로는 속어에 관한 연구서에서 속어를 통해 표현된 "이미지들의 가장 큰 원천은 바로 몸이다. 특히 감정을 표시하는 단어는 그것을 느끼도록 하는 감각과 감각기관에 연결되어 있다. 감정과 열정의 근원장소로 여겨지는 곳은 영혼이 아니라 바로 육체다"[324]라고 서술하고 있다. 또한 그는 같은 책에서 장 라카산뉴 박사의 프랑스어-속어 사전에 대한 흥미로운 분석을 전개한다.

> 가장 풍부한 개념들 ─가장 많은 수의 동의어들에 의해 표현되는 개념들─ 은 기술적인 언어 다음으로 불량배들의 세계가 반영되는 표현어들이다:
> '항문'을 지칭하는 40개의 단어에 비해 '팔'을 지칭하는 단어는 4개뿐이다.
> '코'(25단어)는 '눈'(10단어)만큼이나 중요한 기관이다.
> 돈(70단어), 육체적 사랑(74단어), 사랑한다는 말(14단어), 성적 기관들(70단어), 죽음(40단어), 거부(60단어)는 민중의 영혼에서 비롯된 중요한 테마들이다.[325]

---

323) Françoise Chenet-Faugeras, Jean-Pierre Dupouy, *Le corps*, Paris, Larousse, 1981, p. 16.
324) Pierre Guiraud, *L'argot*, Paris, PUF, 1976, p. 43.

이러한 테마들은 페레의 시에서도 매우 빈번하게 표현된다. 페레의 시에서는 시에 고유한 용어가 아닌 거리의 언어, 속어 또는 천박한 언어에 속하는 말인 '제기랄merde' 또는 '빌어먹을punaise'이라는 표현이 종종 사용된다. 1943년 뉴욕에서 출간된 『발언권은 페레에게 있다』에서 시인 자신은 속어를 민중계급의 시라고 여기면서 그 중요성을 역설했다.

오늘날 가장 발전한 사회 안에서 우리는 상층계급을 통해서가 아니라 배척받는 사람들, 법 테두리 밖의 사람들을 통해서 시적 언어가 재편되는 것을 흔히 볼 수 있다. 그것이 바로 속어다. 속어는 다른 계층의 언어에 만족할 수 없는 시의 무의식적인 필요성과 기존 계급에 대항하는 근원적이고 잠재적인 적개심을 가진 민중계급에 의해 만들어지고 사용된다. 소외된 계층의 속어로부터 새로운 언어들이 솟아나며, 일단 인간의 첫번째 욕구를 만족시키고 나면, 속어는 어쩌면 더 높은 단계에서 언어의 모든 발전 단계를 반복할 것이다. [326)]

페레는 저항정신으로 가득한 이 특별한 언어들을 자신의 작품 전체에서 사용하는데, 그중 '더러운 일에 가담하지 않겠다'라는 구어적 뜻을 갖고 있는 시집 『나는 이 빵을 먹지 않겠다 Je ne mange pas de ce pain-là』(1936)에서 특히 이 같은 특징이 잘 드러나 있다. 이 시들의

---

325) J. Laccassagne, P. Devaux, *L'argot du milieu(Dictionnaire argot-français et français-argot)*, Paris, Albin Michel, 1948. Pierre Guiraud, *op. cit.*, p. 46에서 재인용.
326) Benjamin Péret, *Le Déshonneur des poètes suivi de La parole est à Péret*, Paris, Corti, 1996, p. 24.

대부분은 1926년에서 1930년 사이에 잡지에 발표되었으며, 이 시기는 "아라공 같은 몇몇 초현실주의자에게는 영속적인 관계이며, 페레 같은 다른 초현실주의자에게는 일시적인 관계인 초현실주의자들과 공산주의자들 사이의 관계(폭풍우적인)의 시작이었다. 초현실주의의 이 어려운 시기 가운데서 『나는 이 빵을 먹지 않겠다』에 수록된 시들이 씌었다."[327]

이 시집에 수록된 많은 시들은 모욕적인 언사와 반교권주의적인 내용을 담고 있다. 시들은 주로 전쟁이나 범죄에 의한 비극적인 죽음의 테마들을 다룬다. 「티에르 씨가 완전히 죽지 않기 위해서」(t. 1, p. 237), 「루이 14세는 기요틴으로 향해 간다」(p. 238), 「메르시에 주교는 죽었다」(p. 239), 「코냑의 어머니의 죽음」(p. 251), 「죽은 불량배」(p. 261), 「콩다민 드 라 투르 대령의 영웅적인 죽음」(p. 265), 「살인자 포슈의 삶」(p. 267), 「전사자들을 기리는 기념물 위의 묘비명」(p. 271).

여기에서 우리는 절단, 권력자나 성스러운 것의 깎아내리기와 같은 테마를 발견할 수 있다. 시집 속에 수록된 시들은 '죽다' '볼기짝' '불알' '엉덩이' '제기랄' 등 죽음이나 몸의 상처들, 몸의 하부나 내부, 배설물을 환기시키는 상스럽고 속어적인 차원의 언어들로 구성되어 있다. 예를 들어 「티에르 씨가 완전히 죽지 않기 위해서」라는 시집 첫 부분에 수록된 시를 살펴보자.

똥이 가득한 배 돼지 발

---

327) Serge Fauchereau, *op. cit.*, p. 448. 시인과 정치의 관계에 관해서는 Georges Fontenis, *L'Autre communiste. Histoire subversive du mouvement libertaire*, Mauléon, (éd.), Acratie, 1990, pp. 153~56과 pp. 310~13 참조. 또한 Guy Prévan, *Péret Benjamin révolutionnaire permanent*, Paris, Syllepse, 1999 참조.

독이 있는 머리

그것이 나 티에르 씨다

(……)

내 아내의 진주들은 국민군들의 눈이며

나는 매일 아침

골판지로 된 내 불알들을 토해낸다

만일 내게서 누가로 된 트림이 나온다면

그것은 갈리페가 내 볼기짝을 긁었기 때문

만일 내 배가 길어진다면

그것은 내가 공화국의

바구니 손잡이를 춤추게 했기 때문(t. 1, p. 235)

'똥' '불알' '토해내다' '볼기짝' 등 수많은 민중의 언어와 비속어들은 폭력적이고 그로테스크한 이미지를 전달한다. 세르주 포슈로는 "페레의 세계에서 가장 외설적인 분뇨담은 보통의 풍자시인들이 갖고 노는 날카로운 지성을 대체한다"[328]고 지적한다. 시의 중심인물인 티에르 씨는 몸의 세 부분에 대한 열거를 통해 소개된다. 이 가운데 똥이 가득한 배, 돼지 발, 독이 있는 머리는 극단적으로 경멸을 나타내는 표현이다.[329]

"골판지로 된 내 불알들mes couilles de papier mâché"이라는 시행

---

328) *Ibid.*, p. 450.
329) 숙어적 표현에서 돼지는 종종 경멸적인 암시를 담고 있음을 환기해보자. 돼지처럼(지저분하게, 탐욕스럽게), 돼지 머리(성격이 나쁘다, 고집이 세다), 돼지 같은 성격(고집 센 성격), 돼지 같은 눈(아주 작은 눈), 돼지처럼 글씨를 쓰다(글씨를 괴발개발 쓰다) 등등.

은 "안색이 창백하다avoir une mine de papier mâché"라는 표현을 바꾼 것이다. 몸의 상부인 얼굴('안색')을 하부인 불알로 대치한 셈이다. 다음 행도 마찬가지다. "나는 매일 그것들을 토해낸다"라는 표현은 엉덩이로 나오는 배설물을 토하는 이미지로 바꾸고 있다. 낮은 언어의 사용과 몸의 하부의 노출뿐 아니라 "갈리페는 내 볼기짝을 긁는다"와 같은 동작 또한 그로테스크하다. 수많은 시들은 '엉덩이' '똥구멍'이라는 일상적으로 감춰지고 경멸당하는 몸의 하부를 조명한다. 엉덩이는 「시카고의 성찬식」(t. 1, pp. 248~49)에서 신과의 만남의 장소이자 비교대상이 된다.

 그러자 모든 시커먼 이들이 똑같은 엉덩이 위에서 만났다
 그리고 신은 위대하다고 말했다
 신이 우리 엉덩이보다 훨씬 위대하다고

이렇듯 페레의 시에는 '신'과 '우리 엉덩이' 사이의 비교와 같은 성스러운 것의 세속화 작용이 계속해서 반복적으로 나타난다. 신, 예수, 교황, 주교, 잔다르크와 같이 성스러운 인물이나 역사 속 인물은 더럽고 혐오스러운 짐승들(이, 두꺼비, 돼지, 파리), 배설물, 부패한 것, 몸의 하부들과 끊임없이 대면되면서 성스러움을 잃게 된다. 니세포로는 낮은 언어를 "민중적인 영혼의 표현들 중 하나"로 인식하면서 다음과 같이 지적한다. "낮은 언어는 물질화하면서 가장 고귀한 언어에 미천한 의미를 부과한다. 또한 가장 명확한 언어와 구절들에 애매한 의미를, 다시 말해 쓰레기 같은 의미 또는 외설적인 의미를 부여한다. 그것은 또한 타락의 한 형태다."[330]

시「잔다르크」의 한 대목을 인용해보자.

    하지만 잔다르크는 신이 그에게 기거함을 알고 있었다
    그래서 그에게 매일 저녁 말했다
    나는 교황의 의지로 여기에 있나이다
    오직 방귀의 힘으로만 그에게서 벗어날 수 있을 겁니다
    갑자기 신이 너무 멀리 가래를 뱉는 바람에
    잔느는 지평선의 엉덩이에다 발길질을 할 수 있었다
    신과 지평선이 소리를 질렀다(t. 1, p. 245)

방귀와 가래는 인간의 비천한 배설물이다. 그런데 신이나 잔다르크 같이 성스러운 인물들이 이런 속된 행위를 하고 있다. 잔느는 지평선의 엉덩이에 발길질을 해대고 신은 소리를 지른다. 이를 통해 성스러움과 속됨의 경계는 무너진다. 다른 시「자전거 주자의 투르 드 프랑스」에서 '성스러움'이라는 말은 동물의 배설물이 내뿜는 악취와 관련된다. 이제 성스러운 것의 불멸성은 부패로 변모한다.

    바이욘 마르세이유 스트라츠부르크는 죽은 두꺼비들일 뿐
    거기에서 우리들의 통행이 흩어놓은 성스러운 악취가 뿜어져나오네(t. 1, p. 237)

페레는 여기에서 '성스러운'이라는 형용사를 속어적으로 사용하는 유

---

330) A. Niceforo, *Le génie de l'argot*, Paris, Mercure de France, 1912. Pierre Guiraud, *op. cit.*, p. 45에서 재인용.

희를 하고 있다. 이 형용사는 단어 앞에 사용되면 감탄이나 욕설을 강화하게 된다. 다시 말해 '지독한 악취une sacrée puanteur'라고 하면 매우 강렬한 악취를 말하는 것이다. 그런데 시인은 이 형용사를 명사 뒤에 위치하게 함으로써 그것의 문자 그대로의 의미(성스러운)를 복원하면서도 속어적 의미(지독하게)를 간직하게 하여 지독함으로 성스러움을 전염시킨다. 다른 시구인 "바티칸의 더러운 엉덩이에"(「교황의 임시 능력」t. 1, p. 243)는 교황의 거처를 가장 미천하고 가장 멸시당하는 신체 부위이자 사실 속어에서는 가장 선호되는 부분이기도 한 '엉덩이cul'로 대체하고 있으며, 종교의 은혜롭고 순수한 일상의 이미지를 '더러운'이라는 속된 형용사로 전환한다. 예수의 발의 경우도 마찬가지다.

하지만 오늘 예수는 자신의 더러운 발을 네 허리띠 속에 집어넣었다
그것은 신발로 사용된다
같은 신발 안에 집어넣은 두 발
그리하여 사람들은 그를 신으로 만들었다
그의 주임 사제들은 그들의 얼굴과 비슷한
신발들을 갖고 있다(「콩다민 드 라 투르 대위의 영웅적인 죽음」, t. 1, p. 266)

신성함의 가치는 추락한다. 이 시는 예수의 발이 더러우며 그가 두 발을 같은 신발 안에 집어넣었다고, 다시 말해 어려움의 고비를 넘기지 못했다고 말한다. 이러한 탈신성화는 몸의 상부(얼굴)와 하부(신발)의 유사관계를 통해 주임 사제들의 탈신성화를 동반한다.
이 시집에서 보이는 위와 아래의 지각은 우리가 갖고 있는 일상의 사

고를 끊임없이 배반한다. 몸의 그로테스크한 이미지는 민중의 언어가 전달하는 이미지와 밀접하게 연관되어 있으며, 몸의 하부에 대한 선호는 낮은 언어에 대한 선호와 병행한다. 페레는 "학파, 종교, 재판, 전쟁, 점령, 해방, 적군 수용소, 끔찍한 물질적·지적 빈곤을 가진 사회"[331] 에 대항하여 삶 그 자체의 신비로움을 옹호하기 위해 자신의 시에서 그러한 언어를 자유롭게 풀어놓는다.

2) 몸과 관련된 경구들

페레는 제목과 내용을 막론하고 자신의 시에 수많은 숙어적 표현을 쓰고 있으며, 그 표현들의 상당수는 몸의 일부를 지칭하는 언어로 구성되어 있다. 하지만 일반적으로 그러한 표현은 어떠한 일관된 맥락도 갖고 있지 않으며, 독자들은 그것을 문자 그대로 읽음으로써 관습화된 의미 속에 가려졌던 새로운 의미를 떠올려보도록 안내된다. 마치 사회적 약속에 의해 굳어진 표현들이 시인의 노력으로 풀어진 것처럼, 변형되고 새로워진 경구들은 생명력을 획득한 채 시적 경이로움을 발현한다.

숙어적 표현들은 특히 『최상급의 *De derrière les fagots*』(1934, t. 2)라는 시집에서 집중적으로 나타나는데, 이 시집의 제목 또한 '나뭇단 뒤에서'라고 직역할 수 있는 숙어다. 수록된 시들의 숙어적인 제목 대부분이 몸과 음식에 관계된 단어들로 구성되어 있다는 점이 독특하다. 다음 예문에서 괄호 속의 내용은 숙어적 표현을 문자 그대로 풀었을 때의 의미를 나타낸다.

---

331) Benjamin Péret, "La parole est à Péret," *op. cit.*, p. 30.

「똑바로 쏘아보다」(눈의 흰자위 속에서, p. 42), 「손을 떼다」(손을 씻다. p. 61), 「악인 사이에도 의리는 있다」(늑대들은 서로를 잡아먹지 않는다, p. 80), 「그는 무위도식했다」(그는 자신의 열 손가락으로 무엇을 해야 할지 몰랐다, p. 82), 「모든 수단을 다해서 노력하다」(손짓 발짓 다 하다, p. 85), 「한참을 서서 기다리기」(학 다리를 하고, p. 85), 「귀에 대고 소근거리다」(귓구멍 속에서, p. 91), 「나무 의족」(p. 104), 「애매한」(반은 무화과 반은 포도, p. 108), 「매우 사이가 좋은」(팔을 위로 팔을 아래로, p. 114).

위의 제목들은 시의 내용과 전혀 부합되지 않는다. 「죽다」(영혼을 주다)라는 제목이 붙여진 시의 본문은 죽음과 아무 관련이 없다. '죽다'라는 동사와 '영혼'이라는 명사가 텍스트 속에 들어 있긴 하지만, "만국박람회를 위해 니스를 칠한 홍합들은/개막식 전에 지겨워 죽으려 했다/그래서 그들의 천상의 영혼으로 인해 상원의원들이 재채기를 했다."(t. 2, p. 35) 「손을 떼다」는 "그는 스트림 만에서 씻을 설거지거리를 내밀었다"(t. 2, p. 61)라는 시구로 시작한다. 그 외에는 손의 이미지도, 책임회피를 상징하는 손을 씻는 행위도 나오지 않는다. 물론 시인이 제목을 숙어적 문구로 뽑았을 때 그것은 경구화된 의미 그 자체를 위해서가 아니다. 제목과 내용의 불일치를 의도하면서, 또한 시 속에 숙어들의 용어만 다시 따와서 자기의 뜻대로 재가공하고 있는 것이다.

제목에 나온 숙어들이 다른 시의 시구로 다시 등장한다는 점도 독특하다. '똑바로 쏘아보다'라는 표현은 시의 제목으로도 나타나지만(t. 2, p. 42) 「나무 의족」의 시 내용으로도 재등장한다.

두 갈래로 흐르는 물 사이에 모호한 상태로

한 사람이 스스로를 노려본다

그는 아무래도 좋다

그는 기다린다(t. 2, p. 104)

첫 3행은 네 개의 숙어를 포함한다. 그중 세 개는 변형 없이 그대로 취해져서, 미결정의 부유하는 상태("두 갈래로 흐르는 물 사이에entre deux eaux"), 결정되지 않은 본질("모호한 상태로ni chair ni poisson"), 혼란의 부재 또는 무심한 평형상태("아무래도 좋다ni chaud ni froid")를 의미한다. 그리고 나머지 하나의 표현은 살짝 변형이 가해진다. 곧, '상대의 눈을 똑바로 쏘아보다regarder quelqu'un dans le blanc des yeux'라는 표현 대신에 '스스로를 노려본다se regarder soi-même dans le blanc des yeux'로 바뀐다. 그럼으로써 시인은 숙어에 적합한 의미와 함께 숙어를 문자 그대로 해석했을 때의 의미를 동시에 활용하는 것이다. 다른 시의 제목인 「애매한」(t. 2, p. 108)을 직역하면 '반은 무화과 반은 포도Mi-figue mi-raisin'로 풀이되는데, 시인은 그 원리를 변형하여 유사한 표현을 만들어내고 새로운 이미지를 전개시킨다. "반은 곰팡이가 끼고 반은 비늣기가 있는/껍질 없는 빵이/팽창한다."(t. 2, p. 580)

'손가락'은 제목으로 사용된 숙어에서도 나타나지만(「그는 무위도식했다」〔그는 자신의 열 손가락으로 무엇을 해야 할지 몰랐다〕, t. 2, p. 82), 「귀에 대고 소근거리다」의 다음과 같은 시구에서도 표현된다.

내게는 손가락이 열 개

머리카락은 거의 없고

거의 32개의 이빨들이 있기 때문에(t. 2, p. 92)

"팔짱을 끼고"라는 표현은 제목으로 나타나기도 하고(t. 2, p. 114), 「한참을 서서 기다리기」의 마지막 두 행의 시구로 등장하기도 한다.

그러나 내 웃옷의 단추들이

술 취한 선원들처럼 팔짱을 낀 채 가버리는 동안(t. 2, p. 90)

이 시는 굳어져버린 숙어에 놀라운 방법으로 새로운 활력을 불러일으킨다.

서랍 가장 은밀하고 깊숙한 곳에 폭풍우가 내리친다

머리빗과 선모 뿌리 간의

사투를 건 싸움이 시작된다

머리빗은 선모의 이빨들을 갖고 있고

선모의 머리카락은 머리빗의 발꿈치로 떨어진다

그들은 도자기로 만든 개들처럼 적대적인 눈초리를 교환한다

문제의 개들이 유리조각처럼 부서진다

그들이 멍멍 짖고 싶어했기 때문이다

도자기는 개들로부터 그를 지킨다

도자기여 개여 선모여 머리빗이여 안녕히

내 웃옷에 달린 단추들이 목청을 다해 노래 부른다(t. 2, p. 89)

머리빗과 선모 뿌리 사이의 적대적인 관계는 '적대적인 눈초리를 교환하다se regarder en chiens de faïence'(직역하면 도자기로 만든 개들처럼 서로를 쳐다보다)라는 숙어적 표현을 통해 드러난다. 시인은 이 표현을 문자 그대로의 이미지로 펼쳐낸다. 다시 말해 실제로 도자기로 만들어진 개들이 크게 짖는 바람에 산산이 부서져버렸다는 것이다. 이를 통해 숙어 속에 굳어져 있었던 개들과 도자기가 되살아나 작은 이야기 속의 주인공이 된다. "도자기여 개여 선모여 머리빗이여 안녕히"라고 등장인물을 열거하는 시구는 이야기가 새롭게 단추의 이야기로 넘어가도록 하는 전환점 구실을 한다. 그것은 명백히 17세기 라퐁텐의 우화집에 나오는 유명한 구절을 변형한 것이다. "송아지여, 암소여, 돼지여, 병아리여, 안녕히."(「젖소와 우유 단지」 『우화집』 7권, 우화 9)

이처럼 페레의 시에서는 몸이 전통적인 제약에서 해방되는 것과 마찬가지로 몸에 관련된 언어들이 숙어라는 경직된 상태에서 되살아난다.

3) 에로틱한 언어의 내밀성

바흐친은 성적인 삶이 그로테스크 세계의 중요한 구성요인들 중 하나로 작용한다고 말한다. 다른 초현실주의자들과 마찬가지로 페레는 몸의 하부를 구성하는 성적인 부위를 자유롭게 개방함으로써 성적 금기들을 부수고자 한다. 에로티시즘으로 강하게 각인되어 있는 페레의 동화 속에 나타나는 성적 부위와 '낮은 언어' 사이의 긴밀한 관계를 살펴보기 위해, 여기에서는 레이몽 장이 "에로틱한 동화적 분위기"[332] 속에 잠겨 있는 이야기라고 표현한 바 있는 작품 『새장에 넣은 녹들 Les Rouilles

---

332) Raymond Jean, "La grande force est le désir," in *Europe*, novembre~décembre 1968, p. 26.

encagées』(1928)을 분석하고자 한다.

페레는 가명인 사티르몽Satyremont이라는 이름으로 1954년에 이 책을 출간한다. 그는 라블레와 같은 익살로 주임 사제와 군인을 조롱하고, 에로틱한 소설을 패러디하여 에로티시즘의 탈신비화를 보여준다. 이 책의 제목은 '어순 바꾸기contrepèterie'(문자, 음절, 또는 어순을 바꿔놓는 수사적 기법)를 사용하고 있어서, 표지에는 "새장에 넣은 녹들Les Rouilles encagées"이라고 적혀 있지만, 바로 뒷장의 페이지에는 이 제목에 대한 어순 바꾸기 유희가 이루어진 "성난 불알들Les Couilles enragées"이라고 적혀 있다. 이 책의 삽화를 그린 초현실주의 화가 이브 탕기는 우스꽝스럽고 외설적인 "성난 불알들"이 사정하고 있는 모습을 정확히 구현한다. 육체적 차원의 이미지는 세계의 차원에서 화산폭발의 이미지들을 연상시키고 있는데, 시인의 상상계 속에서 자연과 육체의 두 분출하는 이미지는 서로 밀접하게 연관되며 교차된다. 예를 들면 「체리 세 알과 정어리 한 마리」에서 "자신의 정액을 응시하는 화산"이라는 표현도 있지 않은가?(t. 2, p. 148)

탕기의 삽화들은 페레의 기상천외한 이야기를 하나하나 쫓아가고 있는 듯 보인다. 텍스트에서 주인공은 '물렁한 불알로 수음하는 자'라는 이름을 갖고 있다. 성적 부위들은 우스꽝스러운 방식으로 엄청나게 과장되어 묘사되고 있으며, 주인공들의 언어는 대부분 '낮은 언어', 다시 말해 속어와 상스러운 말들로 되어 있다. 성적 부위나 성행위를 지칭하는 용어들 또한 주로 낮은 언어로 되어 있다. '남근pine' '수음하다 branler' '애무하다peloter' '남색에 빠지다enculer' '정액foutre'과 같은 용어들은 이 텍스트에서 가장 자주 쓰이는 말이다.

여기에서 페레는 다양한 방식으로 몸을 열어 보이면서 그 내부의 에너지가 생명에 관계된 것이든 에로티시즘에 관한 것이든, 그것을 분출시키는 데 집중한다. 몸, 사물, 세계는 정액이 흘러나오도록 항상 자신을 열어놓고 있으며, 정액은 외설성을 넘어서 수태나 사물의 생성을 상징화하며 성장을 가속화한다.

하지만 정액은 의자와 테이블 다리 주위를 감쌌고 가구 속으로 침투했다. 정액은 가구들을 수태시켰으며 그것은 굴뚝 속에 부는 바람을 연상시키는 거대한 신음소리를 동반했다. 그동안 장작개비들은 타오르고 있었고 그 열기는 잠들어 있는 성기들을 기분 좋게 자극하고 있었다.(t. 4, p. 176)

정액은 세계에 자양분을 제공하고 죽어 있는 부분에 활력을 불어넣는다. 그것은 몸과 세계가 자유롭게 포옹하고 교미하도록 해준다. 이 에로틱한 동화의 주인공들은 너무나 자유분방하게 신음하고 소리치는 나머지 기이한 변형을 초래하기도 한다. "신음소리만으로 운모를 자동차 운전자의 안경으로 변화시킬 수 있었다."(t. 4, p. 174)
그리고 나서는 남근이 터무니없이 부풀어 오르는 광경을 목도하게 되는데, 그것은 건물이나 역사적인 기념물의 규모를 가질 정도로 커진다.

그것은 약간의 혼란을 야기시키지 않을 수 없었는데, 거울 속에서 점점 남근들이 곤추서더니 차츰 거대한 하나의 남근으로 합쳐졌다. 오벨리스크처럼 큰 하나의 남근 위에 핏줄들이 읽기 힘든 시를 새기고 있었다(t. 4, p. 175)

이 대목에서 과잉은 융합의 전단계를 보여준다. 조르주 바타이유는

"일상적인 상태에서 에로틱한 욕망의 상태로의 이행은 우리 안에 불연속적 질서 속에 형성되는 존재의 상대적인 해체를 전제한다. 이 해체라는 용어는 에로틱한 행위와 연관되는 '방탕한dissolue' 삶이라는 속어에 부응한다⋯⋯. 에로티시즘의 관건은 항상 구성된 형태들의 해체에 있다"[333]고 설명한다. '낮은 육체'라 부를 수 있는 성적인 부위들은 상층부를 점하는 모든 것, 예를 들면 신, 하늘, 몸의 상부와 혼합된다.

페레는 성적인 몸의 괴상한 이미지들을 환기시키면서 이상하고 우스꽝스럽고 상스러운 질문을 나열한 후 동화의 마지막 문장에서 "아무것도 겁내지 마시오. 내 보지는 온 세상에 열려 있고 내 음핵은 항상 단단하니. 오늘은 자유개방의 날"(t. 4, p. 194)이라고 외친다. 이 텍스트는 성적인 길을 통해 세계를 향한 몸의 개방을 보여준다. 세계의 경우도 마찬가지다. 자신의 모든 출구를 열어 보이는 에로틱한 몸은 우주적인 규모로 확장하면서 '지진'이나 '화산폭발'의 계기로 활짝 열린 세계의 풍경들과 만난다.

3. 우주적인 몸과 새로운 신화창조

콜럼버스의 발견 이전의 아메리카 문화에 깊숙이 경도된 페레는 몸과 외부세계가 자유롭게 소통하는 우주적인 신체를 형상화하고자 했다. 그가 그려내는 이 두 세계는 팽창하거나 다양한 혼종적 형태로 변용함으로써 서로 융해된다.

---

333) Georges Bataille, *L'érotisme*, Paris, Minuit, 1957. Cité par Raymond Jean, *Lectures du désir, op. cit.*, p. 26.

1) 과장법과 무한한 육체

바흐친에 따르면 과장, 과잉, 잉여는 그로테스크한 문체의 전형적인 기호다. 이 기호들은 몸과 음식의 이미지 속에서 뚜렷하게 형상화된다.[334] 페레의 텍스트들은 과도한 육체의 이미지들로 특징지어진다.

이제 됐다 내가 도착했도다
내 다리들은 엄청나게 강해진다
그러니까 그것들은 무한정 길어진다
나는 그림자로 대지를 뒤덮는 거대한 나무
아 이제 당신이 놀려댈 차례(「개를 뒤쫓은 사 년」, t. 1, p. 148)

라블레의 카니발적인 세계와 마찬가지로 페레의 초현실적 세계는 성장의 이미지를 우선시한다. 길어진 강한 다리들은 땅을 뒤덮는 그림자를 드리운 거대한 나무의 이미지를 불러온다. 인체, 식물, 대지는 극도의 과잉상태 속에서 서로 만난다. 또한 다리와 나무의 수직적 성장은 그림자의 수평적 팽창과 교차된다. "엄청나게 강해진" "무한정" "거대한"이라는 표현들은 서로 결합되기 위해 팽창하는 세계와 몸의 이미지를 동반한다. 기상천외한 몸은 우스꽝스러운 면을 감추지 않는다. 예를 들어 「고기를 썹시다, 써세요」라는 시를 살펴보자.

만일 도적떼가 그리로 지나가게 되면
당신은 군인의 눈이

---

[334] Mikhaïl Bakhtine, *op. cit.*, p. 302.

계류기구처럼 팽창하는 것을 보게 되리라
여성 농부의 손이
농장을 뒤덮는 것도
허나 그런 일은 존재하지 않으리 않으리 않으리
참 유감이도다(t. 1, p. 173)

여기에서 군인의 눈은 둥긂의 속성이라는 유사성에 의해 계류기구에 비유된다. 고무의 신축성과 풍선의 가벼움은 눈의 팽창력을 강화한다. 풍선은 줄에 매어진 계류기구이기 때문에 여기에 비유된 눈은 날아가 버리지 않을 것이다. 눈이 수직적 확장에 참여한다면 여성 농부의 손은 수평적 확장에 참여한다. 그리하여 천상과 지상 모두는 인체의 중요한 두 부분인 눈과 손에 의해 포획된다. 그렇지만 마지막 두 행은 앞의 모든 행에서 진술된 사실을 부인한다. 묘사한 사건들의 비현실성을 보여주면서 그만큼 더욱 그것들이 가지는 신비한 성격을 강조한다.

과장된 신체는 육체성을 강화하지만 동시에 육체성을 잃게 하기도 한다. 다리가 길어져서 나무가 되면 그것은 이미 인간계에서 식물계로 전이된 것이며, 계류기구에 비유된 팽창된 눈들은 생명 없는 물체들의 세계와 동일화된 것이다. 몸은 본질의 변화를 위해 자신 고유의 물질성을 상실하고 있는 셈이다. 이때 과장법이나 팽창은 몸이 어떤 다른 것으로 변용하거나 외부요소들과 결합하기 위한 중간 단계를 의미한다.

페레는 손톱, 머리카락, 수염 등 자랄 수 있는 신체 부위들을 강조한다. 그는 미신에 관한 글에서 "확실히 매우 먼 곳에서 온 신념, 손톱, 머리카락, 피, 배설물 등 모든 잉여물이 갖는 초자연적인 미덕에 대한 신념"에 대해 언급한다(「흩뿌려진 소금」, t. 7, p. 69). 뿐만 아니라 페레 자신도 인체의 잉여물들, 특히 머리카락, 수염에 대한 선호를 시에서 보여준다. 다음 「네번째 무용수」라는 시에서 수염의 엄청난 길이를 보라.

그리고 수염은 자라났다
그의 바지 길이를 따라 내려가
온 부엌 근방으로 부엌 근방으로(t. 1, p. 126)

페레는 시적 인물들을 묘사하면서 그들이 생물이든 무생물이든, 그들의 머리카락에 대한 특징을 잊지 않고 언급한다.

소금기 있는 머리카락을 가진 키 큰 신사는
음악가가 되고 싶었네(「하늘과 땅의 아름다움」, t. 1, p. 80)

태양과 흰 머리카락으로 이루어진 집 근처에서(「고문당한 처녀들」, t. 1, p. 88)

네 아내는 설탕처럼 흰 머리카락을 지니고 있으리라(「흩뿌려진 피」, t. 1, p. 182)

페레의 세계에서 성장하는 것은 단지 인체나 유기체뿐 아니라 생명이 없는 물체들도 있다. "펠트로 된 말들은 그들의 뼈가 부풀어 오르는 것을 느끼리라."(「장화 가득히」, t. 1, p. 193) 이 시에서 의인화된 사물은 표면에서뿐 아니라 내부에서도 팽창한다. 페레는 이러한 현상을 활자를 통해 강조하여 개의 성장을 시각화한다. "푸들이 커진다 커진다 **커진다 커**

진다"」(t. 1, p. 219) 이같이 감정이나 감각에 관련된 표현은 흔히 과장된다. 「시간의 기호」에서 한숨은 "너무나 길어 화물열차라 말할 정도이고/너무 넓게 퍼져 대토론이 있을 때의 국회위원 방을 생각나게 한다."(t. 2, p. 319)

2) 비육체적인 대상의 신체화된 상상력

살바도르 달리는 근대 건축물 중 특히 가우디의 건축물에 감탄하면서 "조각할 수 없는 모든 것, 다시 말해 물, 연기, (……), 여자, 꽃, 살, 선인장, 보석, 구름, 불꽃, 나비, 거울에 대한 조각"[335]을 창조해냈다고 말한다. 마찬가지로 페레의 시는 '육체가 아닌 모든 것의 육체화'를 구현한다. 페레의 눈에는 실상 인간뿐 아니라 식물, 광물, 세상의 모든 사물들이 살과 피를 갖고 있다. 모던 예술의 물결치는 선들이 기존의 질서를 용해하듯, 페레의 혼종적인 몸은 여러 세계의 혼합을 완수한다.

물질적인 것과 육체적인 것에 대한 시인의 애착은 그로 하여금 비정형적인 것에 물리적인 육체를 부여하게 한다. 그리하여 바람도 실체를 갖는다. "당신의 손으로 바람의 가냘픈 몸을 감싸 안으시오."(『돌 안에서 잠들다 잠들다』, t. 1, p. 47) 「바람의 눈」(t. 1, p. 102), 「바람의 머리카락」(t. 1, p. 145)이라는 두 시의 제목들은 바람에게 감수성과 관능성을 부여한다. "바람의 뼈들"(t. 2, p. 44)이라는 표현은 육체적인 것과 자연의 비육체적인 요소들, 내부와 외부, 단단한 것과 비정형의 것 간의 결합을 표명한다. 페레는 바람의 상징적인 육체화와 더불어 살바도르 달리와 공유하는 관심사 중 하나인 단단한 것과 물렁한 것 사이

---

335) Salvador Dali, "De la beauté surréaliste et comestible, de l'architecture modern'style," in *Minotaure*, nº 3-4, 1933, p. 73.

의 전도의 이미지를 표현한다.

줄기 없는 나무가 내 머리 너머 위에서 방황한다
물렁한 돌이 내 손에서 녹아내리고 손금은 강으로 낚시하러 간다(「영혼 없는 구름」, t. 2, p. 279)

이 시에서 뿌리박은 것은 날아가고, 단단한 것은 물렁한 것으로 바뀌거나 액화된다. 그리하여 마치 돌이 손에서 녹는 눈송이처럼 상상되고 있는 것이다. 한편 손금은 낚시도구의 역할로 변이된다. 세계의 요소들은 계속해서 변화한다. '내 얼굴' '내 손'이라는 감각적 공간은 광물의 이미지를 액체의 이미지로 변화시키는 매체가 된다.

우주가 육화되는 동안 인체의 각 부위는 우주적·식물적·동물적·광물적·물질적·비물질적 규모를 갖게 된다. 인체의 한 부위가 기화되는 아름다운 이미지를 보자.

내 귀의 새들이여 새들이여
날아오르라
공기의 흐름처럼 날아오르라
당신의 깃털들이 신음하고 있는 소금 스펙트럼을 향해서(『돌 안에서 잠들다 잠들다 I』, t. 1, p. 45)

소리를 포착하는 고정된 신체기관인 귀는 바람처럼 유동적이며 소리를 내는(당신의 깃털들이 신음하고 있는) 새들로 변신한다. 몸의 구체적인 부위들은 은유가 계속 이어짐에 따라(새들, 공기의 흐름, 깃털, 소금 스펙트럼) 확장된다. 마찬가지로 몸과 자연의 긴밀한 유대는 또 다른 시 「그것은 비다」에서 완전히 가시화된다.

> 가장 저항적인 뼈들을 적셨던 것 그것이 비다
> 뼈의 비가 어느 날 밤의 귀에 도달하리라(t. 1, p. 40)

비는 뼈에까지 침투하고 뼈의 비가 된다. '밤의 귀'는 내부와 외부의 소통과 전도를 보여준다. 한편 시집 『나는 승화시킨다』(1936)에 수록된 「가재」에서는 사랑하는 여성과 고귀한 사랑 그 자체에 대한 헌사 속에서 인체가 외부요소들로 변신한다.

> 네 목소리의 백로들이 네 입술의 타오르는 숲에서 솟아오른다
> 그곳에서라면 바르 기사가 행복하게 분신했으리라
> 네 시선의 투망이 의심 없이 내 머리의 모든 정어리들을 낚아 올리며
> 야생 오랑캐꽃들의 네 숨결은
> 최대한 내 발 위에 비춰지며
> 한쪽에서 저쪽으로 나를 가로지른다
> 나를 따르고 나보다 앞장선다
> 나를 잠재우고 나를 깨운다
> 나를 창문으로 던져 계단으로 올라오게 한다
> 그 반대도 마찬가지다(t. 2, p. 123)

이 시는 '가재'라는 동물명이 제목이지만 실상 사랑하는 여성에 대해 노래한다. 그 과정에서 인간의 특징과 동물의 특징이 체계적으로 혼합

된다. 네 목소리, 네 입술, 네 시선, 네 숨결은 내 세계를 지배하고 완전히 침투한다. 이러한 지배상황은 네 목소리의 상승(백로의 솟아오름)과 내 육체 쪽으로 네 시선의 무게감 있는 하강(새매들의 포획)으로 이루어진 신체 부위들의 대조되는 활발한 움직임으로 강화된다.

은유의 사용은 인간의 몸과 외부세계의 사물들을 혼합시킨다. 비유당하는 대상들은 여성의 몸과 내 몸의 부위들이며, 비유하는 대상들은 동물과 식물 그리고 무생물에 속해 있다. 곧, 네 목소리는 백로들(동물, 새)과 연관되고, 네 입술들은 숲(식물)과, 네 시선은 투망(대상, 낚시그물), 내 얼굴은 정어리들에(동물, 물고기) 그리고 네 숨결은 야생 오랑캐꽃(식물, 꽃)과 연관된다.

「백조들이 노니는 다리」(t. 1, p. 19)라는 시에서 각 신체 부위는 시간을 나타낸다.

> 어떤 시간인가 귀들의 시간이지
> 따뜻한 손들의 시간
> 따뜻한 마음의 시간
> 나머지도 마찬가지(t. 1, p. 19)

시간과 공간의 일상적인 조건을 뛰어넘는 것은 초현실주의자들의 가장 큰 관심사 가운데 하나다. 시인은 몸의 따뜻한 여러 부위를 통해 시간을 환기시킴으로써 실상 시간이 아니라 몸을 예고한다. 그는 외부세계가 아닌 몸의 기관들, 특히 그들의 온도에 관한 일기예보를 하고 있는 셈이다. 다른 시에서 몸은 지도에 비유되는데 그 부위들은 우주적인 규모에 도달하기 위해 확장된다.

내가 도적질한 창고 속 달빛인

네 코의 영불 해협 근처에

네 눈의 두 앵글로노르망 군도들과 같은 지평선에서 무엇이 사라지는가

(t. 2, p. 127)

시인은 몸과 세계 사이의 모든 종류의 경계를 계속해서 무너뜨려 나가면서 말년에 『자연사(自然史)』라는 동화를 저술한다.

3) 물, 불, 흙, 공기의 몸

1958년에 출판된 동화 『자연사』는 「4원소」(1945), 「광물계」(1950), 「식물계」(1958), 「동물계」(1958)라는 네 개의 장으로 구성되어 있다. 페레는 이 책에서 자연사를 초현실주의적 시각으로 다시 쓰고 있다. 바일리는 "페레가 『자연사』에서 환상성을 자기 자신의 일상세계에 속한 요소들에 맞는 이야기 유형으로 확대했을 뿐이다"[336)]라고 언급한다.

페레는 이 동화에서 특히 인간과 자연, 광물계, 식물계, 동물계 사이의 구분을 없애고자 애쓴다. 브르통의 표현을 빌리자면 "동물계·식물계·광물계라는 세계들의 구분에 관한 생각은 절대적인 오산이다."[337)] 페레는 4원소들을 의인화하여 그들이 서로의 본질을 교환하면서 자유롭게 변신하도록 하고 있다. 그는 대지에 관한 부분을 다음과 같이 시작한다.

세계는 물, 대지, 공기, 불로 되어 있는데 대지는 둥글지 않으며 밥그릇의 형태로 되어 있다. 그것은 하늘의 젖가슴이다. 다른 젖가슴은 은하

---
336) Jean-Christophe Bailly, *op. cit.*, p. 77.
337) André Breton, *Le surréalisme et la peinture*, Paris, Gallimard, 1965, p. 44.

수 한가운데에서 솟는다.(t. 4, p. 217)

이 대목은 인간의 형상을 지닌 옛날 지도를 환기시킨다. 하늘은 어머니-여성의 형태로 형상화되고, 대지는 밥그릇 모양으로 몸-하늘의 자양분을 주는 부분과 동일화된다. 그리하여 소우주와 대우주, 낮은 것과 높은 것이 혼합된다. 페레의 책에 삽화를 그린 토옝Toyen의 그림 네 점 중 하나(1958, 그림 72)는 이러한 거대한 젖가슴을 구현하는데, 유두에서 불꽃이 화산처럼 뿜어져나오고 불사조 모양의 불꽃은 하늘을 향해 날아오르고 있다. 대지는 하늘과 소통하며 몸은 자연과 소통하는 것이다. 또한 페레는 공기에 대해서 변형의 자유를 강조한다.

양손 사이에서 데워지면 그것은 회초리로 변모할 때까지 팽창한다.(t. 4, p. 219)

식초에 절여진 공기는 바람이 부는 시간에 숙성된 치즈와 같은 방식으로 흘러가는 짐꾼을 내놓는다.(t. 4, p. 220)

페레는 물을 동물로 변모시킴으로써 여기에 역동성을 부여한 뒤 그것을 다시 기화시킨다.

비의 상태에서 물은 바닥으로 침투하면서 땅벌레가 된다. 이 땅벌레들은 최심층부에 도달하면서 자연동굴 속에서 무수한 덩어리로 뭉치며 침을 뱉음으로써 석유를 만들어낸다.(t. 4, p. 220)

페레는 물에 수직성을 부여한다. 물은 대지의 뱃속으로 침투하면서 깊이감을 획득하며 동시에 위로 기화하면서 높이감을 획득한다. 한편 불은 '숨겨진 핵'으로 묘사된다. "대부분 미네랄 성분인 불은 돌 속에 그리고 계란 속에 기거한다."(t. 4, p. 222)

페레는 「광물계」 부분에서 다시 4원소를 의인화하는데, 이때 특히 '미천한' 광물에 가치를 부여하면서 광물을 만들기 위한 연금술적 혼합을 강조한다.

> 그때 4원소들은 그들의 환상에 따라 그때까지 그들이 멸시했던 모든 광물들을 혼합하기 시작했으며, 몇 방울의 수은을 첨가하는 것을 잊지 않았다. (……)(t. 4, p. 228)

이러한 과정에서 원소들은 그들끼리 싸우면서 서로에게 주먹질과 발길질을 한다. 그러나 이러한 과격한 행위가 기이하게도 광물들을 변모시키고 새롭게 생성시키는 계기를 부여한다.

> 화가 난 불은 마노 덩어리에 발길질을 했고 마노는 멀리 화강암 위로 내던져졌다. 화강암으로부터 그는 다시 수정층 위로 튀어 올라앉아 뾰족한 수정의 날에 찔려 긴 고함을 질러댔다. 충격과 고통의 결과로 마노의 나선형들은 몸을 뒤틀며 전진하여 명확히 몸을 조이고 있었던 에메랄드까지 솟아나게 했다.(t. 4, p. 229)

「식물계」에서 페레는 식물들을 의인화하면서 그들의 만남과 몸짓과 행동을 이야기한다. 그 이야기 속에서 예기치 않은 만남에 기인한 충격들은 강조된다. 뿐만 아니라 이 동화는 서로가 서로를 창조하는 계기를 이루는 세계들의 연속성을 보여준다. 식물들은 광물들 위에 번개가 내리침으로써 생겨난다. 규석은 산사나무숲에서 갑자기 나타난다. 녹은 수정으로 만들어진 피뢰침은 튤립이나 사과나무를 생성시킨다. 일반적인 석회 덩어리의 균열은 월계수의 출현을 돕는다. 이같이 수많은 다른 대목들 또한 하나의 사라짐이 다른 하나의 탄생의 계기가 됨을 보여주고 있으며 그것이 바로 식물들의 생성원리를 이룬다. 그렇다면 「동물계」는 어떠한가?

점점 만족한 용설란이 한줌의 소금을 쥐어서 글라디올러스의 꽃받침 속에 던졌다. 이내 너무 놀란 대구가 꽃받침 속에서 튀어나왔다. 동시에 그는 떡갈나무 위에 침을 발사했고 그 껍질이 곧 청딱따구리 부리가 쪼아대는 소리로 울렸다. 이제 그는 광기에 사로잡혔다. 서양지치의 발을 밟은 그는 치즈나 향료가 든 빵을 찾아 땅속에 파고들었던 두더지를 얻어냈다. (t. 4, p. 237)

동화의 등장인물들은 무엇보다 변신하고 변모하며 무엇인가 경이로운 것을 만들어내는 데 열중한다. 그래서 그들은 마술사처럼 무엇인가를 다른 것에 던지거나 쏘아대어 그 다른 것으로부터 제3의 무엇인가가 나타나도록 한다. 예를 들어 위에서 인용한 부분에서는 식물(글라디올러스)로부터 동물(대구)이 나오기도 하는데, 그것은 마송의 시에 자주 등장하는 식충식물의 이미지를 연상시킨다.[338] 이제 서로의 근원이 되는 동물과 식물은 더 이상 현실적으로 구분 가능하지 않다. 등장인물들 중에서 멕시코 원산인 용설란은 시인 자신을 상징하는 것처럼 보인다. 그는 일상의 재료들을 가지고 요리사나 연금술사처럼 새로운 종류의 동물들을 만들어낸다.

용설란은 자기의 길을 계속 가면서 생각했다. "아름다운 갈기털을 가진 사자를 만들기 위해 어디에서 바닐라 향료로 된 빗자루를 찾아낸담? 일상적인 삼단논법으로도 충분할 거야. 못 쓰게 된 삼단논법이라도 곤충의 앞날개로 긁어서 기린을 만들어내야지. 기린으로 못 만들어낼 게 뭐가 있겠어? 흰 소스가 뿌려진 수컷 기린은 따뜻한 상태면 가마우지를, 차가워지면 이비스를 만들어내겠지."(t. 4, p. 238)

이런 방식으로 혼종적인 몸으로부터 동물들은 한없이 불어난다. 빵나무, 버터나무 등 브르통의 작품에서 묘사되었던 혼종적이며 식도락적인 나무의 무한한 생성처럼 말이다. 이렇게 해서『자연사』는 동물계·식물계·광물계 사이뿐 아니라 상상계와 현실, 무생물과 생물 간에 존재하는 다양한 종류의 이분법을 해결한다. 로베르 사바티에가 "그의 작품의 전체, 특히『자연사』는 아메리카 신화의 이야기들과 흡사하다"[339]라고 지적하듯이, 실상 페레가 환기시키고 상상하는 혼종적인 몸은 한 번도 나온 적 없는 새로운 것은 물론 아니다. 초현실주의자들이 숭배했고 컬렉션했던 원시예술들은 흔히 몸과 세계의 원소들 간의 낯선 결합을 구현

---

338) 장 폴 클레베르는 여기에 대해 다음과 같이 언급한다. "그는 땅바닥에 배를 깔고 엎드려서 민속식물에 관한 저작들을 탐독했다. 특히 그가 앙티유와 미국에서 발견했던 수수께끼 같은 꽃에 관한 책들을 읽었고, 특히 동물을 먹는 꽃들로부터 그가 미국에 거주하던 시기에 '삼킴'과 관련되는 일련의 연작들이 나오게 된다." *Dictionnaire du suréalisme*, *op. cit.*, "Masson" 항목.
339) Robert Sabatier, "Préface," in t. 4, p. 24.

했기 때문이다. 페레 또한 많은 원시예술의 오브제에 관심을 기울였고, 그중에서 특히 머리가 성(城)을 연상케 하는 호피인형을 좋아했다. 그는 『아메리카의 신화, 전설, 민속동화 선집』의 서문에서 이 인형에 관해 길게 설명한다.

나는 머리가 중세 성을 구조적으로 형상화하고 있는 뉴멕시코의 호피 인디언들의 인형을 생각한다. 나는 이 성 안으로 들어가려고 애쓸 것이다. 성에는 문이 없으며 담벼락들은 천 세기 동안의 두께를 지니고 있다. 그것은 사람들이 쉽게 생각하듯 폐허로 되어 있지 않다. (……) 자, 이제 북극광의 빛을 뿜어내는 삼투압 현상에 의해 나는 그 안으로 들어와 있다.[340]

페레가 종종 구현하는 터무니없이 팽창된 몸처럼, 이 인형의 머리는 중세 성의 형태를 띠면서 커져 있다. 그것은 물리적 공간과 건축된 공간이 하나임을 보여준다. 굳건하게 축조된 머리-성곽은 살바도르 달리가 그린 폐허가 된 기념물-머리와 구분된다. 페레는 "천 세기의 두께"를 지닌 벽을 가로질러서 가장 단단한 것에 침투하고자 하는 욕망, 다시 말하면 부수거나 무너뜨리지 않은 채 통과할 수 없는 것을 통과하고자 하는 욕망을 보여준다. 식물처럼 그는 "삼투압 현상"을 이용하여 빠르고 쉽게 그 안으로 들어갈 수 있다. 『돌 안에서 잠들다 잠들다』라고 그가 흥얼거리는 것처럼.

---

340) AML, p. 15.

3장 몸의 변신과 유동적인 글쓰기

앞 장에서 살펴보았듯이 페레는 자신의 작품 속에서 몸의 움직임을 환기시키기를 좋아한다. 마찬가지로 그의 글쓰기는 언어와 이미지의 유동성으로 특징지어진다. 그의 시적인 힘은 한 이미지에서 다른 이미지로의 빠른 전환으로 이루어지는 변용의 시학에서 비롯되는 듯하다. 그의 작품 속에서는 별처럼 한 이미지가 겨우 빛나는가 싶더니 이내 다른 이미지가 나타난다. 이미지들은 이런 방식으로 빠르게 확산되고 텍스트의 검은 하늘 속에 성좌를 그린다. 미로의 「성좌」시리즈(1940~41)에서처럼 페레의 시적 세계는 채색되어 있으면서도 카오스적인 이미지들로 수놓아져 있다.[341] 이러한 글쓰기는 브르통이 제1차 『초현실주의 선언』(1924)에서 정의한 대로 자동주의를 예시한다.

---

341) 조제 피에르 또한 페레와 미로 사이의 공통점을 언급한다. "시인 페레는 미로의 그림 속에서 만끽하는 그대로의 환희, 흥분, 기괴함과 자연스럽게 교감한다. 1925년 갤러리 피에르에서 카탈로니아 화가 박람회를 위해 그가 쓴 서문을 참조해보면 확실히 알 수 있다. 그들에게 있어서 공통적인 것은 바로 가장 누추한 일상에 마법을 부여할 수 있는 능력이다." José Pierre, "Péret et la peinture," *op. cit.*, p. 114.

초현실주의. 명사. 그것을 통해 생각의 현실기제를 구두로 또는 글로 또는 다른 모든 방식으로 표현할 것을 계획하는 순수한 심적 자동주의. 이성에 의해 작동하는 어떤 통제도 없는 상태에서, 어떠한 미학적 또는 도덕적 염려도 없는 상태에서 생각의 받아쓰기.[342]

의미나 논리에 대한 모든 관심에서 벗어난 페레의 글쓰기는 "이성에 의해 작동하는 통제"에 복종하지 않으며 적어도 이러한 텅 빈 상태를 놀랍도록 잘 가장한다. 횡설수설의 글쓰기는 생각의 자유로운 연쇄를 닮았다. 하나의 사고가 어떠한 논리적 연결 없이도 다른 사유를 불러내는 꼬리에 꼬리를 무는 생각이 바로 그것이다. 가령 자신의 생각이 자유롭게 전개되도록 놓아둔다면 결국 우리는 출발점이 어디였는지를 잊게 된다. 페레 시의 경우도 마찬가지다. 한 이미지가 너무나 빨리 다른 이미지로 변모하여 우리는 종종 첫 이미지가 무엇이었으며 결국 무엇을 말하고자 했는지를 잊게 되는 것이다.

그것은 완전히 낯설게 하는 황당한 이미지에 속한다. 시인이 사용하는 은유들 속에서 비교하는 것과 비교되는 것 사이의 거리는 극도로 멀어서, 우리는 시인의 목적이 독자들의 오해를 유발하는 데 있는 것이 아닌지 질문하게 된다.

---

342) André Breton, "Manifeste du surréalisme," in I, p. 328.

1. 초현실주의 이미지와 몸의 말

페레는 초현실주의 화가 셰삭에 대해 "애벌레는 번데기의 시련을 겪지 않은 채 나비가 된다"(t. 6, p. 364)고 말한다. 그러한 변용은 페레 자신의 중심시학을 이룬다. 페레의 시는 인간의 몸, 사물, 세계의 지속적인 변화를 반영한다. 페레의 변용의 시학은 세계를 욕망의 숭고한 힘에 의해 생성된 유기체적인 변용의 장소로 인식한다. 몸의 변용은 모니카 자파타가 지적하듯 모든 것이 끊임없이 변용되는 동화 문학[343]과 그로테스크 미학에 공통적으로 나타난다.[344] 앞의 두 장에서 살펴보았듯이 그로테스크하면서 동화적인 페레의 작품들은 변용하는 육체를 무한히 드러낸다.

변용하기, 그것은 타인이 됨과 동시에 자기 안의 타인을 발견하는 것이다. 페레에게 있어서 대상과 존재들은 타인과 만나고 타인이 되기 위해 그들 스스로의 한계로부터 빠져나온다. 마크 이젤딩거가 지적하듯, "대상은 자기 자신의 독립성을 쟁취하도록 존재하는 것이 아니라 다른 대상과의 갑작스러운 유사성, 상상력의 직관적인 안테나에 의해 명백해지는 유사성을 발견하기 위해 존재"[345]하기 때문이다. 시집 『돌 속에 잠들다 잠들다』의 일부를 인용해보자.

---

343) "동화는 저절로 마법에 걸리는 세계, 마법이 규칙인 세계 속에서 전개된다. 그곳에서는 기적과 변용이 끊임없이 일어난다." *Dictionnaire des genres et notions littéraires*, op. cit., p. 290.
344) Monica Zapata, "La métamorphose des corps et de l'esthétique du grotesque," *Ibid.*, pp. 181~93.
345) Marc Eigeldinger, op. cit., p. 264.

만일 어느 날 땅이 이제 그만 버드나무로 있겠다고 한다면
피와 유리로 된 거대한 늪지대들은 그들의 배가 부풀어 오르는 것을 느
끼리라
그리고 쐐기풀들이여 쐐기풀들이여, 라고 외치리라
쐐기풀들만이 존재와 흑인들을 알고 있으니
쐐기풀들을 애꾸눈 흑인의 목구멍에 던져 넣으라
그러면 흑인은 쐐기풀이 되리라(t. 1, p. 52)

세상의 모든 요소가 밀접하게 연관되어 있기에, 마치 도미노 게임처럼 한 지점에서의 변화는 전체를 변화시키거나 혼란을 주기에 충분하다. 단절을 표시하는 '그만 ⋯⋯하다cesser de'라는 동사는 페레의 전체 시에서 변용이 임박했음을 알리는 전조적인 역할을 한다. 다음이 공통되는 공식이다. '만일 A가 그만 B라고 하면, B나 C의 변용이 있다.' 여기에서는 거대한 늪지대들의 배가 부풀어 오른 것이 C의 변화를 이끌어낸다. 시인은 무엇보다 물질적이고 육체적인 변화를 이끌어냄으로써 변용이 구체적이고 가시적인 사건임을 보여준다.

이 시에서는 서로 다른 세 요소가 차례대로 대지와 버드나무, 늪지대와 쐐기풀, 흑인과 쐐기풀이라는 세 짝으로 연결된다. 우선 첫 사건을 통해 대지와 버드나무의 관계는 동일화와 분리의 관계로 나타난다("땅이 이제 그만 버드나무로 있겠다고 한다면"). 그다음으로 늪지대와 쐐기풀이 욕망의 관계를 나타낸다(쐐기풀을 부르는 늪지대의 긴박한 외침). 마지막으로 흑인과 쐐기풀 사이의 관계는 먹는 자와 먹히는 자의 관계다. 쐐기풀은 종종 페레의 시에 등장하는 식물이다. 억세고 거친 식물을 먹는 행위는 먹는 자에게 변용의 계기를 마련해준다. 여기에서 흑인

자신이 먹었던 쐐기풀로 변화하는 것처럼 말이다. 또한 먹는 자와 먹히는 자는 동화된다.

쐐기풀은 우리로 하여금 『야생 백조』(1838)라는 제목의 안데르센 동화를 떠올리게 하기도 한다. 고약한 여왕의 저주에 의해 야생 백조가 된 열한 명의 왕자들을 위해 여동생이 쐐기풀로 옷을 짠다. 다 짠 후 그녀는 저주를 없애기 위해 그 쐐기풀을 열한 명의 왕자들에게 던진다. 그리하여 이 동화의 쐐기풀 옷은 변용의 역할, 앞에서 보았던 페레의 텍스트 속 쐐기풀-음식이 한 역할을 담당한다. 변용은 지속적으로 누군가가 되는 것이기에 여기에서 사용되는 동사는 미래형 시제로 되어 있다. 페레의 작품세계를 이루는 요소들은 항상 지속적인 변용을 향해 뛰어들고 있는 것이다.

떨어지다, 부딪치다, 만나다 등의 행위처럼 우연적인 사건들은 등장인물들의 형태를 변형하게 하는 계기를 부여한다. 서로 다른 요소 간의 접촉 또는 충돌은 변용을 촉발한다. 이제 그들은 자신의 고유한 정체성을 잃어버린 채 이타성으로 향한 문을 연다.

> 나는 어느 바보와 악수했네
> 그러니 물망초 한 송이가 내 손에서 피어났네(「몸의 추락」, t. 1, p. 103)

나와 바보 사이에 이루어진 손의 접촉 효과는 손 안에서 물망초가 자라나는 것으로 가시화된다. 마치 몸의 이 감각적인 부분이 축축하고 비옥한 땅이라도 된 듯 말이다. 마찬가지로 『돌 안에서 잠들다 잠들다 I』에서 우리는 충돌이 우발적인 만남의 계기를 부여하며 변용을 일으키는 장면을 볼 수 있다.

바구니와 포도가 푸른 도로 위에서 만나리라

그 충격으로 커다란 젖가슴이 솟아나

윤기 잃은 지평선을 뒤덮으리라

그것은 정의가 되리라

만일 정의가 포도와 바구니 한 개의 만남으로부터 생겨난다면

지붕은 시멘트 속으로 익사한 현자(賢者)들을 어루만지리라

그리고 파도는 바다를 건너기를 거부하리라

아직 한 시 해골들은 조수의 끈에서 흔들리리라

유리창들이 그 윤기를 잃는다면

늙은이들이 풀잎 아래로 숨는다면

시계추들의 달팽이

만일 사랑이 백조의 부리 속으로 던져진 까치밥나무 열매로부터 태어난다면

나는 사랑한다

왜냐하면 내 피의 백조는 세상의 모든 까치밥나무 열매들을 먹어치웠으니까

왜냐하면 세상은 까치밥나무 열매들일 뿐이니까

그리고 세상의 까치밥나무 열매들은 그녀의 눈으로부터 솟아나온다

나무들의 소금처럼

소리 나는 손들의 물처럼

매일 저녁 애무를 갈구하는 헝클어진 머리카락들 위로 헤엄치는

흰 눈의 파리떼들의 애무처럼(『돌 안에서 잠들다 잠들다 I』, t. 1, p. 49)

페레는 초현실주의가 중시하는 우발적인 만남의 원리를 보여주는 이 시를 통해 로트레아몽에게 헌사를 바치고 있는 것으로 보인다. 알다시피 로트레아몽은 『말도로르의 노래』에서 "해부대 위의 재봉틀과 우산의 만남"의 아름다움을 창조했다. 이 구절에 열광한 초현실주의자들은 한 요소가 만나야만 하는 것이 무엇인지를 항상 물으면서 그 우발적 아름다움이 솟아나기를 바라고 있었다.

인용한 시에서 C라는 장소에서의 A와 B의 만남은 바로 푸른 도로 위에서의 바구니와 포도의 만남에 해당한다. 바구니와 포도는 서로에게 낯설지 않다. 바구니는 포도를 담아두는 포도 바구니가 될 수 있기 때문이다. 하지만 시인은 이러한 만남이 초래하는 놀라운 결과를 여기에서 솟아나는 커다란 유방의 이미지로 제시한다. 이 시인에게 중요한 것은 만나는 두 요소 간의 먼 거리가 아니라, 만남의 신비로운 결과다. 그의 작품 속에서는 이러한 상황으로부터 연쇄적으로 반작용이 일어남으로써 최초의 만남이 초래하는 놀라운 결과들이 이어진다.

두번째 연에서는 은유의 방식으로 다양한 우발적 만남이 전개된다. "내 피의 백조" "세계의 까치밥나무 열매들" "나무들의 소금" "소리 나는 손들의 물" "흰 눈의 파리떼들의 애무"라는 각각의 은유는 몸의 차원과 사물들 또는 자연의 차원들이 결합된 비교하는 것과 비교당하는 것 간의 예기치 않은 만남의 결과다. 폴 리쾨르가 설명하듯이 "유사성의 작업에 의미론적 혁신이 덧붙여져야 한다. 의미론적 혁신을 통해 논리적인 그들의 '거리'에도 불구하고 두 생각 사이에 예기치 않은 '인접성'이 관찰된다."[346]

---

346) Paul Ricœur, *La métaphore vive*, Paris, Seuil, 1975, p. 10.

일상의 삶을 대변하는 인체, 사물, 자연의 존재, 음식은 서로 만나거나 우연적이고 놀라운 방식으로 뒤섞이자마자 일상성을 잃게 된다. 페레는 매우 빠른 이미지들을 통해 우리로 하여금 현실 한가운데에서 초현실을, 브르통이 강조한 내재성을 느낄 수 있도록 하고 있다. "내가 사랑하는 모든 것, 내가 생각하고 느끼는 모든 것은 나로 하여금 내재성의 특별한 철학으로 경도하도록 한다. 이에 따르면 초현실성은 현실 그 자체에 포함되어 있으며 현실보다 상위에 있거나 바깥에 있지 않다."[347]

4행의 '정의 justice'라는 용어는 르베르디의 이미지론에 있어서의 '정확성 justesse'이라는 개념을 비껴서 암시하는 것으로 보인다.

> 이미지는 정신의 순수한 창조이다.
> 그것은 비교로부터가 아니라 다소간 동떨어진
> 두 현실의 접근으로부터 생겨난다.
> 접근된 두 현실의 관계가 멀고 정확할수록,
> 이미지는 더욱 강해질 것이며—더욱 감성적인 힘과 시적인 현실을 갖게 될 것이다.[348]

르베르디에 의해 언급된 정확함이라는 개념은 자의성을 강조하는 초현실주의자들의 눈에는 문제적으로 비친다. 브르통과 마찬가지로 페레는 작동원리의 정확함보다는 접근의 낯선 충격, 폭력성[349]을 강조한다.

---

347) *Le surréalisme et la peinture*, op. cit., p. 46.
348) Pierre Reverdy, *Nord-Sud, Self defence et autres écrits sur l'art et la poésie (1917~1926)*, Paris, Flammarion, 1975, p. 73.
349) Etienne-Alain Hubert, "Autour de la théorie de l'mage de Pierre Reverdy," in *Sud*, 1981, p. 301.

메론느에 따르면 "르베르디에 있어서 만남의 장소가 결정되면 정신은 접근한 요소들 간의 명백해진 정확성을 인정해야 한다. 반면 브르통에 있어서 서로 동떨어진 두 현실 간의 만남은 정신의 검열을 벗어나 자의적이며 신비로운 방법으로만 받아 적을 수 있다."[350] 게다가 로트레아몽의 연관 속에서 초현실주의 이미지는 르베르디가 한정한 서로 동떨어진 두 현실 이외에 세번째 차원인 낯선 장소를 상정한다.

하지만 여러 가지 유보조항을 염두에 두면서도 르베르디와 페레 사이의 공통점을 발견할 수 있는 까닭은 '현실'이라는 언어의 르베르디적 용법에 있다. 르베르디는 "삶과 멀어지면서 그 안으로 들어가는 작품들"[351]의 창작을 강조한다. 그러므로 삶의 사건들을 있는 그대로 재현하는 것이 아니라 그것을 더욱 강렬한 삶, 초현실적인 삶으로 열어둔다. 르베르디에 있어서 현실성의 서정주의는 페레가 입증하듯 미지를 향한 서정주의, 신비를 향한 서정주의다.

> 미지를 향한 서정주의, 깊이를 향한 서정주의는 자연스럽게 신비로움에 속한다. 신비에 할애된 몫, 그것을 취한 의식, 그리고 현대 시인들이 거기로부터 길어내리라고 결심한 부분은 우리 시대를 특징짓는다.[352]

또한 미셸 콜모가 지적히고 있듯이 르베르디의 서정주의는 암시된 것, 여백을 중시한다. 그리하여 "통사적이고 논리적이고 명백한 시간적

---

350) *La Quinzaine littéraire*, déc. 1967.
351) Pierre Reverdy, *op. cit.*, p. 20.
352) Benjamin Péret, "Pierre Reverdy m'a dit⋯⋯," *Le Journal littéraire*, 18 octobre 1924. Pierre Reverdy, *op. cit.*, p. 230에 재수록.

인 연결이 부재함으로써 독자들은 시의 요소를 자기 자신의 감수성에 따라 조합할 수 있는 자유를 부여받는다."[353] 이는 페레의 경우와 정확히 반대되는 것이다. 페레의 시에는 명사화된 어구가 극히 드물다. 시구들은 길게 무한히 늘어지고, 통사적·논리적·시간적 연결은 의도적으로 넘쳐난다. 예를 들면 우리는 앞에서 인용한『돌 속에서 잠들다 잠들다』(t. 1, p. 49)에서 '만일······한다면' '왜냐하면' '······의' 등의 연결어를 무수히 발견할 수 있다. 그것은 독자들에게 혼란을 주기 위해 다분히 의도적으로 사용되고 남발된 결과다. 독자들은 마음대로 시의 요소에 대해 사유하거나 조합할 수 없으며 독서를 계속하기에는 너무나 당황스럽고 충격적인 상황에 처하게 된다. 르베르디가 새로운 감성을 나누고 느끼도록 독자들을 안내하는 것에 비해 페레는 독자들을 도발한다. 그렇다면 르베르디가 '현실성의 서정주의'에 속한다면, 페레는 '초현실성의 서정주의'에 속한다고 말할 수 있을까?

마크 이젤딩거는 초현실주의 이미지를 연금술과 비교한다. "연금술적인 작업과정과 흡사한 초현실주의 이미지는 진흙을 금으로 변용시키며, 모든 감성적인 대상을 언어적 변용의 결과에 의해 태양의 자질을 얻게 되는 초현실적인 몸으로 변환시킨다."[354] 그러나 전통적인 연금술적 과정이 미천한 것을 값진 것으로 변화시킨다면, 페레의 언어적 연금술은 다양한 요소의 가치에는 무관심하다. 그의 눈에 모든 요소의 가치는 동일하기 때문이다. 페레의 언어 연금술은 오히려 변용 그 자체의 역동성과 그 놀라운 결과에 관심을 기울인다. 게다가 페레에게 있어서 변용은 궁극적인 끝이 아니다. 그의 순환의 시학이 말해주듯 변용은 영원히 계

---

353) Michel Collot, *La matière-émotion*, Paris, PUF, 1997, pp. 211~12.
354) Marc Eigeldinger, *op. cit.*, p. 16.

속된다.

브르통이 시적 이미지의 혁명적 개념을 천명했다면 페레는 그것을 구체적으로 구현했다고 할 수 있다. 이런 의미에서 브르통의 『초현실주의 선언』의 한 구절과 페레 시의 한 부분을 함께 살펴보는 것은 흥미롭다.

두 용어의 일종의 자의적인 만남으로부터 "이미지의 빛"이라는 특별한 빛이 솟아났고 여기에 우리는 무한히 예민할 수밖에 없다. 이미지의 가치는 얻어진 불꽃의 아름다움에 좌우된다. 그 결과 그것은 두 전도체 간의 잠정적인 차이에 달려 있다. (……) 그러므로 이미지의 두 용어는 생성해야 할 불꽃을 위해 정신에 의해 하나로부터 다른 하나가 추론되지 않으며, 그것들은 내가 초현실주의적이라고 부르는 행위의 동시적인 결과가 된다. 이성은 빛나는 현상을 인지하고 감상하는 역할만을 할 뿐이라는 것을 인정하지 않을 수 없다.[355]

> 온갖 색깔로 빛나는 내 머리의 태양
> 밀짚으로 된
> 집을 태우네
> 그 집에는 분화구에서 피신해 온 군주들과
> 보기저럼
> 매일 아침 태어나
> 매일 저녁 죽는 아름다운 여인들이 살고 있었지(「지난 시대들」, t. 1, p. 75)

---

355) André Breton, "Les Manifestes du surréalisme," in I, pp. 337~38.

서로 다른 두 차원인 몸의 차원과 자연의 차원이 접근함으로써 만들어진 "내 머리의 태양"이라는 페레의 은유는 브르통이 언급한 "이미지의 빛"처럼 빛난다. 브르통이 "이미지의 가치는 얻어진 불꽃의 아름다움에 좌우된다"고 언급하는 동안 페레는 자신의 이미지를 "온갖 색깔로" 빛나게 하며 두 현실의 결합에 의한 갑작스러운 계시의 순간을 "태우다"라는 동사를 통해 표현한다.

사실 태양과 머리라는 두 요소 간의 접근은 자의적이거나 놀랍지 않다. 몇 세기 이래로 몸과 세계의 이 상부적 요소들은 종종 동일시되어왔기 때문이다. 하지만 경이로운 것은 표면적으로 진부해 보이는 이러한 이미지를 시작으로 군주들과 아름다운 여인들의 동화 같은 신비로운 이야기가 펼쳐진다는 점에 있다. 이 시에서 여인들은 태양의 뜨고 지는 모습을 환기시키면서 태양과 동일시된다. 페레의 시는 어떤 만남과 그것과 이어지는 경이로운 결과들에 집중한다. 여기에서 일상성 속의 경이로움은 페레적인 만남의 근본원리를 구성하고 있는 듯 보인다.

페레의 수많은 시는 다양한 방식으로 두 요소 간의 만남을 형상화한다. 이에 '만나다' '부딪치다' '다시 만나다'라는 동사들과 '만남의 약속'이라는 명사가 빈번히 등장한다.

기차 안에 야만인이 타고 있으리라
바람에 휘날리는 연기로 된 콧수염을 단 진짜 야만인이.
여전사도 타고 있으리라
이 둘은 철도의 자갈 위에 나란히 있는 것을 발견하리라
그들은 무사하다는 것을 서로에게 축하하리라
그리고 계곡 안의 높은 언덕으로부터

허물어진 성곽이 무너지고 있는 것을 보듯이 서로를 바라보리라(「무슨 상관인가」, t. 1, p. 183)

이 시에서 황당한 공간 안에서 야만인과 여전사의 잠재적 만남이 그려진다. 우리는 첫 3행에서부터 문명과 야만 사이의 긴장과(문명화된 공간인 기차와 비문명화된 인간인 야만인과 여전사), 기이한 콧수염의 야만인과 여전사(아마존)라는 '남성적인 여성'의 만남이 주는 긴장을 느낄 수 있다. 그러나 이러한 만남은 위험하다. 그 위험성은 죽음의 위험, 다시 말해 날아가기(연기로 된 콧수염), 압사의 위험(철도 자갈 위의 만남) 그리고 언덕 꼭대기에서 허물어지는 성곽을 통해 강조된다. 그러한 이미지를 통해 페레는 만남의 우발적인 결과, 임의적이면서 신비로운 충돌의 결과를 극단으로까지 밀고 나간다. 죽음의 위험이 초래하는 긴장은 강한 이미지를 만들어내고, 미래형의 사용은 만남의 우연적인 성격을 강조한다.

2. 유희로서의 글쓰기

페레는 아메리카의 민속동화 선집 속에서 "우리 시대에는 거의 사라진 유희적인 정신에 연관된 무의식적인 행위, 몽환적인 삶"[356]을 찬미한다. 페레의 글쓰기의 유동성은 많은 부분 유희정신에서 기인하는 것으로 보인다. 초현실주의자들은 '우아한 시체놀이' '유추놀이' '삼단논법

---

356) AML, p. 14.

놀이' '열어보시오' 등 다양한 종류의 놀이를 실험했다. 에마뉴엘 가리그는 "초현실주의에서 유희는 하나의 행위 이상의 의미를 갖는다. 그것은 태도이자 가치이며, 살아가는 방식이자 존재하는 방식이다"[357]라고 지적한다. 이 놀이들의 열렬한 참여자였던 페레는 자신의 시적 글귀들을 통해 초현실주의 유희들에 존재하는 고유한 "거동, 빠르고 정확한 몸짓을 통해 해방된 어떤 것"[358]을 표현하고 있다. 페레에게 있어서 몸의 움직임과 재빠른 변용은 우연의 영감에 의해 이끌려가는 즐겁고 자의적인 글쓰기에 담겨진다.

로제 카이와는 놀이의 개념을 "행동의 자유, 움직임의 용이성, 유용한 자유라는 사고"[359]로 정의한다. 1928년에 출판된 페레의 시집 『위대한 놀이』[360]는 특히 그러한 자유와 큰 유동성으로 특징지어진다. 카이와는 놀이가 잘 실행되기 위해서는 자유가 과도하게 부여되어서는 안 된다고 지적한다. 즐거움을 누리기 위해 놀이의 참여자와 구경꾼들은 규칙을 알아야만 한다. 입문자에게 아무리 매력적인 놀이라 해도 그것을 모르는 신참자의 눈에는 지루할 뿐이다. 『위대한 놀이』에 실린 시들의 경우도 마찬가지다. "놀이가 자유롭게 일련의 원인과 결과를 구성하면

---

357) Emmanuel Garrigues (annotateur), *Les jeux surréalistes: mars 1921~septémbre 1962*, Paris, Gallimard, 1995, p. 9.
358) Philippe Audoin, "Le surréalisme et le jeu," in Ferdinand Alquié (dir.), *Entretiens sur le surréalisme*, Paris, La Haye, Mouton, 1968, p. 456.
359) Roger Caillois, *Les jeux et les hommes: le masque et le vertige*, Paris, Gallimard, 1991, p. 14.
360) "위대한 놀이"라는 제목은 이 시집 출판 직후에 발간되기 시작한 잡지명과 동일하다. 하지만 그 내용과 제목이 의미하는 바는 서로 조금씩 다르다. 비교(秘敎)적인 전통과 원시적인 정신성에 경도된 잡지의 회원들인 질베르-르콩트Gilbert-Lecomte, 도말Daumal, 시마Sima, 바이양Vailland은 서정적인 현상과 몽환적인 현상을 체계적으로 대면시켰다.
361) Léopold Peeters, *La roulette aux mots*, Paris, La pensée universelle, 1975, p. 194.

서 특별한 인과관계를 만들어내듯"361) 페레는 가짜 인과관계 또는 이 시집에 고유한 인과관계를 창출해낸다. 또한 페레의 이 시집 속에 수록된 시들의 표면상 무질서한 내용들은 실상 시인이 부여한 몇몇 규칙에 의해 제어된다. 물론 이러한 규칙은 커다란 유동성의 몫을 제공하는 매우 유연한 규칙이라고 할 수 있다.

브르통에게 바쳐진 이 시집은 초현실주의적 놀이들의 온갖 특징을 보여준다. 그렇다고 해서 이 시집이 초현실주의 놀이들에 영향을 받았다는 얘기는 아니다. 많은 놀이가 이 시집이 출간된 다음에 만들어졌기 때문이다. 여기에서 제시하고자 하는 것은 페레의 시집이 초현실주의 놀이들과 공유하는 정신을 밝히는 것이다.

먼저 페레 자신과 브르통이 창안한 '따지고 보면 l'un dans l'autre 놀이'의 구조를 들여다보자. 이 놀이는 에두아르 르 루아가 "모든 것은 모든 것의 안에 있다"362)고 주장한 내재성의 개념에서 출발한다. 다음은 브르통이 설명한 놀이의 규칙이다.

> 우리〔페레와 브르통〕는 모든 대상이 모든 다른 것으로부터 설명될 수 있다는 생각에 이르지 않을 수 없었다. 심지어 모든 행동, 어떤 정해진 상황에 위치해 있다 하더라도 모든 인물로부터, 또한 모든 대상으로부터도 설명될 수 있고 그 반대의 경우도 마찬가지다. (……) 우리 중의 한 명은 밖으로 나가서 단독으로 어떤 정해진 대상을 설명하기로 마음먹어야 했다(예를 들면 그것이 계단이라고 하자). 다른 사람들 모두는 그가 없을 때 그가 정한 대상을 그것과는 다른 대상으로 설명하도록 합의해야만 했

---

362) Sylvain Auroux (dir.), *Les notions philosophiques: dictionnaire*, t. 1, Paris, PUF, 1990, p. 1239.

다(예컨대 샴페인 병). 그러면 그는 샴페인 병의 입장에서 묘사를 해야 하는데, 이 샴페인 병의 이미지가 점점 계단의 이미지와 겹쳐져서 그것에 의해 대체되도록 여러 특징을 부여해야만 했다. 그것을 하기 위해 그는 다음과 같은 문장들로 시작해야만 했다. "나, 샴페인 병은……" 또는 "나는……한 샴페인 병이다."[363]

요약하면 대상 A의 묘사를 대상 B를 통해 하는 것인데, A가 B로 점차 대체되도록 해야 하며 그럼으로써 B안에 이미 A가 있었음을 발견해 나가는 것이 관건이다. 『위대한 놀이』에 수록된 시들은 "모든 것은 모든 것 안에 있다"라는 초현실주의적 신념을 예시하면서 모든 대상, 모든 인물, 모든 행위 간의 자유로운 변환을 이룬다. 마리-폴 베랑제는 "의미들의 만남, 겹침, 융합은 이미지의 우발적인 성격을 보장해준다"[364]고 지적한다. 브르통이 아폴리네르와 보들레르의 텍스트들을 논평한 방식으로 페레의 몇몇 시를 분석해보는 것은 흥미롭다.

'따지고 보면 놀이'에서 아폴리네르가 혀를 선택했으며 그에게 물고기로 그것을 정의하도록 결정되었다고 가정해보자. 첫 시작으로 붉은 물고기라 말하는 것 이외에 어떻게 다르게 말하겠는가?[365]

---

363) André Breton, "L'un dans l'autre," in *Médium*, nº 2-3, 1954. Emmanuel Garrigues (annotateur), *op. cit.*, pp. 220~21에 재수록.
364) Marie-Paule Berranger, "L'un dans l'autre: plaisir de mots et jeux de substitution," in Jacqueline Chénieux-Gendron (dir.), *Du surréalisme et du plaisir*, Paris, Corti, 1987, p. 79.
365) André Breton, "L'un dans l'autre," *op. cit.*, p. 223.

이런 방식을 염두에 두고 이 시집 처음에 수록된 시 「헐떡거리다」 첫 부분들을 들여다보자.

아 치즈여 여기 아름다운 부인이 있도다
여기 우유로 된 아름다운 부인이 있도다
그녀는 자신의 생산지의 좋은 우유로 만들어졌다
그녀를 만들었던 생산지는 그녀의 마을에서 비롯되었다(t. 1, p. 71)

페레가 '따지고 보면 놀이'에서 치즈를 선택했고 그것을 부인으로 정의내리도록 결정되었다고 한다면 시작을 위해 그가 "우유로 된 아름다운 부인" 이외에 어떤 말을 할 수 있었을까? 이렇게 브르통의 설명방식을 따라서 우리는 치즈가 부인 속에 있고 또한 부인도 치즈 속에 있다고 생각한다. 다시 말하면 대상은 등장인물 속에 있으며 마찬가지로 등장인물은 대상 안에 있다. 또 다른 시 「상상병 환자」는 의인화된 "나"의 말로 시작된다. '따지고 보면 놀이'에서 문장은 늘 "나, 샴페인 병은……" 또는 "나는 샴페인 병이다"로 시작되는 것을 생각해보면서 이 시를 읽어보자.

나는 납으로 된 머리카락
이 별 저 별 떨어지는
혜성이 되어
1년 1일 후 너를 파멸시키리라(t. 1, p. 74)

이 시가 '따지고 보면 놀이'의 메커니즘을 따르고 있다고 가정해본다면, 머리카락이 별을 환기하는 것이 아니라 처음부터 두 지점, 다시 말해 머리카락과 별이 상정되어 있고 그 사이에서 시인이 접근지점을 찾으려고 노력하는 것이 된다. 이 시에서 생성되는 서사는 바로 이러한 모색의 결과이며 그것이 시인으로 하여금 처음에는 아주 멀었던 두 요소의 공통점인 '추락'을 점차적으로 포착할 수 있게 해준다. 또한 하강적 움직임을 강화하기 위해 시인은 "납으로 된 머리카락"을 창조해서 머리카락을 무겁게 하고 있다.

하지만 다의적인 시를 단 하나의 독서방식으로 환원하지는 말자. 인용한 대목은 "머리카락과 혜성을 연결짓는 섬광들의 화려한 충돌"[366]을 제시한다. 머리카락과 혜성 사이의 관계는 '혜성'이라는 단어의 라틴어 어원인 "머리털이 난 별astre chevelu"에 기인한 것일 수도 있다. 또한 이 부분은 그로테스크적인 이야기로 읽어낼 수도 있다. 나, 상상병 환자는 머리카락 하나로 축소될 때까지 작아진다. 그 추락은 무게에 의해 강조된다("납으로 된 머리카락"). 그것은 신체적이고 지구적인 하부로의 하강이다.

앙드레 브르통은 "'따지고 보면 놀이'의 가장 큰 흥미로움은 모든 것의 모든 다른 것으로의 변용을 가능케 하는 지속적인 발효작용에 있다"[367]고 지적한다. 그것은 "원천적으로 자신의 것이었던 성스러운 길로 시를 다시 위치시키는 것"이며, 시로 하여금 "자신이 잃어버렸던 능력들이 갖는 광대함의 의미"[368]를 복원시켜주는 것이다.

우리는 『위대한 놀이』에서 수많은 가정법과 조건법으로 된 어구들을

---

366) Julien Gracq, *André Breton*, Paris, Corti, 1948, p. 59.
367) Emmanuel Garrigues (annotateur), *op. cit.*, p. 229.
368) *Ibid.*, p. 222.

발견할 수 있는데 이것은 1929년 잡지 『다양성』에서 소개된 "조건법 또는 가정법의 놀이"를 연상시킨다. 이 놀이에서 각각의 참여자는 다른 사람 모르게 자신의 질문이나 대답을 작성한다. 물론 페레의 시가 이 놀이의 결과라고 말할 수는 없지만 어떤 시들은 이 기법의 원리를 담고 있음이 확실하다. 다음이 그 예다.

> 만일 태양이 자신의 무덤 속에서 심심해한다면
> 어떤 남편도 도로를 애무하지 않으리라
> 어떤 부인도 비를 흔들어대지 않으리라(「가장 먼 얼굴」, t. 1, p. 93)

> 만일 그녀가 죽는다면
> 양치기의 첫 순결이
> 연못 위로 떨어지리라
> 연못은 그로 인해 더럽혀질 것이고
> 귀머거리들과 정신착란자들의 행렬이
> 마지막 원소들을 부식시키리라(「s로 전회한 A」, t. 1, p. 108)

「하늘과 땅의 아름다움」과 같은 시에서 우리는 삼단논법 놀이의 흔적을 발견한다.

> 세번째 아코디언은
> 땅과 새들을 집어삼킬 것이다
> 만일 그럴 마음이 있다면 [대전제]
> 허나 그는 현자였다

쐐기풀처럼 〔소전제〕

그래서 그는 부동의 동물들을 탐내는 것에 만족했다. 〔결론〕(t. 1, p. 81)[369]

시「엄지발가락의 모험들」의 몇 행은 페레가 삼단논법 놀이를 자신의 방법으로 변형시킨 것이라는 생각이 들게 한다.

> 엄청난 범죄가 내일 일어날 것이다
> 하지만 모자 없는 범죄는 없다
>   섬광 없는 범죄는 없다
>   잿물 없는 범죄는 없다
>   새끼양 없는 범죄는 없다
>   그리하여 엄청난 범죄는 일어나지 않을 것이다(t. 1, p. 89)

『위대한 놀이』에서 시적 글쓰기는 숫자나 수학공식으로 이루어지기도 하는데, 이는 레오폴드 피터스의 언급을 생각나게 한다. "초현실주의자들은 언어와 유희한다. 그들은 자신들이 발명한 놀이에서 마치 당구공이나 주사위처럼 언어를 사용한다."[370] 그리하여 시「스페이드의 에이스」는 "전차처럼 12 1111 111 2222까지 발걸음을 돌리기가 힘들다/충분하다"고 노래한다. 앙드레 마송에게 헌사된 시「명확히 해야 할 26가지 점들」은 운명, 정체성, 추구하는 것, 무게, 몸짓, 나의 탄생과 죽음 등 숫자와 공식으로 환원할 수 없는 모든 추상적인 것을 수학적인 것으로 바꾼다. 특히 우리의 관심을 끄는 것은 몸과 몸짓들의 차원에 관계된

---

369) 〔대전제〕, 〔소전제〕, 〔결론〕의 표시는 필자가 한 것이다.
370) Léopold Peeters, *op. cit.*, p. 193.

시구들이다. "내 코로 나는 느낀다/내 혀로 나는 말한다/내 입으로 나는 먹는다/내 눈으로 나는 본다/내 귀로 나는 듣는다/내 손으로 나는 뺨을 때린다/내 발로 나는 짓누른다/내 성기로 나는 사랑을 한다."(t. 1, pp. 132~33, 1928, 그림 73) 여기에서 인용하지 못한 것은 각 시구를 따라서 나타나는 복잡한 수학공식이다. 페레는 감각의 역할을 뒤섞어놓는 시인이지만 여기에서만큼은 몸의 다양한 부분이 지극히 일상적인 역할을 담당하도록 내버려둔다. 감각을 교란시키고 시에 수수께끼 같은 신비한 측면을 부여하는 것은 바로 수학공식이다.

「내 탄생의 신비」에서는 무엇을 의미하는지 분명치 않은 숫자들("내" 나이를 뜻하는 것일까?)이 시구의 가운데에 등장한다.

내가 그에게 19라고 대답했을 때
그는 나에게 29라고 대답했다
22 만일 네가 부자일 시기가 있다면
30과 40 두 시기에 희극을 위하여
50 네 더러운 생일을 위하여
100 봄의 편리함들을 위하여(t. 1, p. 155)

이러한 숫자의 사용은 우리로 하여금 '결산의 놀이'를 떠올리게 한다. 이 놀이는 1921년 『문학』지에서 페레를 비롯한 많은 초현실주의자들이 학교에서 하는 것처럼 과거와 현재의 화가들과 작가들을 적어놓은 것이다. 목적은 단지 즐거움을 주기 위해서만은 아니었다.

우리가 보기에 상당히 우스꽝스러운 학교의 시스템은 우리의 관점을 가장 단순하게 제시한다는 장점을 가진다. 게다가 우리는 새로운 가치질서를 제안하지 않으며 우리의 목적은 분류화하는 것이 아니라 반분류화하는 것이다.

이렇듯 페레가 자신의 작품 속에 수학공식과 숫자를 사용할 때의 목적은 반분류화에 있다. 조작능력을 동원하는 그의 글쓰기는 우연과 즉흥성의 유희에 의해 인도된다. 『위대한 놀이』에 수록된 시들 가운데 「스페이드 에이스」라는 제목은 많은 놀이 중에서 핵심카드로 꼽히는 것이다. 이 시의 몇몇 시구를 인용하면서 클로드 쿠르토는 페레가 글쓰기와 '더듬어서 가는' 발걸음을 연관짓고 있다고 분석한다.

나는 수많은 기린으로 가득한 방 안을 더듬어 가서 내가 깎아서 산 신선한 두뇌 조각들로 작성한 필사본을 찾으리라(t. 1, p. 119)

'더듬어서 가는' 글쓰기는 어둠 속에서 손이 눈을 대체하면서 시각적이기보다는 촉각적으로 된 글쓰기이며, 눈을 감고 받아 적는 자동기술법과 같다. 글은 방향도 안내자도 없이 전대미문의 많은 것을 발견하면서 우연에 따라 앞으로 나간다. 그것은 몸의 본능이 말하는 언어를 기술한 글쓰다. 『더듬어서』(이 시집은 『중심에서 타오르는 불』〔1947〕에 실려 있다)라는 시집에 수록된 시 「첫째 날」(t. 2, pp. 204~205)은 그러한 글쓰기의 탄생을 보여준다.

철자 a의 안에서 입술 위에 놓인 손가락이 싹튼다
왜냐하면 b가 c의 얼굴 위로 달려들었기 때문이다

그의 얼굴이 터지면서 주변으로 향기로운 송진을 퍼뜨린다

그 송진으로부터 욕망의 받침대 위를 네 단씩 황급히 기어오르는 한숨이 새어나온다

이런 방식으로 이 시의 끝까지 철자 a부터 z까지의 이야기가 이어진다. 페레의 철자들은 색채와 소리를 담고 있는 랭보의 모음들과는 다르며, 음성적으로 연결되어 있지도 않고, 우리가 데스노스의「포아시스」에서 보았던 것처럼 마술적으로 전체적인 언어들을 생성해내는 아크로님acronymes과 같지도 않다. 페레에게 있어서 글자들은 무엇인가를 환기하지 않으며 시적 세계를 역동적으로 살아간다. 감정을 갖고 있으며 몸에 고유한 난폭한 움직임을 보일 수도 있고 만들어내거나 반응할 수 있는 능력을 지닌 글자들은 인간과 사물의 몸과 서로서로 결합하면서 내밀한 관계, 상호관계를 맺고 있다.

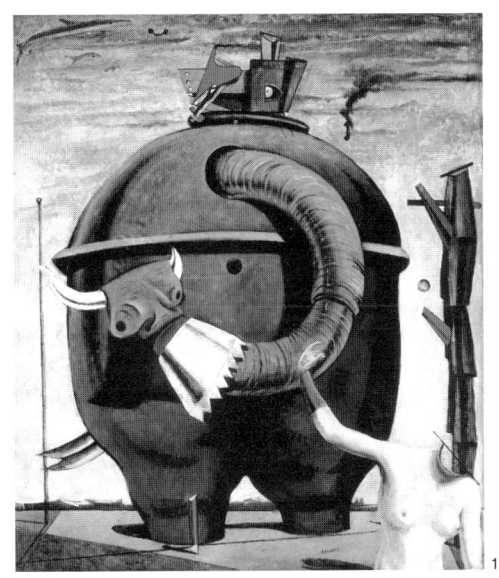

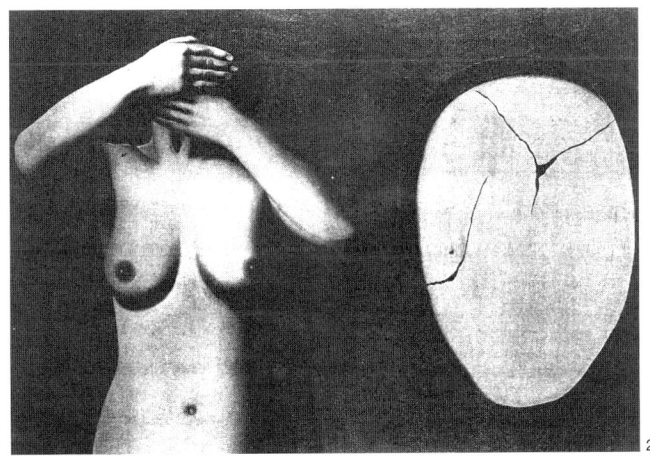

그림1 ■ **셀레베스 혹은 셀레베스의 코끼리**_막스 에른스트

그림2 ■ **밤의 장르**_르네 마그리트

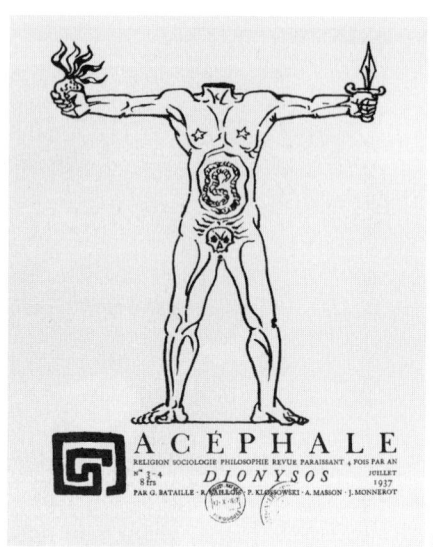

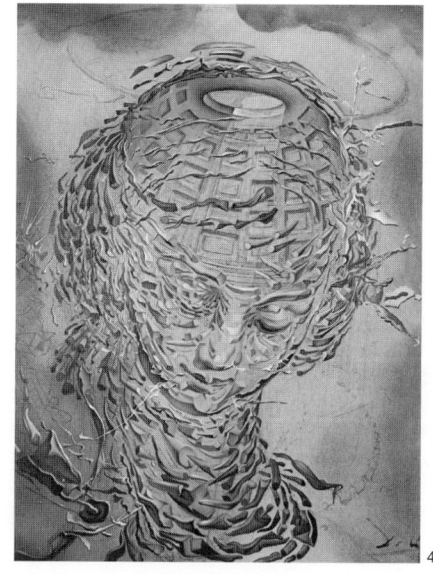

그림3 ▪ 머리 없는 사람_앙드레 마송
그림4 ▪ 조각난 라파엘로식의 머리_살바도르 달리

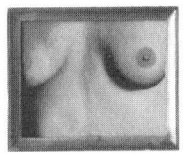
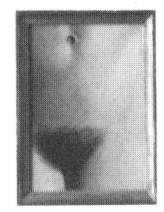
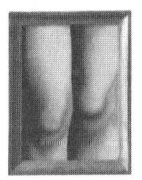

그림5 ▪ **세니시타스**_살바도르 달리

그림6 ▪ **영원한 진리**_르네 마그리트

그림7 ▪ **위험한 관계들**_르네 마그리트

그림8 ▪ **과대망상증**_르네 마그리트
그림9 ▪ **나무 여인들**_폴 델보

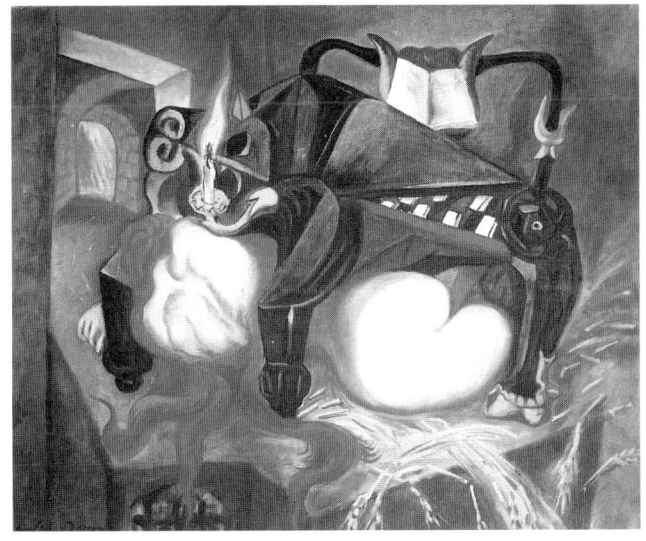

그림10 ▪ **거미줄 달린 나체의 여인**_피에르 몰리니에

그림11 ▪ **피아노토르**_앙드레 마송

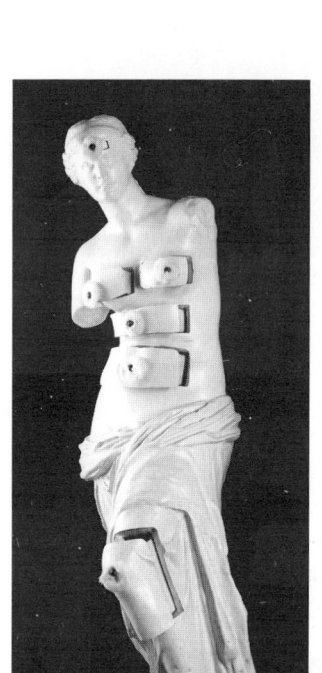

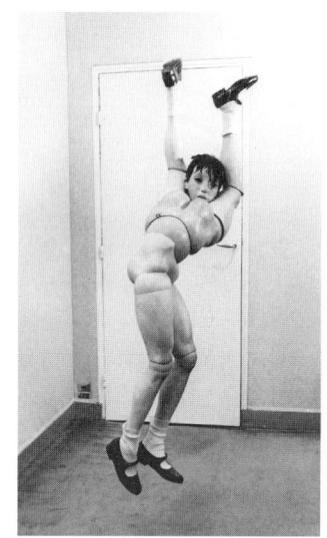

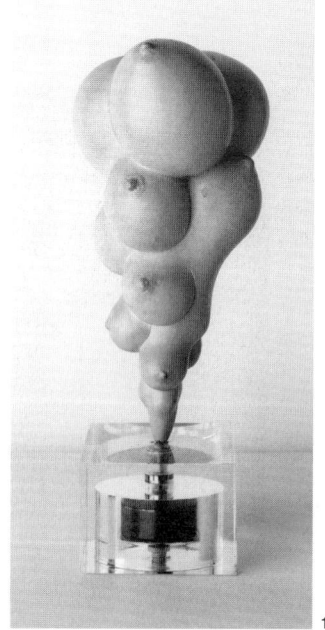

그림12 ▪ **서랍 달린 밀로의 비너스**_살바도르 달리

그림13 ▪ **인형**_한스 벨머

그림14 ▪ **팽이**_한스 벨머

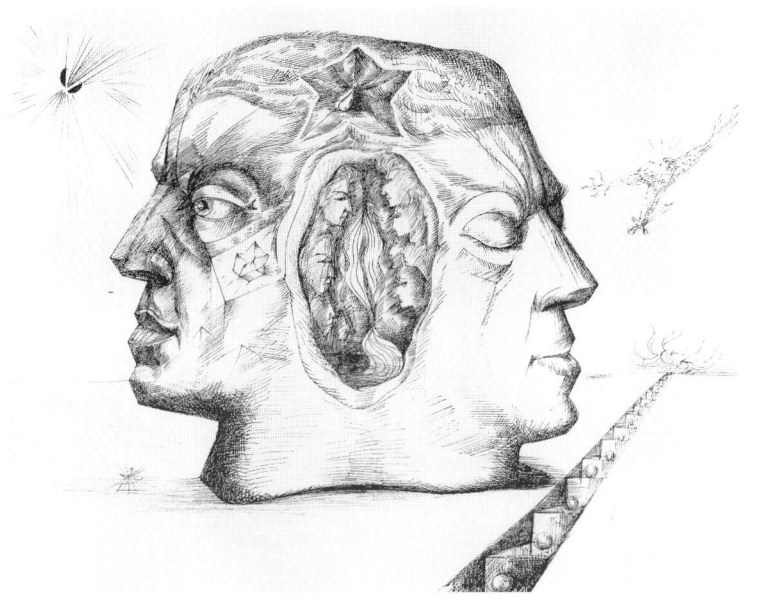

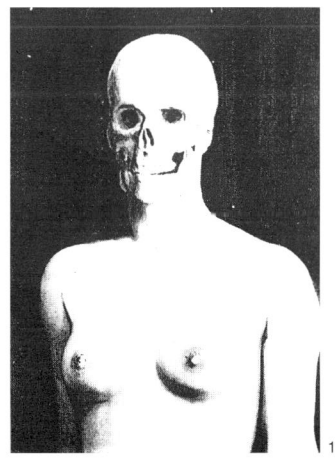

그림15 ▪ **앙드레 브르통의 초상**_앙드레 마송

그림16 ▪ **강간**_르네 마그리트

그림17 ▪ **낭비하는 여인**_르네 마그리트

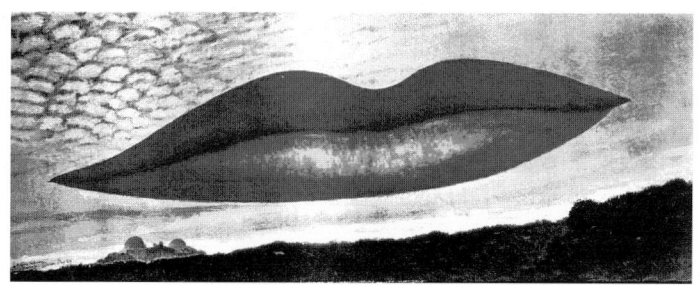

그림18 ■ **하관**_폴 델보

그림19 ■ **관측소의 시간에, 연인들**_만 레이

20

21

그림20 ▪ **하프에 관한 명상**_살바도르 달리

그림21 ▪ **너는 네가 먹는 것이 된다**_앙드레 마송

그림22 ▪ **가을 카니발리즘**_살바도르 달리

그림23 ▪ **거리의 남자**_폴 델보

24

25

그림24 ▪ **고독한 산책가의 몽상**_르네 마그리트

그림25 ▪ **삶의 기쁨**_폴 델보

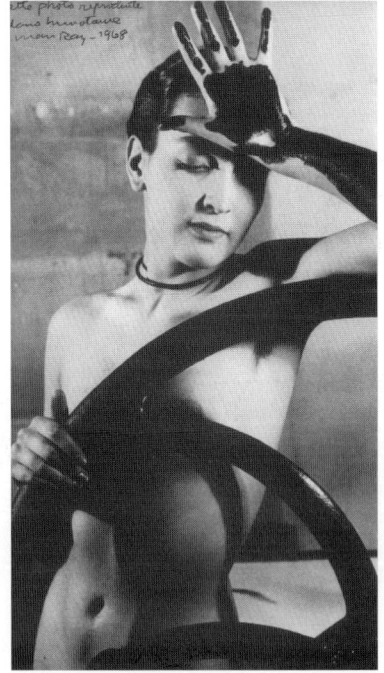

그림26 ▪ **나는 숲 속에 숨겨진 (여성)을 보지 않는다**_르네 마그리트
그림27 ▪ **가려진 에로티시즘**_만 레이

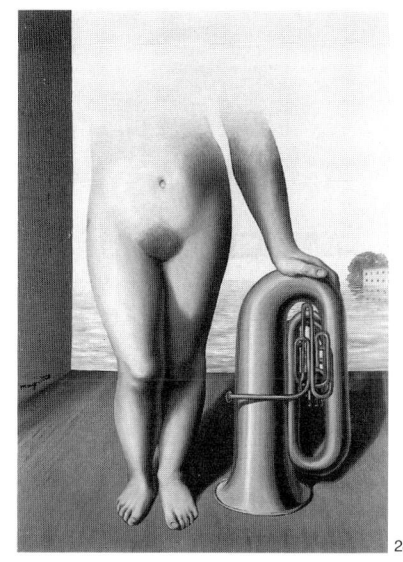

그림28 ■ **홍수**_르네 마그리트
그림29 ■ **어머니**_앙드레 마송

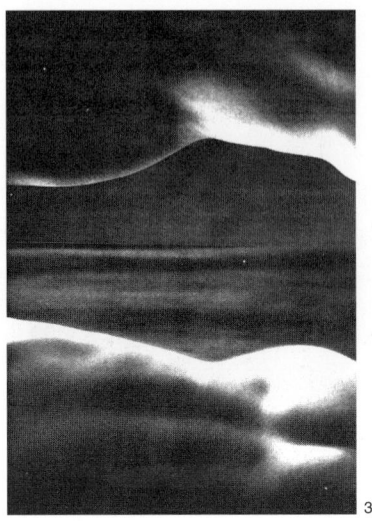

그림30 ▪ **인조 하늘**_브라사이
그림31 ▪ **편집증적 얼굴**_살바도르 달리

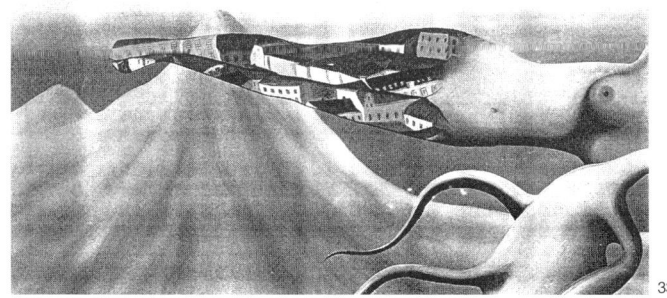

그림32 ▪ **보이지 않는 사람**_살바도르 달리

그림33 ▪ **장거리 여행**_르네 마그리트

그림34 ▪ **그라디바는 인간의 형상을 한 폐허를 되찾는다**_살바도르 달리
그림35 ▪ **이중의 비밀**_르네 마그리트

그림36 ▪ 폴 엘뤼아르의 시집 『반복』의 표지 일러스트_막스 에른스트

그림37 ▪ **마지막 여행**_빅토르 브라우너

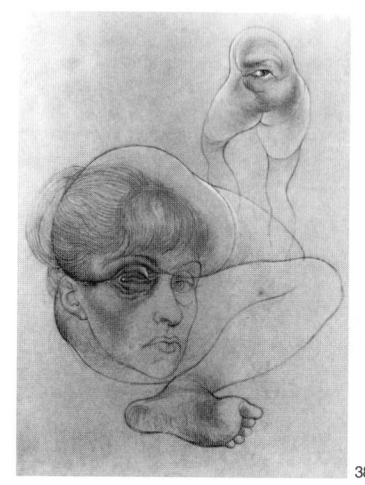

그림38 ▪ '눈의 역사'에 관한 습작_한스 벨머

그림39 ▪ 어린아이의 두뇌_지오르지오 데 키리코

그림40 ▪ 시각의 내부에서: 새알_막스 에른스트

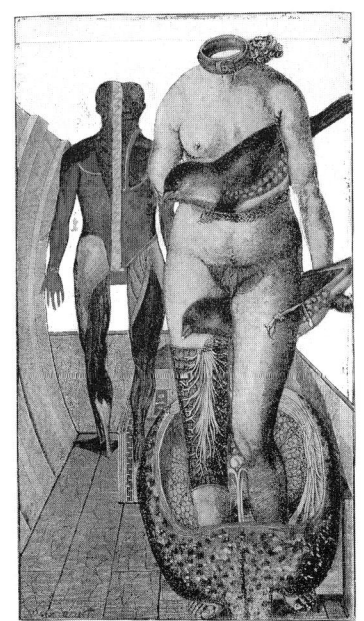

그림41 ▪ **그림과 오브제**_막스 에른스트

그림42 ▪ **시「말」에 동반된 콜라주**_막스 에른스트

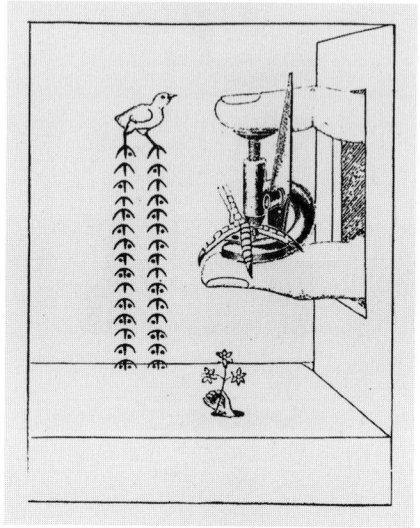

43

44

그림43 ■ 시「발명」에 동반된 콜라주_막스 에른스트
그림44 ■ 침묵할 시간_막스 에른스트

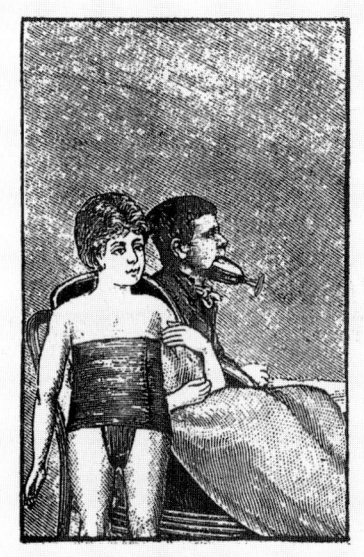

그림 45 ▪ **시골의 평화**_막스 에른스트
그림 46 ▪ **가위들과 그들의 아버지**_막스 에른스트

그림 47 ▪ 해변_만 레이

그림 48 ▪ 동물이 웃는다_발렁틴 위고

그림 49 ■ **나는 혼자가 아니다**_발렁틴 위고

그림 50 ■ **여성 매개자들 II**_발렁틴 위고

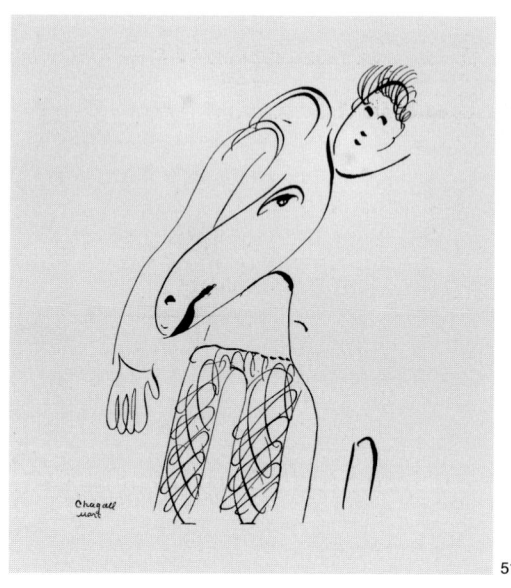

51

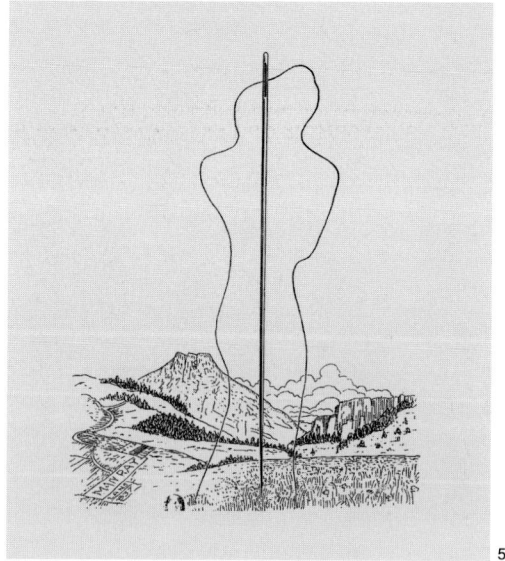

52

그림51 ■ 시「마크 샤갈에게」에 동반된 삽화_마크 샤갈
그림52 ■ **실과 바늘**_만 레이

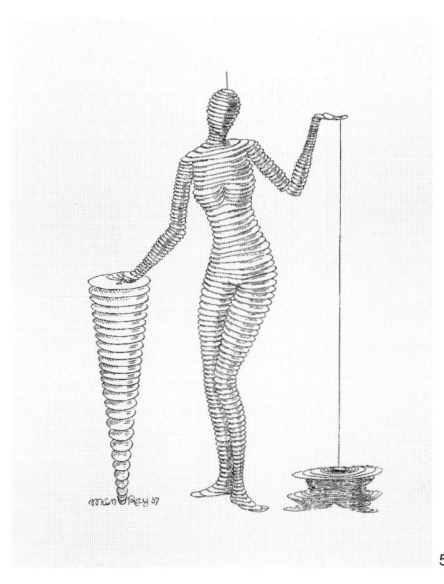

53

54

그림 53 ▪ **휴대용 여성**_만 레이
그림 54 ▪ **에일리언의 탑**_만 레이

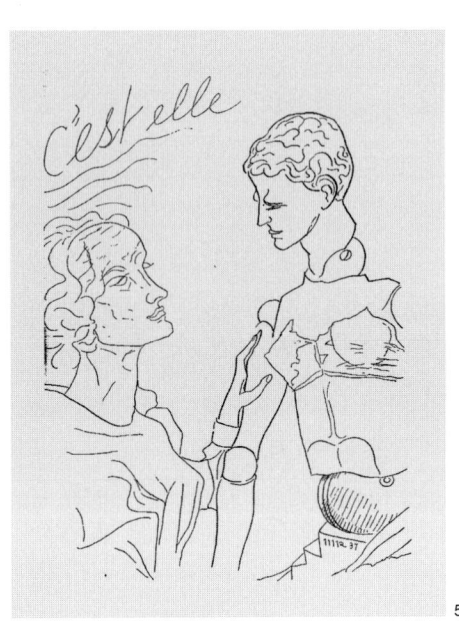

그림55 ▪ **바로 그녀다**_만 레이
그림56 ▪ **고뇌와 불안**_만 레이

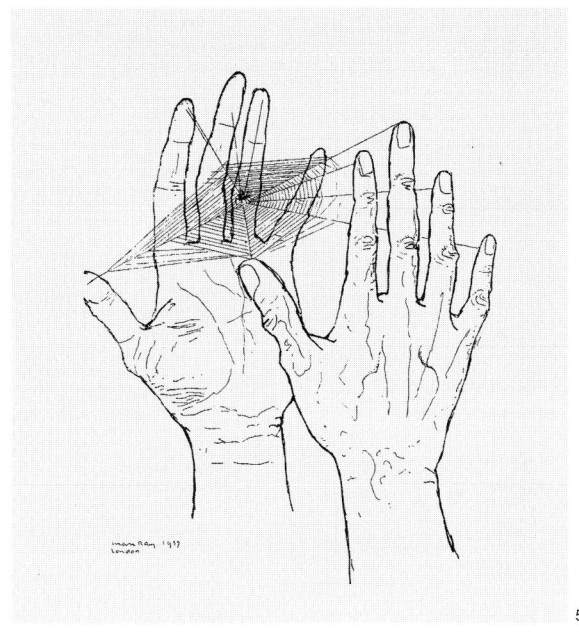

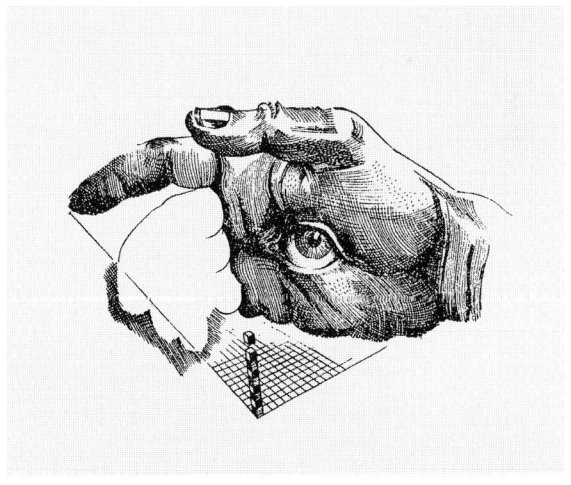

그림 57 ▪ **기다림**_만 레이

그림 58 ▪ I_알베르 플로콩, 동판화

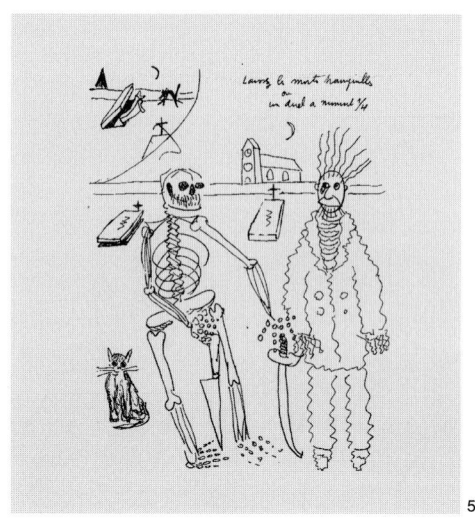

59

60

61

62

그림 59 ▪ 『유기의 고백들』에 수록된 데스노스의 그림_로베르 데스노스

그림 60~61 ▪ 작은 배의 형상을 한 데스노스DESNOS의 철자와 말킨MALKINE의 철자_로베르 데스노스

그림 62 ▪ 로베르 데스노스ROBERT DESNOS와 연인 이본느 조르주YVONNE GEORGE의 첫 철자들로 만든 두 척의 배 그림_로베르 데스노스

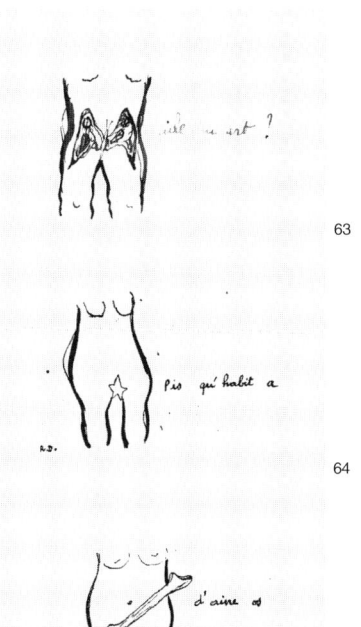

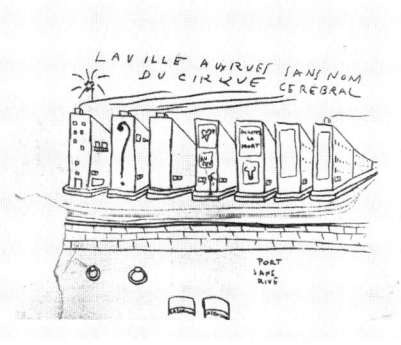

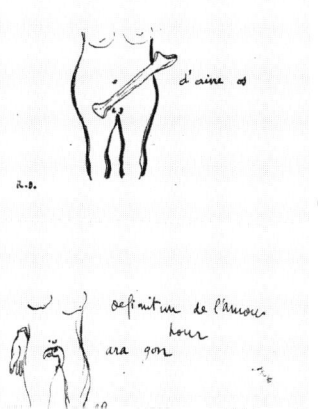

그림63~66 ▪ 고유명사를 변형한 언어·시각적 유희_로베르 데스노스

그림67 ▪ 두뇌 서커스단의 이름 없는 거리들이 있는 도시_로베르 데스노스

그림68 ▪ 어떤 사람이 웃는다_로베르 데스노스

그림 69 ▪ "자유가 아니면 죽음을"_로베르 데스노스

그림 70 ▪ 이곳에서 아라공이 죽다_로베르 데스노스

그림71 ■ **그로테스크**_아고스티노 베네치아노

$$
\begin{aligned}
&\text{Les cartes ont mis dans ma poche } \left(\sqrt[g]{\tfrac{d e}{(c b-a) f}}+b-i\right)^{j} \\
&\text{Elles ont retiré } \left(\sqrt[g]{\tfrac{d e}{(c b-a) f}}+b-i\right)^{j}+k \\
&\text{Il reste } \left(\sqrt[g]{\tfrac{d e}{(c b-a) f}}+b-i\right)^{j}+kl \\
&\text{Avec mon nez je sens } \tfrac{m}{\ } \left(\sqrt[g]{\tfrac{d e}{(c b-a) f}}+b-i\right)^{j}+kl \\
&\text{Avec ma langue je dis } \tfrac{m}{n} \left(\sqrt[g]{\tfrac{d e}{(c b-a) f}}+b-i\right)^{j}+kl \\
&\text{Avec ma bouche je mange } \tfrac{m}{n} \left(\sqrt[g]{\tfrac{d e}{(c b-a) f}}+b-i\right)^{j}+kl+o \\
&\text{Avec mes yeux je vois } \tfrac{\tfrac{m}{n}\left(\sqrt[g]{\tfrac{d e}{(c b-a) f}}+b-i\right)^{j}+kl+o}{p} \\
&\text{Avec mes oreilles j'entends } \tfrac{\tfrac{m}{n}\left(\sqrt[g]{\tfrac{d e}{(c b-a) f}}+b-i\right)^{j}+kl+o}{pq} \\
&\text{Avec mes mains je gifle } \tfrac{\tfrac{m}{n}\left(\sqrt[g]{\tfrac{d e}{(c b-a) f}}+b-i\right)^{j}+kl+o}{pq+r} \\
&\text{Avec mes pieds j'écrase } \tfrac{\tfrac{m}{n}\left(\sqrt[g]{\tfrac{d e}{(c b-a) f}}+b-i\right)^{j}+kl+o}{(pq+r)s}
\end{aligned}
$$

그림72 ▪ 벵자멩 페레의 「자연사」에 들어간 삽화_토엥

그림73 ▪ 벵자멩 페레의 「위대한 놀이」에 실린 「명확히 해야 할 26가지 점들」

제5부 초현실주의와 '초육체성 le surcorporel'을 향하여

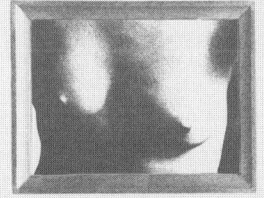

엘뤼아르, 데스노스, 페레의 작품들에 개별적으로 나타난 몸의 이미지 연구는 세 시인 간의 공통점과 차이점에 관한 궁금증을 불러일으킨다. 이제 이 세 시인의 경우를 비교해봄으로써 초현실주의에 고유한 육체 이미지가 무엇인지를 종합적으로 밝히고자 한다. 여기서는 이러한 비교와 송합이 너무나 경직된 일반화나 범주화가 되지 않도록 주의할 것이다. 우선 개별적으로 살펴보았던 세 시인이 재현해낸 몸의 특징들을 비교해보고, 최종적으로 몸과 언어, 볼 수 있는 것과 읽을 수 있는 것의 진정한 교차로로 작용하는 초현실주의에 고유한 육체성과 관련하여 그 해답을 모색해보고자 한다.

1장 | 낯선 몸, 친숙한 몸

　세 초현실주의 시인은 총체성이 아닌 단편들을 통해 몸에 접근한다. 파편화된 각 신체 부위는 몸 자체에 대해서는 낯설고 오히려 몸 주변 세계와는 긴밀하게 연결된다는 역설적인 특징을 갖는다. 다시 말하면 조각조각 나뉜 몸은 그 자체로는 합일될 수 없으나 생물이든 무생물이든, 몸 이외의 어떤 대상과도 쉽게 결합할 수 있는 것이다. 초현실주의자들 자신이 그들의 선구자로 간주하고 있는 시인 랭보를 계승한 엘뤼아르, 데스노스, 페레는 마치 '내 몸은 타자다' 그리고 '다른 사람의 몸은 내 것이다'라고 선언하고 있는 듯 보인다. 이들 세 시인이 각자의 고유한 방식으로 형상화한 낯설고도 친근한 몸을 어떻게 총체적으로 정의내릴 수 있을 것인가? 초현실주의적 몸이 보여주는 독특한 특징과 행동은 무엇을 의미하는가?

1. '초육체성'의 시학

세 초현실주의자에게 있어서 몸은 인간의 전유물이 아니라 동물, 식물, 광물을 막론하여 모두가 갖고 있는 필수적인 것이다. 다시 말해 몸은 유기체에만 국한된 것이 아니라 엘뤼아르에 의해서는 자연의 요소, 정신적인 것과 추상적인 것을 내포하며, 데스노스에게서는 비물질적인 것과 광물질 또는 신화적인 요소를, 그리고 페레에게서는 음식이나 사물의 모습을 띠고 나타난다. 이를 통해 몸은 공간과 시간의 보편적인 조건 밖에 위치하면서 모든 경계나 장르의 구분을 무너뜨린다. 초현실주의적 육체 속에서 높은 것과 낮은 것(하늘과 땅), 높이와 깊이(하늘과 바다), 낮과 밤, 빛과 그림자 등 명백하게 상반된 개념들이 모순 없이 혼합된다.

필자는 복수성(複數性)을 가진 초현실주의적 몸을 아우르는 개념으로 '초육체성le surcorporel'이라는 용어를 제안하려 한다. 이 용어는 아폴리네르가 '초-사실주의sur-réalisme'라는 신조어를 발명한 후 일반화된 초현실성이라는 개념과 같은 원리로 만들어진 것이다. 브루닉이 잘 지적하고 있듯이 "아폴리네르는 리얼리즘 저 너머에 있는 것을 지칭하기 위해서가 아니라 리얼리즘을 강화하고 있는 것을 지칭하기 위해 접두사 '초sur'를 붙이려는 생각으로 자연스럽게 이끌렸다."[371] 초현실성이 "다양한 현실의 상위 조합"인 것처럼 초육체성도 다양한 육체성과 그 복수성을 아우르는 상위 조합이다.[372]

---

371) L. C. Breunig, "Le sur-réalisme," in *Revue des Lettres Modernes*, n° 4, 1965, p. 26.
372) Athanasia Tsatsakou-Papadopoulou, *La terre-ciel de Paul Eluard*, Thessalonike, Aristoteleio Panepistemio, 1990, p. 20.

접두사 '초sur'는 흔히 '······을 넘어서서au-dessus' '과잉의a l'excès'
라는 뜻을 의미하는데, 그렇다면 초육체성을 지닌 몸은 일반적이고 관
습적인 몸을 넘어서서 육체성의 최상의 지점에 다다른 몸을 가리킨다고
하겠다. 접두사 '초sur'의 개념은 바슐라르가 '초동물suranimal'이라
는 용어를 만들었을 때 사용하던 용법과 동일하다. "유용한 동물을 결
정하는 것은 정확한 공격을 감행하는 역동성이다. 그때 인간은 초동물
처럼 생사에 관계되는 잠재력의 극치에 도달한 것으로 나타나며 그는
모든 동물성을 자신의 마음대로 갖게 된다."[373] 알프레드 자리의 소설
제목인 『초수컷 Le Surmâle』[374]은 전대미문의 정력을 가지고 있으며 인
간의 에로틱한 잠재력을 극단적으로 밀고 나갈 수 있는 인물을 가리킨
다. 물론 초육체성도 에로틱한 측면을 강하게 가지고 있지만, 그것은
초육체성이 내포한 수많은 다른 측면들 중 하나를 나타낼 뿐이다. 최상
의 상태에 도달한 육체성은 육체와 영혼, 물리적인 것과 정신적인 것,
삶과 죽음이라는 이분법을 넘어서서 현실과 꿈, 현실세계와 상상세계,
의식과 무의식에 다리를 놓는다. 『초현실주의 축약 사전』에서 '초이성
주의surrationalisme'를 정의한 브르통의 말을 빌리자면, 그것은 "견고
해지고 성장하기 위해 끊임없이 재구성되도록"[375] 변용하는 복수적이고
다형태적인 몸이다.

　이 총체적인 정신 속에서 세 시인의 단편적이자 혼종적인 몸이 탄생
했다고 생각된다. 하지만 각 시인은 물론 고유한 방법으로 몸을 해석하
고 구현한다. 엘뤼아르의 시에서는 몸의 단편들과 우주적 원소들이 일

---

373) Gaston Bachelard, *Lautréamont*, op. cit., p. 24.
374) Alfred Jarry, *Le Surmâle*, Paris, Club français du livre, [1902], 1963.
375) André Breton, II, p. 845~46.

치된다. 몸의 각 부위는 원자나 4원소처럼 더 이상 분해할 수 없는 본질이며, 몸-자연, 또는 몸-세계를 구성하는 원리가 된다. 시인은 육체적이자 원소적인 본질을 자유롭게 재구성함으로써 새로운 몸과 새로운 세계를 만들어낸다.

엘뤼아르의 육체적 단편들이 처음부터 독립적이었다면, 데스노스의 몸은 세밀한 절단의 산물이다. 그것은 시적 실험실의 해부대 위에 놓여진 다음 진단과 다양한 실험의 대상이 된다. 이렇게 두 시인이 형상화하는 몸 이미지들은 여러 차이점을 보여준다. 엘뤼아르가 몸의 우주적인 힘과 사랑하는 여성의 몸 이미지를 특징짓는 조화로운 삶에 경탄을 보내고 있다면, 데스노스는 오히려 몸의 상처나 몸의 죽음에 천착하면서 바다 속 시체나 유령들을 구현하고 있다. 엘뤼아르에게 있어서 몸의 파편들은 궁극적으로 총체적인 부분으로 결합되지만, 데스노스에게 있어서 몸은 조각조각 해체되어 세상의 사물들 사이로 자유롭게 흩뿌려진다. 또한 엘뤼아르의 세계에서 여성의 몸-풍경은 근경과 원경, 볼 수 있는 것과 볼 수 없는 것, 현전과 부재를 아우른다. 데스노스의 시에서 몸은 의식과 무의식, 삶과 죽음, 사랑과 죽음의 융합에 더욱 집중한다. 데스노스에게 있어서 사랑은 항상 죽음을 동반하고 있다면, 엘뤼아르에게 있어서 그것은 오히려 삶과 동행한다("나와 화해하기 위해 나 이 시를 썼네/사랑의 형태들 삶의 형태들"〔「도미니크의 어린 시절」, II, p. 432〕). 엘뤼아르의 사랑과 죽음의 개념들은 서로 상반된다("우리의 사랑 그것은 삶에의 사랑, 죽음에의 경멸"〔I, p. 935〕). 이뿐만 아니라 엘뤼아르적인 몸은 데스노스적인 몸처럼 에로스와 타나토스를 결합하는 것이 아니라 오히려 관능성과 영성을 결합한다. 또한 엘뤼아르의 세계에서 등장하는 빛나고 투명한 나체는 어둡고 불투명한 데스노스적인 몸과 대조된다.

그렇다고 해서 엘뤼아르적인 육체가 긍정적이고 데스노스적인 육체가 부정적이라는 뜻은 아니다. 데스노스의 시를 연구하면서 보았던 바와 같이, 데스노스적인 육체의 카오스적이고 죽음을 연상시키는 특성은 육체 스스로 변신할 수 있는 계기를 부여한다. 그것은 항상 미완성의 몸이며, 그렇기 때문에 끊임없이 새롭게 태어나는 몸이다. 게다가 데스노스가 조각나고 해체된 몸을 구현할 때, 그는 끊임없이 겉으로 보기에 비육체인 것의 육감적이고 살아 있는 면을 강조한다.

한편 페레에 의해 구현되는 몸은 엘뤼아르의 조화로운 몸과는 큰 차이를 보인다. 페레에게 있어서 몸과 외부세계의 만남은 불일치하고 스캔들을 불러일으킨다. 몸은 음식, 무생물적인 대상들, 식물·동물·광물들과 결합하며, 다양한 세계나 장르의 모든 경계를 완전히 없애고 있기 때문이다. 이같이 의인화되는 여러 신체 부위는 주로 일상의 삶에서 시시하거나 하찮은 것으로 여겨지는 요소들과 결합함으로써 '불안한 낯섦'을 보여준다. 시인은 몸의 특정한 부위를 과장하고 있으며, 과장법을 통해 초현실적 몸의 육체성을 강조한다. 각 신체 부위는 동화 같은 세계와 그로테스크한 세계들이 영감을 부여한 매우 강렬한 전복의 정신을 입증하면서 종종 위와 아래, 안과 밖을 전환한다. 엘뤼아르가 서로 다른 요소들의 결합을 주장한다면, 페레는 예기치 않은 모순적인 만남들이 자아내는 놀라움의 효과에 집중한다.

2. 소통의 몸짓과 무한한 육체

몸은 세 시인의 작품 속에서 중요한 소통의 도구가 된다. 몸은 모든 이분법적인 것들이 모순되게 지각되지 않는 초현실주의의 '지고의 지점'이라는 역할을 수행한다. 그래서 몸의 다양한 행동은 몸이 화해작업을 수행하고 있는 상징적인 행동에 속한다. 그렇다면 세 시인에게서 나타나는 몸의 특별한 동작들을 분석하기 전에, 그들의 몸 시학을 대변하는 핵심적인 시구들을 인용해보자.

그녀의 젖가슴 그녀의 눈 그녀의 손 모두는
가장 아름다운 날들을 결합한다(엘뤼아르, 「그림자 없는 날」, I, p. 1028)

더욱 명확히
보기 위해
만일 당신이 약간
내게 상처 입히지 않는다면
당신은 진 거다(데스노스, 「내가 당신에게 무엇을 말해주길 바라는가?」, DA, p. 53)

너는 네 신발들을 삼키기 위해 입을 연다
너는 풍경을 토해내기 위해 입을 연다
그리고 그 풍경은 너를 닮았다(페레, 「적이 움직인다」, t. 1, p. 164)

첫번째 인용문에서 손, 눈, 젖가슴 같은 몸의 특정 부위는 연결의 역할을 한다. 엘뤼아르적 몸의 동작들은 세계의 모든 요소를 연결시키는 데 초점이 맞춰져 있다. 엘뤼아르의 시 전체에서 '서로를 바라보다'

'손을 내밀다' '손을 잡다' 등의 행위가 얼마나 자주 등장하는지 기억해 보자. 또한 도로의 공간과 겹쳐지는 핏줄의 공간은 '앞으로 나가다' '길어지다'라는 몸의 동작과 마찬가지로 타인과 소통하려는 시인의 욕망을 전달한다. 궁극적으로 만물의 조화로운 화합을 지향하는 신체 부위들은 엘뤼아르의 시에서 가장 빈번하게 사용되는 '모으다' '뒤섞다' '합류하다' '연결시키다' '손을 내밀다' '손을 잡다' 등 연결을 의미하는 동사들을 동반한다. 결국 엘뤼아르적인 소통의 방식은 부분과 전체, 나와 타인, 나와 세계를 연결짓는 데 있는 것이다.

데스노스는 겉 표면과 숨은 내면, 의식과 무의식 사이의 소통을 강조한다. 데스노스적 몸은 주로 세계의 내부에 이르기 위해 그 표피를 부수는 동작들을 행한다. 인용한 시의 경우처럼, '상처 입히다'라는 몸에 대한 공격의 몸짓들이 특별한 중요성을 갖게 되는 것이다. 그의 시에서 '깨다' '부수다' '자르다' '피 흘리다' '도살하다' 등의 동사들은 단순히 파괴나 단절을 의미하는 것이 아니라, 존재와 세계 내부에 감추어져 있는 경이로움이라는 샘물을 발견하기 위해 사용된다.

페레도 데스노스와 마찬가지로 내부와 외부의 소통을 강조하지만, 데스노스와는 달리 그러한 소통을 주로 입을 통해 이룬다는 특징을 보여준다. 인용한 시에서 볼 수 있듯이 삼키고 토하는 교차적인 움직임들은 안과 밖, 몸과 세계 사이의 자유로운 소통을 가능하게 한다. 데스노스가 몸의 내부로 침투하는 방법을 택하고 있다면, 페레는 오히려 세계와 몸을 자극시켜 그들 스스로가 내부의 핵을 토해내게 만들고 있다. 페레의 시에서 자주 등장하는 지진이나 화산폭발의 이미지들을 생각해보자. 대지가 자신의 깊숙한 곳에 갇혀 있었던 것을 뱉어낼 때 그것은 세상이 보내는 신호가 된다. 이러한 배출의 과정을 통해서 내적인 풍경은 외적인 풍경과 만나고 동일화된다. 엘뤼아르는 이와는 다른 방식으로 몸의 내부를 외면화한다. 다시 말해 내부와 외부에 공통된 도로망인 피가 수액, 불, 우물, 바람으로 변용하게 되며, 이런 방식으로 내부와 외부, 낮은 것과 높은 것, 수직적인 것과 수평적인 것이 교류한다.

페레에게서 나타나는 입의 교차적 움직임은 엘뤼아르에게서 나타나는 눈의 교환과 비교할 수 있다. 엘뤼아르는 '감다'와 '뜨다'라는 눈의 두 움직임을 강조하면서 그 동시성을 드러내려고 한다. 그는 눈꺼풀의 열림과 닫힘을 새의 날갯짓, 인간의 팔, 창문과 문의 여닫음과 동일화하여 안과 밖의 소통을 강조한다. 엘뤼아르 시에서 눈의 움직임은 초현실주의 화가들에 의해서 구현된 중요한 문제의식인 내적 비전과 연관되며, 그것은 현실과 꿈, 볼 수 있는 것과 볼 수 없는 것 사이의 상호 관계를 구현한다. 한편 페레는 안과 밖 사이의 소통을 통해 동화적이고 그로테스크한 공간 속에서 섭취, 소화, 배설의 육체적 기능을 환기시킨다. '삼키다'와 '토하다'라는 인용시의 움직임 외에도, 다른 생리현상인 '오줌 누다' '뱉다' '기침하다' 등이 자주 언급된다. 몸의 내적 움직임은 '들어가다'와 '나가다,' '전진하다'와 '후퇴하다' 등의 상반되는 외적 움직임과 이어진다. 이 모든 움직임은 궁극적으로 밀물과 썰물이 환기시키는 순환적 소통의 시학을 이룬다.

세 시인에게서 나타나는 소통의 몸짓은 안과 밖, 나와 타인, 의식과 무의식 사이의 경계를 무너뜨리고자 한다. 에로티시즘에 관계된 것을 비롯한 금기시된 사항의 경우도 마찬가지다. 모든 에로틱한 본능을 발산하는 것은 몸이 구속으로부터 자유로워질 수 있는 중요한 계기가 된다. 데스노스와 페레는 꿈-산문과 에로틱한 동화를 통해 금기시된 성적 지역을 완전히 탐사했다. 데스노스는『지옥의 형벌들 혹은 뉴헤브리디스』에서 성적인 몸의 사디즘-마조히즘을 자유롭게 묘사했다. 그는 성적 부위들을 의인화하고 여기에 언어를 부여하여 몸의 본능에서 나오는 솔직한 언어들을 발산시켰다. 페레는 『새장에 갇힌 녹』에서 사정의 이미지와 겹쳐지는 화산폭발의 이미지를 구현했다. 그리하여 성적 부위들은 어떠한 금기도 없이 완전히 노출되어 마치 성기들 자신이 외부세계와 소통하고자 하는 것처럼 무한하게 커졌다. 두 시인은 궁극적으로 가장 본능적인 몸의 기관들과 관련된 숨겨진 내부를 드러내려는 욕망을 표출했다. 이에 비해 엘뤼아르의 에로티시즘은 다르게 제시된다. 시인은 나체의 여성을 구현함에 있어서 때로는 '베일에 가려진 에로티시즘'의 원칙을 보여주기도 하고 때로는 관능성과 영성을 혼합하기도 한다. 타인의 옷을 벗기는 행위 또는 스스로 벌거벗는 행위는 몸을 모든 한계(예를 들면 중력의 법칙)에서 벗어나게 하고, 숨겨진 내면을 적나라하게 드러내도록 하고 있다.

2장 읽을 수 있는 몸, 볼 수 있는 몸

지금까지 살펴본 몸은 엘뤼아르, 데스노스, 페레의 시적 의도와 세계관을 드러내는 장이며, 초현실주의 화가들의 미학을 대변하기도 한다. 초현실주의자들에 따르면 몸과 언어는 자연법칙이나 관습적인 법칙을 넘어서서 자유롭게 다른 요소와 결합하고 분리될 수 있다. 다양한 방법으로 결합할 수 있는 것은 시인과 화가의 경우도 마찬가지다. 초현실주의 작품들은 흔히 두 명의 시인이나 화가, 또는 한 명의 시인과 한 명의 화가 등 혼종적인 작가들에 의해서 만들어진다.

이제 마지막 장에서는 어떤 방식으로 시인과 화가들이 몸의 다양한 이미지를 매개로 하여 몸, 언어, 회화의 관계에 관해 질문을 던지는지를 살펴보고자 한다. 이를 통해 어떤 방식으로 시인과 화가들이 소통하고 있으며, 언어적인 것과 시각적인 것이 서로 교차되는지를 분석하고자 한다.

1. 몸과 언어

세 시인은 언어를 태어나고 죽는 유기체로 간주한다. 언어는 초현실주의 작품들 속에서 몸처럼 시인들의 자유의지를 통해 분절되기도 하고 재구축되기도 한다. 몸과 언어를 해부하려는 잔혹한 일면은 실상 해방과 발견의 기쁨을 표출한다. 언어의 유희는 몸의 유희와 병행하며, 마찬가지로 시적인 쾌락[376)]은 육체적 쾌락을 동반한다.

언어의 해부작업은 다다이스트들과 초현실주의자들의 중요 관심사였다. 데스노스의 '로즈 셀라비,' 레리스의 '전문용어사전'은 "언어의 몸을 조각내는"[377)] 시적 작업들이다. 몸의 해부에 경도당한 데스노스는 내부에 숨겨진 의미를 밝히기 위해 언어 또한 해부한다. 엘뤼아르는 공동작가들과 함께 다다 시절인 1920년 2월부터 1921년 6월까지 『속담』이라는 잡지를 6호 발간했다. 우리는 제2호에서 다음의 경고문구를 읽을 수 있다. "삭제한 문학 혹은 반(反)문학을 읽으시오."[378)] 다다 정신이 주장했던 대로 관습적인 흔적들은 상징적으로 잘리거나 삭제된다. 게다가 문학작품은 그 자체로 첨삭표시들을 지니고 있기도 하다. 예를 들어 『속담』잡지에 실린「단순한 지적들」(I, p. 97)이라는 엘뤼아르의 시는 일부러 삽입된 삭제표시를 본문에 지니고 있다. 회화의 경우에는 콜라주가 이 같은 정신을 대변하며, 몸에 있어서는 문신이 바로 이러한 표식

---

376) 마리-폴 베랑제에 따르면 "아포리즘이나 속담은 우스꽝스러운 방식으로 시적인 쾌락의 복원을 꾀하는 것으로 읽힐 수 있다." Marie-Paule Berranger, *Dépaysement de l'aphorisme*, Parris, Corti, 1988, p. 217. 조르주 몰리니에는 "예술의 쾌락은 성적 쾌락의 모의simulacre"라고 주장한다. *Sémiostylistique: l'effet de l'art*, Paris, PUF, 1998, p. 196.

377) Marie-Paule Berranger, *Ibid.*, p. 52.

378) "lisez littés ratures ou anti-littérature," in *Proverbe*, n° 2, 1er mars 1920.

들을 갖고 있다. 데스노스의 시에서 우리는 문신, 새긴 낙서, 더럽힘, 그래피티들을 흔히 만날 수 있으며, 여성 초현실주의 사진작가인 클로드 카운 또한 이러한 분야를 심도 있게 탐사한 바 있다.

『속담』의 페이지들은 언어, 문장, 속담, 경구, 구어, 문어를 총괄적으로 재검토하고 있다.[379] 우리가 다루는 세 시인은 속담, 경구, 숙어적 표현과 같은 짧은 형식을 선호한다. 일상언어와 관습화된 표현에 새로운 생명력을 불어넣고 싶어하는 시인들은 언어들을 이질적인 맥락 속에 집어넣거나 자신의 방식으로 재창조함으로써 변용시킨다. 그래서 연결될 수 없는 요소들이 서로 결합될 수 있는 것이다. 짧은 불연속적인 형식에 대한 초현실주의자들의 선호도에 관해서 마리-폴 베랑제는 다음과 같이 말한다. "불연속적 글쓰기는 진실의 파괴와 상대화, 주체의 분열, 생산적인 모순을 의미하며, 새로운 기반 위에서 깊이 있는 결합에의 욕구, 장기간이나 영원성보다는 순간에 대한 가치부여를 의미하게 된다."[380]

세 시인의 작품 속에서 변형되어 원용되는 속담은 몸에 관한 수많은 용어와 특별한 이미지들을 내포한다. 페레는 몸과 관련된 낮은 언어, 다시 말해 속어나 상스러운 언어의 시적 의미를 밝힌다. 데스노스 또한 페레처럼 속담 형태를 띤 속어를 종종 사용한다.[381] 이 시인들의 손을 통해 속담 속에 고정되어 있던 몸은 새로움과 자유로움을 되찾는다.

데스노스는 언어들을 반의어로 대체하는 방식으로 경구화된 표현들을

---

379) Georges Hugnet, *Dictionnaire du dadaïsme 1916~1922*, Paris, Jean-Claude Simoën, 1976, p. 286.
380) Marie-Paule Berranger, *op. cit.*, p. 13.
381) 시인은 민속적이며 구어적인 형태를 선호했기 때문에 자연스럽게 속어나 어린아이 동요 속에서 시적 자양분을 길어 올리게 된다. *Ibid.*, p. 98.

체계적으로 무너뜨린다. 또는 자신의 시집 『익힌 언어』에서처럼 상투적인 형태들을 새로운 형태로 전환시키면서 언어를 '익힌다.' 페레는 속담이나 숙어적인 표현들을 문자 그대로 해석함으로써 시 속에서 서사를 전개시킨다. 페레의 시에서 "도자기로 만든 개들처럼 서로 쏘아보다"라는 속담의 문자 그대로의 해석이 서사를 만들어냈듯이, 엘뤼아르의 콜라주-시 「가위들과 그들의 아버지」 또한 같은 원리를 따른다. 관용적 표현인 "한 짝의 가위들une paire de ciseaux"이 분해되고 재조립되어 인간의 형상을 한 인물 "가위들과 그들의 아버지"가 탄생된다.

    세 시인은 서로 다른 방식으로 몸과 언어를 엮는다. 그들은 각기 특별한 감각을 선호하면서 글쓰기를 감각적으로 만든다. 엘뤼아르가 시각을 선호한다면, 데스노스는 청각, 페레는 미각에 대한 아주 예민한 집중을 보여준다. 『보여주다』의 저자는 시각의 구현물인 눈을 끊임없이 재현하면서 색깔이나 형태에 관계된 용어를 자주 쓴다. "동음이의어의 연인" 데스노스는 자신의 시 텍스트 속에 인간의 목소리를 비롯한 온갖 종류의 소리를 집어넣어 청각을 강화한다. 그는 반복의 기법을 자주 사용하는데, 그것은 특히 말더듬증을 연상시킨다. 그는 마치 발음분절의 법칙을 새로 만들기라도 하는 듯, 동음이의어 유희를 통해 언어를 해부한다. 한편 페레는 구순성을 강조한다. 그는 자신의 시에 구어 전통이 강한 동화적 서사를 삽입한다. 그의 시는 음식이나 음식을 먹고 뱉는 행위를 강조하는 등 입에 관련된 이미지로 넘쳐난다.

    혼종적인 몸을 구현하는 세 시인의 글쓰기는 다양한 지각을 뒤섞는다. 데스노스는 동음이의어의 유희 속에서 시각적 이미지를 강력하게 구현한다. 마찬가지로 엘뤼아르는 『끝없는 시』를 비롯한 자신의 시 속에서 시각적 이미지와 시적 리듬을 동시에 추구한다. 그는 사랑하는 사람들 사이의 소통과 조화로운 합일을 표현하기 위해 감각들을 뒤섞고 있으며, 궁극적으로 나와 세계의 요소들을 아우르는 총체적 합일을 지향한다.

> 나는 이상한 동물
> 내 귀는 너에게 말하고
> 내 목소리는 너를 듣고 너를 이해하네. (「쓰다 그리다 새기다」, II, p. 424)

엘뤼아르는 「바깥에 여기에 어디에서나」라는 시에서 상상력을 뒤섞인 오감이라고 정의하면서 그것을 '여섯번째 감각'으로 지칭한다.

> 합쳐진 다섯 감각 그것이 상상력이다
> 보고 느끼고 감촉하고 듣고 맛보는
> 야심 찬 욕망의
> 길을 강조하는 본능을 연장하는 상상력
> 나는 상상하자마자 진실을 알게 된다
> 악은 극복된다 (II, p. 678)

"붉은 달걀들의 날카로운 소리"(「뻔뻔한 놈」, II, p. 32)의 경우에서 볼 수 있듯이, 페레의 세계에서 미각은 종종 다른 감각들과 혼합된다. 페레의 글쓰기에서는 "명사 하나가 비유를 부르고 비유의 마지막 명사가 관계사를 부르고 또 그 관계사는 새로운 비유를 부르는 등 은유가 자신의 권리를 놓는 법이 없다."[382] 그러한 연쇄를 통해 청각(날카로운 소리), 미각(음식으로서의 달걀), 시각(붉은 빛깔)은 연합된다. 세 지각의 혼합이 보여주는 표면상의 불일치에도 불구하고, 청각과 시각은 똑같은 강도를 갖게 된다. 랭보의 「취한 배」 초반부에 나오는 "요란스러운 인디언들 Des Peaux-Rouges criards"이라는 시구에서 "요란스러운 criards"이라는 단어는 날카로운 소리와 현란한 빛깔을 동시에 지칭한다. 마찬가지로 페레의 시에서는 껍질을 깨고 나오는 핏덩어리 새들의 모습과 외침을 함께 듣고 볼 수 있다. 엘뤼아르는 페레의 시적 이미지에 대해서 다음과 같이 논평한다.

> 페레의 시는 투시적인 이미지들, 암반수처럼 맑고 "붉은 달걀들의 요란한 소리"처럼 명증한 이미지들과 함께 예기치 않은 것의 완벽한 이해, 어떤 양식이 갖는 어리석음의 악용이 가져오는 침해들에 대항한 예기치 않은 이미지의 사용을 지향한다. (II, p. 846)

엘뤼아르의 눈에 미리 계획되지 않은 페레의 이미지들이 솔직하고 명증하게 여겨지는 것은 자연스러운 일이다. "진실이여 모든 진실이여 상상력의 떠도는 궁전이여. 어떠한 거짓도 벵자멩 페레와 타협할 수 없다. 진실은 심사숙고하지 않은 채 있는 그대로 매우 빨리 얘기된다. (……) 아무것도 설명할 것이 없을 때, 진실만을 가지고 있을 때, 사람들은 설명하지 않는다."(II, pp. 824~25) 엘뤼아르는 페레의 상상력에 관해 부정적인 형태로 "거짓말하다"라는 동사를 사용한다. 그것은 "연결 없는 세계, 더욱 거시적인 세계의 일부에 속하지 않는 세계다. 그것은 결코 거짓말하지 않기 때문이다."(II, p. 821) 철학자 페르디낭 알키에는 페레

---

382) Adam Biron, René Passeron (dir.), *Dictionnaire général du surréalisme et ses environs*, Paris, PUF, 1982. "Benjamin Péret" 항목.

의 이미지들에 관해 그것이 너무나 풍요롭고 명증해서 일상의 언어로 그것들을 설명할 수 없다고 말하면서 엘뤼아르와 견해를 같이한다.

(……) 초현실주의가 모든 시의 정수를 밝히는 것은 객관적으로 해설할 수 없는 시를 창출하고자 애를 쓰면서다. 벵자맹 페레는 "붉은 달걀들의 요란한 소리"와 같이 합리적인 문체 혹은 학습된 문체가 갖는 모든 설명을 불가능하게 만드는 이미지들, 논리적인 의미를 벗어난 명증한 이미지들을 가지고 이러한 정화작용에서 중요한 역할을 담당했다. 여기에서 부조리한 것은 명백한 진실이 된다.[383]

따라서 우리는 엘뤼아르가 페레의 시에 나타나는 이미지들의 특징을 언급하면서 사용한 '투시적인' '맑은' '명증한'이라는 형용사들에 주목해야 한다. 이 형용사들은 또한 엘뤼아르에게 고유한 시학인 명증성의 시학, "관계적인 유사성" 속에서 역설적으로 만들어진 "절대적 진실"의 시학을 특징짓는다. 유명한 엘뤼아르 시의 두 구절은 명증성의 시학을 예시하는 좋은 사례다.

> 대지는 오렌지처럼 푸르다
> 결코 실수란 없다 언어는 거짓말하지 않는다(엘뤼아르, 『사랑 시』, I, p. 232)

첫번째 시구는 엘뤼아르의 시 전체에서 자주 등장하는 대지와 하늘의

---

383) Ferdinand Alquié, *Philosophie du surréalisme*, Paris, Flammarion, 1977, p. 121.

교류를 보여준다. 대지는 지상에 속한 것이자 천상에 속한 열매인 오렌지(왜냐하면 과일 나무는 땅에 뿌리를 두고 하늘로 자라고 있으므로)를 매개로 하여 하늘과 교류한다. 엘뤼아르는 빛깔과 형태를 동시에 환기시키면서 자신의 시를 시각화한다. 그는 색깔을 지칭하는 명사와 지시물의 형태를 연결짓는다. 다시 말해 대지와 오렌지의 공통적인 둥긂은 두 요소에 부여된 색깔인 푸른색으로 변모된다. 엘뤼아르의 이 두 시구가 열어놓은 가능한 다른 해석들에 관해서는 이 논문의 논의를 벗어나는 일이므로 이를 분석한 경우를 언급하는 것으로 만족하고,[384] 대신 "언어는 거짓말하지 않는다"라는 표현에 주목해보자.

엘뤼아르에게 있어서 진실, 빛, 솔직함은 이미지의 미덕이고 명증성을 구성한다. 따라서 인용한 시의 첫 행은 "완전히 관계적인 유사성 속에서" 만들어진 "이미지의 명백한 정확성"을 비유적으로 보여주며, 두 번째 행은 "언어는 거짓말하지 않는다"라고 선언하면서 이미지의 진실성과 명증성을 확언한다.

한편 세 시인은 반복의 기법을 즐겨 사용한다. 우리는 페레의 시와 데스노스의 시에서 말더듬증의 동일한 흔적을 발견한다.

나는 코가 있다
나는 각각의 손 손
에 에 손가락 손가락 손가락 손가락 손가락이 있다(데스노스, 「봉봉」,
CB, p. 78)

---

[384] Michel Deguy, *La poésie n'est pas seule*, Paris, Seuil, 1987, pp. 106~107. Henri Meschonnic, "Le poème est bleu comme une orange," in *Le mythe d'Etiemble*, Paris, Didier Erudition, 1979, pp. 163~80. Athanasia Tsatsakou-Papadopoulou, *op. cit.*, pp. 230~37.

작은 깃발이 있었네

그는 귀 귀 귀에 두 개 두 개의 달걀을 갖고 있었네

라고 한 부인이 노래했다(페레, 「더러운 손들의 깃발」, t. 1, p. 20)

두 시에서 언어는 메아리처럼 여러 번 반복된다. 「봉봉」에서의 반복은 정신병자의 말더듬증을 환기시키고, 「더러운 손들의 깃발」에서의 반복은 어린아이들의 말더듬기 또는 동요에서 흔히 발견되는 후렴구를 연상시킨다. 데스노스는 숫자 대신 손가락과 손이라는 단어를 반복하는 반면, 페레는 숫자 '둘'을 반복하고 있다. 시 「봉봉」은 몸의 몇몇 부위의 이름을 그것이 가진 정확한 숫자로 반복하여(손가락은 다섯 번, 손은 두 번 반복) 반복되는 언어의 환기력에 의해 실제의 몸이 솟아나도록 의도하고 있다. 또한 페레는 작은 깃발의 기이한 몸을 묘사하는 과정에서 두 번 더 반복되는 '귀'라는 시어가 처음 나오는 단어 '귀'의 메아리처럼 여겨지게 만든다.

세 시인은 또한 두어반복을 즐겨 사용한다. 이 기법은 고정적인 형태와 정돈되지 않은 다양한 내용을 교차시킨다. 이러한 교차는 같은 시어나 같은 시구를 반복하면서 주저하는 시, 옛 형태를 새로운 형태로 변형하면서 나아가는 초현실주의 시의 중요한 원칙이다. 초현실주의 시의 전개과정에는 새로운 발견을 향한 연속적인 모색이 있기 때문이다. 페르디낭 알키에가 지적하듯이, "초현실주의자들에게 있어서 시적 상태는 결코 완결된 상태로 다루어지지 않는다. 그것은 하나의 의문, 하나의 질문, 하나의 방향, 절반의 발견, 아니면 몬로의 용어를 쓰자면 '모색하는 시구tâtonnement-vers'[385]로 체험되고 생각된다."[386] 다음은 두어반복이 사용된 엘뤼아르와 데스노스의 시다.

그리고 시계는 무심한 꿈으로부터 내려온다
그리고 시냇물은 악착같이 달겨들고 석탄은 늦는다
그리고 협죽도는 황혼녘 빛과 만난다
그리고 내 감은 눈 속에 새벽이 뿌리내리고 있다.(엘뤼아르,「시계로부터 새벽까지」, I, p. 1071)

그리고 여전히 취한 하역 인부는 다리 구석에서 노래한다,
그리고 여전히 한 여자가 자기 애인의 입술을 깨문다,
그리고 여전히 장미꽃 잎은 텅 빈 침대 위에 떨어진다,
(……)(데스노스,「중도에서」, F, p. 71)

엘뤼아르의 시 텍스트에서는 '그리고'라는 접속사가 반복된다. 시계, 시냇물, 빛, 여명, 새벽이라는 시의 요소들은 모두 시간의 흐름과 관계한다(물의 흐름은 시간의 흐름을 강하게 상징한다). 하지만 그것 이외의 이미지들은 서로 이질적이다. '그리고'라는 접속사는 시에 역동적이고 빠른 리듬을 부여하며 콜라주처럼 서로 다른 이미지들이 병치될 수 있게 만든다. 또한 데스노스의 텍스트는 반복과 부가를 나타내는 '그리고 여전히'라는 표현으로 시작한다. 데스노스는 "인간이 자신의 삶의 한가운데에서 정확한 한순간에 본 수많은 다른 것들"(F, p. 71)을 환기시키기 위해 내면에서 본 비합리적이고 카오스적인 광경을 묘사하는 두어반복을 사용한다.

『끝없는 시 I』에서 일련의 여성 형용사들의 긴 나열로 작성된 30행의

---

385) Jules Monnerot, *La Poésie moderne et le sacré*, Paris, Gallimard, 1945, p. 168.
386) Ferdinand Alquié, *op. cit.*, p. 161.

시구들의 예가 잘 보여주듯, 엘뤼아르는 열거와 병치의 기법을 자주 이용한다. 시구는 나열되기 위해 명사화되곤 한다. 형태적인 규칙성은 다시 한번 의미적인 무질서와 병행한다. 엘뤼아르가 명사와 명사화를 강조한다면, 페레는 동사적인 형태와 서사적인 힘을 선호한다. 페레에 관한 이 연구의 중심 키워드들이 '삼키다' '토하다' '뱉어내다' '기다리다' '분출하다' 등의 동사였음을 환기해보자. 단순하고 짧은 엘뤼아르의 시구들과는 달리, 페레의 시구들은 모든 논리적인 관계 밖에서 사용되는 긴 통사적 연결을 통해 무한히 늘여진다.

몸과 언어의 관계에 이어, 이제 이 세 시인에게 있어서 몸과 시, 몸과 그림, 볼 수 있는 것과 읽을 수 있는 것 사이의 관계가 어떠한지 살펴보고, 초현실주의에서 몸의 재현이 갖는 전체적인 비전을 그려보자.

2. 몸, 시, 회화의 문화적 교차로

우리는 초현실주의 그림들과 시 안에서 조각난 몸과 혼종적인 몸이 무수히 재현되고 있음을 알 수 있다. 초현실주의 작품에 등장하는 몸은 총체적으로 자르기, 붙이기라는 콜라주의 원리와 기법을 환기시키고 있으며, 놀라움을 도발하고 결코 보지 못했던 것을 창조할 목적으로 이질적인 요소들 간의 만남을 구현한다. 언어 콜라주와 시각 콜라주는 작품에 일상의 단편들을 삽입하여 작가와 독창성이라는 기존 개념에 대해 새로운 의문을 던진다. 형성과정을 모두 노출하는 초현실주의적인 몸과 콜라주는 완성된 작품도 아니고 완벽한 작품도 아닌 것이다.

데스노스는 에른스트의 콜라주가 "살인과 피의 취향"을 갖고 있다고 말한다. 그것을 데스노스는 자신의 텍스트에서 절단된 몸과 부서진 풍경, 언어의 해부를 통해 보여주고 있는 것이다. 이 시인의 눈에는 파괴가 창조에 필수불가결한 사항이고, 폭력과 위험은 새로운 발견을 위해 필요하며, 상실의 경험은 재생으로 이어진다.

초현실주의적 몸과 콜라주는 몸과 몸이 아닌 것, 예술과 예술이 아닌 것 사이의 불분명한 경계성을 보여준다. 실상 초현실주의적 육체는 일상적으로 몸인 것과 일견 몸에 속하지 않는다고 보이는 것 모두를 아우른다. 언어 콜라주 안에서는 구어와 문어가 뒤섞이며, 텍스트와 현실이 서로 왕래한다. 시각 콜라주는 예술과 예술 밖의 것을 대면시킨다. 이를 통해 인간에 속하는 것과 유기체, 건축적인 것과 해부학적인 것, 핵심적인 것과 장식에 속하는 것이 더 이상 구분되지 않게 된다.

콜라주는 서로 다른 두 현실이 제3의 공간 안에서 자의적으로 만나는 사건을 야기한다. 초현실주의의 우아한 시체놀이 또한 마찬가지다. 특히 회화의 우아한 시체놀이가 갖는 가장 중요한 목적은 그림을 통해 공동의 육체를 탄생시킨다는 점에 있다. 혼종적인 익명의 육체가 혼종적인 익명의 작가들에 의해 공동으로 창조되는 것이다.

초현실주의 화가와 시인들은 다양한 방식으로 소통한다. 엘뤼아르, 데스노스, 페레는 수많은 초현실주의 조형예술 작품을 논평했으며, 그 과정에서 드러나는 미학은 그들 자신의 시학에 해당되기도 했다. 그렇다면 엘뤼아르의 『예술에 관한 글 총서』, 데스노스의 『화가들에 관한 글』, 페레의 『전집』 6권에 수록된 조형예술에 관한 수많은 비평을 떠올려보자. 시인들은 화가들처럼 그림을 그리기도 했다. 데스노스는 최면적 잠 실험과정에서 무의식의 그림을 그렸으며, 엘뤼아르는 타이포그래피 유희나 언어 콜라주를 활용해 그림을 그렸다. 마찬가지로 호안 미로를 비롯한 초현실주의 화가들은 조형예술 이미지 안에 글씨를 쓰기도 했다.

몸의 테마는 읽을 수 있는 것과 볼 수 있는 것 사이에서 벌어지는 교환의 중심에 위치한다. 세 시인의 작품에 등장하는 몸은 삽화가 가미된 시집이나 초현실주의 조형예술 작품을 통해 다른 초현실주의자들이 화폭에 형상화한 몸과 교류한다. 이리하여 우리는 그림으로 해석된 몸의 성격들을 세 시인이 각자의 시에서 드러낸 몸의 특징들과 비교할 수 있게 된다.

엘뤼아르의 작품에는 특히 많은 삽화가 삽입되었다. 그의 시집에 실린 삽화들은 시인이 다루고 있는 육체의 테마에 부합된다. 나체의 몸은 자연과 융합하며, 경계를 넘어 동물·식물·광물과 뒤섞인다. 여성 나체에 관한 엘뤼아르의 시적 이미지는 폴 델보와 마그리트의 회화 이미지와 비교할 수 있다. 시인이 자신의 작품 속에서 나체성을 아름다운 장식이라고 간주한 것과 마찬가지로, 델보나 마그리트는 자신의 화폭에서 벌거벗은 대상과 옷을 입은 대상, 나체성과 장식을 동시에 보여주면서 그 관계성에 집중한다. 한편 엘뤼아르의 세계에서 나타나는 건축된 공간으로서의 몸이라는 사유는 살바도르 달리와 앙드레 마송의 화폭에 등장하는 몸-집의 이미지와 만난다. 초현실주의 시인과 화가들은 몸을 그릴 수 있는 화폭이나 시를 쓸 수 있는 지면의 은유로 삼는다. 엘뤼아르에게 있어서 나체는 아무것도 쓰지 않은 흰 종이와 같은 것이며, 마찬가지로 화가들에게 있어서 나체는 아무것도 그리지 않은 캔버스다. 그리하여 피카비아는 여성의 나체 위에 '문학'이라는 글씨를 새긴다. 또한 몸과 예술 사이의 밀접한 관계를 나타내기 위해 엘뤼아르, 에른스트, 만 레이, 앙드레 마송은 특히 눈과 손의 상징을 작품 속에서 강조한다.

그들에게 있어서 자유로운 눈과 손은 시인과 화가들의 창작도구를 상징한다. 게다가 상처 입은 눈과 감은 눈의 이미지는 데스노스가 재현한 눈을 환기시키며 내적 세계와 연관된다.

데스노스는 절단된 몸의 테마를 화가들과 공유한다. 특히 그의 시에서 중요한 모티브로 작용하는 참수의 이미지, 다시 말해 잘린 목의 이미지는 에른스트, 마그리트, 마송에서 나타나는 머리 없는 사람의 이미지와 연관된다. 마송은 데스노스의 시집 『목 없는 사내들』(1934)에 삽화를 그리기도 했다. 이러한 이미지들은 정신분열, 이성에 대한 저항, 또는 기존 질서에 대한 저항의 다양한 의미를 내포한다. 또한 사회에서 배척당한 경계인들 또는 초현실주의자들과 같은 혁명가들을 의미하기도 한다. 데스노스에게 있어서 머리를 해부하는 이미지는 두뇌의 작동 원리를 밝힘으로써 무의식의 세계를 보여주고자 하는 시적 의도로 읽힐 수 있다. 그리하여 시인은 '두뇌 서커스단'의 연출자이자 관람자가 되며, 언어와 사유를 포괄하는 배우들은 그들의 숨겨진 신비로움을 보여주기 위해 분절되는 위험을 감수한다. 두뇌 정원의 재현은 새로운 언어와 새로운 생각을 환기시키고 배양하는 데 그 목적이 있다. 데스노스의 시에 흐르고 있는 두뇌의 이미지는 살바도르 달리의 작품에서 재현되는 뇌수종에 걸린 괴물의 물렁한 머리를 연상시킨다. 이에 비하여 부풀어 오른 머리는 페니스를 떠올리게 하면서 페레의 세계에서 나타나는 몸의 상부와 위치가 전도되는 성적 부위의 과장을 보여준다.

한편 에로스와 타나토스를 포괄하는 데스노스적인 몸은 해골과 여성의 나체가 공존하는 마그리트의 몸을 환기시킨다. 시인이 표출하는 희화화된 죽음의 테마는 폴 델보가 그려낸 무덤에서 웃어대는 즐거운 해골의 이미지와 만난다.

페레의 몸 이미지들은 살바도르 달리, 앙드레 마송, 이브 탕기의 이미지들과 조우한다. 몸의 섭취와 카니발리즘의 이미지는 곧바로 살바도르 달리의 그림을 떠올려준다. 앙드레 마송의 몸-미로, 몸의 변용은 페레에게 있어서 시적인 방식으로 환기된다. 페레의 여러 시집에 삽화를 그리기도 한 마송은 페레의 시 세계 속에서처럼 유기체와 비유기체 사이의 경계를 무너뜨리는 기이한 세계를 그려낸다. 페레의 동화적인 세계에서 기이하고 그로테스크한 몸은 신체 부위들을 이상하게 결합하거나 이질적인 다른 요소와 결합하게 하여 혼종적인 몸을 만들어낸다. 그것은 벨머의 인형실험들에서 이루어진 조각난 몸의 황당한 결합을 생각케 한다.

언어적인 것과 시각적인 것의 수많은 교류 속에서 시인들과 화가들은 서로에게 연결되면서도 자유롭게 활동했다. 그리하여 때로는 텍스트와 이미지가 서로 근접하기도 하고, 때로는 현격하게 분리되기도 했다. 화가들과 시인들은 각자 고유한 방식대로 몸을 일상의 규약에서 해방시키며 모든 표면적인 이분법적 구분들이 무너지는 지고의 지점의 역할을 수행하는 초현실주의적인 새로운 몸을 창조해냈다. 몸, 언어, 세계는 분절되고 재구성되어 궁극적으로 세 시인과 화가들의 욕망에 의해 재창조되었다. 엘뤼아르는 융합하는 몸을 통해, 데스노스는 분열하는 몸을 통해, 페레는 삼키는 몸을 통해 자유롭게 초육체성을 탐험하고 있으며, 이를 통해 사회에서 부과된 금기와 한계들은 없어진다.

| 에필로그 |

　이 책은 몸의 테마를 중심으로 하여 세 초현실주의 시인인 엘뤼아르, 데스노스, 페레의 시적인 모험을 동료화가들의 회화적 모험과의 관련 아래 따라가 보았다. 그 과정은 시인들의 언어와 이미지들에 고유한 형태와 색채를 드러내주었다. 우리는 이러한 다양성을 조명하기 위해 시 텍스트들을 면밀히 분석함과 동시에 여러 방법론을 원용해 열린 비평적 입장을 취했다. 바로 이러한 열린 정신을 가지고 세 초현실주의 시인은 몸을 복수(複數)적인 세계의 비전을 담을 수 있는 매개체로 기능하게 했으며, 몸을 통해 일상적인 시각을 넘어선 새로운 시각으로 우리의 삶을 바라볼 수 있도록 안내했다.

　초현실주의자들에 의해 그려진 세계는 전통적인 몸이 해체되고 변용되는 장이 된다. 몸은 화가들의 욕망에 따라 한 부분이 결핍되기도 하고 터무니없이 과장되기도 하며 다른 이질적인 요소와 혼종되기도 한다. 그들은 이 같은 시도를 통하여 몸의 조화라는 기존의 아카데믹한 사고를 부수고 그것을 새로운 이질성의 조화로 바꾸고 있다. 몸 전체에서 분리되어 규정되지 않은 공간 속을 떠도는 몸의 해부학적 단편들은 총체적인 독립성을 향유한다. 화가들은 몸의 등한시되었던 측면인 부분, 이타성, 내재성, 충동의 일면을 강조하면서 이러한 특징을 총체성, 정체성, 외재성, 이성으로서의 몸과 모순 없이 연결하고 있는 것이다.

혼종화hybridation는 이질적인 것들의 혼합과 해부학적 문제의 해결을 위해 초현실주의자들이 특별히 즐겨 쓰는 기법이다. 혼종화는 몸의 일상적인 형태와 물질성에 문제를 제기한다. 식물, 동물, 사물과 혼종된 몸은 새로운 형태와 물질을 갖게 되어, 몸과 세계는 메를로퐁티의 철학에서처럼 똑같은 살을 갖게 된다. 초현실주의자들은 몸의 신화적이고 원시적인 근원을 새롭게 탐색하면서 혼종적인 몸을 통해 존재의 다면적 정체성을 보여준다.

또한 화가들의 욕망은 특히 노출이 금지된 부위들, 숨겨진 부위들을 중심으로 몸을 일그러뜨리거나 과장한다. 초현실주의의 에로티시즘은 몸을 먹을 수 있는 것으로 만들어 먹는 자와 먹히는 자, 내부와 외부의 관계들을 전복한다. 화가들이 구현해내는 몸은 그들의 초현실주의적인 비전을 반영한다. 여성의 나체는 탁월한 내적 모델의 상징체가 되며 이에 대해 각각의 예술가들은 자신에게 고유한 특별한 상징을 구현한다 그리하여 옷을 입은 남자와 함께 등장하는 옷을 벗은 여자는 시원적인 상태로의 회귀, 관습화된 사회성으로부터의 일탈을 구현하고 있다. 벌거벗고 있으면서도 한 부분은 베일로 가리고 있는 여성의 모습은 초현실주의의 '베일로 가려진 에로티시즘'의 미학과 연관된다.

풍경으로서 조망된 몸은 자연, 집, 배경과 어떠한 경계도 갖고 있지 않다. 몸-풍경은 초현실주의자들의 다양한 비전을 구현하여 안과 밖,

존재와 자연, 현실과 상상계를 동시에 아우른다. 초현실주의 화가들의 캔버스에 자주 등장하는 몸-풍경으로서의 눈은 초현실주의의 비전을 직접적으로 나타낸다. 절단된 눈, 텅 빈 눈, 감은 눈은 외부로 향한 일상적인 시각을 대체한다. 내적인 비전과 새로운 시각으로 향하고 있는 초현실주의자들의 눈은 무엇인가를 보는 것이 아니라 보여준다.

엘뤼아르에게 있어서 몸은 사랑, 삶, 예술이라는 세 차원에서 관계의 시학을 구현한다. 사랑의 관계에서 여성의 몸은 시인에게 있어서 다시 재구성해야 할 우주적인 풍경으로 인식된다. 몸의 풍경을 탐사하기에 고유한 글쓰기 기법인 블라종은 몸의 세밀한 단편으로부터 세계와의 결합에 이르는 엘뤼아르의 시적 여정을 예시한다. 그리하여 몸은 부분과 전체, 구체적인 것과 추상적인 것, 관능적인 것과 영적인 것을 연결하면서 모든 이분법적인 구분을 없애는 매개 역할을 담당한다.

엘뤼아르의 몸은 존재론적 차원에서 사적 공간과 공적 공간이라는 삶의 두 공간을 내포한다. 우리가 "중심공간"이라고 지칭했던 사적인 공간은 포함하는 것과 포함된 내용, 내부와 외부, 집중과 확산이 교차하는 끼워 맞춰진 공간이다. 또한 그것은 시·공간의 일상적인 조건들을 전복하여 존재의 증식을 가능하게 하는 생산적 공간으로 기능한다. 이에 비해 공적 공간은 도로망과 핏줄로 상징화되는 망상(網狀)공간을 이룬다. 여기에서 모든 이분법적 구분은 사물과 인간이 맺는 형제 관계와 지속 관계를 상징화하기 위해 없어진다. 이 두 공간은 사적인 공간이 항상 외부를 향해 열리고 공적인 공간이 내밀한 공간, 다시 말해 몸 내부의 공간과 겹쳐짐으로써 궁극적으로 보면 서로 구분될 수 없는 하나의 합일된 공간을 이루게 된다.

엘뤼아르적인 몸은 시와 회화 사이의 관계의 중심이다. 삽화가 곁들여진 시집에서 화가와 시인은 각자의 방식대로 인간 몸의 다양한 변용과 인체와 자연의 자유로운 결합을 구현한다.

한편 데스노스는 몸의 분절과 상처의 이미지를 통해서 존재의 깊이에까지 파고들고자 하는 욕망을 표출함과 동시에 몸의 내부풍경의 신비, 숨겨져 있어서 불법침입을 필요로 하는 위험하고도 매혹적인 신비를 드러내고자 한다. 금지된 지역을 탐사하고자 하는 욕망은 죽음에 관한 매우 애매한 시인의 태도를 동반한다. 시인은 "살을 가진 유령"이라는 역설적인 몸을 재현해내면서 죽음을 이겨낸 삶, 유한성 안의 무한성을 드러내고자 한다. 데스노스는 낭만주의자들이 추구하는 것처럼 죽음을 넘어서서 저 너머의 세계에 도달하고자 하는 것이 아니라, 아이러니의 방식으로 죽음과 거리두기를 하고 죽음의 속성을 변형하기 위해 죽음에 접근한다.

데스노스적인 육체는 총체적으로 해부, 죽음, 재생이라는 세 단계를 거친다. 이러한 변용은 반복, 아나그램, 초현실주의 그림 등 데스노스의 다양한 기법 속에 새겨져 있다. 반복의 기법은 종종 말더듬증을 연상시키면서 논리적인 언어에 대한 거부를 보여주고 있지만, 다른 한편으로 글쓰기 속에 목소리의 환기력을 드러냄으로써 지면 위에 가시적으로 몸을 환생시킨다. 아나그램에서 언어는 분해되어 새로운 정체성을 부여받는다. 데스노스의 시는 끝없이 새로움을 만들어내면서 구축되고 있으므로, 무한으로 열린다. 그가 동료시인들의 죽음을 자신의 작품 속에서 선언한 이유는 무화(無化)작용을 거친 글쓰기의 영원성을 보여주기 위함이었다. 데스노스의 시적인 힘은 몸에 대한 거부에서 수용으로, 죽음에서 삶으로, 글쓰기의 해체에서 재구성으로 나아가는 끝없는 변용의 힘에서 나온다.

페레는 몸의 일부, 대상, 음식을 의인화하면서 자신의 시 속에 동화적인 분위기와 서사성을 집어넣는다. 거꾸로 된 세상에서 소비자와 소비되는 대상, 살아 있는 것과 죽은 것 사이의 관계는 전도되고, 육체가 먹을 수 있는 음식이 되는 한편, 다양한 음식과 대상은 육체성을 얻게 된다. 이러한 전도는 몸의 여러 기능의 층위에서도 일어나는데, 시인은 이를 위해 특히 섭취, 소화, 배설이라는 기능을 강조한다. '삼키다'와 '토하다' '마시다'와 '오줌 누다' '들이마시다'와 '내쉬다' '들어가다'와 '나오다'라는 교차적 움직임은 내부와 외부를 소통하게 하며 볼 수 없는 것과 숨겨진 것의 신비로움을 촉발시킨다.

페레적인 몸은 또한 그로테스크로 특징지어진다. 몸은 모든 기존의 질서에 저항하는 혁명정신을 보여주는 다양하고 기이한 전도를 겪는다. 게다가 몸의 폭력적인 행동은 세상의 다양한 요소들 간에 무수한 작용과 반작용의 행동을 초래한다. 이것이 바로 세상의 모든 요소들 사이에 소통을 가능케 하는 페레적인 방식이다. 시인은 전도의 정신을 가지고 지금까지 멸시되었고 감추어져 있던 몸의 하부, 성적 부위들을 우선적으로 드러낸다. 몸 하부에 대한 강조는 '낮은 언어,' 다시 말해 몸의 정서가 강하게 현존하고 있는 구어와 속어의 잦은 사용을 통해 드러난다. 게다가 몸과 우주의 교환은 페레적인 그로테스크의 중요한 특징 가운데 하나를 이룬다. 콜럼버스 발견 이전의 아메리카의 문화와 신화에 열정적으로 빠진 페레는 우주적인 요소들이 육체화되고 신체 부위들이 우주적인 미래상을 구현하기 위해 끝도 없이 팽창되는 모습을 보여준다.

페레적인 몸의 끝없는 변용은 재빨리 변화하고 예기치 않은 방식으로 결합되는 언어와 이미지들로 표현된다. 이러한 변용은 종종 '떨어지다' '부딪치다' '만나다'라는 우연적인 사건으로 촉발된다. 시인은 현실 속의 초현실, 일상 속의 경이로움, 속됨 속의 성스러움을 명시하기 위해 그러한 만남이 가져다주는 경이로운 효과를 강조한다. 페레의 불확실하고 우스꽝스럽고 역동적인 글쓰기는 초현실주의 놀이들의 자유로운 정신에 의해 완성된다.

이같이 세 초현실주의 시인은 이타성과 정체성이 만나는 방식으로 몸을 구현한다. 그것은 조각나고 미완성적인 몸, 시작도 끝도 없는 몸, 하지만 항상 다른 몸·다른 사물과 합쳐질 준비가 되어 있는 몸이다. 늘 변용하는 상태에 있는 몸은 부동으로 고정되어 있는 것이 아니라 모순들이 그 해결점을 찾는 '지고의 지점'에 상응한다. 초현실주의자들은 끝없이 재탄생을 준비하는 불완전한 몸으로부터 몸의 복수성을 발견하고 있으며, 이러한 복수적인 몸으로부터 관습적인 몸을 넘어서서 육체성의 최고 단계에 이르는 몸을 이끌어낸다. 필자는 이러한 초현실주의적인 몸의 특징을 "초육체성"이라는 용어로 설명해보았다. 자유로운 교류 속에서 시인들과 화가들에 의해서 영감을 받은 물질주의는 몸과 영혼, 현실계와 상상계, 의식와 무의식 사이의 일상적인 거리가 사라짐으로써 무한한 자유를 부여받게 되는 육체성의 이 최상 단계를 부각시킨다.

초현실주의적인 몸은 서로 소통할 수 없는 것을 소통하게 하고 불가능을 실현하며 금지된 것을 탐사하게 해주는 수단이 된다. 몸은 연속되는 해체와 재구축을 통해 삶의 모든 멈춰진 형태에 대항해서 싸우는 초현실주의 예술의 진전 단계를 표현한다. 몸의 이미지들과 마찬가지로 블라종, 콜라주, 우아한 시체놀이 같은 기법들은 동떨어진 두 현실의 자의적인 만남을 촉발하면서 세계의 항시적인 재창조 과정에 참여한다.

자의적으로 생성된 초현실주의 이미지는 매우 빨리 연소되는 일시적인 어떤 것에 불과할지도 모르지만, 우리는 새로움의 충격으로 말미암아 그 기억을 오랫동안 간직하게 된다. 초현실주의적인 몸의 모험의 경우도 마찬가지다. 20세기 초 초현실주의 문학과 예술의 투쟁은 세계, 언어, 존재의 일상적인 관습성을 거부하고자 했던 의도가 컸다. 이때 몸은 인간과 세계를 발견하고 변화시키려는 혁명의 진정한 원동력이 되었다.

초현실주의 그룹 이후, 다양한 장르의 많은 예술가가 매개적이자 해방적인 몸의 재구축 과정을 보여주게 된다. 몸은 바디 아트, 퍼포먼스, 비디오 아트, 사진, 영화 같은 다양한 예술적 경험뿐 아니라, 생물학과 신기술의 발전을 통해 몸을 변용하고 창조하려는 바이오 공학, 광고, 패션 등 실제 삶을 위해서도 중요한 모티브가 된다.

초현실주의자들이 몸의 형상화를 통해 상징적으로 예술과 삶의 간극을 메웠다면, 바디 아트는 예술가나 모델의 몸을 작품의 질료로 썼다는 의미에서 삶과 예술의 경계를 실제로 무너뜨린다. 초현실주의의 혼종적인 시도를 이어받아 스텝베라 같은 예술가는 자신의 몸과 식물을 접목함으로써 몸 실험을 극한으로 밀고 나가기도 했다.

또한 살바도르 달리, 앙드레 마송, 벵자멩 페레의 먹는 미학, 또는 미감의 예술을 이어받아, 도로테 셀즈, 스포에리와 같은 '이트 아트eat art' 예술가들은 오늘날의 소비사회에 대한 풍자의 의미로 실제 먹을 수 있는 작품을 생산해내기도 한다. 초현실주의자들이 모든 장르의 경계를 무너뜨렸듯이, '해프닝happening'은 화가, 무용수, 연기자, 음악가 등을 동시에 참여시키며 도발과 놀라움의 예술을 생산해낸다.

물론 이 모든 현대 예술가들의 몸에 대한 경험이 초현실주의자들에게서 직접적으로 영향을 받았다고 일반화할 수는 없다. 하지만 초현실주의가 시도한 몸의 탐험이 갖는 의미는 후대 예술가들이 초현실주의자들의 선례를 좇아 현실을 다르게 보기 위해, 모든 미학적인 관습을 거부하기 위해, 그리고 예술과 삶의 간극을 메우기 위해 몸 자체를 통해 그들의 예술적인 추구를 시작했다는 데 있다. 초현실주의의 언어적·이미지적 몸의 유형을 탐색한 이 연구가 앞으로 몸을 통해 예술과 삶의 모험을 표출하는 다양한 시도들을 읽어내고 그 의미를 밝히는 데 도움이 될 수 있기를 바란다.

• 참고문헌 •

제1부_초현실주의와 예술

1) 초현실주의자들과 관련 작가들의 작품

Apollinaire, Guillaume, *Œuvres poétiques*, Paris, Gallimard, 1965.
Aragon, Louis, *Les collages*, Paris, Hermann, 1965.
——, "Lautréamont et nous," *Lettres françaises*, n° 1186, 1ᵉʳ juin 1967.
Artaud, Antonin, *Le Théâtre et son Double*, Paris, Gallimard, [1938], 1972.
Bellmer, Hans, *Les jeux de la poupée*, illustrés de textes par Paul Eluard, Paris, Premiéres, 1949.
Breton, André, *Les Vases communicants*, Paris, Gallimard, 1955.
——, *Les pas perdus*, Paris, Gallimard, [1924], 1970.
——, *L'Amour fou*, Paris, Gallimard, [1937], 1976.
——, *Le surréalisme et la peinture*, Paris, Gallimard, [1965], 1979.
——, *Œuvres complètes* I, II, établies par Marguerite Bonnet avec la collaboration de Philippe Bernier, Etienne-Alain Hubert et José Pierre, Paris, Gallimard, "Bibliothèque de la Pléiade," 1988, 1992.
——, *Nadja*, Paris, Gallimard, [1928], 1992.
Chazal, Malcolm de, *Sens-Plastique*, Paris, Gallimard, 1945.
Dali, Salvador, "De la beauté surréaliste et comestible, de l'architecture modern'style," *Minotaure*, n° 3-4, 1933.
——, *Oui 1, La Révolution paranoïaque-critique* (textes 1927~33), Paris, Denoël-Gonthier, 1971.
——, *La vie secrète de Salvador Dali*, Paris, Gallimard, [1952], 1979.
Ernst, Max, *Ecritures*, Paris, Gallimard, 1970.
Lautréamont, *Les Chants de Maldoror*, Paris, Bordas, 1970.
——, *Œuvres complètes*, Paris, José Corti, 1984.
Reverdy, Pierre, *Nord-Sud, Self defence et autres écrits sur l'art et la poésie*

(1917~1926), Paris, Flammarion, 1975.
Rimbaud, Arthur, Œuvres complètes, édition établie, présentée et annotée par Antoine Adam, Paris, Gallimard, 1972.
Mabille, Pierre, "L'œil du peintre," Minotaure, n° 12-13, 1939.
Magritte, René, Ecrits complets, Paris, Flammarion, 1979.
Masson, André, Le plaisir de peindre, Nice, La diane française, 1950.
Ray, Man, La photographie n'est pas l'art, Paris, G.L.M., 1937.
Tzara, Tristan, Œuvres complètes I, Paris, Flammarion, 1975.

2) 초현실주의 예술과 이론 전반

Abastado, Claude, Introduction au surréalisme, Paris, Bordas, 1986.
Adamowicz, Elza, Surrealist collage in texte and image, Cambridge, Cambridge university press, 1998.
Alquié, Ferdinand, Philosophie du surréalisme, Paris, Flammarion, 1955.
──, Entretiens sur le surréalismeé, Paris, Mouton, 1968.
Antle, Martine, "Le statut de l'image dans l'écriture et la peinture surréaliste," Perspectives on contemporary literature, n° 13, 1987.
Aubert, Thierry, Le surréaliste et la mort, Lausanne, L'Age d'homme, 2001.
Bailas, Wolfgang, "Le collage dans l'œuvre critique et littéraire d'Aragon," Revue des sciences humaines, juillet~septembre 1973.
Bancquart, Marie-Claire, Paris des surréalistes, Paris, Seghers, 1972.
Béhar, Henri, Carassou, Michel, Le surréalisme, Paris, Librairie Générale Française, [1984], 1992.
Bénayoun, Robert, Erotique du surréalisme, Paris, Pauvert, 1978.
Berranger, Marie-Paule, Dépaysement de l'aphorisme, Paris, Corti, 1988.
Bertozzi, Gabriele-Aldo, "Lautréamont et les surréalistes," Europe, août~septembre 1987.
Biro, Adam, Passeron, René (dir.), Dictionnaire général du surréalisme et ses environs, Paris, PUF, 1982.
Bleikasten, Aimée, "Le corps-objet dans le langage poétique de Jean Arp," Recherches & travaux, n° 36, 1989.
Burgos, Jean, "Apollinaire ou le corps en pièces," Recherches & travaux, n° 36, 1989.
Bosquet, Alain, Entretiens avec Salvador Dali suivis de La conquête de l'irrationnel par Salvador Dali, Paris, Belfond, 1983.
Camus, Michel, Antonin Artaud, une autre langue du corps, Bordeaux, Opales, 1996.
Chadwick, Whitney, Les Femmes dans le mouvement surréaliste, Paris, Chêne, 1986.

Chénieux-Gendron, Jacqueline, *Du surréalisme et du plaisir*, Paris, Corti, 1987.

———, Mathews, Timothy, *Violence, théorie, surréalisme*, Paris, Lachenal & Ritter, 1994.

———, "Du thème des yeux clos à l'aveuglement devant la peinture (le 'regard intérieur') du symbolisme au surréalisme," *Rivista di letteratura moderne e comparate*, vol. 53, n° 2, avril~juin 2000.

Clébert, Jean-Paul, *Dictionnaire du Surréalisme*, Paris, Seuil, 1996.

Dininman, Françoise, "Blessures et mutilations symboliques dans l'œuvre d'Apollinaire," *La revue des lettres modernes, Guillaume Apollinaire 17: "expérience et imagination de l'amour,"* 1987.

Finck, Jeannine, "Surréalisme et psychanalyse," *La nouvelle tour de feu*, n° 19-20, 1990.

Gablik, Suzi, *Magritte*, Bruxelles, Cosmos, 1978.

Garelli, Jacques, *Artaud et la question du lieu: essai sur le théâtre et la poésie d'Artaud*, Paris, Corti, 1982.

Garrigues, Emmanuel (annotateur), *Les jeux surréalistes: mars 1921~septembre 1962*, Paris, Gallimard, 1995.

Gauthier, Xavière, *Surréalisme et sexualité*, Paris, Gallimard, 1971.

Grossman, Evelyne, *Artaud/Joyce, le corps et le texte*, Paris, Nathan, 1996.

Grouix, Pierre, Maulpoix, Jean-Michel, *Henri Michaux: corps et savoir*, Fontenay-aux-Roses, ENS éditions, 1998.

Hulak, Fabienne (dir.), *Folie et psychanalyse dans l'expérience surréaliste*, Nice, Z'éditions, 1992.

Jean, Marcel, *Histoire de la peinture surréaliste*, Paris, Seuil, 1959.

Jean, Raymond, *Lectures du désir*, Paris, Seuil, 1977.

Kern, Alfred, "Arp: un art poétique, l'espace d'un geste," *Mélusine*, n° 9, 1987.

Krauss, Rosalind, Livingston, Jane, Ades, Dawn, *Explosante-fixe: photographie & Surréalisme*, Paris, Centre Georges Pompidou, 1985.

Kyrou, Ado, *Le surréalisme au cinéma*, Paris, Le Terrain Vague, 1963.

Le Brun, Annie, *De l'inanité de la littérature*, Paris, Pauvert aux Belles Lettres, 1994.

Leroy, Claude, "*Westwego* ou le passage du témoin," Jacqueline Chénieux-Gendron (dir.), *Philippe Soupault, le poète*, Paris, Klincksieck, 1992.

Madou, Jean-Pol, "Eros solaire et figures du désir," *La revue des lettres modernes: Guillaume Apollinaire 17*, 1987.

Meyer, Franz, *Marc Chagall*, Paris, Flammarion, 1995.

Mills, Alice, *Seriously Weird: papers on the Grotesque*, New York, Peter Lang, 1999.

Murat, Michel, "Analogie visuelle, analogie verbale: Max Ernst et les poètes," *Art et littérature*, Aix-en-Provence, Université de Provence, 1988.

───, Berranger, Marie-Paule (dir.), *Une pelle au vent dans les sables du rêve: les écritures automatiques*, Lyon, Presses universitaires de Lyon, 1992.

Passeron, René, *Histoire de la peinture surréaliste*, Paris, Librairie Générale Française, 1968.

Rubin, William (dir.), *Picasso et Braque, l'invention du cubisme*, Musée des Beaux-Arts de Bâle, Paris, Flammarion, 1990.

Pierre, José, *L'Univers surréaliste*, Paris, Aimery Somogy, 1983.

Sanouillet, Michel, *Dada à Paris*, Paris, Flammarion, [1965], 1992.

Schneede, Uwe M., *Les peintres surréalistes*, Paris, Nouvelles éditions françaises, 1976.

Spies, Werner, *Max Ernst. les collages inventaires et contradictions*, Paris, Gallimard, 1984.

───, *Max Ernst: rétrospective*, Paris, Centre Georges Pompidou, 1991.

Sylvester, David, *Magritte*, Paris, Flammarion, 1992.

Thompson, C. W. (dir.), *L'Autre et le sacré: surréalisme, cinéma, ethnologie*, Paris, L'Harmattan, 1995.

Etudes cinématographiques, nº 38-39: "Surréalisme et cinéma," 1965.

Salvador Dali, rétrospective 1920~80, Centre Georges Pompidou, 1979~80.

Victor Brauner: exposition, Paris, Musée national d'art moderne, 1972.

제2부_폴 엘뤼아르

1) 엘뤼아르의 작품

Choix de poèmes, Paris, Gallimard, 1951.

Œuvres Complètes, I, II, l'édition établie par Marcelle Dumas et Lucien Scheler, Paris, Gallimard, 1968.

•• 주요 삽화시집

1920, *Les Animaux et leurs hommes. Les hommes et leurs animaux*, avec 5 dessins d'André Lhote, Paris, Au sans pareil.

1922, *Les Malheurs des immortels*, révélés par Paul Eluard et Max Ernst, Paris, (éd.), de la revue Fontaine.

1935, *Facile*, photographies de Man Ray, Paris, G.L.M.

1937, *Les Animaux et leurs hommes. Les hommes et leurs animaux*, poèmes 30 illustrations de Valentine Hugo, Paris, Gallimard.

1937, *Les mains libres*, dessins de Man Ray illustrés par les poèmes de Paul Eluard,

Paris, Gallimard.
1939, *Médieuses*, poèmes de Paul Eluard illustrés par Valentine Hugo, [S.l.] [s.n.].
1946, *Le dur désir de durer*, poèmes illustrations de Chagall, Paris, Arnold-Bordas.
1948, *A l'intérieur de la vue: 8 poèmes visibles*, illustrés par Max Ernst, Paris, Seghers.
1948, *Perspectives*, poèmes sur des gravures de Albert Flocon, [S.l.] [s.n.].
1949, Hans Bellmer, *Les jeux de la poupée*, illustrés de textes par Paul Eluard, Paris, Premières.
1951, *Le visage de la paix*, par Picasso et Eluard, Paris, Cercle d'art.
1951, *Le Phénix*, avec 18 dessins de Valentine Hugo, Paris, GLM.

2) 엘뤼아르에 할애된 연구

Bergez, Daniel, *Eluard ou le rayonnement de l'être*, Seyssel, Champ Vallon, 1982.
Boisson, Madeleine, "*Première du monde:* essai de commentaire," *Eluard 75*, Centre XXe siècle, 1975.
Boulestreau, Nicole, "L'amour la peinture la poésie," *Les mots la vie*, 1984.
Christin, Anne-Marie, *L'image écrite ou la déraison graphique*, Paris, Flammarion, 1995.
Eigeldinger, Marc, "Paul Eluard et le dynamisme de l'imagination," *L'imagination créatrice*, Neuchâtel, La Baconnière, 1971.
Gäteau, Jean-Charles, *Paul Eluard et la peinture surréaliste (1910~1939)*, Genève, Droz, 1982.
Guedj, Colette, "Rhétorique du collage plastique dans *Les Malheurs des Immortels*," *Les Mots La vie*, n° 1, 1980.
──────, (dir.), *Eluard a cent ans*, Paris, L'Harmattan, 1998.
Hubert, Etienne-Alain, "Eluard, la femme de pierre et les filles de chair: sur deux poèmes de *capitale de la douleur*," *CAS: champs des activités surréalistes*, n° 20, septembre 1984.
Jean, Raymond, *Paul Eluard par lui-même*, Paris, Seuil, 1968.
Juillard, Jean-Pierre, *Le regard dans la poésie d'Eluard*, Paris, la pensée universelle, 1972.
Meschonnic, Henri, *Pour la poétique III*, Paris, Gallimard, 1973.
Mingelgrüun, Albert, *Essai sur l'évolution esthétique de Paul Eluard. Peinture et langage*, Lausanne, l'Age d'Homme, 1977.
Onimus, Jean, "Pour lire 'répétitions' de Paul Eluard," *L'information littéraire*, janvier 1973.
──────, "Les images de la féminité dans *Médieuses*," *Les mots la vie*, n° 2, 1984.
Pierrot, Jean, *Iconographie et littérature. D'un art à l'autre*, Paris, PUF, 1983.

Poulet, Georges, "Paul Eluard et la multiplication de l'être," *Europe*, 1973.
Richard, Jena-Pierre, *Onze études sur la poésie moderne*, Paris, Seuil, [1964], 1981.
Riese-Hubert, Renée, "Intertextualité et illustration: la poupée de Bellmer et d'Eluard," *Les mots la vie*, 1984.
Vernier, Richard, *"Poésie ininterrompue" et la poétique de Paul Eluard*, The Hague-Paris, Mouton, 1971.
Winn, Colette, "Le symbolisme des mains dans la poésie de Paul Eluard," *Romanische Forschungen*, 1983.

제3부_ 로베르 데스노스

1) 데스노스의 주요 작품

1922~30, *Nouvelles Hébrides et autres textes*, Paris, Gallimard, 1978.
1924, *Deuil pour deuil*, Paris, Le Sagittaire.
1927, *La liberté ou l'amour*, Paris, Gallimard, 1962.
1930, *Corps et biens*, Paris, Gallimard, 1996.
1942, *Fortunes*, Paris, Gallimard, 1995.
1943~44, *Calixto*, suivi de *Contrée*, Paris, Gallimard, 1962.
1944, *Chantefables et chantefleurs*, Paris, Gründ, 1995.
1946, *Choix de poèmes*, Paris, Minuit.
1953, *Domaine public*, Paris, Gallimard, 1968.
1966, *Cinéma*, Paris, Gallimard.
1975, *Destinée arbitraire*, Paris, Gallimard, 1996.
1984, *Ecrits sur les peintres*, Paris, Flammarion.
1987, *Les voix intérieures: chansons et textes critiques*, Nantes, Petit Véhicule.
1995, *Le Bois d'amour*, Paris, Cendres.
1999, *Œuvres*, Paris, Gallimard.

2) 데스노스에 할애된 연구

Adam, Jean-Michel, "Pragmatique du texte poétique. un *langage cuit* de Robert Desnos," *Degrés*, vol. 13, n° 84, hiver 1995.
Berger, Pierre, *Robert Desnos*, Paris, Seghers, 1949.
Buchole, Rosa, *L'évolution poétique de Robert Desnos*, Bruxelles, Palais des Académies, 1956.
Chadwick, Whitney, "Eros ou Thanatos: pour une nouvelle étude du culte surréaliste de l'amour," *Artforum*, n° 14, nov. 1975.

Chitrit, Armelle, *Robert Desnos: le poème entre temps*, Montréal, XYZ, 1996.
Ciment, Michel, "Ombres blanches et nuits noires, Robert Desnos et le cinéma," *L'Herne*, 1987.
Conley, Katharine, Dumas, Marie-Claire (dir.), *Robert Desnos pour l'an 2000*, Paris, Gallimard, 2000.
Dadoun, Roger, "La nuit de Desnos entre science et alchimie," *L'Herne*, 1987.
Debon, Claude, "La question du sens dans *Rrose Sélavy*, *L'Aumonyme* et *Langage cuit* de Robert Desnos," *Textuel*, n° 16, 1985.
Décaudin, Michel, "Apollinaire-Desnos: affintés-imprégnations," *Textuel*, n° 16, 1985.
Desnos, Youki, *Les Confidences de Youki*, Paris, Fayard, 1957.
Dumas, Marie-Claire, *Robert Desnos ou l'exploration des limites*, Paris, Klincksieck, 1980.
———, "Les rendez-vous graphiques de Robert Desnos," *Mélusine*, n° 4, 1982.
———, *Etude de "Corps et biens" de Robert Desnos*, Paris, Champion, 1984.
———, (dir.), *"Moi qui suis Robert Desnos" : permanence d'une voix*, Paris, Corti, 1987.
Flieder, Laurent (dir.), *Poétiques de Robert Desnos*, Paris, ENS éditions, 1995.
Gaubert, Serge, "Robert Desnos et le naufrage," *Europe*, n° 517-18, 1972.
———, "Robert Desnos Bois-Charbons," *Textuel*, n° 16, 1985.
Giardina, Calogéro, "Les jeux de mots dans *Fortunes* de Robert Desnos," *Les lettres romanes*, t. 50, 1996.
Greene, Tatiana, "*Les bottes de sept lieues* de Robert Desnos: son langage poétique," *Symposium*, hiver 1970.
Guedj, Colette, "L'effervescence du lisible et du visible dans quelques fragments icono-textuels de Robert Desnos," *La Licorne*, n° 23, 1992.
Hedges, Inez, "Constellated visions: Robert Desnos's and Man Ray's *L'Etoile de mer*," *Dada/Surrealism*, n° 15, 1986.
Laborie, Paule, *Robert Desnos: son œuvre dans l'éclairage de Arthur Rimbaud et Guillaume Apollinaire*, Paris, Nizet, 1975.
Laroche Davis, Hélène, *Robert Desnos. une voix, un chant, un cri*, Paris, Roblot, 1981.
Murat, Michel, *Robert Desnos: les grands jours du poète*, Paris, Corti, 1988.
Peyré, Yves (dir.), *Robert Desnos, des images et des mots*, Paris, des Cendres, 1999.
Plantier, René, "L'écriture et la voix de Robert Desnos," *Europe*, n° 517-18, 1972.
Wills, David, *Nouveaux hybrids: essai sur l'œuvre surréaliste de Robert Desnos*, [S.l.] [s.n.], 1979. (Thèse 3e cycle: lettres: Paris III, p. 1979).

제4부_벵자멩 페레

1) 페레의 작품

Le grand jeu, Paris, Gallimard, [1928], 1997.
Anthologie des mythes, légendes et contes populaires d'Amérique, Paris, Albin Michel, 1960.
Œuvres complétes, tomes 1, 2, 3., Paris, Losfeld, 차례대로 1969, 1971, 1979. tomes 4, 5, 6, 7., Paris, Corti, 차례대로 1987, 1989, 1992, 1995.

2) 페레에 할애된 연구

Association des amis de Benjamin Péret, *De la part de Péret*, Paris, [s.n.], 1963.
──, *Benjamin, l'impossible*, Paris, Terrain Vague Losfeld, 1989.
Bailly, Jean-Christophe, *"Au-delà du langage" : une étude sur Benjamin Péret*, Paris, Losfeld, 1971.
Bédouin, Jean-Louis, *Benjamin Péret*, Paris, Seghers, [1961], 1973.
Blanquaert, Marie-Odile, "Le mythe de 'l'amour sublime' dans *Feu central* de Benjamin Péret," *Cahiers Dada surréalisme*, n° 1, 1966.
Collomb, Michel, "Les simulacres du sens dans la poésie de Benjamin Péret, *Le Siècle Eclaté*, n° 3, 1985.
Costich, Julia Field, *The poetry of change: a study of the surrealist works of Benjamin Peret*, Chapel Hill, University of North Carolina press, 1979.
Courtot, Claude, *Introduction à la lecture de Benjamin Péret*, Paris, Le Terrain Vague, 1965.
Eluard, Paul, "L'Arbitraire, la contradiction, la violence, la poésie," *Variétés*, juin 15, 1929.
Fauchereau, Serge, *Expressionnisme, Dada, surréalisme et autres ismes*, Paris, Denoël, [1976], 2001.
Goutier, Jean-Michel (dir.), *Benjamin Péret*, Paris, Veyrier, 1982.
Laniepce, Alain, *Benjamin Péret: unite politique et technique d'expression*, thèse de 3ᵉ cycle de l'université Paris XII, 1981.
Le Brun, Annie, *De l'inanité de la littérature*, Paris, Pauvert aux Belles Lettres, 1994.
Matthews, John Herbert, *Benjamin Péret*, Boston, Twayne, G.K. Hall, 1975.
Prévan, Guy, *Péret Benjamin révolutionnaire permanent*, Paris, Syllepse, 1999.
Spiteri, Richard, *Les Structures de l'imaginaire dans la poésie de Benjamin Péret*, thèse de 3ᵉ cycle de l'université Paris III, 1983.

몸에 관한 연구

Antonioli, Roland et al., *Le corps de la femme: du blason à la dissection mentale*, Lyon, Université de Lyon III, 1990.
Anzieu, Didier et al., *Psychanalyse et langage: du corps à la parole*, Paris, Dunod, 1977.
Bataille, Georges, *L'érotisme*, Paris, Minuit, 1957.
Bernard, Michel, *Le corps*, Paris, Seuil, 1995.
Bruaire, Claude, *Philosophie du corps*, Paris, Seuil, 1968.
Brun, Anne, *Henri Michaux ou le corps halluciné*, Paris, Sanofi-Synthelabo, 1999.
Butor, Michel, "Entretien: Michel Butor, Henri Macchéroni, Michel Sicard," *Métaphores*, n° 5, 1982.
Céard, Jean et al., *Le corps à la Renaissance*, Paris, Aux amateurs de livres, 1990.
Chenet-Faugeras, Françoise, Dupouy, Jean-Pierre, *Le corps*, Paris, Larousse, 1981.
Clark, Kenneth, *Le Nu*, Paris, Hachette, 1969.
Comar, Philippe, *Les images du corps*, Paris, Gallimard, 1993.
Costantini, Michel, Darrault-harris, Ivan et al., *Sémiotique, phénoménologie, discours*, Paris, Montréal, L'Harmattan, 1996.
Dagognet, François, *Le corps multiple et un*, Le Plessi Robinson, Laboratoires Delagrange-Synthélabo, 1992.
Dubois, Philippe, Winkin, Yves, *Rhétoriques du corps*, Bruxelles, De Boeck, Paris, (éd.), universitaires, 1988.
Ferman, Shoshana, *Le Scandale du corps parlant*, Paris, Seuil, 1980.
Foucault, Michel, *Histoire de la folie à l'âge classique*, Paris, Gallimard, 1972.
Franck, Didier, *Chair et corps*, Paris, Minuit, 1981.
Greimas, Algirdas Julien, Fontanille, Jacques, *Sémiotique des passions: des états de choses aux états d'âme*, Paris, Seuil, 1991.
Guiraud, Pierre, *L'argot*, Paris, PUF, 1976.
――, *Sémiologie de la sexualité*, Paris, Payot, 1978.
――, *Le langage du corps*, Paris, PUF, 1980.
Guillaumin, Jean (dir.), *Corps création: entre Lettres et Psychanalyse*, Lyon, Presses universitaires de Lyon, 1980.
Henry, Michel, *Philosophie et phénoménologie du corps*, Paris, PUF, 1985.
Jeudy, Henri-Pierre, *Le corps comme objet d'art*, Paris, Colin, 1998.
Jousse, Marcel, *L'Anthropologie du geste*, Paris, Resma, 1969.
Laine, Pascal (préf.), *Blasons anatomiques du corps féminin suivis de contreblasons de la beauté des membres du corps humain*, Paris, Gallimard, 1982.
Lambert, Jean-Clarence (préf.), *Blasons du corps féminin*, Paris, 10/18, 1996.

Le Breton, David, *Anthropologie du corps et modernité*, Paris, PUF, 1990.
Ledoux, Michel, *Corps et création*, Paris, Les Belles lettres, 1992.
Loreau, Max, *La peinture à l'œuvre et l'énigme du corps*, Paris, Gallimard, 1980.
Loux, Françoise. Richard, Philippe, *Sagesses du corps: la santé et la maladie dans les proverbes français*, Paris, G.-P. Maisonneuve et Larose, 1978.
Mauss, Marcel, *Sociologie et anthropologie*, Paris, PUF, [1950], 1983.
Onimus, Jean, *La maison corps et âme*, Paris, PUF, 1991.
Pagès-Pindon, Joëlle, "Le corps féminin dans l'écriture poétique," Ouvrage collectif, *Le corps*, Paris, Ellipses, 1993.
Quéran, Odile. Trarieux, Denis, *Les discours du corps: une anthologie*, Paris, Presses Pocket, 1993.
Sami-Ali, Mahmoud, *Corps réel, corps imaginaire: pour une épistémologie du somatique*, Paris, Dunod, 1998.
Smadja, Robert, *Poétique du corps: l'image du corps chez Baudelaire et Henri Michaux*, Berne, Peter Lang, 1988.
Tréguier, Jean-Marie, *Le corps selon la chair: phénoménologie et ontologie chez Merleau-Ponty*, Paris, Kimé, 1996.

기타 일반 참고문헌

Bachelard, Gaston, *L'eau et les rêves*, Paris, Corti, [1942], 1997.
———, *La terre et les rêveries du repos*, Paris, Corti, [1948], 1992.
———, *La poétique de l'espace*, Paris, Gallimard, [1957], 1994.
———, *Lautréamont*, Paris, Corti, 1965.
Bakhtine, Mikhaïl, *L'œuvre de François Rabelais et la culture populaire au Moyen âge et sous la Renaissance*, Paris, Gallimard, 1973.
Bellemin-Noël, Jean, *Psychanalyse et littérature*, Paris, PUF, 1978.
Bettelheim, Bruno, *Psychanalyse des contes de fées*, Paris, Robert Laffont, 1976.
Bonaparte, Marie, *Chronos, éros, thanatos*, Paris, PUF, 1952.
Briolet, Daniel, *Lire la poésie française du XXe siècle*, Paris, Dunod, 1995.
Caminade, Pierre, *Image et métaphore*, Paris, Bordas, 1970.
Carlier, Christophe, *La clef des contes*, Paris, Ellipses, 1998.
Collot, Michel, "Points de vue sur la perception des paysages," *L'espace géographique*, vol. 15, n° 3, 1986.
———, *La Poésie moderne et la structure d'horizon*, Paris, PUF, 1989.
———, "La syntaxe nominale dans la poésie moderne," *Ellipses Blancs Silences*, Pau, Université de Pau, 1992.

―――, "A la lumière de l'horizon," *Géographie et Cultures*, n° 14, 1995.

―――, (dir.), *Les enjeux du paysage*, Bruxelles, Ousia, 1997.

Dubois, Philippe, "Esthétique du collage, un dispositif de ruse," *Annales d'Esthétique*, t. 15-16, 1976~77.

Durand, Gilbert, *Figures mythiques et visages de l'œuvre: de la mythocritique à la mythanalyse*, Paris, Dunod, 1992.

Eigeldinger, Marc, *Poésie et métamorphoses*, Neuchâtel, La Baconnière, 1973.

Eliade, Mircea, *Traité d'histoire des religions*, Paris, Payot, 1964.

―――, *Forgerons et Alchimistes*, Paris, Flammarion, 1977.

―――, *Briser le toit de la maison: la créativité et ses symboles*, Paris, Gallimard, 1986.

Favre, Yves-Alain, "Le collage dans la poésie française des années 1910~1920," *Montages/ Collages*, Pau, Université de Pau, 1993.

Freud, Sigmund, *L'interprétation des rêves*, Paris, PUF, 1967.

―――, *Essais de psychanalyse appliquée*, Paris, Gallimard, 1971.

Hamon, Philippe, "Texte et architecture," *Poétique*, n° 73, février 1988.

Kayser, Wolfgang, *The Grotesque: in art and literature*, New York, Columbia University, 1957.

Lacan, Jacques, *Ecrits*, Paris, Seuil, 1966.

Lafargue, Bernard, "Le grylle du Minot, un amour de collage," *Montages/ Collages*, Pau, Université de Pau, 1993.

Lyotard, Jean-François, *Discours, figure*, Paris, Klincksieck, 1971.

Mèredieu, Florence de, *Histoire Matérielle & Immatérielle de l'art moderne*, Paris, Bordas, 1994.

Merleau-Ponty, Maurice, *Phénoménologie de la perception*, Paris, Robert Gallimard, 1945.

―――, *L'Œil et l'Esprit*, Paris, Gallimard, 1964.

―――, *Le visible et l'invisible*, Paris, Gallimard, 1964.

Molinié, Georges, *Sémiostylistique: l'effet de l'art*, Paris, PUF, 1998.

Péju, Pierre, *La petite fille dans la forêt des contes*, Paris, Robert Laffont, 1981.

Pleynet, Marcelin, *Art et littérature*, Paris, Seuil, 1977.

Rougé, Bertrand (éd.), *Montages/ Collages*, Pau, Université de Pau, 1993.

• 그림 목록 •

그림1　Max Ernst, *Célébes ou L'éléphant des Célébes*, 1921.
그림2　René Magritte, *Le genre nocturne*, 1928.
그림3　André Masson, *L'Acéphale*, 1937.
그림4　Salvador Dali, *Tête raphaélesque éclatée*, 1951.
그림5　Salvador Dali, *Senicitas*, 1926~27.
그림6　René Magritte, *L'Evidence éternelle*, 1930.
그림7　René Magritte, *Les Liaisons dangereuses*, 1936.
그림8　René Magritte, *La folie des grandeurs*, 1967.
그림9　Paul Delvaux, *Femmes-arbres*, 1937.
그림10　Pierre Molinier, *La Femme nue avec toile d'araignée*, vers 1930.
그림11　André Masson, *Le Pianotaure*, 1937.
그림12　Salvador Dali, *Vénus de Milo aux tiroirs*, 1936.
그림13　Hans Bellmer, *La Poupée*, 1934.
그림14　Hans Bellmer, *La Toupie*, 1938.
그림15　André Masson, *André Breton*, 1941.
그림16　René Magritte, *Le viol*, 1934.
그림17　René Magritte, *La gâcheuse*, 1935.
그림18　Paul Delvaux, *La mise au tombeau*, 1957.
그림19　Man Ray, *A l'heure de l'Observatoire, les Amoureux*, 1932.
그림20　Salvador Dali, *Méditation sur la harpe*, 1932~1934.
그림21　André Masson, *Tu deviens ce que tu manges*, 1940.
그림22　Salvador Dali, *Cannibalisme d'automne*, 1936~37.
그림23　Paul Delvaux, *L'homme de la rue*, 1940.
그림24　René Magritte, *Les rêveries du promeneur solitaire*, 1926.
그림25　Paul Delvaux, *La joie de vivre*, 1938.
그림26　René Magritte, *Je ne vois pas la [femme] cachée dans la forêt*, 1929.
그림27　Man Ray, *Erotique-voilée*, 1933.

그림 28 René Magritte, *L'inondation*, 1928.
그림 29 André Masson, *La mère*, 1925.
그림 30 Brassaï, *Ciel Postiche*, 1935.
그림 31 Salvador Dali, *Visage paranoïaque*, 1935.
그림 32 Salvador Dali, *L'Homme invisible*, 1929.
그림 33 René Magritte, *Les grands voyages*, 1926.
그림 34 Salvador Dali, *Gradiva retrouve les ruines anthropomorphes*, 1931.
그림 35 René Magritte, *Le double secret*, 1927.
그림 36 Max Ernst, Couverture du recueil de poèmes *Répétitions* de Paul Eluard, 1922.
그림 37 Victor Brauner, *Le dernier voyage*, 1937.
그림 38 Hans Bellmer, Etude pour *l'Histoire de l'œil*, 1944.
그림 39 G. De Chirico, *Le Cerveau de l'enfant*, 1914.
그림 40 Max Ernst, *A l'intérieur de la vue: l'œuf*, 1929.
그림 41 Max Ernst, l'invitation pour l'exposition *Man Ray, Peintures & objets*, 1935.

Répétitions, avec collages de Max Ernst, 1922.
그림 42 accompagnant *La parole*.
그림 43 accompagnant *L'invention*.

Les Malheurs des immortels, révélés par Paul Eluard et Max Ernst, 1922.
그림 44 *L'heure de se taire*.
그림 45 *La paix à la campagne*.
그림 46 *Les ciseaux et leur père*.

Les mains libres, dessins de Man Ray illustrés par les poèmes de Paul Eluard, 1937.
그림 47 *La plage*.

Les Animaux et leurs hommes. Les hommes et leurs animaux, poèmes 30 illustrations de Valentine Hugo, [1920], 1937.
그림 48 accompagnant *Animal rit*.

Médieuses, illustré par Valentine Hugo, 1939
그림 49 accompagnant *Je ne suis pas seul*.
그림 50 accompagnant *Médieuses II*.

Le dur désir de durer, illustrations de Chagall, Paris, Arnold-Bordas, 1946.
그림 51 accompagnant *A Marc Chagall*.

Les mains libres, dessins de Man Ray illustrés par les poèmes de Paul Eluard, 1937.
그림 52 *Fil et aiguille*.
그림 53 *Femme portative*.

그림54 *Les tours d'Eliane.*
그림55 *C'est elle.*
그림56 *L'angoisse et l'inquiétude.*
그림57 *L'attente.*

Perspectives, poèmes sur des gravures de Albert Flocon, 1948
그림58 *I.*

그림59 *Laissez les morts tranquilles ou un duel à minuit un quart*, dessin de Desnos dans Youki Desnos, *Les confidences de Youki*, Fayard, 1957.
그림60 Esquif constitué avec les lettres de DESNOS.
그림61 Barque constituée avec les lettres de Malkine.
그림62 Deux bateaux formés par les initiales des prénoms de Robert Desnos et de Yvonne George.
그림63~66 Dessins interprétants graphiquement des noms propres transformés par jeu homonymique.
그림67 Robert Desnos, *La ville aux rues sans nom du cirque cérébral.*
그림68 Robert Desnos, *Inri.*
그림69 Robert Desnos, *Liberté ou la mort.*
그림70 Robert Desnos, *Ici mourut Aragon.*
그림71 Agostino Veneziano, *Grotesque*, 16 siècle.
그림72 Toyen, illustration pour *Histoire naturelle*, Ussel, 1958.
그림73 Benjamin Péret, extrait du poème *26 points à préciser* dans *Le Grand Jeu*, 1928.

ⓒ Man Ray Trust/ADAGP, Paris - SACK, Seoul, 2008.
ⓒ Max Ernst/ADAGP, Paris - SACK, Seoul, 2008.
ⓒ René Magritte/ADAGP, Paris - SACK, Seoul, 2008.
ⓒ André Masson/ADAGP, Paris - SACK, Seoul, 2008.
ⓒ Pierre Molinier/ADAGP, Paris - SACK, Seoul, 2008.
ⓒ Hans Bellmer/ADAGP, Paris - SACK, Seoul, 2008.
ⓒ Victor Brauner/ADAGP, Paris - SACK, Seoul, 2008.
ⓒ Valentine Hugo/ADAGP, Paris - SACK, Seoul, 2008.
ⓒ Marc Chagall/ADAGP, Paris - SACK, Seoul, 2008.
ⓒ Albert Flocon/ADAGP, Paris - SACK, Seoul, 2008.
ⓒ Marie Cerminova Toyen/ADAGP, Paris - SACK, Seoul, 2008.
ⓒ Paul Delvaux/SABAM, Belgium - SACK, Seoul, 2008.
ⓒ Giorgio de Chirico/by SIAE - SACK, Seoul, 2008.
ⓒ Estate Brassaï - RMN/GNC media, Seoul, 2008.
ⓒ Salvador Dalí, Gala Salvador Dali Foundation, SACK, 2008.

• 찾아보기 •

ㄱ

가려진 에로티시즘érotique-voilée 67, 162, 428, 445
가우디, 안토니오Antonio Gaudi 61, 383
그로테스크grotesque 9, 33, 39~40, 49, 211~12, 222, 306~307, 343~47, 351, 356, 359, 363~64, 368~69, 372, 376, 380, 395, 410, 424, 427, 443, 448
그레마스Algirdas J. Greimas 35
꿈의 산문récit de rêve 28, 32, 190, 219, 226, 228, 232, 292

ㄴ

나체(성)nu, nudité 7, 22, 45, 50, 54, 58, 63~67, 69~71, 94~95, 160~67, 169~72, 234, 423, 428, 441~42, 445

ㄷ

달리, 살바도르Salvador Dali 26, 49, 55, 59~62, 71~72, 85, 96, 113, 197, 319, 324, 344, 383, 392, 441~43, 450
데스노스, 로베르Robert Desnos 7~8, 11~12, 25, 27~32, 37, 39~40, 77~78, 187~192, 194, 197, 199~210, 213~15, 217~19, 221, 225~33, 236~37, 241~42, 244~49, 251, 253~58, 260~66, 269, 271~77, 280, 283~299, 303, 317, 322, 328, 334, 415, 419~21, 423~27, 429~32, 436~40, 442~44, 447
데스노스, 유키Youki Desnos 213
데 키리코, 지오르지오Giorgio de Chirico 76~77, 344
델보, 폴Paul Delvaux 26, 52, 58, 63~66, 76, 160~61, 165, 214, 441~42
동음이의어homonyme 70, 142, 189, 200, 275~76, 280, 285, 291, 293, 297, 432
뒤랑, 질베르Gilbert Durand 130, 206, 240, 289, 304
뒤샹, 마르셀Marcel Duchamp 200, 286, 291

ㄹ

라블레, 프랑수아François Rabelais 38, 343, 361, 363~64, 377, 380
라캉, 자크Jacques Lacan 36
랭보, 아르튀르Arthur Rimbaud 200, 210, 415, 420, 434
레리스, 미셸Michel Leiris 192, 430
레뷔rébus 294

466

레이, 만Man Ray 26, 59, 67, 160~61, 163, 166~67, 171~77, 231, 234, 289, 354, 441
레이요그램rayogramme 166
로트레아몽Lautréamont 19~20, 53, 87, 98, 105, 151, 158, 171, 196, 211, 315, 399, 401
롱사르, 피에르 드Pierre de Ronsard 113~14, 240~41, 285
료트, 앙드레André Lhote 168
르동, 오딜롱Odilon Redon 76
르베르디, 피에르Pierre Reverdy 400~402

ㅁ

마그리트, 르네René Magritte 11, 21, 26, 47, 49~51, 53~54, 57~59, 61, 64, 66~ 67, 71~73, 76~77, 158, 160, 273, 441~ 42
마로, 클레망Clément Marot 111, 113~15
마빌, 피에르Pierre Mabille 75
마송, 앙드레André Masson 26, 48~49, 53, 56, 61, 69, 192, 257, 286, 412, 441, 443, 450
말라르메, 스테판Stéphane Mallarmé 291
말킨, 조르주Georges Malkine 26, 69, 77, 290
메를로퐁티, 모리스Maurice Merleau-Ponty 37~38, 69, 75~76, 101, 138, 445
몰리니에, 피에르Pierre Molinier 26, 53
미노토르minotaure 54, 70
미로, 호안Joan Miró 13, 290, 393, 440
미쇼, 앙리Henri Michaux 21~22

ㅂ

바르트, 롤랑Roland Barthes 63, 66, 85

바슐라르, 가스통Gaston Bachelard 20, 105, 110, 126, 130, 132, 135, 145, 147, 206~207, 220, 262, 422
바타이유, 조르주Georges Bataille 54, 378, 422
바흐친, 미하일Mikhaïl Bakhtine 306, 343, 345~46, 376, 380
반(反)블라종contre-blason 40, 111, 189, 277, 281, 285
벨머, 한스Hans Bellmer 26, 56, 75, 85, 95, 178~80, 277, 359, 443
보들레르, 샤를르Charles Baudelaire 111, 240~41, 285, 356, 408
보쉬, 제롬Jérôme Bosch 305
부뉴엘, 루이스Louis Buñuel 73
뷔토르, 미셸Michel Butor 20
브라사이Brassaï 26, 70
브라우너, 빅토르Victor Brauner 26, 52, 73~75
브르통, 앙드레André Breton 11, 24~26, 29, 32, 56~57, 61, 67~68, 88, 111, 141, 178, 197, 219, 225, 227, 294, 296, 237, 273, 303, 312, 319, 387, 391, 393, 400~401, 403~404, 407~10, 422
블라종blason 20, 99, 110~15, 118, 280~83, 446, 450
비트락, 로제Roger Vitrac 219, 225

ㅅ

사드Donatien Alphonse François, marquis de Sade 244
샤갈, 마크Marc Chagall 159~60, 170~71
샤미소, 아달베르 폰Adalbert von Chamisso 248, 251
샤잘, 말콤 드Malcolm de Chazal 215, 351
세브, 모리스Maurice Scève 114

찾아보기 467

셰삭, 가스통 Gaston Chaissac 395
수포, 필립 Philippe Soupault 237, 242

ㅇ

아나그램 anagramme 40, 189, 278, 291, 447
아라공, 루이 Louis Aragon 20, 88, 203, 219, 260, 291, 294, 367
아르토, 앙토넹 Antonin Artaud 22
아르프, 장(한스) Hans(Jean) Arp 132, 352
아킴볼도, 주세페 Giuseppe Arcimboldo 71, 325~26
아폴리네르, 기욤 Guillaume Apollinaire 19~21, 47, 90, 157, 192, 219~21, 408, 421
에로티시즘 érotisme 10, 22~23, 62, 67, 69, 161~62, 210, 217~18, 241, 376~79, 427~28, 445
에른스트, 막스 Max Ernst 26, 47, 53, 59, 61, 69, 73, 77, 84~87, 89~91, 93~94, 96, 129, 161, 286~88, 325, 344, 439, 441~42
엘뤼아르, 폴 Paul Eluard 7~8, 11~12, 20, 25, 27~32, 38~39, 57, 73, 78, 81~86, 89~91, 93~94, 99~101, 103~104, 107~108, 112~16, 119~21, 123~24, 126~30, 132~34, 136~38, 140~46, 149, 154, 157~59, 161, 163~73, 175~83, 272, 280, 282, 291, 294, 303, 419~30, 432~41, 443~44, 446
엘리아데, 미르치아 Mircea Eliade 104, 117, 123
우아한 시체놀이 cadavre exquis 25, 98~100, 405, 440, 450
위고, 발렁틴 Valentine Hugo 159~61, 168

ㅈ

자동기술법 automatisme 28, 36, 69, 187, 200~201, 219, 303, 316, 329, 414
자리, 알프레드 Alfred Jarry 422
자코메티, 알베르토 Alberto Giacometti 178

ㅊ

차라, 트리스탕 Tristan Tzara 225
초육체성 le surcorporel 9, 11, 421~22, 443, 449

ㅋ

카니발리즘 cannibalisme 62, 219, 324~25, 443
카이와, 로제 Roger Caillois 406
칼렁부르 calembour 189
콜라주 collage 24, 47, 84~99, 282, 284, 430, 432, 438~40, 450
크르벨, 르네 René Crevel 240, 317

ㅌ

탕기, 이브 Yves Tanguy 344, 377, 443
토옝 Toyen 388

ㅍ

팡토마스 Fantômas 216, 253~56
페레, 벵자멩 Benjamin Péret 7~9, 12, 25, 27~32, 38~40, 68, 78, 129, 219, 223~24, 303~17, 319~20, 324~32, 334, 336~48, 350~52, 356~59, 361, 364, 366~70, 372, 376~77, 379~83, 387~89, 391~97, 399~409, 411~15, 419~21, 424~29, 431~37, 439~40, 442~44, 448~50

페로, 샤를르Charles Perrault 197, 199, 332
페티시즘fétichisme 85
포토몽타주photomontage 53, 66
퐁타니유, 자크Jacques Fontanille 35
푸코, 미셸Michel Foucault 209~10, 212
프로이트, 지그문트Sigmund Freud 36, 55, 75, 318
플로콩, 알베르Albert Flocon 180~81
피카비아, 프란시스Francis Picabia 89, 286, 288, 291, 441
피카소, 파블로Pablo Picasso 54, 88, 159~60, 288

ㅎ

혼종(적)hybride 7, 10, 19~20, 25, 29, 36, 39, 45~47, 51~52, 54~55, 57~58, 68, 70, 94, 98~99, 228~30, 232, 236, 261, 290~91, 307, 311, 314, 324, 336, 343, 357, 359~60, 363, 379, 383, 391, 422, 429, 432, 439~40, 443~45, 450

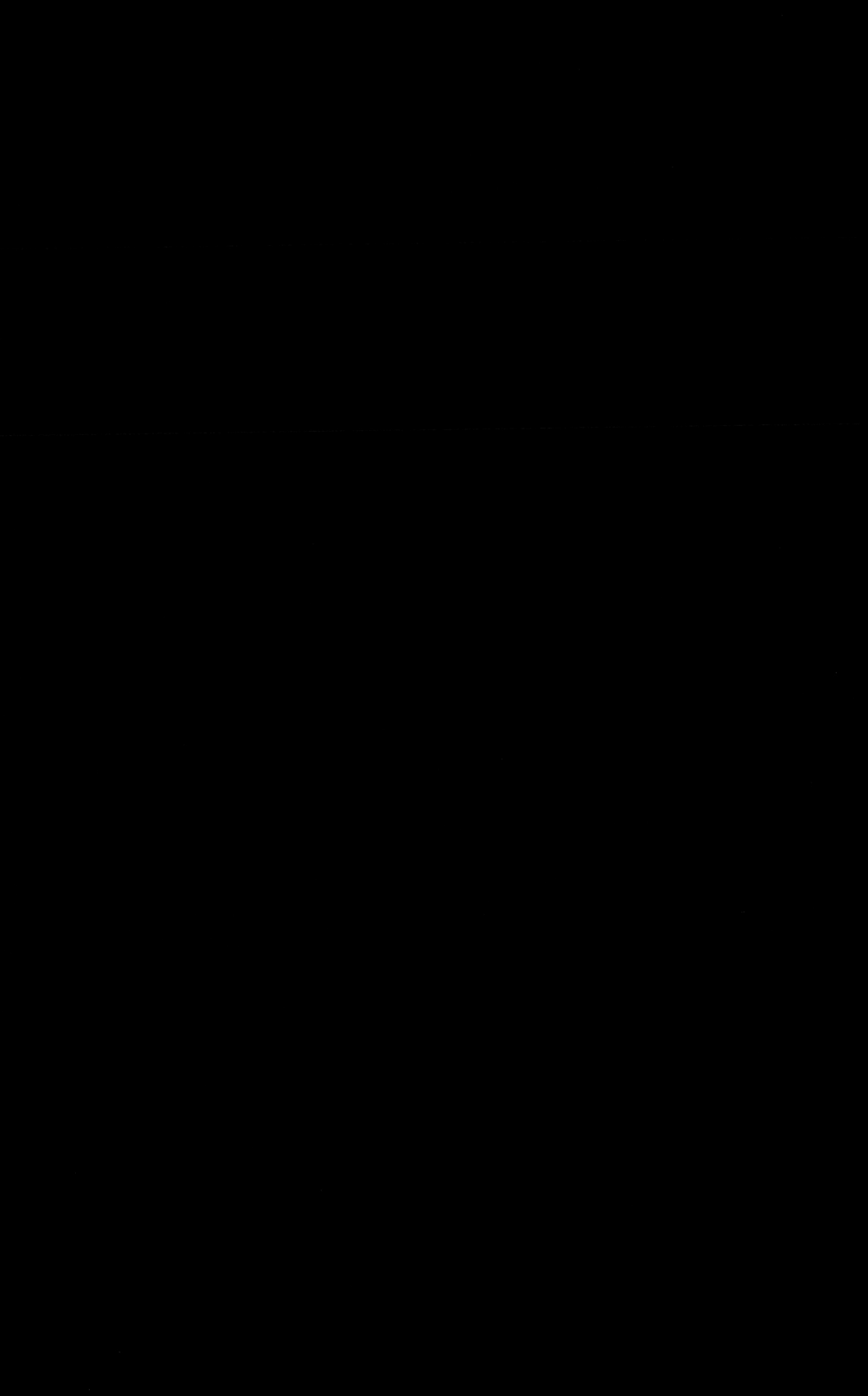

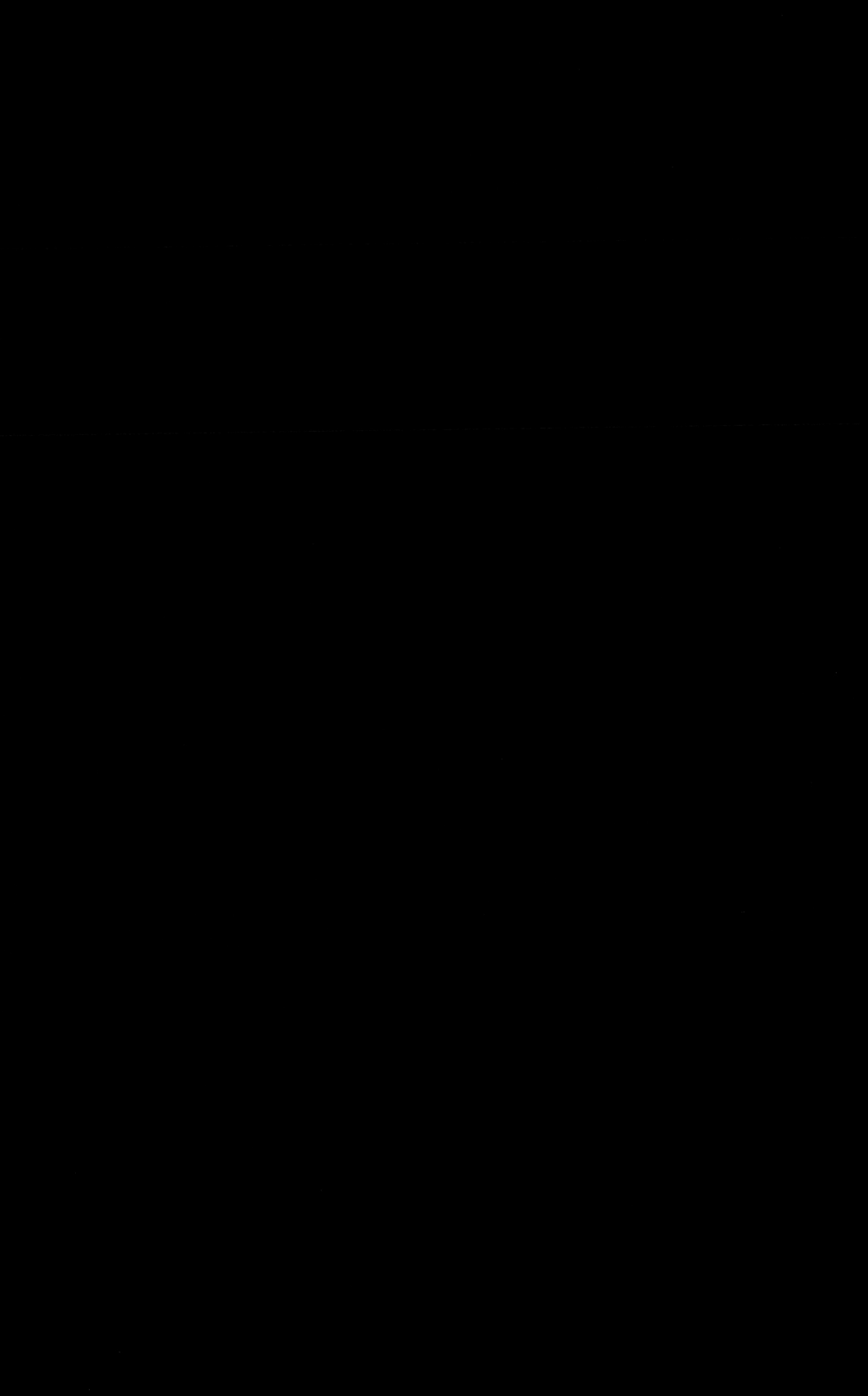

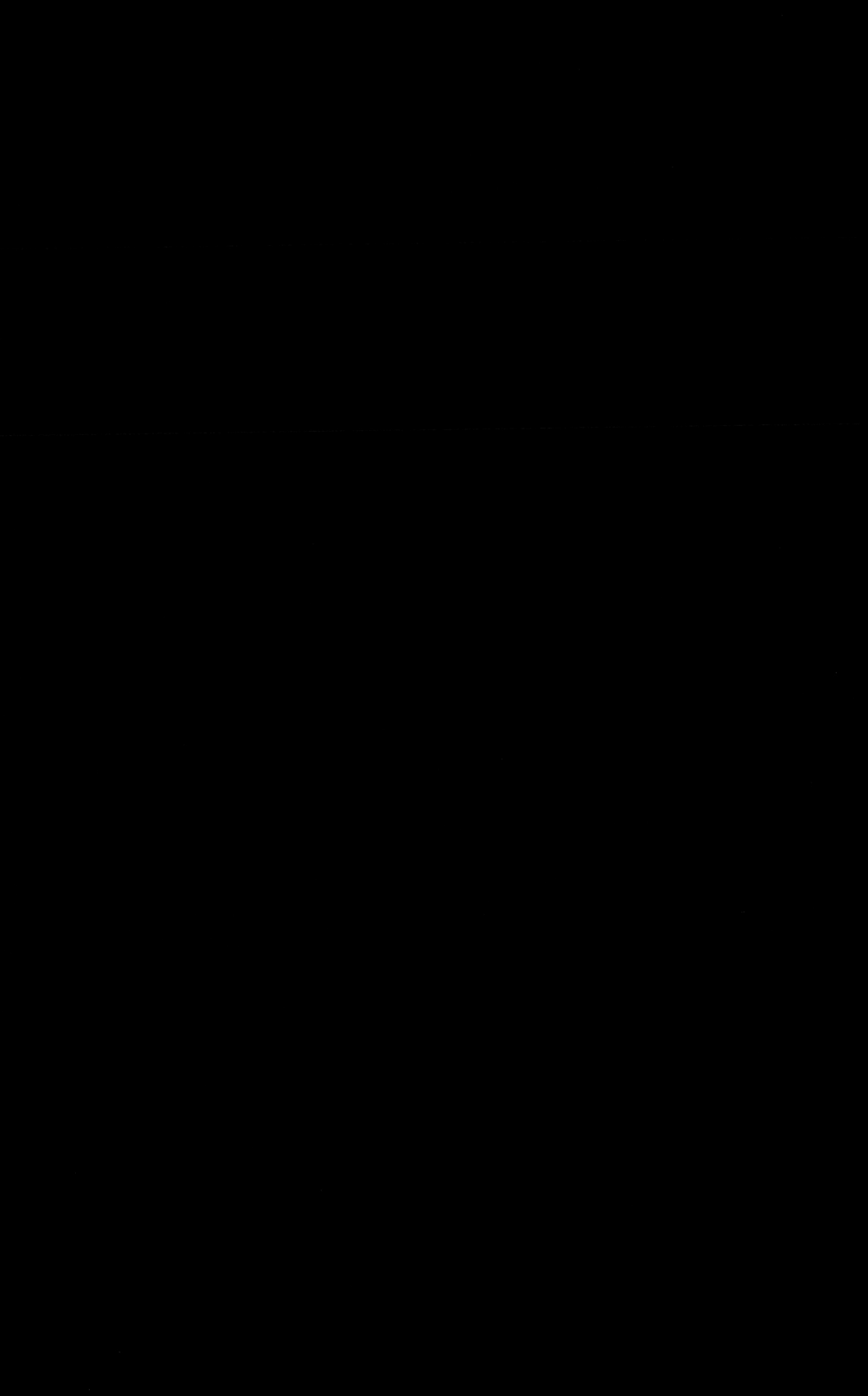

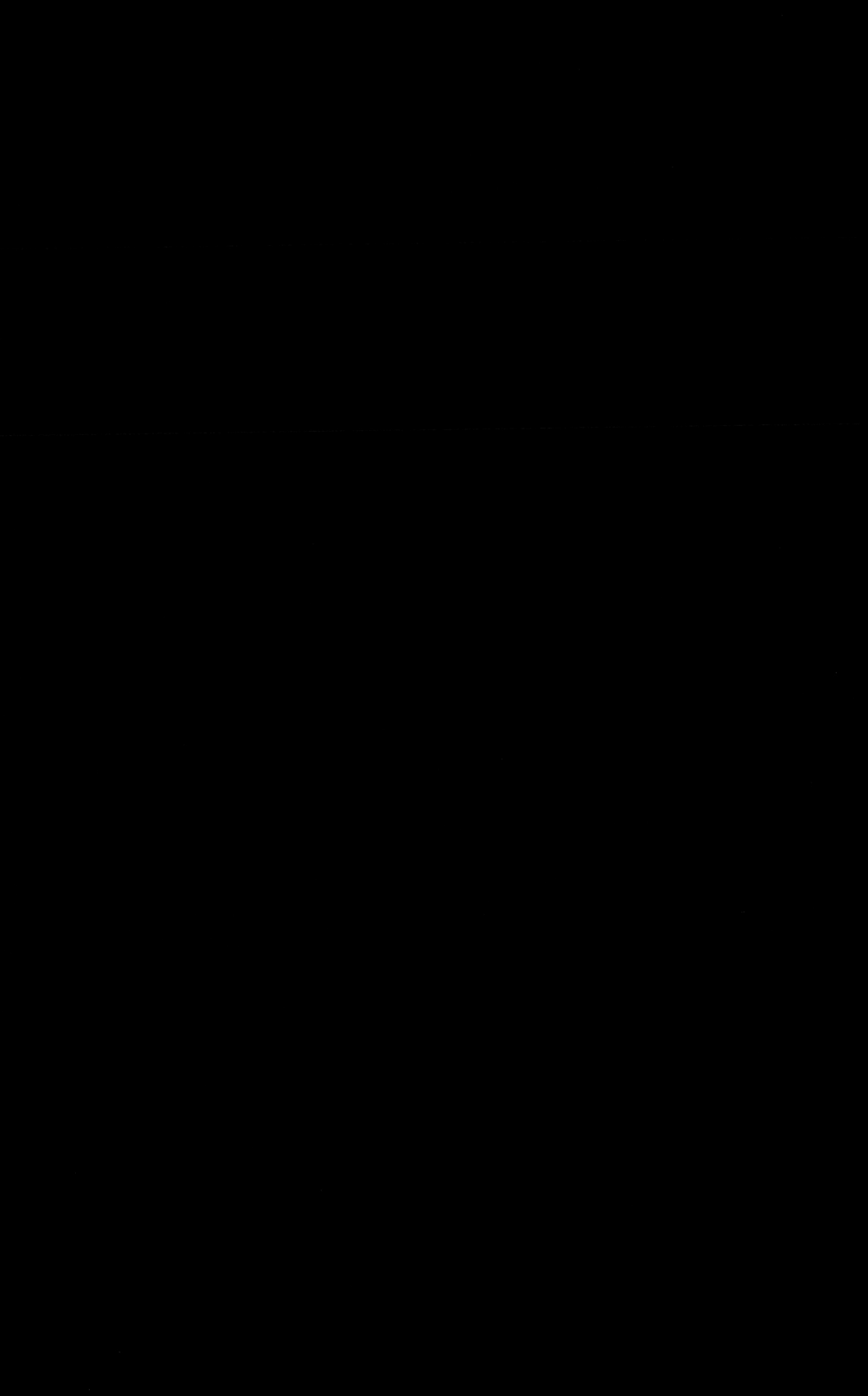